The Welfare State

복지국가론

[개정판]

개정판

복지 국가론

THE WELFARE STATE

김보기 · 곽호경 · 김태현
노연수 · 김병년 · 이학곤

dm 동문사

PREFACE

개정판 머리말

복지국가에 대한 관심은 이데올로기가 우선한다. 그럼에도 불구하고, 이데올로기에 상관없이 현대 거의 모든 국가가 복지국가를 지향하고 있다. 실제 정책에 있어서도 대동소이하다. 다른 면이 있다면 국가예산 정도일 것이다.

우리나라는 저복지국가임에도 마치 선진복지국가인 것처럼 포장하는 경우를 종종 보게 된다. 아이러니하게도 국민들이 스스로 복지국가라고 인정하고 있음은 우스꽝스럽기까지 하다. 단연 전두환·윤석열 정부가 대표적인 예일 것이다. 전두환 정부는 당시 우리나라가 복지국가여서 소위 '영국병'에 걸린 양 국민을 호도했다. 즉, 이미 복지국가이므로 복지정책을 펼칠 경우, 영국과 같이 국가경제가 병든다는 논리이다. 그러나 이 책 본문에서 언급하고 있듯이, 당시 보수당 대처 정부의 복지예산은 그전 노동당 정부와 별로 달라진 게 없다. 윤석열 정부는 야당의 복지 공세에 포퓰리즘이고 현금살포라고 맞섰다. 즉, 선택적으로 지원하자는 주장이지만, 실제 이마저도 집행한 실적이 없다. 이러한 국내적 상황은 복지국가를 연구하는 학자 입장에서는 어깨가 무거워진다.

본 교과목의 내용은 다음과 같다.

개요

본 교과목을 통하여 복지국가의 개념, 역할과 기능에 대해 이해하고, 전통적 복지국가의 발전과 재편 과정에서 발견되는 보편적 특성과 다양성을 검토한다. 그리고 자본주의의 질적인 변화과정이 전통적 복지국가와 어떠한 영향을 미치고 있는지를 살펴봄으로써, 전통적 복지국가의 패러다임 전환과 새로운 복지국가의 재구성 원칙 및 비전을 비판적으로 모색하는 역량을 증진시킨다.

목표

1. 복지국가의 개념을 정확히 이해한다.
2. 복지국가 발전의 역사성과 보편성에 대한 학습을 통해 전통적 복지국가의 특성들을 이해한다.
3. 복지국가 발전의 특수성에 대한 학습을 통해 전통적 복지국가의 다양성과 특성들을 이해한다.
4. 복지국가 재편의 역사성, 보편성, 특수성에 대한 학습을 통해 그 원인과 특성을 이해한다.
5. 한국 복지국가의 발전과 현재 직면한 이슈들을 학습하고, 미래상에 대해 논의한다.

학습자 여러분들께 감사드린다. 초판 작업 당시 출판사의 의뢰로 원고 집필에 들어갔지만, 솔직히 학습자 여러분의 뜨거운 사랑을 받을 줄은 전혀 생각하지 못했다. 복지국가론은 제목 자체부터가 무겁고 내용이 어렵기 때문에 공저자들의 연구 업적을 추가하는 입장에 더 무엇을 기대하기 어려웠다. 이제 개정판 작업을 완료하고 보니 새삼 책임감이 앞선다.

이번 개정판에는 초판보다 내용의 충실함과 간결한 문장을 위해 많은 배려를 하였다. 특히, 개정작업에 새로이 참여한 노연수 교수님의 내용분석과 곽호경 · 김태현 교수님의 원서대조작업은 책의 질을 한층 끌어올리는 계기가 되었다. 공저자들은 좋은 책으로 거듭날 수 있도록 노력할 것임을 말씀드리며, 많은 질책과 조언을 부탁드린다. 끝으로 이 책의 완성을 위해 수고를 아끼지 않으신 동문사 대표님과 관련 임직원 여러분께 심심한 감사의 말씀을 드린다.

2025년 9월

무성서원을 바라보며, 남전마을 시산재에서

대표저자 김보기 박사

PREFACE

초판 머리말

'복지국가'라는 용어는 듣는 것만으로도 가슴을 설레게 하는 말이다. 그 이유 가운데 하나는 복지를 연구하는 입장에서 이 용어는 사회복지의 결말을 의미하기 때문이다. 또 다른 하나는 정말 어려운 학문이라는 뜻도 있다. 사실 복지국가의 관련 분야는 인문학의 거의 전 분야에 걸쳐 있다. 특히, 정치학을 필두로 해서 사회학은 물론이고, 행정학, 경제학, 경영학 등 인문학을 공부하는 사람이라면 복지국가를 한 번쯤 섭렵하게 된다.

그럼에도 불구하고, 사회복지학에서는 이를 등한시해 온 것이 사실이다. 따라서, 이렇다 할 연구서가 없는 상황에 사회복지학도로서 우울해지지 않을 수 없다. 그 이유는 간단하다. 복지국가론의 내용 자체가 어렵고, 아직 사회복지 학자들이 주변 학문에 능통하지 못하고 있다는 방증이다. 지금까지 사회복지학에서 복지국가론이란 사회복지역사나 사회복시정책론의 한 장(chapter)에 불과한 실정이다. 실로 안타깝고 유감이 아닐 수 없다. 사회복지사가 100만 명을 넘어선 지 오래인 사회복지학계 입장을 고려할 때, 이제는 복지국가론이 사회복지학의 주된 분야가 되어야 함은 물론, 인접 학문에 영향을 미쳐야 할 때라고 감히 말할 수 있다. 복지국가론을 타 학문에 앞서 선도적으로 연구할 필요가 있다. 따라서, 이 책은 사회복지학도로서 사명감을 가지고 집필에 임했을 밝히고자 한다.

복지국가론은 학문 특성상 정치학과 경제이론이 동원될 수밖에 없으며, 여기에 사회사상이 뒷받침되어야 한다. 왜냐하면 복지라는 개념 자체가 특정 이데올로기에 기반하여 정의되기 때문이다. 따라서, 학습자 입장에서는 이데올로기에 따른 학문 연구가 가장 바람직하다고 할 수 있다.

한국사회에서 가장 논쟁이 되고 있는 분야는 보수와 진보 진영이 대립하고 있는 수급대상에 따른 보편제와 선택제이다. 사실, 한국은 아직도 저복지국가이다. 그런데도 일부에서는 한국을 고복지국가로 오해하고 있다. 그만큼 복지국가에 대한 무지를 드러내고 있다. 정말 아이러니하지 않을 수 없다. 보편제와 선택제 논쟁은 중복지국가 정도는 되어야 언급할 수 있다. 그런데도 한국사회는 선거철만 되면, 어떤 복지정책이 시행되기만 하면, 진보와 보수 진영이 논란을 거듭하기만 한다. 그 연원은 제5공화국 전두환 정권 시대로 소급된다. 당시 전두환 정권은 정통성 부족을 복지로 대체하고자 했으나, 국가예산이 뒷받침이 되지 않고 있었다. 그래서 나온 정책은 복지를 소위 영국병과 연결한 것이다. 당시 영국 대처 총리가 내건 보수당 정권의 슬로건을 그대로 답습한 것이다. 그러나 그 당시 영국의 복지상태와 한국사회는 비교조차 할 수 없는 상황이었다. 어떻게 최상급 선진복지국가인 영국과 복지의 개념조차 정립되지 않은 한국을 비교할 수 있겠는가? 그러나 현재도 신자유주의자들은 전가의 보도처럼 영국의 사회복지제도를 거론하면서 선택제를 주장하고 있음은 지극히 유감이 아닐 수 없다.

이제 세계 각국은 필연적으로 복지국가를 지향할 수밖에 없는 시대적 상황에 처해 있다. 이는 영국의 사회정책이 이를 증명하고 있다. 즉, 대처 총리는 겉으로는 복지예산의 삭감을 주장했으나, 실제 과거 노동당 정부와 별로 차이가 없다. 즉, 복지는 발전하는 것이지 후퇴하기 어렵다는 것을 시사하고 있다. 따라서, 향후 각국은 어떤 형태이든지 복지국가를 지향할 수밖에 없다.

여기서 또 하나 언급하고자 하는 주제는 정부의 역할이다. 한국사회를 지배해 온 신자유주의는 이론 그대로 작은 정부를 주장하고 있으나, 코로나19로 인한 전 인류적 재해를 해결하기에는 역부족이 아닐 수 없다. 심지어 신자유주의 대표적 국가인 미국조차도 정부의 역할을 강조하고 있고, 오히려 중앙정부의 통제와 권한을 강화하고 있는 실정이다. 정부의 적극적 역할이 없다면 어떻게 코로나19를 감당할 수 있겠는가? 특히, 한국은 민영병원이 절대다수를 차지하고 있는 상황에서 정부가 주도적 역할을 하지 않는다면, 그 혼란은 상상하기조차 힘들 것이다. 신자유주의는 그동안 케인스가 주장하는 적극적 복지의 폐해를 내세워 정부의 소극적 역할을 주도했으나, 이제 그 자리를 내주어야 하는 시점에 와 있다.

이러한 상황을 고려할 때, 향후 복지국가론의 주된 논쟁은 보수진영에서는 케인스의 적극적 복지가 신자유주의를 대체할 가능성이 농후하다. 한편, 진보진영에서는 보편제를 즉각 시행 시 국가예산의 남용이라는 반대에 부딪힐 염려가 있어서 단계적 보편제가 채택될 것이다.

복지국가는 이데올로기에 따른 정책이 수행되지만, 각 이데올로기 간의 합종연횡은 '제3의 길'처럼 언제든지 어떤 국가에서나 도입될 확률이 높다. 그만큼 세계 각국의 경제상황은 항상 급변할 가능성이 농후하며, 국민들 역시 수준 높은 복지의식을 축적하고 있어서 어느 정권이 그들의 의도대로 복지국가의 정책을 수립하기에는 갈수록 어려운 상황이 전개될 것이다. 그 예는 대처와 블레어 정권에서 이미 예고한 바 있다. 이 책에서도 밝히고 있지만, 보수와 진보를 오가는 그들의 정책에서 사실 복지예산에는 별다른 변동이 없었다는 것은 복지정책이 선거전략과도 직결되는 문제임을 말해주고 있다.

그러므로 복지국가는 어느 진영에서 나오는 정책이든 국민수준에 맞지 않는 정책은 곧 사라질 것이다. 따라서, 이제 복지국가는 어느 이데올로기를 채택하든지에 관계없이 세계 각국에서 받아들이지 않으면 안 되는 정체성을 지니게 되었다.

이 책의 특징을 살펴보면 다음과 같다.

첫째, 복지국가의 개념을 상세히 밝히고 있다.

둘째, 이데올로기에 근거한 복지국가의 모형을 주장하고 있다.

셋째, 복지국가의 미래에 대한 이론들을 담고 있다.

넷째, 복지국가의 사회복지정책을 제도별로 다루고 있다.

이 책의 출판하기 위해 그동안 나름의 많은 연구와 자료수집에 공을 들여 왔음을 밝히고자 한다. 복지국가는 어느 한 분야에 국한되지 않기에 방대한 자료들을 정리하기에도 벅찬 작업이 아닐 수 없다. 이 책의 저작에 참여하신 교수님들의 노고에 진심으로 감사를 드린다. 또한 독자 여러분의 끊임없는 관심과 질책을 청하는 바이다.

이 책의 출판을 위해 수고를 아끼지 않으신 동문사 이중수 사장님과 관계자 여러분들께 심심한 사의를 표하고자 한다.

2022년 1월 새해 아침에

무성서원을 바라보며, 남전마을 시산재에서

대표저자 김보기

CONTENTS
목 차

PART II 복지국가사상

PART Ⅲ 복지국가의 사회복지정책

PART

I 복지국가의 일반적 이해

NOW SELLING

CHAPTER

01

복지국가의 이론적 기초

CHAPTER 01

복지국가의 이론적 기초

1 복지국가의 개념

1) 복지국가 용어의 기원

'복지(welfare)'와 '국가(state)'라는 두 단어에 담긴 사전적 의미로 볼 때, '복지국가(welfare state)'는 기본적으로 일정한 영토 내에 거주하는 국민의 행복을 위해 국가에게 주어진 독점적 권한을 행사하는 국가를 말한다(정진화, 2020: 14-15).

'복지국가(welfare state)'라는 용어는 처음부터 매우 부정확하게 사회체제에 적용되어 왔다. 예컨대, 독일은 사회이익(social benefit)을 위한 치밀한 제도를 갖추고 있다는 점에서 복지국가라고 명명되어 왔다. 이러한 용어는 나치정권의 기초가 복지국가정책이라는 사실은 의심할 여지가 없다(Organski, 1967: 176). 사실, 많은 이론가들은 오늘날 독일 밖의 여러 나라에 존재하는 복지제도의 연원을 비스마르크가 행한 개혁에서 찾기도 한다. 또한 18세기 프로이센에까지 소급, 적용되고 있다(Furniss & Tilton, 1983: 25).

일반적으로 용인되는 영어 'welfare state'의 최초 사용은 영국 캔터베리 대주교인 템플(William Temple, 1881~1944)이 1941년에 간행한 『시민과 성직자(*Citizen and Churchman*)』라는 소책자에 실린 「국가(the state)」에서 나타났다. 이

글에서 템플은 독일 나치시대의 '전쟁국가(warfare state)' 또는 '무력국가(power state)'와 대비하여 영국을 복지국가로 대조시켜 규정하고 있다(Temple, 1941). 이 기록은 공식적으로 확인된 것이므로, 실제 용어의 등장 시기는 이보다 더 앞섰을 가능성이 있다. 또한 이 용어가 영국에서 자생적으로 발생했다기보다는 사회정책이 발전한 이웃 국가들에서 사용되는 용어의 영어번역으로서 전달되었을 가능성도 크다. 중요한 것은, 어느 나라에서 복지국가라는 용어를 처음 사용했는가가 아니라, 복지국가 '현상'이 어느 나라에서 언제쯤 출현했는가일 것이다(정원오, 2017: 49-50).

'복지국가'의 도입은 1945년 집권한 영국 노동당 정부가 「베버리지 보고서(1942)」를 근간으로 1948년 '요람에서 무덤까지(from the cradle to the grave)'의 사회보장제도를 실시함으로써 일반적으로 사용되기 시작했다. 그래서 1948년을 복지국가의 원년이라고 부르기도 한다(강종수, 2025: 249-250 ; 박경일, 2020: 93).

복지국가라는 용어가 1941년에 최초로 사용되었고, 1948년부터 복지국가의 실체가 현실화되었지만, 복지국가의 개념에 대한 영국인들의 일반적 이해는 그렇게 깊지 못했을 뿐만 아니라, 그 용어 자체도 널리 통용되지 못했던 것 같다. 1955년에야 비로소 『옥스퍼드 영어사전(*Oxford English Dictionary*)』에 'welfare state'라는 어휘가 처음으로 수록되었기 때문이다. 이 사전에 따르면, 복지국가는 국민 모두의 적절한 생존과 모든 유리한 조건을 국민 모두에게 보장할 수 있도록 구성되어 있는 정치체제이다.

이렇듯 복지국가라는 명칭을 일반적으로 사용하기 시작한 1950, 60년대에는 무슨 뜻인지도 모르고 사용되었고, 낯선 것이었다. 사회개혁가이자 관리자로서 복지국가 영국의 아버지인 윌리엄 베버리지(William Henry Beveridge, 1879~1963)는 복지국가란 의미가 '공짜로 얻기(something for nothing)', '산타클로스 국가(Santa Claus State)' 등을 암시하고 있다는 것을 마땅치 않게 여겼다. 복지국가 이론가 마셜(Thomas Humphrey Marshall, 1893~1981)은 그의 유명한 강의 「시민정신과 사회계급(Citizenship and Social Class, 1950)」에서 복지국가란 용어를 사용하지 않았으며, 유명한 페이비언 티트머스 역시 '복지국가'란 용어는 사회복지정책의 친구가 아니라, 적대적인 용어로 보았다(Garland, 2016: 5).

우리나라에서는 1959년 하상락의 논문 「사회복지사업에 대하여」(『국회보』 제 25호)에서 처음 사용되었다. 그에 따르면, 사회복지에 대한 시책을 수립하여 추진하는 국가가 복지국가이며, 복지국가의 특징은 주민이 보건경제 및 문화생활에 있어 최저기준의 생활을 하여야 하고, 사회적 및 문화적 활동에 있어서 그들의 능력에 적합한 참여를 할 수 있는 개인의 존엄성과 인격을 중시하는 민주자유국가를 말한다(김상균, 2004: 51-52).

2) 복지국가의 기원

복지국가라는 용어는 1940년대 이후 사용되기 시작했지만, 복지국가가 지향하는 사상은 이보다 훨씬 이전부터 나타났다. 카(Edward Hallet Carr, 1892~1982)는 『새로운 사회(*The New Society*, 1957)』에서 "19세기의 자유방임적 야경국가에서 그 논리적 반대물인 동시에, 논리적 귀결이기도 한 오늘날의 복지국가로 전환한 제 단계를 추적하는 것보다 더 매혹적인 현대사 주제는 없다."라고 주장한다. 카에 따르면, 복지국가는 자유방임경제체제를 극복하면서 등장한 새로운 국가체제이다. 자유방임주의(laissez-faire)는 자본주의체제에서 산업화가 초래한 새로운 사회문제인 빈곤문제를 '방임'하고 경제적 '자유'만을 강조하는 이데올로기이다. 자유방임의 반대는 국가개입이며 복지국가가 자유방임의 반대 논리물이라면, 복지국가는 국가개입을 지향한다.

자유방임주의가 절정을 이루었던 시기는 19세기였다. 애덤 스미스(Adam Smith)의 고전적 경제이론을 바탕으로 발전한 자유방임주의는 자조(self-help) 정신, 자유경쟁과 최소한의 정부개입을 추구하면서 19세기 동안 산업화과정에서 널리 확산되었다. 그러나 1800년대 중·후반에 들어서자 자유방임주의는 당시의 경제체제로서는 적절하지 못하다는 주장이 등장하였다.

1870년대 들어 독일에서 자유방임주의에 대한 공격이 나타나기 시작했다. 독일에서는 산업혁명 이후 자본주의가 성숙하면서 실업, 분배 불균형 문제, 수공업자의 몰락 등과 같은 사회문제들이 나타나기 시작했다. 이러한 상황에서 당시 지배적인 경제이론인 자유방임경제이론을 반대하는 운동이 나타나기 시작했다.

독일에서 자유방임주의에 대한 공격은, 1860년대 중순부터 모습을 나타낸 강단사회주의자(Kathedersozialisten, 경제 19세기 중엽부터 20세기 초 독일 경제학자들)라고 불리는 일단의 사회과학자들에 의해 이론적 기초를 얻게 된다. 신역사학파 슈몰러(Gustav von Schmoller, 1838~1917)를 중심으로 한 사회과학자들에 따르면, 경제적 자유방임주의는 인간의 이기심을 극도로 조장하여 생산을 증대시키고 물질적인 진보를 가져오는 데에는 성공했지만, 그 결과 극단적인 개인주의 속에서 인간성이 무시되고 빈부의 격차가 커지게 되었다. 또한 그들은 노동자들의 생활도 이전보다 나아지기는 했으나, 그렇다고 해서 인륜적인 생활을 가져오지는 못했으며, 자본가계급과 노동자계급 간에 경제적 대립뿐만 아니라, 관습, 교양, 세계관의 대립이 나타났다고 주장하였다. 그래서 이들은 애덤 스미스를 넘어서는 새로운 학문을 요구하게 되고, 그 속에서 '국가의 역할'이 보다 중요한 의미를 갖게 되었다.

이와 같은 사회과학자들의 자유방임주의에 대한 이론적 공격과 함께 정치권에서는 산업화로 인한 사회문제들을 해결하기 위한 노력이 나타났다. 강단사회주의자들 중심으로 결성된 사회정책학회가 제공하는 이론적 기초를 바탕으로, 비스마르크는 산업화로 인해 나타난 사회적 위험의 상황에 당면하게 된 노동자들의 삶을 제고하기 위한 노동자재해보상보험제도, 질병보험제도, 노령연금제도와 같은 다양한 사회보험제도를 도입했다. 비록 이러한 사회보험제도 도입을 위한 노력이 당시 점증하고 있던 사회주의 세력을 제어하기 위한 수단으로 사용된 점이 있지만, 복지국가가 지향하는 시장경제에 대한 국가개입이 시작되었다(박병현, 2017: 15-16).

영국에서는 1880년대의 불황, 찰스 부스(Charles Booth, 1840~1916)와 시봄 라운트리(Benjamin Seebohm Rowntree, 1871~1954)의 빈곤에 관한 조사, 페이비언 사회주의(fabianism, fabian socialism)의 등장으로 인해 빈곤문제의 심각성이 제기되고, 빈곤의 원인에 대한 심도 있는 지식이 축적되었다. 또한 의식 있는 사람들은 정부가 나서서 빈곤문제를 해결해야 한다는 주장을 펴면서 빈곤문제를 정치적인 이슈로 만들었다. 자유방임주의는 우파와 좌파 모두로부터 공격을 받기 시작하였고, 20세기가 가까워져 오면서 빈민을 통제했던 「신구빈법」은 원칙과 철학에서 도전받게 되면서 복지 관련 법률 제정이 서서히 힘을 얻기 시작했다. 19세기 동안 영국을 지배했던 자유방임주의는 20세기에 들어서면서 쇠퇴하기 시작했다. 1906년 자유당(Liberal Part)이 집권하면서 처칠(Winston Leonard Spencer Churchill, 1874~1965) 등의 진보세력들은 1908년 「노령연금법」을 도입하고, 1911년에는 의료보험과 실업보험이 포함된 「국민보험법」을 도입하는 등 국가개입을 전제로 하는 사회정책들을 시도하였다. 이러한 1900년대 초반의 시대적 상황을 가리켜 프레이저(Derek Fraser)는 '복지국가의 기원'(Fraser, 1984: 155)으로, 브루스(Maurice Bruce)는 '복지국가 도래의 전환점'(Bruce, 2017)으로 평가했다.

19세기의 근대시민국가에 있어서는 경제활동은 자유방임주의에 의거하여 행해지는 것이 바람직한 것으로 생각되었다. 경제활동에 대한 국가권력의 개입은 자본주의의 발전을 저해하는 것으로 생각되었다. 따라서, 국가의 적극적인 보호나 간섭을 될수록 배제하려고 했다. 국가는 오로지 국내의 치안유지와 대외방위에만 전념할 것이며, 그 이외의 영역은 가능한 한 국민의 자유로운 활동에 일임하는 것이야말로 가장 바람직한 것으로 생각되었다. 독일 국가사회주의자 라쌀(Ferdinand Lassalle, 1825~1864)의 말을 빌리자면, 이 시대에 있어서는 국가라는 존재는 '필요악(necessary evil)'으로 생각되었다. 따라서, 국가의 활동은 필요한 최소한에 한정시켜야 한다고 보았던 것이다. 이것이 바로 '야경국가관'이다.

이러한 국가관에 입각하고 있었기 때문에 국민세금으로 충당되는 국가의 경비는 국민의 생명과 자유와 재산을 수호하기 위하여 될수록 효과적으로 사용되어야 할 것이지만, 그 경비는 적으면 적을수록 좋다고 보는, 이른바 '값싼 정부(cheap government)'의 운영이 그 당시의 이상이었다. 그러나 자본주의의 발전은 '있는 자와 없는 자(have-have not)'의 생활격차를 낳게 함으로써 계급대립의 격화를 초래하게 되었다. 이에 따라, 빈곤과 불평등 해결의 문제는 중대한 과제가 되었다. 또한 제1차 세계대전 후의 경제공황과 대량실업의 발생은, 자유방임적인 시장경제의 논리가 이미 경제의 지도원리로서 유효하게 기능할 수 없다는 것을 명백히 보여 주게 되었다. 이제 국가는 오로지 국내의 치안유지와 대외방위만을 그 주된 직무로 삼는 야경국가적 존재가 아니라, 각 국민에게 '인간다운 생활(decent life)'을 보장해 주기 위하여 경제활동에 대한 적극적 개입이 절실히 요청되게 되었다. 이리하여 이른바 '값싼 정부(cheap government)로부터 거대한 정부(big government)로, 야경국가(Nachtwächterstaat)로부터 복지국가(welfare state)'로의 전환이 이루어지게 된 것이다.

복지국가는 국민 전체의 기본적 복지를 국가의 책임으로 보장하는 국가이다. 즉, 부의 재분배를 통해서 국민의 최저한(national minimum)의 문화생활을 보장하는 국가이다. 이러한 국가관은 각 개인의 생활보장에 대해 1차적으로는 각 개인의 책임으로 생각하면서도 어떤 특정한 자선가나 단체에 맡기지 아니하고 국가의 당연한 책임으로 보는 사상에서 기인하고 있다. 따라서, 20세기의 복지국가는 비단 경제활동뿐만 아니라, 국민생활의 모든 영역에 적극적으로 관여하여 국민의 복지증진을 도모하려고 한다. 즉, 현대 복지국가에 있어서는 무엇보다도 먼저 실업자들을 구제하기 위한 완전고용정책이 취해지며, 또한 빈곤이나 사회불평등을 시정하여 모든 국민으로 하여금 최저한의 인간다운 생활을 누리도록 보장해 주기 위한 각종 사회보장책이 채용된다. 그 대표적인 케이스를 영국에서 찾아볼 수 있다.

그러므로 자유방임적 야경국가의 논리적 반대물인 복지국가의 기원은 20세기 전후 독일과 영국의 사회보험제도의 도입에서 찾아볼 수 있다. 따라서, 야경국가로부터 복지국가에로의 전환은 역사적인 필연이라고 할 수 있다.

3) 복지국가의 정의

오늘날 세계 대부분의 선진국들과 개발도상국들은 복지국가이다. 복지국가란 국가가 복지의 공급에 중심적 역할을 맡는다는 것을 의미한다. 이는 의료,

교육, 주택, 소득 같은 시민의 기초적인 필요를 충족시킬 수 있는 서비스와 급여를 체계적으로 제공함으로써 수행된다. 복지국가의 중요한 역할은 질병, 장애, 실업, 노년과 같이 사람들이 자신의 생애과정에서 직면하는 위험을 관리하는 것과 연관된다. 복지국가가 제공하는 서비스와 복지지출 수준은 나라마다 다양하게 나타난다(Giddens, 2021: 455).

복지국가의 정의에 대한 문제점은 논자의 가치관, 이데올로기적 입장, 그리고 이론적 관념에 따라 매우 다양하게 제시된다. 따라서, 복지국가를 명확히 정의하는 데에는 어려움이 있다.

『복지국가개론』
(2016)

갈랜드(David Garland)는 2016년 그의 저서 『복지국가개론(*The Welfare State: A Very Short Introduction*)』에서, 이 분야의 전문가들은 일반적으로 복지국가의 세 가지 아주 다른 개념들 가운데 하나를 주장한다고 말한다. 그 내용은 다음과 같다.

첫째 개념은 복지국가를 빈곤층을 위한 복지를 구현하기 위해서 노력하는 국가로 규정한다. 이것은 가장 좁은 개념으로, 복지국가 반대론자들이 선호하였다. 그것은 가장 문제 많고, 가장 인기 없는 복지제도 측면들만을 보게 하였다. 예컨대, 미국의 한시적 빈곤가정 부조(Temporary Assistance to Needy Families, TANF), 식비지원제(Food Stamp, FSP)와 같은 프로그램들 및 영국의 일반부조(general assistance)와 소득보조(income support)나 구직자수당(Job Seeker Allowance, JSA)과 같은 프로그램들은 비기여 및 자산에 따른 구호(non-contributory, means-tested relief) 등의 방식을 채용한 것들이었다. 이 제도들은 미국과 특별히 영국에서 '복지'나 '복지시스템'에 관련한 정치적 논쟁이 있을 때마다 대두된 개념들이었다.

둘째 접근방법은 사회보험, 사회적 권리와 사회서비스 등에 초점을 둔다. 이것은 대부분의 비교사회정책 연구의 분석적 접근이며, 미국의 사회보장제(social security)와 노인의료보험(medicare)과 영국의 국민건강보험(National Health

Service, NHS)과 같은 제도들로써 정부사회지출의 대부분을 차지하였다. 또한 여기에 포함된 공공교육은 복지국가에 앞선 사회공급의 한 형태이지만, 복지국가와 관련해서 보면 그것은 기본적인 사회적 권리로 볼 수도 있었다. 예를 들어, 영국에서 정부소비지출의 약 20%는 연금에, 18%는 의료서비스에, 12%는 교육에, 20%는 기타 여러 형태의 복지에 투입되고 있다. 이와 같은 복지국가의 핵심 요소들은 유권자들에게 언제나 인기가 있었고, 심지어 세금감시운동(tea party)과 같은 공공연한 반정부정치운동에게서도 지지를 받았다.

셋째 개념은 경제적 관리와 모든 복지국가에서 이루어지고 있는 경제통제를 강조한다. 이것은 가상 폭넓은 서술이면서 대중의 논란에서는 가장 생소한 것이다. 그러나 이는 정치경제학자들과 사회학자들이 사용하는 개념이며, 또한 갈랜드가 개발한 핵심적인 분석법이기도 하다. 이와 같이 폭넓은 개념은 정부의 규제, 재정, 통화 및 노동시장 정책과 그러한 정책들이 시장을 만들고, 성상을 촉신하나, 기업과 기계의 복지를 보장하는 데 어떤 역할을 하는지를 강조한다.

복지국가는 전형적으로 모든 시민들에게 권리 성격의 급여제공, 경제에 대한 정부의 통제, 그리고 완전고용이라는 세 가지 거시적 원칙을 가지고 있다. 또한 복지국가는 이념적으로 사회민주주의, 정치적으로 의회민주주의, 경제적으로 혼합경제, 그리고 사회적으로 완전고용과 사회보장제도가 실현된 국가를 지칭한다. 따라서, 복지국가는 보호가 필요한 사람들뿐만 아니라, 모든 시민들에게 소득을 보장해 주고, 건강보호서비스와 교육서비스도 제공한다(박병현, 2011: 11).

그러므로 복지국가란 개인의 일상적 생활보장과 사회적 위험 및 사회적 문제를 해결하고, 자유와 평등을 포함한 인간의 행복을 추구하기 위한 권리를 정부와 민간조직이 보장하기 위해 적극적으로 노력하는 국가, 즉 소득의 상실로부터 가족의 최저생활수준을 보호하기 위해 고안된 사회서비스를 제공하는 국가를 말한다.

복지국가의 정의를 정리하면 다음과 같다.

(1) 윌렌스키(Harold L. Wilensky)

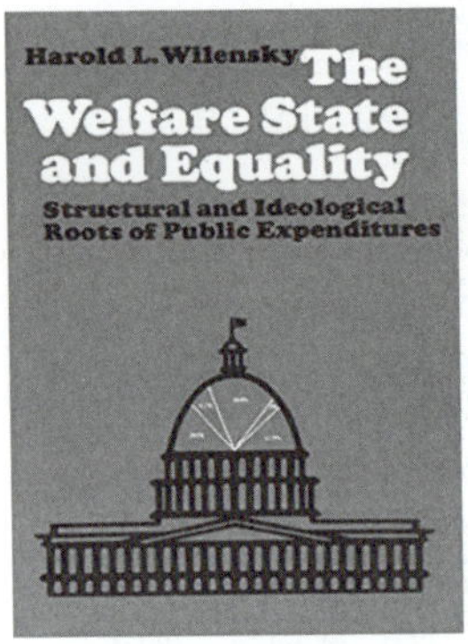

『복지국가와 평등』
(1975)

윌렌스키는 1975년 그의 저서 『복지국가와 평등: 공공지출의 구조적, 이념적 뿌리(*The Welfare State and Equality: Structural and Ideological Roots of Public Expenditures*)』에서, 복지국가의 핵심은 국가가 모든 국민에게 최소한의 수입, 영양, 건강, 주택, 그리고 교육을 보장한다고 한다. 국가에 의한 이러한 복지제공은 자선이 아니라, 모든 국민이 누리는 정치적 권리에 대응하여 주어지는 것이다. … 최소한의 수준을 보장하기 위해 국가가 시행하는 모든 프로그램은 비록 그 결과에서 재분배를 통해 평등을 증진할 수 있다고 하더라도, 그 목적에서는 평등과 아무런 관계가 없다(Wilensky, 1975: 1).

(2) 헥셔(Gunnar Heckscher)

『복지국가와 그 너머』
(1984)

헥셔는 1984년 그의 저서 『복지국가와 그 너머: 스칸디나비아의 성공과 문제점들(*The welfare state and beyond: success and problems in Scandinavia*)』에서, 복지국가는 자국 내에 거주하는 국민의(그리고 아마 시민권을 갖고 있지 않은 거주자들을 포함하여) 삶에 대해 집합적 책임을 지는 국가라고 한다. 따라서, 복지국가는 빈곤을 제거하기 위해 노력하고 국민이 빈곤상태에 빠질 때, 그들을 위해 적절한 사회보장을 제공한다. 또한 복지국가는 기회의 평등을 촉진하여 국민의 삶을 향상시키기 위해 노력한다(Heckscher, 1984: 6).

(3) 미쉬라(Ramesh Mishra)

미쉬라는 1990년 그의 저서 『자본주의 사회의 복지국가: 유럽, 북미, 호주의 긴축과 유지 정책(*The welfare state in capitalist society*)』에서, 복지국가란 국민의 삶과 관련된 '최소한의 전국적 기준(national minimum standards)'을 유지하기 위해 국가의 책임을 제도화하는 것이다. 특히, 제2차 세계대전 이후의 복지국가는 이와 같은 최소한의 전국적 기준을 보장하기 위해 완전고용의 실현, 국민의 기본 욕구를 충족시키기 위한 보편석 서비스의 제공, 그리고 빈곤의 해소와 예방에 정책의 초점을 둔다(Mishra, 2014: 34).

『자본주의 사회의 복지국가』 (2014)

(4) 코르피(Walter Korpi)

코르피는 1990년 그의 저서 『스웨덴 복지국가의 발전 비교(*The development of the Swedish welfare state in a comparative perspective*)』에서, 복지국가의 발전 정도는 정치적 민주주의와 국민에 대한 최소한의 사회보장을 전제조건으로 하여 상대적 빈곤이 어느 정도 감소하는가 또는 (결과의) 평등이 어느 정도 실현되는가에 의해 결정된다(Korpi, 1990: 185).

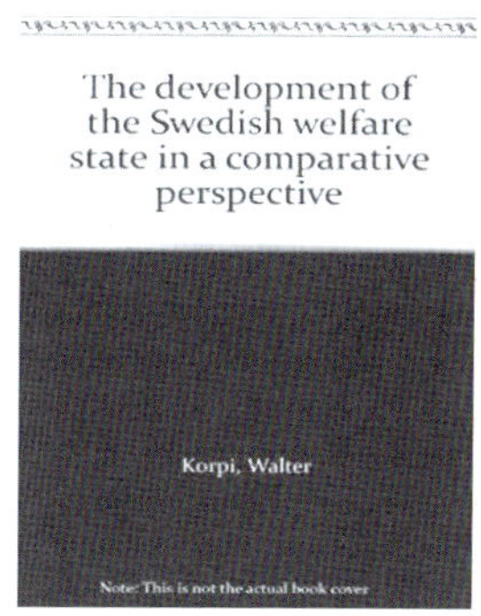

『스웨덴 복지국가의 발전 비교』 (1990)

(5) 에스핑-앤더슨(Gøsta Esping-Andersen)

에스핑-앤더슨은 1990년 그의 저서 『복지자본주의의 세 가지 세계(*The Three World of Welfare Capitalism*)』에서, 복지국가에는 다양한 형태의 복지체제(자유주의적, 조합주의적, 사회민주적 복지체제)가 존재한다. 그러나 복지국가 발전의 정도는 국가에 의해 부여되는 사회권이 국민의 시장에 대한 의존성을 얼마나 줄이느냐, 즉 탈상품화(decommodification)의 정도가 어느 정도인가에 달렸다(Esping-Andersen, 1990: 3).

『복지자본주의의 세 가지 세계』 (1990)

(6) 고세훈

고세훈은 2003년 그의 저서 『국가와 복지』에서 복지국가를 다음과 같이 정의한다. 보편적 가치로서의 복지국가란 저임금노동자, 실업자, 노약자, 장애자 등 시장에서 '사실상(virtually)' 탈락한 자들이 최저생계를 영위할 수 있도록 최소한의 소득보전장치를 제공함으로써 누구나 결핍이나 과도한 상대적 박탈감으로 인한 인격적 손상을 당하지 않으면서, 사회구성원의 일원으로 편입(inclusion)될 수 있도록 만드는 제도를 통칭한다. 당연히 복지국가란 시장 밖으로 밀려난 자들뿐만 아니라, 저임금과 불완전 고용 등 시장 안에서 열악한 노동조건에 노출되어 있는 사람들을 모두 포괄하는 개념이다. 이는 에스핑-앤더슨의 말을 빌려 정의한다면, 복지국가는 일차적으로 탈상품화와 사회계층화이다(고세훈, 2003: 87).

위와 같이 복지국가의 정의는 논자들에 따라 다양하게 정의됐음에도 불구하고, 최소한 세 가지 측면에서 공통점을 지닌다(김태성 외, 2019: 48-49).

첫째, 복지국가는 자본주의가 산업화과정에서 초래한 광범위한 빈곤, 산업재해, 경제적 불평등, 실업 등의 폐해를 치유하기 위해 등장하였다. 이러한 점에서 복지국가는 일정한 정도의 사회주의적 성향을 지닌다.

둘째, 복지국가는 정치적 민주주의를 그것에 이르는 수단일 뿐만 아니라, 보존해야 할 가치 그 자체로 간주하기 때문에 사실상 민주복지국가를 의미한다. 따라서, 권위주의 국가나 전체주의적 공산주의 국가가 거주와 이전의 자유, 사상과 표현의 자유, 결사의 자유를 비롯한 자유권 그리고 선거권과 참정권을 비롯한 정치권 등을 박탈한 채 국민들에게 향상된 물질적 보장만을 제공한다면 복지국가라 할 수 없다.

셋째, 복지국가는 모든 국민에게 경제적으로 최소한의 인간다운 생활을 영위할 수 있는 생활수준, 즉 '국민적 최소(national minimum)' 이상을 보장한다. 국민적 최소는 1942년 「사회보험과 관련서비스에 관한 보고서(*Social insurance and allied services*)」에서 베버리지가 영국복지국가의 책임범위로서 제시했던 개념이다. 이런 점에서 복지국가는 극빈자들의 구제에 한정되었던 과거의 국가와는 뚜렷이 구별되는 것이다.

이와 같이 복지국가에 대한 정의를 내리는 것은, 학자들마다 매우 다양해서 어떤 것이 옳고, 어떤 것이 그르다고 말하기는 어렵다. 그 이유는 각 나라마다 정치적 · 경제적 · 사회적 · 문화적 배경이 다르고, 복지국가 발달과정도 역사적으로 매우 다르기 때문이다. 이 때문에 복지국가에 관해 연구해 온 많은 학자들은 복지국가에 관해 간명하게 정의내리는 일이 쉽지 않다는 점을 공통적으로 인정하고 있다. 하지만 앞서 거론했던 다양한 정의들 속에서 우리는 복지국가에 관한 공통적인 특징과 본질을 도출해낼 수 있으며, 이를 통해 복지국가에 관한 가장 일반적인 개념을 정리해 볼 수 있다(정진화, 2020: 17).

그러므로 복지국가는 국민의 권리와 행복을 지향하며, 국민이 최소한의 인간적인 삶을 영위할 수 있도록 보장하는 국가라는 점이다. 다시 말해서 국민의 행복과 안녕을 추구하고 보장하는 국가가 바로 복지국가이다. 이를 위해 국가는 자본주의 및 시장경제 영역에 개입하여 그 역할과 책임을 다해야 하며, 그 방식은 민주적인 제도와 정치활동을 통해서 이루어져야 한다.

복지국가의 특징은 다음과 같다(노기남 외, 2021: 94).

첫째, 사회복지정책의 형성과 집행에서 국가의 역할이 중요하다.

둘째, 정치적 제도로서 민주주의를 복지국가 성립의 수반조건으로 한다.

셋째, 사회복지정책의 일차적 목표를 모든 국민의 최소한의 생활보장에 둔다.

넷째, 복지국가는 궁극적으로 '결과의 평등'을 추구한다. 기회의 평등을 추구하는 것은 아니다.

4) 복지국가의 목표와 지향점

브리그스(Asa Briggs)는 1961년 『유럽사회학저널(*European Journal of Sociology*)』지에 실린 「역사적 관점에서 본 복지국가(The Welfare State in Historical Perspective)」

에서, 그가 주장한 복지국가의 목표는 다음과 같다(Briggs, 1961: 221-258).

첫째, 실업, 이혼, 노령 등과 같은 우발적 사건이 일어났을 때, 그들의 경제적 안정을 유지시켜 주는 것이다. 이 목적은 복지국가에서 가장 큰 부분을 차지하고 있는데, 여기에 해당되는 정책으로 소득의 상실을 보상해 줌으로써 경제적 불안정을 예방해 주는 사회보험정책이 있다. 사회보험정책의 대상이 되기 위해서는 빈곤상태에 있어야 하는 것은 아니다. 사회보험정책의 주요 목표는 빈곤 여부와 관계없이 모든 사람들의 소득상실에 대처하는 것이다. 예를 들어, 실업자는 빈민이 아니더라도, 고용보험의 실업급여 수급자격이 주어진다. 퇴직 노인들은 자녀들로부터의 원조나 금융소득 등 다른 유형의 소득이 있을 수 있지만, 노령연금 수급자격이 주어진다. 이러한 제도들은 모든 계층의 사람들을 대상으로 하는 보편적 성격을 지니고 있기 때문에 복지국가의 예산 가운데 가장 많은 부분을 차지하게 된다.

둘째, 개인과 가족에게 최저한의 소득을 보장해 주는 것이다. 이것은 복지국가가 목표로 하는 빈곤극복이다. 여기에 해당하는 사회복지정책으로는 공공부조가 있다. 공공부조정책은 기술과 자립심 조장, 불우한 사람들이 사회의 주류세계로 들어갈 수 있도록 하는 것을 목적으로 하는 서비스이며, 주로 현금을 제공한다. 첫 번째 목표인 사회보험정책과는 달리, 빈곤극복정책은 어떤 수준 이하의 소득이 있는 개인이나 가족을 대상으로 한다. 그래서 이러한 정책들은 일정 인구계층을 대상으로 하기보다는 특정 욕구를 지닌 특정계층을 대상으로 한다. 이러한 프로그램의 대상이 되는 사람들을 선택하는 방법은 자산조사이며, 상대적으로 수가 적은 빈민들을 대상으로 하는 것이기 때문에 여기에 소요되는 국가예산의 규모도 사회보험정책과 비교하면 적은 편이다.

셋째, 모든 시민들이 그들의 지위나 그들이 속해 있는 계층과는 관계없이 사회에서 매우 필요한 기본 상품과 서비스를 받는 것이다. 이 목표는 최저수준(minimum) 개념보다는 적정수준(optimum) 개념에 기초한다. 이러한 서비스 중에서 가장 중요한 것이 공교육이다. 초등학교와 중등학교 교육의 무료제공은 모든 복지국가에서 시민권의 권리로서 제공된다. 고등학교 이상은 대부분

무료는 아니나 정부에서 여러 가지 형태로 보조해 준다. 공교육 서비스 제공 외에 현대 복지국가는 영양 · 탁아 · 주택프로그램을 제공한다. 또한 대부분의 복지국가에서는 보편적인 건강보호가 시민적 권리로서 주어진다.

복지국가의 지향점은 다음과 같다(고광신 외, 2017: 307-309).

첫째, 복지국가는 이념적으로 사회민주주의(social democracy)를 추구한다. 복지국가는 최저생활보장과 완전고용 그리고 기회균등을 목표로 보다 정의롭고 안정된 사회를 이루기 위해 국가권력을 의도적으로 사용한다. 이는 현실적으로 사회적 약자를 보호하기 위한 것이지만, 한편으론 국가권력이 깊이 개입하여 권력을 남용하게 되면 개인의 자유가 침해될 우려가 있다. 따라서, 복지국가는 개인의 자유를 최대한 보장하며, 동시에 사회구성원들 간의 평등을 실현할 수 있도록 해야 한다. 이런 관점에서 사회민주주의는 개인의 자유는 물론 전체적으로 국가개입을 동시에 만족시킬 수 있는 이념이다.

둘째, 복지국가는 정치적으로 의회민주주의(parliamentary democracy)를 선호한다. 의회민주주의의 핵심은 국민의 참여이다. 하지만 국민이 직접 참여하여 정책을 만들어가기에는 제약적인 요소들이 많다. 대부분의 나라는 국민의 대표인 의회를 구성하여 간접적으로 정책에 참여하도록 하고 있다, 따라서, 복지국가는 의회민주주의를 통하여 국민의 의사를 반영하는 체제를 선호한다.

셋째, 복지국가는 경제적으로 혼합경제(mixed economy)를 지향한다. 자본주의체제에서는 자유시장경제를 선호하기 때문에 국가가 시장에 개입하는 것을 꺼린다. 그러나 국가개입이 없을 경우, 소득분배의 불평등, 대량실업 발생, 자원이용의 비효율 등을 가져올 우려가 있다. 그래서 1929년 대공황 이후부터는 국가가 시장에 적극적으로 참여하고 개입하는 일이 증가하였다. 이는 국가가 개입하여 분배기능을 원활히 함으로써 기회균등을 실현할 수 있도록 하기 위해서다. 따라서, 복지국가는 경제적인 면에서 자본주의 경제와 사회주의 경제를 적절하게 혼합하여 국민의 인간다운 삶의 실현을 추구해야 한다.

넷째, 복지국가는 사회적으로 완전고용(full employment)과 사회보장제도(social

security system)가 실현된 국가이다. 복지국가의 가장 최우선 정책은 국민의 생존권 보장이다. 즉, 생존권 보장이 없다면 어떤 복지도 이룰 수 없다. 사회적인 문제와 불안요소로 인해 국민의 생존권이 위협받기 때문이다. 복지국가는 국민이 안심하고 삶을 영위할 수 있도록 생계보장정책으로 완전고용이 이루어지도록 하여야 하며, 예기치 않은 사고에 대비한 사회보장제도를 갖추어야 한다. 따라서, 복지국가란 사회적으로 완전고용은 물론 질병, 실업, 산업재해 등과 같은 생계위협의 요인으로부터 안전한 사회보장정책이 발달한 국가라고 할 수 있다.

그러므로 복지국가를 논의하는 경우, 복지제도의 존재유무를 기준으로 복지국가를 구분할 수 없다. 왜냐하면 거의 모든 나라들이 복지제도를 실시하고 있기 때문이다. 즉, 복지제도의 유무를 기준으로 할 경우, 복지국가는 덜 발전된 복지국가 또는 보다 발전된 복지국가로 속하게 되어 모든 나라가 복지국가가 되는 것이다. 다시 말해서 모두가 복지국가에 속하지만 정도의 차이가 있을 뿐이다. 그 결과, 이론적으로 복지국가와 비복지국가의 차이점을 밝히지 못한다. 하지만 복지국가는 아니면서도 복지제도를 실시하고 있는 모든 나라는 야경국가와 구별하는 의미에서 '적극적 국가(positive state)'라고는 할 수 있다(김교환, 2002: 27).

2 복지국가의 단계

틸리(Charles Tilly, 1929~2008)는 2007년 그의 저서 『민주주의(*Democracy*)』에서, 국가의 유형을 발전과정에 따라 원형국가, 발전국가, 민주국가, 복지국가 등으로 분류하여 설명하고 있다. 그 내용은 다음과 같다(Tilly, 2007).

1) 원형국가단계

『민주주의』
(2007)

초기의 국가를 원형국가라고 하는데, 원형국가는 국가 형성에 필요한 최소한의 요건과 국가행위로 구성된다. 베버(Max Weber, 1864~1920)는 국가를 "독점적 강압력, 통일적 권위, 그리고 모든 법률적·행정적 정치를 기초로 일정한 영토와 그 영토 내 주민을 배타적으로 지배하는 정치 조직 또는 공동체"라고 규정한다. 원형국가는 이러한 국가로서의 최소한의 요건을 갖춘 국가이다. 독점적 강압력을 획득하는 과정은 물리적 폭력과 전쟁행위를 수반한다. 원형국가는 일정한 영토 내에서 경쟁집단을 제압하기 위해, 그리고 영토 외부에서는 힘의 균형을 과시해 외부의 간섭 없이 배타적 지배권을 확보하기 위해 끊임없는 대립과 투쟁 및 전쟁행위를 지속하게 된다. 그리고 이러한 전쟁수행을 위해 원형국가는 영토 내부에서 각종 지원을 추출해야 하는데, 이를 공물 또는 보호를 명분으로 하는 약탈로 표현하기도 한다. 이러한 특징 때문에 학자들은 원형국가를 정복국가 또는 약탈국가라고 부르기도 한다. 학자들의 분류에 의하면, 원형국가는 발전국가가 등장하기까지 상당히 오랫동안 유지된 것으로 보이는데, 물론 초기의 물리적 폭력을 기만으로 하는 거친 지배방식이 법과 제도를 통해 다소 세련된 방식으로 발전하긴 했지만, 보호를 명분으로 공물을 추출하고 경쟁 세력과의 물리적 대결로 국가를 유지하는 본질적인 특성이 변화하기까지는 상당한 시간이 소요된 것으로 평가된다. 이 시기에 국가존립의 정당성은 외부의 침입으로부터 국민을 보호하고 내부의 질서유지를 통해 사적 약탈과 폭력으로부터 국민을 보호하는 데 있었다.

근대 이전에 존재하던 많은 국가들, 예컨대 고대국가, 봉건국가 등이 원형국가에 속하며, 근대 초기에 등장한 국민국가도 초기에는 원형국가에 속하는 것으로 분류된다. 초기의 국가들은 국민에 대한 직접적 지배력을 행사하기 어려웠지만, 국가의 지배력이 점차 강화되어 국가는 영주나 귀족을 통한 간접적 지배 방식에서 영토와 주민을 직접 통제·관리하는 형태로 발달해 왔고, 국민국가에 이르러서는 정복능력과 약탈능력이 극대화된 것으로 평가된다.

2) 발전국가단계

정복능력과 약탈능력이 극대화된 국민국가들은 점차 발전국가로 전환하게 되는데, 틸리의 설명에 의하면, 국민국가들의 경쟁이 치열해지면서 정복과 약탈에 의존하는 원형국가로서의 존립이 어려워지는 여러 가지 제약이 나타나게 된다. 그 제약이란, 첫째, 국가 간 전쟁이나 치열한 생존경쟁으로 조성된 외부적 제약, 둘째, 정복과 약탈이 일정 수준 이상일 경우, 이에 대해 발생하는 각종 저항(폭동과 반란, 납세 거부, 징병 거부 등), 셋째, 더 나은 보호와 지원을 제공하는 다른 국가가 존재할 경우, 사회구성원들이 타 국가로 이탈할 가능성이다. 이러한 제약조건이 구체적으로 확산되면, 합리적 대안을 모색하는 국가는 피지배자의 복종을 전제로 생산활동을 보호하고 장려하게 된다. 원형국가는 단지 보호를 전제로 수탈하는 방식으로 재원을 확보했지만, 발전국가는 장기적 안목에서 추출할 수 있는 원천적인 재원의 양을 증식시키는 전략을 사용한다. 그래서 사회구성원의 재산소유와 생산활동을 장려하고, 그들이 부피를 축적할 수 있도록 경제활동을 지원하는 다양한 발전정책을 시행한다. 이러한 정책을 통해 장기적으로 국가재정 수입의 극대화를 도모한다. 국민의 입장에서는 수탈이 아니라, 생산을 장려하는 국가에 감사해하며, 자발적 복종심에 의해 국가 유지에 필요한 재원(세금)을 납부하게 된다.

발전국가는 사회의 생산능력을 증가시키기 위해 재산권 보장, 자유로운 경제활동 보호, 도로·항만 등의 사회간접자본 확충 등을 통해 경제발전을 적극적으로 지원한다. 이런 국가를 '서비스 국가' 또는 '유기적 국가'라고 부르기도 한다. 중세 이후 봉건체제의 몰락과 함께 조성된 다양한 국가체제들 속에서 등장한 서구의 발전국가는 자본주의적 산업화를 촉진하고 놀라운 경제성장을 달성해 '유럽의 기적'을 이루는 데 가장 중요한 요인으로 작용하였다.

3) 민주국가단계

서구 국가들은 발전국가단계를 거치면서 자연스럽게 민주국가체제로 진입하게 되는데, 이러한 과정은 발전국가단계에서 새로운 국가발전의 파트너로 부각된 신흥 자본가계급의 사회적 위상이 확립되면서 자연스럽게 진행되었다. 발전국가 전략의 일환으로 인정된 재산권과 시민권은 봉건주의의 신분적 지배질서를 서서히 붕괴시킨다. 처음에는 신분제 의회에서 신흥 자본가들이 조세납부에 대한 조건으로 정치적 대표권을 획득하였고 이를 통해 귀족 중심의 의회에 새로운 신분계급(신흥 자본가, 부르주아지)이 진출하게 되었다. 프랑스와 같은 일부 국가에서는 부르주아(bourgeois)혁명을 통해 군주-귀족-지주 계급 중심의 구체제를 무너뜨리고 공화정을 수립하기도 했다. 프랑스혁명(1789)을 부르주아혁명으로 부르는 것은, 이 혁명이 구체제를 무너뜨리기도 했지만, 모든 국민에게 동일한 선거권이 부여되는 완전한 민주주의를 확립한 것이 아니라, 재산이 있는 자본가에게만 선거권이 주어지는 부르주아만의 민주주의를 가져오는 데 그쳤기 때문이다. 그렇지만 이후 많은 발전국가들이 민주국가로 전환되어 갔다. 유럽의 여러 국가들이 동일한 경로를 거친 것은 아니지만, 시민권 확보를 통한 신분계급질서의 붕괴는 점차 노동자, 농민 등 모든 계층의 정치적 권리가 인정되는 중요한 기반이 되었다. 귀족과 시민의 불평등한 투표권은 점차 평등하게 바뀌었고, 노동자와 농민에게도 동일한 투표권이 인정되었으며, 마침내 여성에게도 투표권이 주어졌다. 모든 국민에게 동일한 투표권과 참정권이 보장되는 민주주의 체제가 확립됨으로써 민주국가는 완성되었다.

나라마다 정치적 민주화를 이룬 시기와 경로는 상이하지만, 대체로 정복국가(약탈국가)에서 발전국가로, 그리고 민주국가로 전환하는 과정에는 자본주의의 발전과정이 밀접하게 연결되어 있었다. 자본주의 경제체제와 관련하여 민주국가의 중요한 특징은, 공적 영역과 사적 영역에서 각기 다른 원칙이 적용된다는 점이다. 즉, 정당 간 경쟁이 이루어지고 선거를 통해 국가권력이 확정되고 구성되는 '공적 영역'에서는 민주주의 원리가 적용되고, 시장을 통해 생산과 분배가 이루어지는 '사적 영역'에서는 자유주의 원리가 적용된다. 이러한 두 가지 특성을 아울러 '자유민주주의'라고 표현하기도 한다.

4) 복지국가단계

다음은 복지국가단계이다. 모든 민주국가가 필연적으로 복지국가로 전환될 것이라고 주장하기는 어렵지만, 대체로 민주국가는 복지국가로 전환되는 경향성을 보인다. 민주국가는 복지국가로 전환하기 위한 전 단계 또는 전제조건이다. 현존하는 모든 복지국가들은 민주국가단계를 거쳤으며, 독재국가에서 또는 발전국가에서 민주국가단계를 거치지 않고 복지국가단계로 진입한 사례는 발견할 수 없다.

왜 민주국가단계를 거쳐야 복지국가로의 진입이 가능한가? 이는 민주국가에서 나타나는 다음과 같은 두 가지 특성 때문이다.

첫째, 민주주의는 자본주의 경제체제의 주요 계급으로 성장한 노동계급에게 노동3권을 부여함으로써 노동계급의 조직화와 집단행동을 합법적으로 보장한다. 그 결과, 발전국가에서 극도로 억압되는 계급갈등이 민주국가에서 합법적으로 표출될 수 있다.

둘째, 민주주의는 민주적 제도와 절차를 통해 노동계급의 이익을 대변하는 좌파 정당을 결성하고 합법적인 정치활동을 할 수 있도록 보장한다. 민주주의 체제에서 노동당은 선거에서 승리만 하면 국가권력을 장악할 수 있고, 이를 통해 노동자의 이익을 최우선으로 하는 국가정책을 시행할 수 있다.

이러한 두 가지 요소의 결합은 계급 간 갈등의 해법을 합법적이고 제도적인 틀 안에서 찾을 수 있는 정치적 공간을 제공했다. 자본가계급과 노동자계급은 복지국가체계라는 틀 안에서 각자의 이익을 위한 타협의 지점을 발견할 수 있게 된다. 국가가 국민의 복지를 보장하는 각종 제도와 서비스를 제공함으로써, 자본주의 시장체계가 지니는 과도한 불평등을 완화하고 노동자의 삶의 질을 보장할 뿐만 아니라, 자본가계급이 안정된 투자와 이윤의 획득을 지속할 수 있게 한다.

나라마다 민주국가에서 복지국가로 전환되는 시기와 경로가 상이하기 때문에 복지국가로 이르는 하나의 길을 제시하기 어렵지만, 복지국가로 전환하는 단계에서 나타난 공통점은 민주주의가 만든 구조적 조건이었다. 민주주의라는 정치제도가 사회의 주요 행위자들에게 이전 시기와 질적으로 다른 기회구조를 제공했고, 이를 통해 그 행위자들이 속한 자본주의 경제체제를 어떤 형태로건 변모시킬 수 있는 구조적 조건을 형성했다는 점은 복지국가가 탄생하는 데 필수 요건이었다. 민주국가에서 '사적 영역'에 속하는 자본주의 시장경제체제에 대해서는 '자유주의' 원칙이 적용되었다. 복지국가에서는 사적 영역인 자본주의 경제체제에 공적 영역의 원칙인 민주주의 원칙을 적용하게 된다. 즉, 자본주의 시장경제에 민주화를 요구하게 된다. 자유주의적 분배에 더하여 정치적 합의를 통한 분배, 즉 재분배를 요구하게 되는 것이다. 정치적 합의가 가능한 것은, 상충되는 양측의 입장에서도 이익이 되는 절충점이 있기 때문이다. 그 내용은 다음과 같다.

첫째, 보수정당과 자본가계급은 사회권의 확대를 통해 노동계급과 민중들의 저항을 약화하고 민주주의 정치체제와 자본주의 경제체제의 결합구조 속에 반대자들을 포섭·통합해냄으로써 체제의 안정과 발전을 도모하고자 하였다.

둘째, 좌파정당과 노동계급은 사회권의 확대를 통해 자본주의를 사회화하고, 궁극적으로는 사회주의를 실현하고자 하였다. 타협이란 이 양쪽의 의도 중 어느 한쪽에 가깝든지 그 중간지점이 될 것인데, 이러한 양측의 정치적 합의를 통해 만들어진 정치와 경제 구조의 결합이 바로 복지국가체제로 구현된 것이다.

3 복지국가와 이데올로기의 상관성

'사회복지 이데올로기'는 사회복지에 대해 사회구성원이 공유하고 있는 유사한 생각의 결합체로, 일관성, 역사성, 유토피아성 등의 특징을 갖는다(김성이, 2006: 16). 또한 사회복지 이데올로기는 인간의 현실생활을 규제하며, 인간의 복지구현을 위해 사회적으로 추구되어야 할 것과 지양해야 할 것을 구분하는 이념적 기준 또는 준거를 제공함으로써 사회구성원의 현재와 미래의 삶에 영향을 미친다.

사회복지를 포함한 사회 전반에 대한 사유의 기조라는 면에서 보면, 사회사상은 사회복지 이데올로기의 일부로 이해할 수 있다(박광준, 2013: 155). 따라서, 사회복지 이데올로기는 사회복지에 대한 사상으로서, 사회복지의 개념과 범위에 따라 사회복지 이데올로기의 개념과 영역이 결정된다. 한 사회의 사회복지제도 또는 사회정책은 그 사회의 가치 또는 사상(thought)의 표현물이라고 할 수 있다(김상균: 2004: 15).

사회복지는 이론적 관점의 차이에 따라 사회현상과 사회문제에 대한 대응방식에 차이가 있을 수 있으며, 복지 이념으로부터 직접적인 영향을 받을 뿐만 아니라, 그 가치와 원칙, 방법까지도 결정된다. 또한 사회복지는 관점의 차이에 따라 그 정의도 차이가 있다. 복지에 대한 관점은 이념에 따라 영향을 받는다. 즉, 이데올로기에 의하여 사회복지의 가치와 원칙 및 방법 등이 상이하게 나타나며, 이데올로기는 궁극적으로 개인과 사회 또는 자유와 평등이라는 이념의 연속선에서 중간에 상이한 가치관에 따르는 많은 형태의 이념이 존재할 수 있다(김태진, 2012: 193).

이데올로기라는 말은 프랑스 철학자 드 트라시(Antoine Louis Claude Destutt de Tracy, 1754~1836)가 그의 저서에서 '관념의 기원을 결정하는 과학'이라는 의미로 처음 사용한 것으로 보인다(Baradat & Phillips, 2019: 10). '*ideologie*'의 어원은 *idea*(이념)와 *logie*(논리)의 합성어이다. 즉, 생각과 이념이 논리적으로 뭉쳐진

덩어리, 다시 말해서 '이념의 논리'라고 볼 수 있다. 이데올로기는 순간순간 떠오르는 생각이나 아이디어가 아니다. 오히려 인생에 대한 개인의 태도, 사회에서의 개인행위를 설명할 수 있는 사상과 신념의 일관된 패턴이며, 그리고 그와 같은 사상과 신념에 상응하는 행동패턴을 지지 · 주장하는 것이다. 따라서, 같은 이데올로기를 가진 사람들은 사회와 세계를 바라보는 시각에서 유사성이 있다. 아울러 이데올로기는 일시적인 기분, 감정, 판단과 달리, 일관성과 체계성을 담고 있는 특징이 있다(김영화 외, 2023: 129-130). 또한 이데올로기란 용어는 관념체계, 가치판단을 의미하고 있으며, 개인, 집단 및 문화의 특성에 관한 일관성 있는 이론 및 그 사회에 의해 발생한 사회이념 및 가치체계라고 할 수 있다(김태진, 2012: 193).

기든스(Giddens, 2021: 97)에 따르면, 이데올로기는 갈등과 조화 간의 상호관계를 분석하는 데 도움을 주는 유용한 개념이며, 그것은 약한 집단을 희생시켜서 강한 집단이 지위를 확보하게끔 도와주는 가치와 신념이다. 테일러(Taylor, 2006: 18)에 따르면, 이데올로기는 사회현실을 묘사하고 그것을 변화시키는 방법을 제시한다. 따라서, 이데올로기는 한 개인 또는 한 집단이나 계층의 구성원들에 의해 공통적으로 소유되는 신념체계라고 할 수 있다. 이데올로기는 정책결정에 중요하게 작용할 수 있다. 즉, 이데올로기는 사회복지정책 등의 방향 설정에 기본이 되는 노선을 제시한다고 볼 수 있다.

그러므로 복지와 관련하여 이데올로기는 대개 시대적 이념과 제도화된 가치로 정의되며, 모든 사회는 그 사회에 관한 신념과 개념의 체계를 만들어낸다.

사회복지 이데올로기의 근원이 되는 근대적 가치는, 서구 근대사의 시민정신인 민주주의, 개인주의, 실용주의 등을 들 수 있다. 영국의 경우, 1601년 「엘리자베스 구빈법」 시행 이후 약 300년간의 역사를 통하여 빈곤의 책임이 개인성에 의한 것이 아니라, 국가와 사회에 있다는 복지의식이 생겨났다(박병현, 2012: 113). 이는 산업혁명 이후 불평등문제 해결을 위한 국가와 사회의 책임인식 등에서 비롯된 것이다. 사회복지 이데올로기는 시대적으로 제도화된 가치이며, 각 사회에 따른 개념 체계를 만들어내고, 사회복지정책은 주도되는 이념에 따라 성격이 달라진다(김태진, 2012: 194).

사회복지 이데올로기의 유형에 대하여 조지와 윌딩(George & Wilding, 2013)은 반집합주의(anti-collectivism), 소극적 집합주의(reluctant collectivism), 페이비언주의(fabian socialism), 마르크스주의(marxism)의 4가지 모형을 제시하여 구분하였는데, 이들은 자본주의가 점진적으로 사회주의 복지국가로 나아감을 확신하는 페이비언주의자들의 관심을 강조하였다. 즉, 사회복지 이데올로기는 복지국가의 발달과 복지국가에 대한 태도, 이상사회, 평가 등에 관하여 설명되고 있다고 볼 수 있으며(박병현, 2012: 43), 이는 사회복지정책이 이념의 영향을 많이 받기 때문이다. 또한 1970년대 후반 복지국가의 재편, 세계화와 신자유주의 도래로 복지의 시장화와 지방분권화 등의 과정에서 복지는 이념을 반영하고 있으며, 복지 이론과 이념은 공공과 민간, 제3섹터를 포함한 종교기관의 복지실천과도 밀접한 관련성이 있다.

이데올로기를 가치의 정향으로 볼 때, 가장 대표적인 도식화는 '좌'와 '우'의 구분이다. 그런 만큼 좌파와 우파의 특징을 비교해 보면, 복지정책에 대한 '좌파'적 관점과 '우파'적 관점을 잘 파악할 수 있다. 좌파와 우파의 정치적 행동 지향성을 살펴보면, 대체로 우파는 점진적 · 보수적인 가치에 중심을 두는 반면에, 좌파는 급진적 · 진보적인 속성을 가지고 있다. 이러한 속성이 경제영역과 만나게 되면 좌파적 이데올로기는 대체로 집합주의 내지 사회주의를 지향하게 되고, 우파는 자유주의나 자본주의를 좀 더 옹호하는 양상으로 나타난다. 한편, 노르베르토 보비오(Norberto Bobbio, 1909~2004)에 따르면, 좌파와 우파를 구분하기 위해 가장 흔히 사용되는 기준은 사회 속에서 사는 사람들이 평등이라는 이상에 대해 어떤 태도를 가지고 있느냐에서 찾을 수 있다고 하면서, 좌파는 평등을 지향하는 것이고, 우파는 자유를 지향한다는 점에서 그 차이를 설명하고 있다(김영화 외, 2023: 130).

좌파와 우파의 차이는 복지정책 및 시장경제체제에 대한 태도에서 좀 더 분명한 차이가 나타난다. 18세기 산업혁명 이후 현대에 이르기까지 정치경제적 변화를 거쳐 오면서 자유주의적 시장경제와 정치질서가 지배적인 체제로 형성되었고, 이 과정에서 복지국가는 거의 대부분의 국가에서 '보편적으로 추구하는 모델'로 자리 잡게 되었다. 이러한 과정에서 좌·우파 이데올로기는 복지국가를 어떻게 이해하는지 그리고 기존 복지 제도와 정책에 대한 태도가 어떠한지를 구분할 수 있는 기준으로서 작동되고 있다. 특히, 복지정책에 있어서 좌파는 평등을 지향하는 특징이 있는 반면, 우파는 개인의 자유와 역량개발에 의한 성장과 발전을 강조하며, 국가의 지나친 개입은 지양되어야 한다고 본다.

오늘날 후기 현대사회의 특성은 복지사회를 추구함에 있어 사회정책을 통하여 국가책임과 평등을 추구하는 사회주의적 성격과 공공과 민간, 제3섹터를 통한 복지혼합(welfare mix) 및 자유주의가 공존하는 현상 등에 대하여 사회복지 이데올로기가 유형화되고 있다.

이데올로기는 사회복지정책과 관련된 사회적 가치를 반영하고 있다. 즉, 이데올로기가 달라지면, 사회복지정책의 내용도 달라질 수 있다. 무엇보다도 사회복지정책과 관련된 여러 영역에서 이데올로기마다 차이가 있기 때문에 각각의 이데올로기를 따르는 집단은 사회복지정책의 결과에 크게 영향을 미치기를 원하고 있다. 따라서, 사회복지정책은 이데올로기의 영향에서 벗어나기 어렵다. 이데올로기가 사회복지정책에 미치는 영향은 다음과 같다(노병일, 2021: 86).

① 사회구성원에게 무엇을 제공하여야 하는지와 관련해 영향을 미치고 있다.
② 사회에서 잘하지 못하는 사람들을 어떻게 다루어야 하는지에 대해서 영향을 미치고 있다.
③ 서비스를 제공하는 방식과 관련해 영향을 미지고 있다.

4 복지국가의 문제점

오늘날의 서구 선진복지국가들은 다양한 측면에서 상당한 어려움을 겪고 있다. 즉, 낮은 경제성장률과 높은 실업률, 그리고 국가재정 적자폭의 확대와 같은 전반적인 경제적 사정의 악화로부터, 비록 아직은 대부분의 국가에서 GDP 대비 사회복지 지출의 비율이 크게 감소하지는 않았지만, 다른 한편으로는 여러 가지 사회복지 프로그램의 축소로부터 오는 어려움이 그것이다. 그 결과, 전반적인 국민들의 복지 또는 삶의 질은 과거에 비해 상대적으로 열악해지고 있으며, 그중에서도 특히 저소득층을 비롯한 사회적 취약계층의 생활수준은 더욱 나빠져 빈곤율이나 소득불평등도는 커지고 있는 상황이다. 일반적으로 국가경제가 좋지 않으면 국가의 지출능력은 감소하는 데 비해, 실업자의 증가, 연금수급자의 증가 등으로 인한 사회복지에 대한 수요(need)는 커지게 되어 사회복지 지출의 필요성은 높아지게 된다.

이러한 지출증가의 필요성에도 불구하고, 경제적 능력 이상으로 사회복지 지출을 확대하게 되면 국가경제는 더욱 나빠지게 되는 악순환에 빠지게 된다. 따라서, 이 악순환의 고리를 끊기 위해서는 오늘날 서구 복지국가가 직면해 있는 문제의 원인을 명확하게 알아야 할 필요가 있다. 수요 중심의 케인스 경제학에서는 사회복지의 역순환적 기능을 강조하고 있는데, 이에 의하면 불경기 때 국가재정 적자를 통해 사회복지 지출을 늘려 수요를 창출함으로써 경기부양에 도움을 주어 경제순환의 폭을 줄이는 기능을 한다는 것이다. 그러나 이러한 가정은 1970년대 중반 이후의 지속적인 스태그플레이션(stagflation)하에서는 여지없이 무너지고 말았다.

오늘날 전 세계적 신자유주의의 분위기에서, 그리고 언론매체 등에서의 서구 복지국가들에 대한 보도를 통해서 많은 사람들은 서구 복지국가들의 문제를 야기한 주 원인을 이들의 지나친 사회복지 지출에서 찾는 경향이 있다. 그러나 오늘날 서구 복지국가들이 직면하고 있는 문제의 원인들은 다양하고, 또한 이러한 원인들은 서로 복잡하게 얽혀서 문제의 원인과 결과를 명확하기 구분하는 것은 쉽지 않다. 따라서, 어떤 특정의 원인이 문제의 가장 중요한 원인이라고 단정하기도 또한 어렵다. 그럼에도 불구하고, 이에 대한 논의는 크게 사회복지와 국가경제와의 관계에 초점이 맞추어지고 있다.

이극찬(2011: 17-18)에 따르면, 첫째, 복지국가에 있어서는 국가가 국민생활의 모든 분야에 개입하게 됨으로써 개인의 자유를 제한하게도 될 것이다. 바로 여기에서 발생하게 되는 문제, 즉 경제적 자유를 비롯한 개인의 기본적 자유와 국가에 의한 자유의 제약을 원리적으로 과연 어떻게 양립시킬 수 있을까 하는 문제가 있다. 둘째, 복지국가에 있어서는 국민이 국가에 대하여 너무 정도에 지나친 기대감을 갖기 쉽다는 것과, 또한 높은 수준의 복지의 실시를 위한 자금의 조달로 조세부담의 증대가 국민의 경제활동이나 저축에 대한 의욕을 감퇴하게 함으로써 경제발전을 저해하게 될지도 모른다는 문제가 있다.

김태성 외(2019: 343)에 따르면, 첫째, 이른바 '복지국가의 실패(welfare state failure)'의 관점으로, 과대한 사회복지 지출이 직접적으로 국가경제를 어렵게 만들었다는 설명이다. 둘째, 이른바 '시장실패(market failure)'의 관점으로, 서구 복지국가들의 시장경제가 실패하여 그들의 경제가 어렵게 되어 사회복지의 문제가 부담되었다는 설명이다. 셋째, 정치적 관점으로, 오늘날의 서구 복지국가의 문제를 이데올로기의 변화, 코포라티즘(corporatism, 조합주의)의 약화, 계급역학관계(자본가계급 대 노동자계급)의 변화 등과 같은 정치적 변수로 설명한다.

그러므로 경기회복계획, 지출삭감, 국가부채축소정책이 펼쳐지는 오늘날, 세계 각국의 정부들은 복지국가가 무엇을 제공해야 하는지 재고하고 있으며, 몇몇 국가에서는 복지국가를 현 상태로 지속할 수 있을지에 대한 대책을 강구하고 있다(Giddens, 2021: 455).

CHAPTER

02

복지국가의 전개과정

CHAPTER 02

복지국가의 전개과정

복지국가는 19세기 말 구체적인 제도들을 위한 출발을 준비하며, 20세기 전반에 걸쳐 성장과 축소, 재편의 과정을 경험한다. 복지국가의 전개과정을 구분해 보면 다음과 같다.

네일 길버트

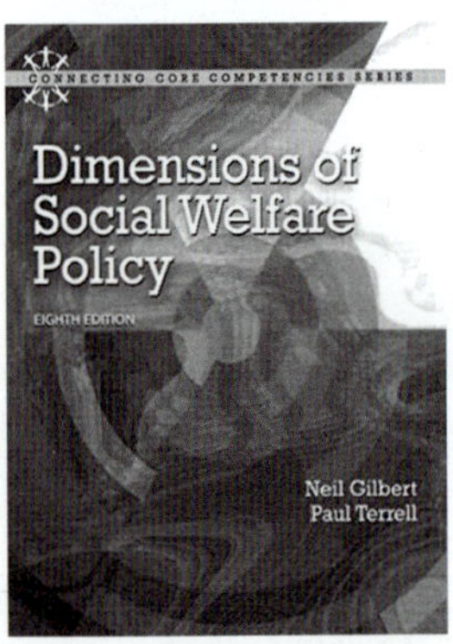

『사회복지정책의 차원들』 (2014)

길버트와 테렐(Gilbert & Terrell, 2014)은 태동기(1880~1930년대), 성장기(1940~1950년대), 성숙기(1960~1970년대 중반), 전환기(1970년대 중반~2007년), 압력기(2008년 이후)로 구분한다.

기든스(Giddens, 2021)는 복지국가의 개혁(1979~1997년, 1997~2010년), 긴축시대의 복지국가(2010년~현재)로 구분한다.

헤클로(Heclo, 1984)는 실험기(1870~1920년대), 강화기(1930~1940년대), 확장기(1950~1960년대), 재조직화 시기(1970년대 이후)로 구분하고 있다.

피어슨(Pierson, 2007)은 복지국가의 탄생기(1880년대~1914년), 성장기(1920년대~1970년), 축소와 위기기(1975년 이후)로 구분하고 있으며, 특히 성장기를 강화와 발전기(1918~1940년), 복지국가의 황금기(1945~1975년)로 구분하고 있다.

김태성 외(2019)는 복지국가 발달을 정착기(1920~1945년), 팽창기(1945~1975년), 정체기(1975년 이후)로 구분하고 있다.

여기에서는 길버트와 테렐(Neil Gilbert & Paul Terrell)의 저서 『사회복지정책의 차원들(*Dimensions of Social Welfare Policy*, 2014)』에 나타난 복지국가의 전개과정을 중심으로 서술하고자 한다(Gilbert & Paul Terrell, 2014: 30-39).

1 태동기(Inception, 1880~1930년대)

복지국가는 지금으로부터 한 세기 이전인, 산업화와 대대적인 사회적·정치적 격동기에 처음 등장하였다. 물론 19세기 이전에도 복지에 대한 공적 책임을 국가가 어느 정도는 부담하고 있었다. 예를 들어, 영국의 경우, 1601년의 「엘리자베스 구빈법(Elizabethan Act for the Relief of the Poor)」을 통해서 빈민구제의 책임을 기존의 교회에서 정부로 대체하는 변화를 시도하기도 했다. 그러나 이러한 전형적으로 잔여적이었던 전통적인 빈민구제 노력이 현대적 복지로 바뀐 것은, 사회보험을 통한 개입이 시작되면서부터이다(이평화 외, 2025: 55).

1880년대 독일에서 처음 소개된 후 전 세계의 다른 산업국가들로 빠르게 확산된 사회보험제도는, 그 당시 국가들이 공통적으로 직면한 일련의 심각한 사회적 문제들, 예를 들어 농경사회가 몰락하면서 농민과 농노가 산업사회의 노동자로 바뀌어 가고, 경제 불황과 활황의 주기가 반복되면서 점점 더 많은 사람들이 생계의 어려움에 직면하게 되는 등의 문제에 대한 대처방안으로 등장했다. 어떻게 하면 산업사회의 위험으로부터 가정을 보호할 것인가라는 질문에 대해서 정부 지도자들은-종종 노사정이 함께-사회보험제도에서 그 답을 찾게 되었다(김승훈 외, 2024: 144-147).

현대 복지국가의 기원은 바로 이러한 강제적 공공제도의 성격을 띠고 있는 사회보험제도의 시행에서 찾아볼 수 있다. 더 이상 노동시장에 참여할 수 없게 되어 비참하기 짝이 없는 빈곤상황에 처하게 되는 사람들의 숫자가 점차 증가하게 되자, 사회보험제도는 산업화된 사회에서 공통적으로 나타나게 되는 질병, 노령, 죽음, 실업, 사고와 같은 위험들을 사후적으로 대처하기보다는 미연에 방지하기 위한 방안으로서 도입되었다. 인본주의와 종교적 측면에서 볼 때 사회보험제도는 어려움에 처한 사람들에게 불확실성이나, 시혜를 받는 사람이라는 낙인(stigma) 없이도 인간다운 삶을 영위하는 데 필요한 최소한의 재정적 지원을 제공했다. 정치적인 측면에서 볼 때, 사회보험은 노동자계층의 정치적 영향력의 신장을 의미하는데, 정치적 참정권의 대대적인 확대로 인해 일반 사회구성원들이 국가에 지원과 보호를 요구할 수 있게 되었다. 그 당시의 정치적 · 경제적 엘리트집단에게 있어서 사회적 화합의 수준을 증진시킬 수 있는 사회보험제도의 가치는 매우 중요한 것이었다. 왜냐하면 노동자들이 더 이상 일할 수 없는 상황에 처하게 될 때 기대할 수 있는 어떤 것, 그리고 자기 가족의 미래를 보장할 수 있는 어떤 것이 존재한다면 노동자들은 자신들이 노동자계층에서 소외당했다는 느낌을 덜 느낄 수 있을 것이고, 고용주에 대한 적대감 또한 줄어들 것이며, 아울러 급진적인 정치세력의 주장에 관심을 덜 가질 것으로 판단하였기 때문이다.

복지국가의 탄생(birth)은 일반적으로 독일정부가 질병보험을 실시한 1883년으로 거슬러 올라간다. 대부분의 서유럽 국가들은 독일을 좇아 건강보험, 산업재해보험, 노령연금, 실업 프로그램들을 제1차 세계대전 이전에 도입하게 된다. 빈민법이 봉건적인 제도라면 사회보험은 자본주의적인 제도이다(원석조, 2019: 144). 현재는 농민이나 도시자영업자를 포함한 전 국민을 대상으로 하고 있지만, 사회보험은 시행 초기에 임노동자, 특히 육체노동자(프롤레타리아)가 주된 대상이었고, 자본제적 생산양식에서 발생한 문제인 사회적 위험(social risks, 산업재해, 실업, 질병, 정년퇴직 등)에 대한 대응책이었으며, 노동자와 자본가가 재정을 공동부담한다는 점에서 그렇다. 그럼에도 사회보험은 19세기 말 당시 가장 선진적인 자본주의 국가인 영국이 아니라, 후발 공업국 독일제국에서 세계 최초로 탄생했다. 1880년대에 잇따라 법제화된 비스마르크 사회입법이 그것이다(심상용, 2021: 105).

미국은 이러한 서유럽 국가들보다 늦게 1930년대에 경제 대공황을 겪으면서 비로소 사회보험제도를 도입하게 된다. 산업재해보험은 산업재해로 인해 더 이상 일을 할 수 없게 된 근로자를 위해, 건강보험은 질병이라는 위험에 대비하기 위해, 그리고 연금보험은 더 이상 일을 할 수 없을 만큼 나이든 노동자들을 위해 도입되었다.

이와 같은 일련의 프로그램들이 지속적으로 도입되고 축적되면서 사회복지는 그 범위나 목적에 있어서 과거 빈곤과 빈민구제에만 초점을 두었던 전통적 구빈법 체제와 전혀 다른 새로운 어떤 것이 되기 시작했다. 가족, 자선민간단체 그리고 친구나 교회로부터 받는 지원만으로는 현대사회의 보장체계를 지탱할 수 없다는 인식하에 정부가 직접 특정 근로자와 예상되는 특정한 위험에 대해 사회보험 프로그램을 제공하고, 이에 대한 관리, 감독 및 재정지원의 책임을 담당하게 되었다. 그 당시부터 사회보험은 강제보험(compulsory)이었다. 특정 직업 범주에 해당하는 노동자와 고용주(초기에는 주로 육체노동자와 농업종사자)는 반드시 보험에 가입해야 했으며, 노동자와 고용주 모두는 필요한 비용 가운데 적어도 일부분을 부담해야 했다. 이러한 변화와 관련해서 가장 중요한 것은, 사회보험의 도입으로 말미암아 노동자들이 정부가 제공하는 복지혜택을 요구할 수 있는 합법적인 권리를 가지게 되었다는 것이며, 이러한 권리는 오늘날의 정치활동에 있어서 중요한 권리로 자리 잡게 되었다.

사회보험제도가 복지국가의 필수적인 요소인 것은 분명하지만, 사회보험제도가 가진 한계로 여러 다른 영역에서의 사회문제에 대해서도 국가가 개입하면서 현대적인 의미의 복지가 출현하게 되었다. 정부가 지원하는 공중위생 및 공중보건사업은 20세기를 전후한 시기에 대대적으로 시작된다. 공교육의 확대, 그중에서도 특히 고등교육의 확대는 제1차 세계대전이 발발할 즈음에는 상당히 일반화되었다. 산업안전법과 공공주택 보급도 공교육에 못지않은 수준으로 확대되었으며, 양대 세계대전 사이의 기간(1918~1939)에는 전 유럽에 걸쳐 일반가정에 아동양육비를 지원하는 아동수당 프로그램이 소개되기도 했다. 이러한 변화와 함께, 급격히 증가한 공적 복지 프로그램의 재원을 마련하기 위해서 정부는 조세수단–일반적으로 누진소득세의 부과–의 범위를 확대하는 조치를 취했다는 점 또한 반드시 기억해야 할 변화 가운데 하나이다.

마지막으로 복지국가의 발달은 기존의 빈민구제 제도와 원칙에 대한 재정비를 가져왔다. 오늘날 '공공부조(public assistance)' 또는 '사회부조(social assistance)'로 불리는, 일반적으로 특정 빈곤계층을 위한 자산조사형 반빈곤 프로그램은 모든 유럽 국가 그리고 특히 미국에서 노동시장과 연결되지 않은, 그렇기 때문에 사회보험제도의 혜택을 받지 못하는 특정 빈곤계층을 위한 사회적 안전망의 핵심적인 요소로서 자리 잡게 되었다.

『미국 사회복지와 사회사업의 역사』 (2006)

레이비(James Leiby)의 저서 『미국 사회복지와 사회사업의 역사(*A History of Social Welfare and Social Work in the United States*, 1815~1972, 1978)』에 따르면, 사회보험제도는 1880년대 독일에서 최초로 도입되었다. 영국에 이어 독일은 산업화가 매우 급속도로 진행되었지만, 사회보험의 도입이 갖는 역사적인 맥락은 상당한 차이가 있다. 독일정부는 토지를 가진 귀족이나 지배계급, 온정주의 귀족정치가, 충성적이며 애국심이 있는 귀족정치가들에게 장악되었다. 독일은 산업이 제국주의의 권력과 국가의 부(wealth)의 기초가 되는 것을 희망했다. 독일의 지도자들은 영국 무산계급(프롤레타리아)의 궁핍과 착취, 해체 및 자유주의적 철학을 경멸함에도 불구하고, 영국의 자유방임주의 경제를 독일 내에서 정당화하려고 노력했다. 비스마르크(Otto Eduard Leopold von Bismarck, 1861~1871) 총리는 근로자의 불평에 대해 매우 민감했으며, 실제로도 근로자의 복지를 위한 기준들을 만들어냄으로써 근로자들을 안정시키려는 의지를 가지고 있었다. 1881년 비스마르크는 국민의료보험(1883), 재해보험(1884), 장해 및 퇴직연금(1889) 등의 법제화된 프로그램을 도입했다(Leiby, 1978: 197-198).

폰 비스마르크

한편, 대공황은 전쟁과 또 다른 측면에서 경제와 복지 분야에 대한 국가개입을 초래하였다. 1920년대 말에 시작되어 1930년대 말까지 지속되었던 대공황은 전 세계를 거쳐 광범위한 생산중단을 가져왔고, 많은 실업자를 양산하였다. 이러한 상황 속에서 진보적인 정당(미국 민주당, 영국 노동당 등)들이 자본과 노동 사이의 '뉴딜(New Deal)', '사회계약(Social Contract)' 등을 내세우고, 케인스

경제이론을 기반으로 국가가 적극적으로 시장경제에 개입하면서 사회복지의 확대를 추진하였다(박병현, 2017: 72).

2 성장기(Growth, 1940~1950년대)

제2차 세계대전은 서구 사본주의 국가들을 더욱 궁지에 몰아넣었다. 최악의 실업률 및 산업도산과 함께 도시지역의 대규모 난민 발생, 지방으로의 아동 소개(evacuation) 및 전사 등으로 인한 가족해체, 주택의 파괴, 배급(ration) 부족, 기아(또는 아사), 질병 등으로 인해 수많은 빈곤자와 요보호자가 양산되었다.

전쟁은 국가와 국민 간의 관계를 변화시켜 국가복지를 확대하는 계기가 되었다. 광범위한 국민이 참여하고 다수가 희생을 겪었기 때문에 국가는 국민에게 보상해야 할 필요성을 느끼지 않을 수 없었다. 그 결과, 「베버리지 보고서(beveridge report)」가 태동하였다. 우선, 국민의 희생에 대한 공적 보상의 필요성이 대두되었다. 법적 · 정치적 시민권이 확립된 데 이어, 더 나은 삶을 위해 공적 사회복지제도를 확충하겠다는 약속을 이행해야 하였다. 다음으로, 전시에 국가가 국민생활의 광범위한 영역에 개입했던 경험도 공적 사회복지제도를 확충하는 데 계기를 제공하였다. 예를 들어, 영국에서는 민간의료기관이 대거 파괴되어 전시 의료국유화를 단행하지 않을 수 없었는데, 이는 전후 국민보건서비스(National Health Service, NHS)의 도입으로 이어졌다. 또한 대규모 사상자나 빈곤 같은 전쟁의 후유증 앞에 기존 사적 제도의 무력함이 체감되어 대규모로 위험분산 기능을 담당하는 국가적인 사회복시세도의 필요성이 대두되었다. 기존 「빈민법」제도뿐 아니라, 사적 자선, 상업보험 등의 무기력함이 확인되었고, 사보험기관의 보험업무 수행 기능이 파괴되기도 하였다.

경제공황은 전쟁과 다른 측면에서 국가가 경제에 개입하는 계기가 되었다. 자본주의가 주기적으로 파괴되는 공황은, 수요와 공급의 모순을 토대로 운영되는 자본주의 경기순환의 필연적인 과정이다. 특히, 1929년부터 발생한 대공황은 세계 자본주의 국가들에게 경제적 · 사회적으로 매우 큰 충격을 안겨 주었다. 특히, 이 시기에 닥친 대공황은 산업화이론이 말하는 것처럼 사회적 측면뿐 아니라, 경제적 측면에서도 국가의 경제개입이 필수적임을 입증하였다. 자본주의 경제체제는 수요와 공급의 시장법칙만으로는 운영될 수 없고, 공황으로 인한 주기적인 파국을 막기 위해서는 국가가 경제에 개입하는 혼합경제가 불가피하다는 점이 확인된 것이다(심상용 외, 2021: 114).

이로써 미국과 영국을 비롯한 대부분의 발달한 자본주의 국가들은 유효수요를 창출해 경제공황으로 인한 광범위한 생산중단과 대량실업을 극복하고 경제 선순환을 이루기 위해 복지 확대를 추진하였다.

20세기 중반, 즉 1940년대와 1950년대에 사회복지활동은 그 범위가 괄목할 만한 정도로 확대되기 시작한다. 이러한 발전의 주된 핵심은, 적어도 지출규모를 기준으로 본다면, 이전 단계에서 시작된 사회보험제도의 확대였다. 간단히 말해서 기본적인 소득유지 프로그램 - 퇴직, 실업, 재해를 위한 - 은 시행 이후 대상범위와 급여범위가 지속적으로 확대되기 시작했고, 이에 따라 이들 프로그램의 재정규모는 정부예산에서 점점 더 많은 비중을 차지하게 되었다. 또한 시간이 지남에 따라, 대상과 조건을 협소하게 규정했던 프로그램들이 점차 대상범위를 넓혀가기 시작했으며, 전 국민 모두를 대상으로 하는 보편적인 프로그램으로 확대되었다. 아울러 기초생활을 보장하는 수준에서 책정되었던 초기의 급여수준 또한 점차 일반적 삶의 질을 보장할 수 있는 적절한 수준까지 높아지게 되었다.

독일의 경우, 사회보험제도를 처음 도입할 당시 가입대상자는 공장 노동자로 한정되어 있었다. 그러나 25년이 지나자 가입대상자는 농업 · 비농업 · 상업 · 산업 분야를 포함하는 모든 노동자에게로 확대되었다.

영국의 경우, 실업보호정책(unemployment safeguards)을 처음 도입한 1911년만 해도 대상자가 계절근로자(seasonal employees)로만 한정되어 있었으나, 점차 전체 노동자로까지 확대되었다. 특히, 제2차 세계대전 후의 사회보험 확대는 중산층을 복지국가라는 체계 안에 포함하는 결과를 가져왔다. 사회보장제도의 혜택이 보편화되면서 모든 임금노동자들이 정부의 소득지원제도에 점점 의존하게 되었고 모든 시민이 보건, 주택, 교육 프로그램을 누릴 수 있게 됨에 따라 보다 숙련된 노동자와 전문가들이 복지체계 안으로 유입되게 되었다. 현대 복지국가가 전반적인 시민들의 삶의 질(well-being)을 국가 차원에서 책임진다는 새로운 합의(consensus)에 따라 제2차 세계대전 이후에는 복지 확대가 더욱 가속화되었다.

선택적 복지에서 보편적 복지로의 전환은 흔히 근대 복지국가의 청사진으로 여겨지는 1942년 「베버리지 보고서(Beveridge Report)」에 담겨 있다. 이 보고서는 결핍(want), 질병(disease), 불결(squalor), 무지(ignorance), 태만(idleness)을 5대 거대한 악의 근절을 목표로 삼았다. 전후 영국 노동당 정부는 연속적인 입법을 통해 이러한 구상을 구체적인 행동으로 전환하기 시작했다. 몇몇 주요한 법령은 보편적 복지국가의 초석을 놓았다. 1944년에 이미 전시 정부는 학교 부족문제를 해결하기 위해 교육법을 제정했고, 1946년에는 대중의 건강증진을 위한 국민보건법을 제정했다. '결핍(가난)'을 다루기 위해 제정된 1946년의 국민보험법에는 실업, 질병, 퇴직, 사별 등에 따른 소득 손실을 방지하기 위한 시책이 마련되었다. 1948년의 국민부조법은 국민보험법의 적용을 받지 않는 사람들에게 자산조사를 거쳐 원조를 제공하도록 했으며, 이전의 구빈법은 사라지게 되었다. 가족의 필요(1945년 가족수당법)와 주거조건 향상(1946년 신도시법)을 위한 법률도 제정되었다(김보기 외, 2022a: 41-42).

영국의 복지국가는 특정한 조건에서 사회의 본질에 관한 통념에 따라 만들어졌다. 복지국가 건설의 전제는 삼중적이다. 그 내용은 다음과 같다(Giddens, 2021: 459).

첫째, 복지국가는 노동을 유급노동과 동일한 것으로 여겼고, 완전고용이 가능하다는 신념에 근거하고 있었다. 따라서, 복지는 실업이나 장애와 같은 불운 때문에 시장경제의 외부에 놓이게 된 사람들의 필요를 충족시키는 것으로 규정되었다. 이와 관련하여 복지국가의 이상은 아내가 집에 머물고 남성이 수입원으로서 가족을 부양한다는 가부장적 가족개념에 입각했다.

둘째, 복지국가는 국민적 연대를 촉진하는 것으로 간주되었다. 복지국가는 모든 인구를 공통된 서비스에 연관시킴으로써 국민을 통합시킨다는 것이다. 복지는 국가와 시민들 간의 결합을 강화하는 수단이었다.

셋째, 복지국가는 생애과정에서 자연스럽게 발생하는 위험을 관리하려고 한다. 이런 의미에서 복지는 예기치 않은 미래에 발생할 수 있는 잠재적 문제에 대비하기 위해 들어 두는 보험의 한 유형으로 볼 수 있다. 따라서, 국가 차원의 사회적 그리고 경제적 삶에서 발생하는 실업, 질병, 여타 다른 불행은 관리될 수 있다.

이러한 원칙은 1945년 이후 30여 년 동안 나타난 복지국가의 엄청난 확장을 뒷받침했다. 제조업이 성장하면서, 복지국가는 노동계급의 요구뿐 아니라, 건강한 노동력에 의존하는 경제 엘리트의 요구도 만족시키면서 성공적인 계급 '타협'을 상징했다. 하지만 1970년대에 이르러 제도적 복지와 잔여적 복지 진영 간의 정치적 격차는 점점 더 분명해졌다. 그럼에도 1990년대에 들어서면서 복지국가가 상당한 개혁이 필요하다는 것을 좌파와 우파 모두 인정했다.

특히, 서유럽과 북유럽에서는 복지국가가 급속히 발전했다. 그 이전에는 임시적으로 실시되었던 복지제도들이 1945년 이후에는 포괄적인 복지시스템에 통합되었다. 유럽에서 사회서비스라는 개념으로 포괄하였던 교육, 주택, 보건의료 등의 공급이 확대되었다. 사회보험은 대상 인구와 포괄하는 위험의 범위 측면에서 확장되었다. 그리고 건강보험, 가족수당 및 완전고용 정책이 수립되었다.

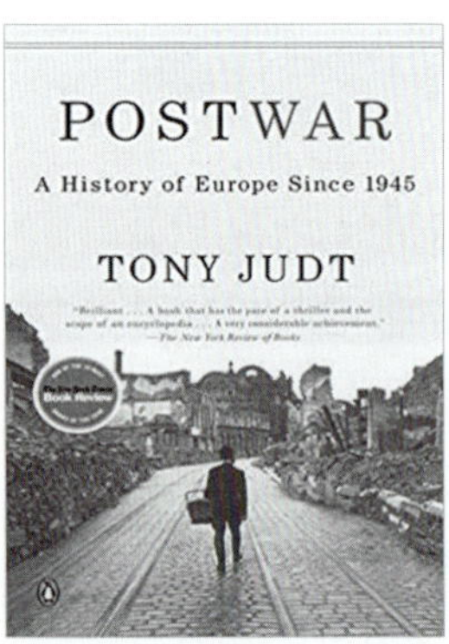

『전후: 1945년 이후 유럽 역사』 (2006)

주트(Tony Robert Judt, 1948~2010)는 2005년 그의 저서 『전후: 1945년 이후 유럽 역사(*Postwar: A History of Europe Since 1945*)』에서, 이렇게 결합된 발전은 상당히 새로운 차원에서 '요람에서 무덤까지(cradle-to-grave)' 책임지는, 적어도 약간은

재분배 성격을 지닌 복지국가를 만들어냈다. 그의 표현을 따르면, 제2차 세계대전 후 유럽인들은 전보다 더 많이 먹고 (주로) 더 나은 삶을 살았으며, 더 건강하게 살았고, 그 어느 때보다 더 나은 주거환경에서 더 좋은 옷을 입었으며, 무엇보다 안전했다(Judt, 2005: 74-76).

유럽에서 '복지국가'라는 개념이 호의적으로 받아들여지는 반면, 미국에서는 '복지국가'라는 용어가 조롱거리처럼 쓰일 때도 많았지만, 제2차 세계대전 기간 중 대서양 건너편 유럽에서는 더 확장된 사회영역(social sector)을 만들었다. 반면, 유럽과는 달리 미국에서는 큰 논쟁 없이 보호(protection) 프로그램이 확대되었나. 예를 들어, 제2차 세계대전 이전에 미국 사회보험 시스템에서는 대상이 되는 근로자에 더해서 유족, 배우자, 부양아동 등을 포함했고, 1956년에서는 사회보장법에 장애보험을 추가했다. 전후 10년 동안 사회보장에 의한 보호는 농부, 가내 노동자, 자영업자까지 확대되었다. 1960년에 이르러서는 노동 공급의 기의 90%까지 포괄되었다.

미국에서는 제2차 세계대전의 긴급성과 근로자 급여인상 금지를 배경으로, 기업이 직원에게 연금 및 건강보험 계획을 지원할 때 강력한 인센티브를 제공하는 특별조세조항이 마련되었다. 동시에, 확장된 지원의 재정적 기반을 마련하기 위해서 '특정 계층에서 다수에게로(close to a mass)' 소득세 대상이 확대되었다.

3 성숙기(Maturation, 1960~1970년대 중반)

실질 지출액을 기준으로 평가해 볼 때, 사회복지를 위한 복지국가 지출은 1960년대와 1970년대가 그 어느 때보다 가장 많았다. 서구 유럽 국가들은 1975년까지만 해도 평균적으로 국내총생산(GDP)의 약 25%를 공공사회복지부문에 지출하였고, 미국의 경우는 18% 이상을 지출하였다. 이런 급격한 지출 증가는 주로 사회보험제도의 지속적인 확장(거의 모든 산업화된 국가들에서 나타나는 인구노령화 현상의 결과라고 할 수 있는)에서 기인했으며, 부분적으로는 빈곤층, 소수집단, 편모 가정 등과 같이 노동시장에서 소외된 계층을 위한 새로운 제도 도입으로 인해 발생했다. 서구 국가들을 중심으로 경제적 성장과 풍요가 지속되면서, 사회정의 실현에 대해 보다 적극적인 사회적 분위기가 조성되었고, 시민의 권리와 경제적 기회제공을 위한 사회적 움직임이 일기 시작되었다. 예를 들어, 유럽 국가들의 경우, 사회정책이 취업교육, 취업지원금, 근로의욕 고취 및 건강지원 등의 다각적 차원에서 취약 업종 취업자와 실업자에 대한 지원으로 확대되었다. 이와 동시에, 많은 복지국가들이 '실질적 고용기회 제공자(virtual employment-machines)'가 되어 완전고용정책을 지향하고, 공공부문 내에서 고용기회를 제공하기 시작했다(Esping-Andersen, 1990: 149).

이 시기에는 사회복지 이데올로기의 적극적인 수용에 대해서 반감을 보이던 미국조차도 괄목할 만한 복지국가의 팽창을 경험하였다. 1960년대 초 크게 증가한 조세수입은 미국의 정책 입안자들에게 시민인권운동(civil rights movement)으로 촉발된 사회변화 요구를 큰 재정적 부담 없이 수용할 수 있는 기회를 제공하게 되었다. 직업훈련(job training), 무상식품교환권(food stamps), 메디케어와 메디케이드(Medicare and Medicade), 정신건강(mental health), 그리고 사회서비스(social services)와 같은 '위대한 사회(the Grate Society)' 건설을 위한 새로운 사회복지 프로그램의 등장은 미국을 복지국가로 발전시키는 데 더없이 중요한 역할을 했다. 더 나아가 그 당시까지 사회로부터 철저하게 소외되었던 아프리카계 미국인들을 위한 다양한 복지정책의 제정을 가져왔다. 또한 남부 여러 주에서 처음으로 아프리카계 미국인들의 투표권을 인정함으로써 그들이 겪어 왔던 정치적 배제문제를 해결하기 위한 노력이 이루어지기 시작했다. 주거지와 공공장소에서의 인종차별을 금지하는 여러 법률이 제정되어 오랜 동안 학교, 주거지, 관공서, 공공건물 등에서 지속되어 왔던 인종차별이 상당히 감소되기 시작했다. 또한 사회복지와 직접적인 관련이 있는 변화로서 아프리카계 미국인들인 주로 거주하는 도시 빈민가에 대한 서비스 제공과 혜택을 골자로 하는 새로운 사회적 법률이 제정되었다.

홉스봄(Eric John Ernst Hobsbawm, 1917~2012)은 영국의 저명한 마르크스주의 역사학자로 3부작(trilogy) 후 1994년 저술한 『극단의 시대(*The Age of Extremes: A History of the World*)』에서 이 시기를 다음과 같이 설명하고 있다.

『극단의 시대(1914~1991)』
(2014, 중국어판)

복지국가의 황금기에는 자본주의를 괴롭혔던 모든 문제가 해소되고 사라진 것 같이 보였다. 두 차례의 세계대전 사이 기간의 끔찍하고 불가피했던 호황과 불황의 반복은 케인스주의 경제학자들의 현명한 거시경제적 관리 덕분에 – 또는 그렇기 때문에 이제 정부에 조언을 하게 된 케인스주의 경제학자들이 확신했던 – 잠잠해졌다. 대량실업으로 유럽의 평균 실업률이 1.5%였고, 일본이 1.3%라는 실업률을 보였던 1960년대에 도대체 어느 선진국에서 대량실업을 찾아볼 수 있었는가? 대량실업이라는 문제를 찾아볼 수 있는 국가는 북미 국가에 불과했다. 빈곤? 물론 아직도 많은 사람들이 빈곤했지만, 기존의 산업 노동자들의 마음속에 "굶주린 자들이여 잠에서 깨어나라"라는 노래 가사가 이제 자가용을 가질 수 있고, 매년 스페인의 해변에서 유급휴가를 보낼 수 있는 노동자들에게 무슨 의미가 있을 수 있을까? 또한 그들이 어려운 처지에 빠지면, 갈수록 보편화되고 후해지는 복지국가가 그들을 질병과 재난, 심지어는 빈민들이 두려워하는 노후생활 등의 위험으로부터 보호해

-전에는 꿈도 꾸지 못한 일이지만-주지 않겠는가? 그들의 수입은 해마다 거의 자동적으로 증가했다. 그 수입은 영원히 계속적으로 증가하지 않을까? 생산적인 체제가 제공하고 그들이 이용할 수 있는 재화와 용역의 범위는 과거에는 사치였던 것을 일상적인 소비의 일부로 만들었다(Hobsbawm, 1994: 267).

홉스봄의 3부작은 [그림 2-1]과 같다.

그림 2-1 홉스봄의 3부작(trilogy)

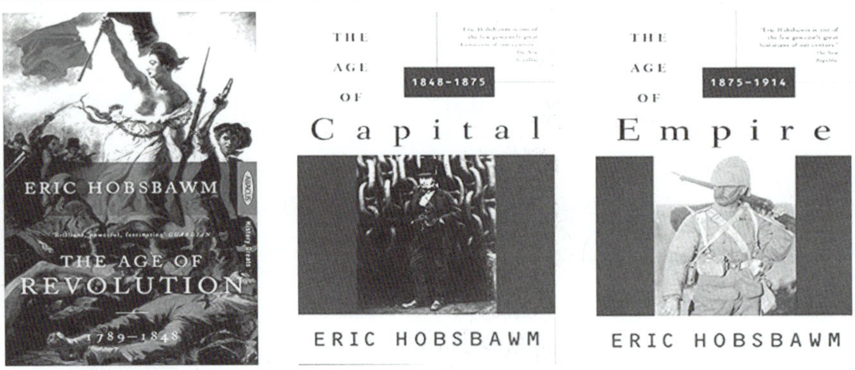

『혁명의 시대』 (1988)　『자본의 시대』 (1996)　『제국의 시대』 (1989)

4 전환기(Transformation, 1970년대 중반~2007년)

1973년 석유 생산국 연합인 석유수출국기구(OPEC)가 세계 원유가격을 두 배 이상 인상함으로써 시작된 '오일 쇼크(oil shock)'는 제2차 세계대전 이후 지속되었던 경제 황금기(economic golden age)를 마감하고, 저성장과 불확실한 사회발전, 그리고 사회정책의 유용성과 유지 가능성에 대한 문제제기로 특징 지워지는 '현시대(modern)'의 시작을 알리는 신호가 되었다. 예를 들어, 1975년 이전의 15년 동안 유럽과 미국의 사회지출은 연평균 6.5%씩 증가하는 추세를 보였으나, 1975년을 기점으로 이후 10년의 기간 동안 사회지출의 증가율은 연평균 3.4% 수준에 머물렀다. 1990년대 초반 이후 많은 국가들에서 공공사회지출의 규모는 약간 증가했지만, 전체 경제규모와 비교하면 줄어들었다(OECD, 1988).

1970년대 초 중동전쟁을 계기로 발생한 원유파동은 세계경제에 성장의 한계 및 불안정성을 경고하는 메시지였다. 원유파동이 세계경제, 그리고 간접적으로는 복지국가의 발전에 미친 영향은 두 가지로 압축된다(전광석, 2012: 165).

첫째, 원유파동으로 인하여 생산비용이 상승하면서 그 파급효과를 임금정책이 흡수하는 데에는 한계가 있었고, 임금 역시 함께 상승하였다. 이는 전 세계적인 인플레이션으로 이어졌다.

둘째, 생산비용의 상승을 임금정책이 수용할 수 없는 지점에서 이제 고용을 감소시키는 정책이 본격적으로 검토되었다. 이는 이전에는 경험하지 못한 규모의 실업문제를 야기시켰으며, 실업문제는 곧 구조화하였다.

위와 같은 상황의 변화에도 불구하고, 원유파동이 복지국가의 위기로 직접적으로 이어지지는 않았다. 다음과 같은 요소들이 작용하였다(전광석, 2012: 165-166).

첫째, 1950년대와 60년대를 거치면서 자리 잡은 복지팽창의 기조는 어느 정도 관성력(inertia)을 갖고 지속되었다. 적어도 복지생산의 체제를 그대로 유지하였으며, 다만 일부 세부적인 제도내용에 대한 축소논의가 시작되었다. 이는 실제 이 시기에 일반적으로 복지지출의 증가율이 감소하기는 했지만, 예컨대 네덜란드를 제외하고는 각국에서 복지예산 자체가 감소하지는 않았다는 사실에서 확인된다.

둘째, 새로이 실업문제가 사회문제로서 등장하고 구조화하면서 이에 대해 초기에는 단기적으로 대응하였을 뿐 근본적인 구상의 전환이 이루어지지 않았다. 그 결과, 단기적으로 복지지출은 오히려 증가하였다.

셋째, 일부 국가는 경제위기를 맞아 케인스식 수요창출을 위하여 오히려 공공지출을 증가시키는 정책을 취하였다.

이와 같이 원유파동은 단기적으로 복지국가의 기조에 영향을 미치지는 않았지만, 장기적으로는 영향을 미쳤다. 즉, 임금과 물가가 동시에 상승하면서 공공부문의 임금, 연금 및 그 밖에 복지급여가 일반임금 및 물가수준의 변동에 연동되어 있었기 때문에 복지재정의 부담이 수반하였고, 이에 대한 재검토가 필요하였다. 또 실업을 방지하기 위하여 노동공급을 확대하는 경향이 나타났으며, 이는 국가재정을 증가시키는 원인이 되었다. 그렇다고 이러한 재정부담을 감당할 정도로 과세를 확대하는 데에는 정치적 한계가 있었다.

당시 OECD국가들은 약 70여 명으로 구성된 로마클럽(Club of Roma)을 창설하여 인류의 미래에 대한 근본적인 논의의 장을 마련하였다. 그 결과, 저술된 『성장의 한계(*the Limit to Growth*)』는 인류의 미래가 지금까지와 같이 지속적인 성장을 할 수는 없으며, 환경문제 등이 악화되지 않는다고 해도 인류가 처분할 수 있는 자원에는 한계가 있다는 연구결과를 제시했다(Meadows, 2004). 이러한 성장의 한계에 대한 논의는 복지국가의 미래를 새로이 구상하는 계기가 되었다(Flora, 1988).

어려워진 경제상황과 함께 나타나는 사회복지에 대한 수요증가 - 대부분 고령인구로부터 비롯된 - 는 빈부격차의 심화, 실업과 경제적 불안 가중 및 계층 간 적대감 증폭이라는 문제로 이어졌고, 급기야 당시 부유했던 선진복지국가들에서조차도 사회복지 전반에 대해 엄격한 검토가 이루어지게 되었다. 이와 같은 사회적 · 경제적 어려움은 각 국가에서 서로 다른 정치적 결과를 낳게 되었으며, 모든 국가에서 공통적으로 사회복지에 대한 대대적인 재검토가 시작되었다.

영국과 미국의 경우, 특히 1980년대에 사회복지에 대한 불신이 팽배해졌다. 1979년 영국에서의 마거릿 대처(Margaret Thatcher)가 이끄는 보수정권의 승리와 1980년 미국에서의 로널드 레이건(Ronald Reagan)의 대통령 당선은 복지국가에 대한 대대적인 공격으로 이어졌다. 레이건과 대처 그리고 신우파의 자유방임주의 동맹(New Right lassez-faureist allies)은 제2차 세계대전 이후 지난 수십 년간 지속된 사회복지의 팽창을 경제불황의 원인일 뿐만 아니라, 가정과 사회의 타락을 초래한 주된 원인으로 보고 비판하였다.

미국에서는 대대적인 복지비 삭감이 이루어졌고, 1996년의 복지개혁 입법 이후 현금형태의 복지급여가 현저히 감소하기 시작했으며, 연방정부의 주택지원금 역시 상당 수준 삭감되었고, 알코올이나 마약 중독자와 비시민권자에 대한 공적인 지원 또한 엄격해지기 시작했다. 이와 함께 미국과 여러 유럽 국가는 노령연금의 수급 개시 연령을 높임으로써 사회복지 지출을 전반적으로 축소하려는 움직임이 나타나게 되었다.

이 과정에서 재정지출의 급속한 축소는 없었지만, 복지 수급권에 대한 진보적 이데올로기에 도전하는 매우 중요한 철학적 변화가 있었기 때문에 이 시기를 '전환(transformation)'의 단계라고 본다. 예를 들어, 1990년대 미국에서는 보수주의자들뿐만 아니라, 중도주의자들과 자유주의자들에게서도 복지에 대한 새로운 태도가 나타나기 시작했다. 1995년 대통령 선거운동 당시, 빌 클린턴(Bill Clinton)은 공공부조 수급기간을 제한함으로써 '우리가 알고 있는 복지(welfare)'를 끝내겠다는 선거공약을 내세운 바 있다. 클린턴이 설립을 도운 바 있는 중도적 성향이 강한 싱크탱크인 진보정치연구소(Progressive Policy Institute, PPI)는 사회정책의 근간을 흔드는 새로운 정책안을 제안했다. 예를 들어, 이들의 1990년대 정책 청사진에는 자유방임주의와 전통적인 국가중심의 복지체제의 중간에 해당하는 '제3의 길(third way)'이 제시되어 있다.

『변화를 위한 명령』 (1993)

마샬(Will Marshall)은 1993년 그의 저서 『변화를 위한 명령(*Mandate for Change*)』에서 다음과 같이 주장한다(Marshall, 1993: 228).

> 우리는 기존의 복지체계를 빈곤층의 활성화에 초점을 둔 새로운 전략으로 대체해야 한다. 복지국가의 핵심이 소득보장이라면 활성화 국가(enabling state)의 핵심은 노동과 개인적 임파워먼트이다. 활성화 국가는 다른 어떤 것보다도 미국의 빈곤계층이 스스로의 힘으로 빈곤과 의존성으로부터 벗어날 수 있도록 역량을 강화하는 데 전력을 기울여야 한다. 이러한 노력은 직접적으로 이루어져야 하는데, 다시 말해서 관료적 절차와 서비스 전달자라는 중간과정 없이 모든 책임과 자원을 돕고자 하는 빈곤계층의 두 손에 들어가도록 지원해 주는 노력을 하여야 한다(Marshall, 1993: 228).

위와 같은 진보정치연구소의 입장은 유럽 복지국가들이 다수 포함된, 34개 국가들의 영향력 있는 협의체인 경제협력개발기구(OECD)가 주장해 온 바를 반영한 것이라고 볼 수 있다. 그들에 따르면, OECD는 '수동적(passive)' 사회로부터 '능동적(active)' 사회로의 전환을 주장하면서, 능동적 사회에서는 복지제도의 초점이 재조정되어야 하고, 자격요건과 급여수준은 보다 엄격해져야 할 것이며, 기존의 소극적인 소득유지제도는 사람들을 근로하게 만드는 제도로 대체해야 한다. 진보적인 스웨덴에서조차도 욕구에 근거한 복지라는 생각이 적어도 부분적으로는 동기부여에 초점을 둔 제도들에 의해서 대체되어야 한다는 주장이 나왔다.

1970년대에 전환기가 시작되었다고 해서 복지활동이 눈에 띄게 줄어든 것은 아니다. 개혁을 통해 일부 지역에서는 수급자격을 강화하였고, 일부 지역에서는 급여를 하향 조정했고, 또 다른 지역에서는 일부를 민간부문으로 넘겨주기도 했지만, 보편적인 퇴직·장애 프로그램, 의료보장, 실업보험 등 복지국가의 핵심적인 부분은 여전히 확대되었다. 반면, 저소득층을 위한 '잔여적인(residual)' 자산조사 프로그램들은 현상유지에 그쳤다. 전반적인 사회지출은 계속 증가했다.

그리고 2003년 조지 부시(George Bush) 대통령의 사회보장 민영화 시도와 같은 복지국가의 근간을 흔드는 몇 가지 시도들은 거부되었다. 거의 모든 곳에서 '큰 정부(big government)'는 그 어느 때보다 크게 남아 있었다.

기든스(Anthony Giddens)는 2021년(9판) 그의 저서 『사회학(*Sociology*)』에서, 복지비 삭감 시도의 내용을 다음과 같이 설명한다(Giddens, 2021: 459-460).

첫째, 폭증하는 비용에 관한 것이었다. 전반적인 경기침체, 증가하는 실업, 거대한 관료제의 대두는 복지지출이 지속적으로, 그것도 전반적인 경기확장 수준보다 빠르게 증가한다는 것을 의미했다. 복지삭감 옹호론자들은 복지체계에 부과된 과중한 재정압박을 지적하면서 복지지출에 대한 논쟁을 이어 갔다. 정책결정자들은 '인구학적 시한폭탄(demographic time bomb)'의 잠재된 폭발력을 강조하였다. 인구고령화(the population aged)에 따라 복지서비스에 의존하는 사람 수는 증가하는 데 반해, 체계를 부양하는 노동 적령기의 청년들은 줄어들고 있다. 이것은 잠재적인 재정위기의 신호였다.

앤서니 기든스

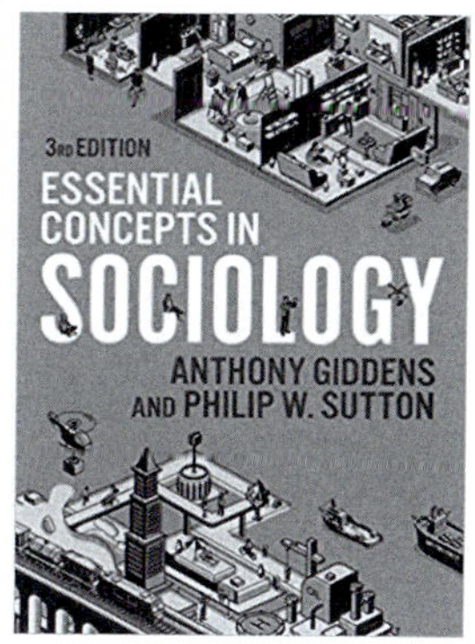

『사회학』
(2021)

둘째, 복지 의존성이라는 통념과 독립적이고 의미 있는 삶을 꾸릴 수 있도록 의도된 국가부조가 오히려 사람들을 의존적으로 만든다고 주장한다. 영국 보수당 정부(대처 총리)는 이전에 국가가 높은 수준으로 제공했던 서비스들은 민영화되거나 더욱 엄격한 자산조사 후 제공되었다.

『복지국가는 해체되는가?』
(1995)

그렇다면 1980~90년대 영국 보수당 정부는 복지국가의 축소에 성공했는가? 이에 대해 피어슨(Paul Pierson)은 1995년 그의 저서 『복지국가는 해체되는가?: 레이건, 대처 그리고 긴축의 정치(*Dismantling the Welfare State?: Reagan, Thatcher and the Politics of Retrenchment*, 1995)』에서, 영국과 미국의 복지 '단축(retrenchment)'과정을 비교한 결과, 복지국가가 보수정당의 집권기간에도 비교적 손상되지 않았다고 결론지었다. 비록 영국과 미국 행정부가 복지지출을 크게 삭감하려는 의지를 표명하면서 집권하게 되었지만, 복지 축소를 저해하는 장애물들이 너무 많아 양국 정부 모두 이를 극복하지 못했다.

신자유주의자들에 의한 복지예산의 삭감에도 불구하고, 이 시기에 사회복지 지출은 실제로 증가하였다. 그 이유는 다음과 같다(고광신 외, 2017: 349).

첫째, 노령화의 진전으로 노령연금의 지출이 급속도로 증가했다.

둘째, 증가하는 실업률로 실업수당과 공공부조의 지출 또한 큰 폭으로 증가했다.

셋째, 극심한 인플레이션으로 물가에 연계된 각종 급여지출이 늘어났다.

넷째, 발전된 복지국가로 국민의 대다수가 복지 수혜자가 되고, 동시에 복지 분야에서 일하는 종사자의 수가 증가하면서 복지예산 증액에 찬성하는 친복지세력이 증가했다.

다섯째, 복지삭감정책이 가져올 부정적 결과를 두려워하는 정당들이 보다 적극적인 복지증진정책을 추구하게 되었다.

결과적으로 복지국가는 보수정권이 등장했다고 해서 쉽게 약화되거나 붕괴될 수 있는 것이 아니다. 대폭적인 공공부문의 취업과 전 국민으로 확대되는 복지 수혜자는 복지국가의 발전을 통하여 이루어지기 때문이다. 따라서, 복지삭감정책은 매우 심각한 정치적 위험을 초래할 가능성이 크기 때문에 성숙기에 구축된 복지국가의 기본 틀은 근본적으로 변경하기 어려운 면이 있다.

5 압력기(Duress, 2008년 이후)

전환의 시대에 전 세계적으로 복지국가 논쟁의 성격이 본질적으로 바뀌면서 복지 옹호자들은 점점 방어하는 데 급급해했던 것도 사실이지만, 2008년 세계 경제위기 이후에는 국가복지정책의 근본 자체가 흔들리기 시작하였다. 이전에도 사회급여와 관련하여 논의하는 정치영역 전반에서 전문가들은 미래 세대에게도 약속된 사회적 혜택, 특히 건강보장 및 소득보장을 제공하는 데 필요한 재정이 부족할 것이라고 우려하기는 해 왔지만, 2008년의 깊은 불황을 겪으면서부터는 비용에 대한 인식이 강해져서 복지의 경제적 부담이 국내 정치의 주요 이슈 중에서도 전면의 주제, 중심의 주제가 되었다. 정책분석가, 특히 경제학자들 사이의 주요 논쟁 주제가 되자, 오늘날의 복지문제는 재정 삭감, 조세문제 및 경제 · 안보 문제와 함께 다루어지는 공공영역, 정치영역의 지속적인 논쟁거리가 되었다. 그리고 그러한 논생이 야기하는 엄청난 과장과 함께, 복지국가의 본질에 관한 많은 중요한 생각, 아이디어 및 질문이 쏟아져 나왔다. 일부에서는 "복지국가는 죽음의 소용돌이(death spiral)에 빠졌다."라며 미래에 대해 회의적인 예측을 하기도 하고, 한편으로 더 중요한 것으로 복지의 비용과 편익, 서구 국가들이 전반적으로 경험하고 있는 빠져나오기 어려운 재정 적자와 정부부채에 관련된 논의들이 진행되고 있다.

미국과 여러 유럽 국가들에서 2008년의 불황에 대한 초기 대응은 신규 실업자의 욕구를 충족시키고 일자리를 창출하면서, 동시에 경제회복을 위한 재정적 자극을 제공하기 위해 공공지출을 늘리는 것이었다. 2008년 대통령 선거에서 버락 오바마(Barack Obama)가 승리하면서 경기침체의 영향을 완화하고, 중요한 서비스를 확장하며, 경제위기를 극복하기 위한 몇 가지 조치를 단행했다. 2008년 선거로부터 15개월이 지난 후, 거의 보편적인 보험이 의료보호(health care) 시스템에 기반을 두고 도입되었다. 얼마 지나지 않아 미국 의회는 전통적인 케인스주의적인 방식으로 실업보험 및 식품교환권과 같은 사회안전망 프로그램에 대한 획기적인 지출안을 통과시켰고, 의료보호로부터 구호를 위한 인프라까지 주 정부 및 지방정부의 새로운 프로젝트에 5천억 달러 이상을 지출하는 것을 승인했다. 그러나 경기 부양책에 대한 초기의 믿음은 오래 가지 못했다. 지속적인 예산적자를 두려워하는 데서 나오는 정치적 압력으로 곧 정치적 중심은 우파에게로 넘어갔다. 미국에서는 정부가 더 많은 부채를 지는 것을 반대하는 흐름이 '티 파티 운동(Tea Party movement, 2009년 미국에 여러 길거리 시위에서 시작한 보수주의 정치운동)'의 정치적 성공으로 드러났고, 조세부과, 사회지출 및 복지국가 등에 대해 전반적으로 반대하는 보수주의자와 자유주의자들의 동맹이 가장 두드러지게 나타났다. '티 파티(tea party) 운동'의 정치적 성공은 미국의 국내 정치에 큰 영향을 미쳤고, 공화당을 반정부 · 반조세의 입장으로 선회시켜서 미국 내 예산과정에 상당한 지장을 초래했다.

유럽에서는 정치적 정파와 관계없이 모든 정부가 이전과 같은 복지국가 프로그램을 유지하기를 주저했다. 급여 삭감으로부터 급여자격 제한, 공무원 임금인하, 노동시장 개혁에 이르는 긴축 조치는 거의 모든 국가에서 시행되었다. 2009년 이후에 나타난 사례를 살펴보면 다음과 같다.

① 덴마크는 실업급여 수급기간을 4년에서 2년으로 감축했다.
② 프랑스는 국가의료시스템에서 환자들의 본인부담금을 올렸다.
③ 독일은 퇴직연령을 65세에서 67세로 늘렸고, 국립대학에서는 등록금을 부과하기 시작했다.
④ 영국은 가족수당을 삭감하고, 복지수급 시 노동조건을 부과하기 시작했다.
⑤ 스페인은 장애인에 대한 급여를 삭감하고, 정부의 신생아 출산 부모에 대한 지원금을 폐지했다.
⑥ 스웨덴은 의료보장의 민영화를 지속적으로 추진했다.
⑦ 이탈리아는 여러 지방정부 프로그램에 대한 중앙정부의 지원을 삭감하고, 퇴직연령을 늘리고, 정부자산을 매각했으며, 노동시장의 규제를 자유화하였다.

2010년 영국 총선에서는 분명한 승자가 없었기 때문에 '다수당 없는' 또는 '균형 잡힌' 의회가 구성되었다. 그 대신 보수당과 자유민주당이 신정부의 노

선과 핵심 정책의 대강에 관한 합의에 기초해서 연합정부를 구성했다. 최우선 과제는 정부부채의 감축이었다. 이 문제는 부분적으로 공공서비스와 국가복지 공급의 근본적인 개혁에 의해 이루어질 것이었다. 물론 복지개혁은 이전의 노동당정부들에서도 중심적인 것이었지만, 2008년 금융위기와 뒤이은 경기침체 그리고 정부지출 삭감 필요성에 대한 인식의 확산은 연합정부로 하여금 영국의 복지국가를 재고할 수 있는 강력한 추동력을 빠르게 얻을 수 있게 하였다. 보수당이 다수를 차지한 2015년 영국 총선거는 이전의 연합정부에서 추구되었던 복지개혁에 대한 중심적 취지가 계속되리라는 것을 보장하였다. 이것은 복지예산에서 120억 파운드를 더 삭감하고, 복지국가를 축소하는 전략을 계속하는 계획이었다. 새 정부는 대처 전 총리의 사유화 정책을 지속하는 분명한 선을 확립했다(Stewart, 2015). 그러나 영국 보수당 정부의 2016년에서 2020년 초 사이의 긴 EU 탈퇴과정은 정부에게 많은 시간이 필요했고, 2020년 COVID-19 전국적 유행(pandemic)이 뒤를 이었다. 그 결과, 앞으로 10년 동안 사회보장제도와 복지개혁 정책에 대한 대대적인 논의와 재고가 불가피해 보인다(Giddens, 2021: 465).

유럽에서의 긴축 담론은 미국처럼 급격한 반정부, 반과세까지 나가지는 않았지만, 자원(resources)과 의무(obligations)의 균형을 잘 잡을 필요가 있다는 것에 대해서는 정치적 의제 차원에서 광범위한 동의가 있다. 유럽에서는 어떤 정치적 스펙트럼에 있건 간에 복지국가는 경제적 안정과 사회적 공정함을 제공하는 기제로서 어느 정도의 가치가 있다고 인정한다. 그럼에도 불구하고, 다수의 사회급여를 받을 사람들에 대한 행동조건으로, 특히 가능한 한 어디서든 일해야 할 책임을 강조하고, 민간부문의 참여를 촉진하며, 가장 필요한 사람들에게로 급여대상을 더 좁히는 방향으로 개혁해야 한다는 것은 대부분이 인정하고 있다.

복지국가의 전개과정은 〈표 2-1〉과 같다.

표 2-1 복지국가의 전개과정

구분	태동기 (Inception) 1880~1930년대	성장기 (Growth) 1940~1950년대	성숙기 (Maturation) 1960~1970년대	전환기 (Transformation) 1970년대 중반~2007년	압력기 (Duress) 2008년 이후
경제적 발달	무제한 자본주의의 전성기, 산업화로 인한 경제적 혼란	대공황 이후 케인스주의의 지배, 2차 대전 후 순조로운 경제성장 구가, 낮은 실업률	70년대 중반까지 번영과 생활수준 향상 지속, 1973년 석유 위기로 서구 경제 약화	경제성장 둔화, 가계소득 침체, 불평등 증가, 실업 증가(특히, 유럽), 인구고령화에 따른 사회보장 요구 증가	2008년 시작된 세계 경제침체, 실업과 경제적 불안정의 증가, 여러 국가에서 나타난 부채위기와 파산 위험
정치적 발달	민주주의의 발전, 보통선거권 확립, 노동운동의 발전, 사회민주주의, 현대적 자유주의의 등장	복지지출 증가에 대한 광범위한 정치적 합의형성, 노동자정당(유럽)과 민주당(미국)의 우세	소수민족과 여성, 장애인, 기타 소수자의 인권과 사회권을 옹호하는 새로운 정치적 세력 형성	보수당 재기, 조세저항, 노동당과 노동조합의 세력 약화, 복지국가의 권위 실추	정부 재정지출과 부채를 줄이려는 주류 정당들의 시도를 전반적으로 받아들이는 흐름, 유럽 전역에서 긴축에 반대하는 시위 발생
정부의 역할	복지정책에 대한 중앙정부의 역할 증가 시작, 민간단체와 지방정부의 역할 축소	중앙정부에 의한 복지재정 운용 및 복지정책규제확대, 복지국가 수혜집단의 '보편화' 추세 지속	소수자 및 소외 계층, 도시 빈민의 사회경제적 권리 보장을 위한 새로운 프로그램 추진, 공공부문의 고용 창출 증가	레이건과 대처 정부는 복지국가의 규모와 범위 축소, 분권화 및 민영화	유럽과 미국에 걸쳐 긴축 시도가 나타남.
사회정책	빈민법을 대체한 연금, 실업보험, 의료보험 등 사회보장 등장, 정부의 복지지출은 GDP 5% 수준 도달	연금, 의료보험, 공공부조, 가족수당 등의 적용범위 확대	소득보장, 의료보장, 사회복지서비스 프로그램 확대 지속, 정부복지지출 수준은 GDP 25%(유럽), 20%(미국) 도달 → 유럽 25%, 미국 20% 도달	새로운 프로그램의 부재, 공공부조를 통한 사회안전망 약화, 사회보장 프로그램 축소, 지출수준 고정	복지국가가 경제위기의 주범이라는 비난 속에서 복지급여에 대한 공격이 늘어남. 급여에 대한 수요는 크게 증가하면서 실업, 퇴직, 보건의료 프로그램 등에서 광범위한 개혁이 진행됨.

구분		태동기 (Inception) 1880~1930년대	성장기 (Growth) 1940~1950년대	성숙기 (Maturation) 1960~1970년대	전환기 (Transformation) 1970년대 중반~2007년	압력기 (Duress) 2008년 이후
주요사건	유럽	1886 독일, 질병보험 시행 1911 영국, 국민보험법 입법 1921 오스트리아, 최초의 가족수당 도입	1941 영국의 템플 대주교, '복지국가' 최초 사용 1943 베버리지 보고서, 전후 영국 복지 청사진 제시	1966 영국, 사회보장부 신설 및 공공부조 급여 확대 1971 영국, 만성 질환자를 위한 새 급여 도입	1979 영국, 대처 총리 취임, 공공주택 민영화와 연금급여 삭감	공공부문에서의 임금 삭감, 실업보험의 삭감, 연금수급연령의 상향, 민영화
	미국	1913 연방소득세에 누진세 도입 1935 사회보장법 입법	1953 연방정부에 보건, 교육, 복지 부서 신설	1964 존슨 행정부, 반빈곤정책 추진 1965 의료보험(노인대상) 및 의료부조 도입	1980 레이건 당선 1994 공화당, 의회 다수석 획득 1996 AFDC 폐지	2010 보편적 건강보장(Universal Health Care) 입법화, 2010 의회의 티파티운동의 승리로 우파의 정치적 영향력 확대, 성과를 거두지는 못했지만, 초당파적인 조세와 재정 개혁을 위한 노력

자료: Gilbert & Terrell(2014: 31-32).

PART

II 복지국가사상

- CHAPTER 03 복지국가정책의 철학
- CHAPTER 04 복지국가의 발달이론
- CHAPTER 05 복지국가의 이데올로기
- CHAPTER 06 복지국가의 모형

NOW SELLING

CHAPTER

03

복지국가정책의 철학

CHAPTER 03

복지국가정책의 철학

1 가치의 개념

1) 가치의 정의

가치(value)라는 말은 라틴어 *'valere'*인데, 이는 '강함, 승리, 또는 그럴 만함'을 의미한다. 가치의 정의에 대한 설명으로는 ① 선(good)이나 바람직한(desirable) 것이며, 정서를 가진 질적인 판단, ② 사람에 관하여 그리고 사람을 다루는 적절한 방법에 대하여 전문직이 가진 신념, ③ 믿음과 같은 것으로 좋고 바람직한 것에 대한 지침이며, 적절한 행동의 선택에 대한 지침, ④ 어떤 선택을 하도록 영향을 미치는 이념 등이다(김보기 외, 2022b: 61).

가치(values)는 문화, 집단 또는 개인이 바람직하다고 생각하는 관습, 행동규범과 원칙들을 말한다. 즉, 가치란 인간 행동에 영향을 주는 어떠한 바람직한 것, 또는 인간의 지적 · 감정적 · 의지적인 욕구를 만족시킬 수 있는 대상이나 그 대상의 성질을 의미한다. 가치라는 것이 경험할 수 있는 사물로부터 유래된 것인가, 또는 개인의 감정이 사물에 가치를 부여하는 것인가 하는 문제는 객관적 가치인가 주관적 가치인가를 논하는 가치론의 중요한 쟁점이다. 이는 윤리와 구분되는 것으로 가치가 믿음이라면 윤리는 판단이다. 가치가 좋은 것에 대한 개인의 선호에 기초한 것이라면, 윤리는 옳고 그른 것에 대한 사회적 판단에 기초한 것이다. 따라서, 사회복지사는 가치 중심 전문직이다(Levy, 1976).

사회복지정책의 현장에서는 이러한 전문직 가치 외에도 개인적 가치와 사회적 가치가 함께 존재하며, 각 형태의 가치기준에 따라 사회복지사들은 가치갈등을 경험하게 된다. 전문직 가치가 사회적 가치에 근원을 두고 있으나 항상 동일하지는 않으며, 개인적 가치도 전문직 가치에 늘 동의하는 것은 아니기 때문이다. 이에 사회복지사들은 실천가치의 지침과 실천윤리의 강령을 준비하여 최소한의 갈등 속에서 그 해결책을 찾을 수 있도록 조처하고 있다.

2) 가치의 범위

사회복지정책의 가치는 다른 가치에 우선하여 선행적으로 수용해야 할 가치가 존재한다. 또한 이에 대한 위계적 단계가 있다.

(1) 선행 가치

레비(Charles S. Levy)는 1973년 그의 논문 「사회복지의 윤리적 기초(The Value Base of Social Work)」에서, 사회복지정책에서 우선적으로 수용해야 할 가치에 대해 다음과 같이 설명하고 있다.

첫째, 사람 우선 가치이다. 이는 전문직 수행의 대상인 사람 자체에 대해 전문직이 갖춰야 할 기본적 가치관이다. 개인의 가치와 존엄성, 개인의 건설적 변화에 대한 능력과 욕구, 상호 책임성, 소속의 욕구, 인간의 공통적 욕구 그리고 개개인의 독특성에 대한 가치 등이 거론된다. 클라이언트를 하나의 개별화된 인간으로 보고 능력을 인정하며, 그에 따라 권한을 인정해 주는 가치관이다. 이는 사회복지실천의 기본 철학과 같은 것이다.

둘째, 결과 우선 가치이다. 사람에게 서비스를 제공했을 때 초래하는 결과에 대한 가치관이다. 이는 사회가 개인의 발전을 위해 사회참여에 대한 기회를 동등하게 제공해야 한다는 사회적 책임에 대한 믿음이다. 그뿐만 아니라, 빈곤, 질병, 차별대우, 부적절한 주거환경 및 불공평한 교육기회 등의 문제를 해결하거나 미연에 방지해야 할 사회적 책임에 대한 가치이며, 동시에 이와 같은 욕구를 충족시킬 수 있는 자원을 제공해야 하는 사회적 책임에 대한 믿음이다.

셋째, 수단 우선 가치이다. 서비스를 수행하는 방법 및 수단과 도구에 대한 가치관이다. 즉, 사람은 존경과 존엄으로 다뤄져야 하며, 자기결정의 권리를 가져야 하고, 사회변화에 참여하도록 북돋워져야 하며, 하나의 독특한 개인으로 인정되어야 한다는 믿음과 같은 것이다. 인간의 자율성으로 요약될 수 있는 수단 우선 가치는 아마도 사회복지실천과정에서 매우 중요하게 실천되어야 할 가치체계일 것이다. 사회복지사에게 아무리 바람직해 보이는 결정도 클라이언트의 자율적 결정이 아닌 강요받은 결정이라면 이는 기본 가치관에 어긋나는 것이다. 모든 결정과정에서 클라이언트의 자율성이 보장되어야 한다.

(2) 가치의 단계

가치의 범위는 위계적 단계로도 설명된다. 즉, 다양한 가치를 종적으로 분류하여 도구적 가치, 근사적 가치 그리고 궁극적 가치의 세 단계로 나눌 수 있다. 그 내용은 다음과 같다(장미리 외, 2024: 43-44).

도구적 가치(instrumental values)는 바람직한 목적에 맞는 바람직한 수단을 구체화한 것으로서, 매우 구체적인 가치들로 구성된다. 예를 들어, 진실(truth)은 어떤 경우에라도 추구되어야 할 중요 가치이며(Levy, 1973), 비밀보장, 자기결정, 고지된 동의 등도 좋은 예이다.

근사적 가치(proximate values)는 중간 수준의 가치들로서, 단기목표를 위한 지침을 제시한다. 예를 들어, 특정 치료를 거부할 수 있는 환자의 거부권리, 치료접근권리, 주택마련권리 등이 있다.

궁극적 가치(ultimate values)는 최고 수준의 가치를 포함하며, 장기목표에 대한 일반적 지침을 제공한다. 인권존중, 평등, 비차별 등이 여기에 속한다. 이 궁극적 가치들은 사회복지의 궁극적 목표와 정체성 확립에 기반이 되는 매우 중요한 가치에 해당된다.

(3) 사회복지정책과 가치 갈등

『사회복지실천론』
(김영철 외, 2024b)

사회복지사의 정책활동은 개인적 가치, 전문적 가치, 클라이언트와 클라이언트 집단의 가치, 사회의 가치에 의해 영향을 받으며, 이러한 가치 갈등으로 윤리적 딜레마에 빠지기도 한다. 사회복지사가 겪게 되는 다양한 가치 갈등의 유형을 살펴보면 다음과 같다(김영철 외, 2024b: 63-64).

① 가치 상충

가치 상충은 윤리적 갈등이 가장 빈번히 야기될 수 있는 상황으로, 사회복지사가 두 개 또는 그 이상의 대립적 가치 또는 경쟁적 가치에 직면했을 때, 어떤 가치를 우선적으로 선택해야 할지 결정하지 못하는 경우 겪게 되는 윤리적 갈등을 말한다. 윤리적 문제에서 상충되는 가치뿐만 아니라, 전문가의 가치와 개인적 가치 사이의 상충, 클라이언트의 가치 상충 등이 있을 수 있다. 가치 상충으로 인한 윤리적 갈등은 가장 빈번하게 발생하는 상황이다.

② 의무 상충

사회복지사가 자신이 속한 기관에 대한 의무와 클라이언트에 대한 의무 사이에서 갈등하게 되는 경우에 겪게 되는 윤리적 갈등을 말한다. 사회복지사는 자신이 속한 기관의 정책을 지켜야 할 의무뿐 아니라, 클라이언트를 위해 행동해야 할 의무도 있는데, 이 두 가지 의무가 상충되면서 윤리적 갈등을 겪을 수 있다.

③ 클라이언트체계의 다중성

클라이언트가 여러 명일 경우에 누가 클라이언트이고, 누구의 이익을 최우선적으로 고려하여 개입해야 하는지를 판단하기 어려워 겪게 되는 윤리적 갈등을 말한다. 누구의 이익을 우선시할 것인가의 문제는 개입의 우선순위와 내용에 중요한 영향을 미친다. 또한 특정 클라이언트를 위한 선택이 다른 클라이언트에게 부정적 결과를 가져올 경우에도 윤리적 갈등이 발생한다.

④ 결과의 모호성

사회복지사가 내릴 결정의 결과가 불투명할 때, 사회복지사는 어떤 결정을 내려야 할지에 대한 윤리적 갈등을 말한다. 특히, 사회복지사는 클라이언트가 아동일 때 어떻게 결정하는 것이 아이를 위한 최선인지, 앞으로 5~10년 후에도 최선일 수 있는지, 무슨 권리로 아동에 대한 결정을 해야 하며, 바른 윤리적 결정이 무엇인지 모호한 상황에 종종 부딪히게 된다.

⑤ 힘 또는 권력의 불균형

사회복지사와 클라이언트의 관계가 권력적으로 평등하지 않기 때문에 생기는 윤리적 갈등을 말한다. 클라이언트는 도움을 받는 입장이고, 사회복지사는 전문가로서 도움을 제공하기 때문에 클라이언트가 전문가에게 의존하는 관계가 되기 쉬운데, 이러한 상황에서 발생하는 갈등이다.

2 인간의 존엄성

인간의 존엄성은 인간이 신분이나 직업, 경제상태나 신체적 조건, 출신지역이나 민족, 피부색, 성별, 연령 등을 이유로 해서 차별하거나 차별받거나, 인간성이 부정되어서는 안 된다는 가치이다. 인간의 존엄성은 인간사회에서 절대적인 가치이자 최고의 목적적 이념이다. 인간의 몸에서 인간으로 태어난 이상, 인간은 존엄하다. 이 이념이 왜 절대적인가 하는 데에는 논란의 여지가 없다. 그것은 우리가 인간이기 때문이다. 다시 말해서 현대사회에서 인간의 존엄성은 “인간의 몸에서 태어난 모든 인간은 인간으로서 살아갈 존엄한 가치가 있으며, 권리가 있다.”는 사실을 인정하는 것이다. 현대사회에서는 이러한 인간의 존엄성을 전제로 한 복지라는 이념이 중요한 가치로 추구된다. 모든 인간은 인간으로서 살아갈 존엄한 가치가 있으며 권리가 있다는 사실을 전제로 만약 누구든 기본적 욕구가 충족되지 못하거나 못할 가능성이 있는 경우, 이를 사회 또는 국가가 도와주어야 한다는 사상이 사회복지사상이다.

사회복지정책은 '인간 지향적인 정책'으로 인간의 존엄성을 기본 가치로 한다. 즉, 사회복지는 인간의 존엄성을 기본 가치로 하는 인간 지향적인 제도와 활동이라는 데 그 특징이 있다. 사회복지는 인간이면 누구나 인간으로서의 존엄성을 지켜나가면서 인간다운 삶을 보장하는 데 그 목적을 둔다(김영화 외, 2023: 150).

대부분의 현대국가는 나름대로 '국민에게 건강하고 문화적인 삶의 수준을 보장하는 것이 국가의 의무'라고 헌법에 명시하고 있다. 국가는 국민의 생존권 보장을 위해 국민최저기준(national minimum)의 확보를 위해 노력해 왔는데, 그 내용은 사회보장제도의 충실화로 대변된다. 생존권이 보장되기 위해서는 국민최저수준의 생활을 영위하지 못하는 국민이 자신의 삶의 수준을 향상시켜 주도록 국가에 요구하는 권리, 즉 사회권으로서의 생존권이 보장되어야 하는 것이다. 그러나 사회보장제도에 의한 최저생활보장은 인간존엄성의 가치를 실현하기 위한 필요조건일 뿐 충분조건은 아니다. 이 가치는 사회문화 차원에서 노력이 병행되어야 한다. 그 노력이란 편견과 차별이 없는 사회를 만들기 위한 것이며, 그것에 의해서 인간존엄의 완전한 실현이 비로소 가능한 것이다. 정상화(normalization)의 실천과 그 문화의 보급은 그 노력으로서 평가되는 것이다(강종수, 2025: 37-38).

인간의 존엄은 인간이 주체적인 존재라는 사실과 적극적인 자극과 기회제공에 의해 반드시 바람직한 변화를 가져오는 존재라고 하는 사실을 인식한다. 전자의 인식에 의해 '자기결정의 가치'가, 후자의 인식에 의해 '발달보장의 가치'가 생성되는 것이다. 인간의 존엄과 가치가 사회복지에 의해 어떻게 구현되는가는 사회의 지배적 가치체계에 의해 결정된다(오세영, 2023: 41-42).

3 정의

1) 아리스토텔레스

아리스토텔레스

정의(justice)는 공정함을 말하는데, 아리스토텔레스(Aristoteles, B.C. 384~B.C. 322)는 평균적 정의와 배분적 정의로 나누었다. '평균적 정의'는 '같은 것을 같게'를 이르는 것으로 절대적 평균을 이른다. 예를 들어, 한 나라의 국민이라면 모든 사람에게 똑같이 선거권을 인정해 주어야 한다는 것이다. 영국이나 프랑스의 경우, 100여 년 전에는 여자와 노동자, 농민에게는 선거권을 주지 않았기 때문에 정의롭지 않은 사회였다고 할 수 있다. 배분적 정의는 '다른 것은 다르게'를 이르는 것으로, 이는 각각의 사람들에게 각자의 몫을 나누어주라는 것이며, 급여나 성적을 줄 때 다른 사람보다 더 열심히 일한 사람이나 더 열심히 공부한 사람에게는 그에 상응하는 만큼의 대가를 주는 것이다(송진영 외, 2024: 33).

2) 밀

존 스튜어트 밀

밀(John Stuart Mill, 1806~1873)은 1863년 그의 저서 『공리주의(*Utilitarianism*)』에서, 도덕이론으로서 공리주의의 가치를 뒷받침하고, 광범위한 비판과 오해에 맞서 이를 옹호한다. 그에 따르면, 정의의 관념을 밝히려는 여러 시도를 통해 정의의 개념은 '권리에 대한 존중'을 포함하고 있다. 그리고 사회는 개인의 권리를 보장해 줌으로써 사회적 공리를 증가시킨다. 이러한 의미에서 밀의 정의관은 정의를 사회적 권리의 개념으로 파악하고, 전체 공리를 위해 지켜져야 할 중요한 의무로 규정한다. 정의가 지켜진다는 것은,

사회의 안전을 유지한다는 것을 의미한다. 안전이 유지되지 않으면 누구도 각자의 권리를 보장받을 수 없다. 따라서, 정의는 인간 상호 간에 해를 끼치는 것을 금지하는 도덕규칙으로 규정된다. 각 개인의 행복은 이와 같은 정의의 규칙이 준수될 때 비로소 가능하다. 이러한 정의의 규칙은 어떤 특별한 의무와 충돌하지 않는 한 가장 중요한 의무가 된다. 그리고 정의의 의무가 다른 의무와 상충될 때 적용되는 기준은 '최대 행복의 원리'가 된다. 어디까지나 정의는 행복의 수단이지 결코 목적 그 자체가 아니다. 정의는 공리에 의존하는 것으로서 공리에 대한 요구와 분리된 정의는 있을 수 없다는 결론에 도달한다.

『공리주의』 (2017)

밀은 "공리주의는 정의를 설명할 수 없다."는 비판에 대응하기 위하여 공리주의적 입장에서 정의를 분석한 결과, 정의는 공리에 의존하는 것으로서 공리에 대한 요구와 분리된 정의는 있을 수 없다는 결론에 도달한다. 밀이 보기에 정의란 사회 전체 차원에서 사회적 공리가 아주 높기 때문에 어떤 특별한 의무와 충돌하지 않는 한 가장 중요한 의무다. 이처럼 밀은 사회 전체의 공리성을 증진시키기 위한 수단으로서 정의의 규칙을 상정하고, 이 규칙에 따라 사회구성원의 권리를 동등하게 보장하고 있다.

3) 롤즈

롤즈(John Bordley Rawls, 1921~2002)는 1971년 그의 저서 『정의론(*A Theory of Justice*)』에서 정의로운 상태에 관해 언급하였으며, 정의와 관련해 두 가지 원칙을 주장하였다. 하나는 '평등의 원칙'으로 모든 사람은 자유와 권리를 평등하게 갖는다는 것과, 다른 하나는 '차등의 원칙'이다. 즉, 사회적 · 경제적으로 불평등이 존재한다면, 그 사회에서 가장 혜택을 받지 못하는 사람에게 가장 큰 이익을 줄 때 정

존 롤즈

의가 실현된다. 예컨대, 저소득층에게만 문화비를 지원해 주는 '문화 바우처'가 있다면, 그 혜택을 받지 못하는 사람들은 상대적으로 불평등하다고 느낄 수도 있을 것이다. 그러나 그러한 불평등이 그 사회에서 경제적인 어려움을 겪고 있는 사람에게 이익을 주는 것이라면, 모든 사람에게 공평하지 않다고 하더라도 정의롭다고 할 수 있다. 다른 하나는 '사회정의'로 공리주의는 최대 다수의 최대행복을, 롤즈는 '무지의 베일(veil of ignorance)'에서 선택할 최소극대화 원칙을 말하고 있다. 정의로운 사회의 기준은 사회의 최소 수혜자, 즉 소외계층에 대한 사회적 역할이 중요하다는 결론을 내리게 된다. 공리주의는 사회적 약자인 소외계층에 대해서는 희생을 강요할 수 있다는 비판을 받고 있다.

『정의론』
(2017)

롤즈의 정의론은 공리주의 대안으로 소외계층의 자유까지도 포함할 수 있는 정의의 원칙을 제시한다. 그러나 롤즈의 정의론은 그가 공리주의자임을 감안할 때, 공리주의의 원칙인 '최대 다수의 최대 행복'을 현실에 적용할 때는 '최대 다수'보다는 '최대 행복'에 초점이 맞춰지게 된다는 한계를 지니고 있다.

롤즈의 사회정의론은 공정성으로서의 정의(justice as fairness)를 강조한다. 즉, 어떠한 불평등도 가장 불리한 입장에 있는 사람들에게 최대의 이익을 부여하는 경우에는 허용이 가능하지만, 기타의 경우에는 모든 결과가 평등해야 한다. 예컨대, 부, 권위, 사회적 기회가 모든 사람을 위해 골고루 수혜되거나, 특히 사회적으로 가장 불리한 구성원을 위해 혜택이 주어질 경우에만 정당하다.

롤즈가 주장하는 세 가지 정의는 다음과 같다(Rawls, 2017).

(1) 분배적 정의

분배적 정의는 어떤 것을 나눌 때 어떻게 하는 것이 공정한 것인가와 관련된 것을 말한다. 특히, 분배는 이익이 되는 것과 부담이 되는 것으로 나눌 수 있다. 예컨대, 이익이 되는 것은 임금이나 용돈, 성적, 선거권 같은 것이며, 부담이 되는 것은 숙제, 세금, 청소나 집안일 같은 노동, 벌 등이다.

아리스토텔레스나 롤즈에 따르면, 분배 시에 '같은 것은 같게', '다른 것은 다르게'의 원칙을 적용하면, 정의로운 분배가 될 것이다. 어떤 것을 받기 위해 노력한 정도나, 그것을 받을 만한 일을 했다거나, 꼭 그것을 받아야 할 필요가 같은 사람이 있다면 서로 같도록 분배하고, 다르다면 서로 다르게 분배하는 것을 이르는 것이다.

(2) 교정적 정의

교정적 정의란 어떤 잘못이나 피해에 대한 대응이 공정한가와 관련된 것이다. 예컨대, 수업시간에 교실에 있지 않고 운동장에 있다가 친구와 싸워서 친구를 다치게 했을 때, 수업시간에 자리를 이탈한 것과 친구와 싸운 것은 교칙을 위반한 잘못을 한 것이며, 교칙위반과 상관없이 친구를 다치게 한 것은 피해를 입힌 것이라고 할 것이다. 즉, 교정적 정의는 '잘못'에 대해 어떤 처벌을 할지, '피해'에 대해 어떤 배상을 할지를 결정하는 것이다. 이때 정의로운 해결을 하려면, 당연히 잘못은 교칙에 따라 공정하게 처벌하여야 할 것이며, 피해에 대해서는 합당한 배상을 받아야 할 것이다.

(3) 절차적 정의

절차적 정의란 어떤 것을 결정하고 판단하기 위해 필요한 정보를 모으는 방법이 공정했는지, 결정과 판단 과정의 공정 여부와 관련한 정의이다. 예컨대, 어떤 재판에서 재판 결과를 바꿀 만한 결정적인 증거를 새롭게 확보하였다고 했을 때, 새로운 증거확보 과정에서 법으로 금지된 도청이나 불법으로 개인정보를 확보한 경우는 증거의 효력이 없는 경우와 같다. 이는 과정이 정의롭지 못했기 때문이므로 절차적 정의에 위배되었다고 할 수 있다. 또 다른 예를 살펴보면, 학교시험에서 부정행위한 학생을 어떻게 처벌할지를 두고 열린 회의에서 부정행위를 했다고 의심되는 학생 당사자에게 자신의 의견을 말할 기회도 주지 않고 감독자의 견해만으로 처벌을 한다면, 이 또한 정의롭지 못하다는 것이다. 따라서, 절차적 정의는 어떤 것을 결정하거나 판단할 때의 과정이 공정한지를 판단하는 것으로, 사회복지정책에서 말하는 사회정의(social justice)는 모든 국민이 인간다운 생활을 누리도록 보장하는 윤리라고 할 수 있다.

4 자유

사회복지정책에서 고려해야 할 중요한 가치 중의 하나가 자유(freedom)이다. 자유는 사회복지정책의 확대를 비판하는 사람이 중요하게 생각하는 가치이기도 하면서 사회복지정책의 확대를 지지하는 사람들 또한 사회복지정책을 통해 추구하는 가치라는 점에서 흥미롭다.

1) 자유의 개념

(1) 벌린

이사야 벌린

벌린(Isaiah Berlin, 1909~1997)은 그의 저서 『자유론(*Liberty Incorporating Four Essays on Liberty*, 2002)』에서, 자유(freedom)의 개념을 두 가지로 나누어 논의한다. 하나는 소극적 자유(negative freedom)이며, 다른 하나는 적극적 자유(positive freedom)이다. 여기서 소극적 자유란 다른 사람의 간섭 또한 의지(will)로부터의 자유를 말하는 반면, 적극적 자유는 자신이 원하는 것을 할 수 있는 자유를 말한다. 전자는 자유의 '기회(opportunity)'의 측면을 강조하는 반면, 후자는 자

『자유론』
(2002)

유의 '능력(capacity)'의 측면을 강조한다. 벌린은 일체의 억압으로부터의 자유라는 소극적 자유의 중요성을 강조하면서 적극적 자유를 비판적으로 검토하고 있다(Berlin, 2002). 또한 소극적 자유는 홉스(Thomas Hobbes, 1588~1679), 로크(John Locke, 1632~1704) 이래 전통적 고전적 자유의 개념으로, 외적 강제가 없는 상태를 의미하며, 언론과 사상의 자유, 종교의 자유 등 소위 국가로부터의 자유, 자유권의 내용이 이에 해당된다.

(2) 그린

『그린의 적극적 자유』
(Wempe, 2017)

이에 반해, 적극적 자유는 자주적으로 또한 타인과의 협동에 의해 인격의 성장에 노력하는 자유인데, 그린(Thomas Hill Green, 1836~1882)은 적극적 자유를 강조한다. 그린(Green, 2017)에 따르면, 인간에게 있어 목적은 인격의 성장이며, 자유는 그 목적을 달성하기 위한 수단이므로 공공의 복지를 위해서는 개인 자유의 제한이 있을 수 있다는 적극적 자유라는 새로운 관념을 확립시켰다. 그린이 자유의 의미를 변경한 것은, 정부의 적극적 기능을 정당화하기 위한 것이다(Wempe, 2017).

2) 소극적 자유와 적극적 자유의 논쟁

사회복지정책의 확대를 비판하는 사람들이 지지하는 자유의 개념은 '개인의 생각 · 행위에 대한 억압이나 통제가 없는 상태'를 의미한다. 이는 소극적 자유이다. 자유의 가치를 신봉하는 사람들은 시장에서의 '자유로운 선택'에 의한 자원분배가 가장 바람직하다고 본다. 이들은 국가가 시장에 개입하여 사람들의 자유로운 선택을 제한하는 것은 비효율적인 자원분배를 초래한다고 생각한다. 소극적 자유는 강요와 강압의 부재를 의미하기 때문에 침해당할 수 있는 경우가 때때로 존재하게 되는데, 대표적 예가 사회복지사의 가정방문을 받게 된다거나, 아동이 학교를 다니지 않으면 안 되는 경우이다.

현대 복지국가에서 사회보험은 강제적 가입을 기본 요건으로 한다. 소득이 있는 사람들은 세금과 마찬가지로 사회보험료를 납부해야 하는 것이다. 빈곤층의 기본적 생활을 보장하는 공공부조제도 역시 세금을 재원으로 한다. 이때 소극적 자유를 지지하는 사람들은 자신의 재산권을 침해하는 사회보험료, 소득세, 재산세 등을 비판한다.

그러나 사회복지정책을 통해서 자유를 이룰 수 있다고 주장하는 사람도 있다. 이때 자유의 개념은 위에서 설명한 자유의 개념과 다르다. 사회복지정책을 통해 추구하는 자유는 '사람들이 자신이 원하는 것을 적극적으로 할 수 있는 자유'를 의미한다. 자유를 누릴 여건이나 상황이 안 되는 상태에서는 소극적 자유가 주어진다 해도 실제로 누릴 수 있는 자유는 크게 줄어든다. 자신이 원하는 것을 할 수 있는 자유(적극적 자유)가 어떻게 보면 소극적 자유의 전제조건이라고 할 수 있다. 소극적 자유의 가치를 지지하는 사람들은, 사회복지정책의 확대를 위하여 세금을 늘리는 것을 반대하고, 적극적 자유를 지지하는 사람들은 사회복지의 확대를 주장한다. 어떤 자유의 개념이 더 중시되는가는 사회구성원의 가치관에 따라 달라진다(김승훈 외, 2024: 74-75).

사회복지정책의 확대를 지지하는 사람들은 소극적 자유를 침해함으로써 감소하는 효용이 다른 사람들의 적극적 자유를 신장시킴으로써 증가하는 효용보다 작다고 주장한다. 이것은 사람들이 자유를 누릴 때 발생하는 한계효용은 자유가 커질수록 줄어든다는 논리(한계효용체감의 법칙)에 근거하고 있다. 가난한 사람들을 위하여 사회복지정책을 확대하고자 부자들에게 세금을 부과할 때, 부자들의 소극적 자유가 침해되어 효용이 감소한다. 그러나 부자들은 일반적으로 많은 양의 자유를 향유할 수 있기 때문에 이러한 효용의 감소는 크지 않다고 보는 것이다. 반면에, 사회복지정책으로 급여나 서비스를 받는 가난한 사람들의 적극적 자유가 커짐으로써 나타나는 효용의 증가는, 부자가 잃게 되는 효용의 양보다는 크다는 것이다(류연규, 2021: 33-34).

자유를 이데올로기 측면에서 분류한다면, 고전적 자유주의와 사회주의로 나누어 설명할 수 있다. 그 내용은 다음과 같다(박주현, 2021: 54-55).

고전적 자유주의는 인간이 그의 이익을 추구하고, 그 행동 결과에 대한 책임을 질 수 있도록 어느 누구의 간섭도 받지 않고 자유를 누려야 한다고 보기 때문에 국가개입도 반대한다. 즉, 어떤 개인이 다른 사람이나 국가의 부당한 강제로부터 자유롭다면, 그는 그 자신과 국가의 이익을 위하여 그의 능력을 최대한 발휘하게 될 것이며, 따라서 자유는 개인주의와 밀접하게 관련되어 있다.

반면, **사회주의**는 자유의 개념에 경제적 자유를 포함한다. 개인이 법적 · 정치적 자유를 누린다고 하여도 경제제도에 발이 묶여 있다면, 자유롭지 못하기 때문에 진정한 자유는 경제적 불평등과는 결코 함께 존재할 수 없다. 따라서, 진정한 자유를 위해 국가의 정책이 필요하다. 이러한 이유로 사회주의자들은 개인의 경제활동에 대한 국가개입이 개인의 자유를 침해한다는 자본주의자들의 주장을 받아들이지 않는다. 특히, 개인의 부, 재산, 권력 등의 축적에 대한 자유는 공적인 조치가 없을 경우, 소수의 권력집단만이 이러한 자유를 누리게 되기 때문이다. 따라서, 이 권력집단의 법적 · 정치적 · 경제적 자유를 제약하고, 자유 대다수를 보장하기 위한 국가의 행위가 필요하다.

사회복지정책은 다분히 사회주의적 자유의 개념에 입각해 있다. 국가의 조세를 통한 소득보장 · 교육 · 건강 프로그램 등은 정부의 기능과 역할에 대한 고전적 자유주의자의 견해로부터 벗어나는 것을 의미한다. 그러나 사회복지정책에는 자유주의의 영향도 많이 남아 있다. 즉, 사회문제의 원인을 개인의 잘못으로 보고, 자산조사를 통하여 최소한의 급여나 서비스를 제공하거나, 개인의 자조를 강조하는 것 등은 고전적 자유주의의 잔재이다.

3) 사회복지정책과 자유

사회복지정책은 자유의 가치와 밀접하게 관련되어 있다. 사회보험의 경우를 살펴보자.

사회보험은 사회구성원에게 가입을 강제하여 사회적 위험에 직면한 경우에 급여를 제공하는 제도이다. 이는 개인의 소극적 자유를 제한하여 위험에 직면한 사람들의 적극적 자유를 부분적으로나마 신장시키려는 것이다. 예를 들어, 고용보험에 가입하지 않을 자유를 제한하여 모두가 의무적으로 기여금을 납부하게 하여 기금을 조성하고, 이 기금에서 실업자에게 급여를 지급하여 원하는(또는 필요한) 재화와 서비스를 구입할 수 있게 한다. 또한 국민최저선(national minimum)은 모든 국민에게 그 이하로 떨어져서는 안 되는 최저수준의 생활수준을 설정하여 이를 보장해 줌으로써 최소수준의 적극적 자유를 국가가 모두에게 보장하려는 것이다.

근로연계복지(workfare)는 자유의 가치에서 딜레마를 가진다. 원래 사회복지급여는 어떤 이유로든지 노동활동이 어려워진 사람들에게 일정한 소득을 제공함으로써 적어도 일정 기간 노동활동을 하지 않고도 생활을 영위할 수 있도록 하려는 목적을 가진다. 그런데 근로연계복지는 노동활동에 참여할 것을 조건으로 사회복지급여를 제공하는 것이므로 전통적인 사회복지의 기능을 거꾸로 세운 것이다. 사회복지급여가 일정 기간 일을 하지 않을 자유를 줌으로써 이를 통해 적극적 자유를 보장하려는 것인데, 근로연계복지는 적극적 자유를 제공하는 대가로 노동활동에 참여하도록 강제함으로써 소극적 자유를 제한하기 때문이다.

사회복지정책은 전통적으로 소극적 자유와 적극적 자유 사이에서 긴장을 유지해 왔다. 이는 적극적 자유가 국가에 의한 재분배를 필요로 하며, 따라서 자원의 평등한 분배를 필요로 하기 때문이다. 소극적 자유를 옹호하는 사람들은 사회복지정책에 의한 재분배가 가난한 사람들을 대상으로 한 정책에 한정되어 시장의 자유로운 작동을 방해하지 않아야 한다고 주장한다. 반면, 적극적 자유를 옹호하는 사람들은 사회복지정책이 시장에 적극적으로 개입하여 재분배를 통해 시장의 작동을 수정해야 한다고 주장한다. 이 문제는 자유와 평등 간의 관계와 관련되어 있다(문병기 외, 2024: 29-30).

5 평등

평등(equality)에는 태어날 때부터 평등하다는 관념과, 실제적으로 평등한 대우를 받아야 한다는 규범적인 측면이 포함되어 있다. 이 이념은 인간의 존엄성과 관련시켜 논의할 수 있다. 인간의 존엄성과 평등의 개념을 연관시켜 볼 때, 평등의 이념에 기본적으로 내재되어 있는 것이 인간의 존엄성이다. 곧 사람의 능력, 그리고 사람이 처해 있는 환경 역시 각각 다르지만, 인간으로서의 가치나 존엄성은 모든 사람에게 태어날 때부터 절대적으로 평등하다. 따라서, 어떠한 사람도 사람의 몸에서 태어난 이상, 인간으로서 대우를 받을 권리가 있다. 인간으로서 대우받는다는 것은 인간이 수단이 아니라, 인격 그 자체로 대우받아야 한다는 것을 뜻하며, 이러한 대우는 누구에게든지 평등하게 보장되어야 한다(김승훈 외, 2024: 75).

광범위한 의미의 평등은 사회복지정책의 기반이 되는 가장 중요한 철학적 사고 중의 하나이다. 평등은 사회적 자원의 재분배를 통하여 사회구성원의 삶의 질을 골고루 향상시키고자 한다(이인순 외, 2023: 18).

평등은 일체의 차별을 부정한 균형의 상태를 의미하며, 조화라는 의미와도 상통한다. 사회복지가 생각하는 이상적인 사회의 모습 중의 하나는, 바로 인간다운 삶의 질이 보장된 조화로운 사회이다. 인간다운 삶의 가장 기본적인 조건은 차별 없는 사회이다. 어떤 사람이라도 인종이나 출신지역, 신체적 · 정신적 조건, 사상적 신조, 학력이나 직업, 소득수준 등에 의하여 인간성이 무시되거나 경시되는 일이 없는 사회를 일컫는다. 또한 인간다운 삶이 보장되는 사회의 조건은 사회구성원들 간에 삶의 질의 격차가 심하지 않은 사회, 즉 조화로운 사회이다. 조화란 심각한 불평등이 없는 상태이다. 경제와 사회의 조화, 남녀의 조화, 지역의 조화, 연령의 조화, 장애를 가진 사람과 그렇지 않은 사람 간의 조화, 정규직 노동자와 비정규직 노동자의 조화 등이 실현된 사회가 삶의 질이 높다(오세영, 2023: 43).

1) 평등의 유형

일반적으로 평등에는 세 가지 유형이 있다. 그 내용은 다음과 같다(강종수, 2025: 40-41 ; 박경일, 2023: 59-60 ; 이인순 외, 2023: 18-19).

(1) 기회의 평등

기회의 평등(equality of opportunity)은 오늘날 자본주의 사회에서 가장 널리 퍼져 있는 평등의 범주이다. 이것은 각 개인은 자신의 소질과 능력을 자유롭게 계발할 평등한 권리와 기회를 가질 뿐 아니라, 동일한 업적에 대해서는 동일한 보상이 주어진다는 입장이다. 또한 모든 사회적 제도에 대한 접근을 모든 사람에게 균등하게 열어 놓는다는 입장을 밝히고 있다. 거기에는 혈통, 종교, 가문 등의 객관적 조건이 아니라, 개인의 주관적 능력이 결정적인 규정 요소로 등장한다. 예를 들어, 모든 사람을 – 신체장애인, 건강한 청년, 부유층의 자녀, 철거민의 아이든 가리지 않고 – 100m 출발선 위에 똑같이 세워 놓고 자유롭게 달리기 경주를 시키는 경우와 흡사하다.

가장 대표적인 경우로는, 저소득층을 대상으로 하는 자활사업, 교육 · 훈련 프로그램이나 we start 사업, 드림스타트 사업 등이 있다.

드림스타트 사업

우리나라 대표적인 기회평등정책으로서는 '드림스타트(Dream Start)' 프로그램이 있다. 드림스타트 사업은 취약계층 아동에게 맞춤형 통합서비스를 제공하여 아동의 건강한 성장과 발달을 도모하고 공평한 출발기회를 보장함으로써, 건강하고 행복한 사회구성원으로 성장할 수 있도록 지원하는 사업이다.

이는 0세(임산부) 이상 만 12세(초등학생 이하) 아동 및 가족을 대상으로 아동 양육환경 및 발달상태에 대한 사정을 통해 서비스 대상 아동을 선정한다. 이때 국민기초수급 및 차상위계층 가정, 법정 한부모가정(조손 가정 포함), 학대 및 성폭력피해아동 등에 대해서는 우선 지원된다.

드림스타트 BI 디자인

(2) 조건의 평등

조건의 평등(equality of condition)은 기회의 평등과 연결되는 것으로, 사회적 기회를 획득하려는 자유경쟁의 출발 조건을 평등하게 정비하고자 노력한다. 따라서, 순수하게 개인의 능력에 모든 것을 맡기는 것이 아니라, 개인의 능력 부족을 사회적으로 메워주는 작업이 필수적이라고 인식한다. 예컨대, 100m 달리기에서 신체장애인은 얼마쯤 앞에서 출발하도록 하는 것이다. 이러한 조건의 평등은 사회적 약자에게 호의적 조치를 취함으로써 실질적 평등을 이루려는 것으로 볼 수 있으므로 이것은 긍정적 조치, 적극적 조치 또는 차별철폐행동(affirmative action)이라고 말할 수 있다.

이러한 조건의 평등은 사회적 약자에게 호의적인 조치를 취하게 함으로써 적극적 조치, 긍정적 조치, 차별철폐운동(affirmative action) 등으로 말해진다.

(3) 결과의 평등

결과의 평등(equality of outcome)은 수량적 평등(numerical equality)을 의미하기도 하는데, 출발점이나 자연적 능력은 고려하지 않고, 법적 조치나 정치적 수단을 이용하여 마지막 결과의 평등만을 얻고자 한다. 즉, 출발단계의 불평등을 마지막 단계의 사회적 평등으로 뒤바꾸어 놓으려 한다. 따라서, 이 경우 자유로운 경쟁이나 개인적 역량의 발휘는 억제되거나 무시된다. 예를 들어, 100m 달리기에서 모든 사람을 똑같이 골인시키는 것과 같다. 사회복지에서는 완전한 수량적 평등은 아니더라도, 부분적인 수량적 평등을 가치로 삼고 있으며, 대표적 예로 공공부조를 들 수 있다.

공공부조의 경우, 소득재분배의 목표를 달성하기 위하여 국민들이 낸 세금을 재원으로 가난한 사람들에게 그들의 능력과 기여에 관계없이 사회적 자원을 할당해 줌으로써 부자들과의 소득격차를 줄이려고 하고 있음을 그 예로 들 수 있다.

평등의 유형은 〈표 3-1〉과 같다.

표 3-1 평등의 유형

구분	기회의 평등	조건의 평등	결과의 평등
정의	각 개인은 자신의 소질과 능력을 자유롭게 계발할 평등한 권리와 기회를 가질 뿐만 아니라, 동일한 업적에 대해서는 동일한 보상이 주어짐.	사회적 기회를 획득하려는 자유경쟁의 출발 조건을 정비하고자 노력하는 것으로, 개인의 능력부족을 사회적으로 메워 주는 것을 필수로 인식	출발점이나 자연적 능력은 고려하지 않고 법적 조치나 정치적 수단을 이용하여 마지막 결과의 평등만을 얻고자 함.
사례	• 100m 출발선 위에 똑같이 세워 놓고 자유롭게 달리기 경주를 하는 것 • 미국의 War on Poverty • 한국의 we start 운동	• 100m 달리기에서 신체장애인에게 앞서 출발하도록 하는 것 • 긍정적 조치, 적극적 조치, 차별철폐행동	• 100m 달리기에서 모든 사람을 똑같이 골인시키는 것 • 공공부조

자료: 이인순 외(2023: 20).

2) 자유와 평등의 논쟁

자본주의 사회에서 사회복지정책은 결과의 평등을 비현실적으로 여기는 경향이 많아 기회의 평등과 조건의 평등을 더 강조한다. 자유와 평등은 일반적으로 대립되는 개념으로 인식되어 왔다. 개인의 자유를 강조하고 과다하게 인정하게 되면 평등이 약화될 수 있고, 평등을 강조하다 보면 자유가 위축될 수 있는 측면이 있다. 하지만 인간의 사회생활을 전제로 생각해 보면 자유와 평등은 조화를 이루어야 한다.

자유는 개인주의에 바탕을 두고 개성과 다원성을 인정할 수 있게 해 주며, 창의성과 효율성을 가져다줄 수 있다. 평등은 집단주의에 바탕을 두고, 사회통합과 사회정의를 통해 공동체 형성에 도움을 주며, 복지를 위한 기본 가치로서의 역할을 한다.

그러므로 자유와 평등은 개인으로서의 인간과 사회적 존재로서의 인간이라는 인간 본연의 두 모습을 드러내 주는 개념인 가치인 만큼 적절한 조화를 통해 인류복지에 기여할 수 있어야 한다.

3) 사회복지정책과 평등

사회복지정책과 평등은 밀접한 관계가 있다. 예를 들어, 국민최저선의 경우, 비록 낮은 수준이기는 하지만, 모두에게 그 이하로 떨어지지 않는 생활수준을 보장한다는 점에서 낮은 수준에서의 결과의 평등을 추구한다고 할 수 있다. 또한 사회복지정책을 정당화하는 근거 중 하나로 욕구가 주목받아 왔는데, 욕구충족은 자본주의적 분배를 보다 평등하게 하는 사회복지정책의 한 원칙으로 오랫동안 작동해 왔다.

한편, 사회보험의 현금급여에서 흔히 소득비례급여가 적용되는데, 이는 성과에 따른 보상이라고 할 수 있다.

수량적 평등과 비례적 평등 개념 사이의 갈등은 둘 중 어느 것이 사람들을 공평하게 처우하는가의 문제를 둘러싼 갈등이기도 하다. 공평성은 곧 '정의'의 개념과 연결된다(문병기 외, 2024: 34).

6 연대

연대(solidarity)는 개인 간의 상호의존에 근거한 결합의 총칭을 의미하며, 사회연대는 사회구성원 상호 간 또는 구성원과 사회 간의 상호의존을 지탱하는 의식, 또는 같은 사회구성원으로서 공통적으로 나누어 가지는 귀속의식을 말하며, 서로에 대한 책임감을 강조한다.

사회연대 의식은 사회구성원들이 사회에 대하여 가지고 있는 소속감 및 연대감을 말한다. 자본주의 사회가 개개인의 능력이나 경쟁을 지나치게 강조한 나머지 사회적 불평등과 인간소외 현상을 가져왔다고 보고, 사회복지정책은 사회구성원 간의 따뜻한 정과 협동정신을 강조한다. 사람들은 공통의 위험에 빠지게 되면 이를 제거하기 위해 협동하는 것이 필요하고, 이러한 협동과 상호부조를 통하여 위험을 제거하거나 예방하게 된다. 오늘날 대표적인 사회적 위험이라고 할 수 있는 빈곤, 질병, 노령, 사망, 재해 등에 대해 국가적인 차원에서 마련되고 있는 사회보험제도들은 바로 이러한 사회적 위험에 대한 공동의 협동과 책임을 전제로 한 사회적 연대의식이라는 가치의 실현이다.

7 공공성

공공성(public)은 실제로 다양한 측면에서 해석되기 때문에 하나의 간단한 명제로 표현하기는 쉽지가 않다. 사전적 정의로는 어떤 사물이나 기관이 널리 사회 전반에 이해관계나 영향을 미치는 성격이나 성질을 이르며, 사회구성원 전체에 두루 관련된 것으로 어떤 실체가 아닌 사생활이나 사적인 것과 구분되는 공동의 공개된 성질을 이른다.

사회구성원 각자의 생각과 이해관계가 다르기 때문에 내용만이 아니라, 성질을 밝히는 과정이 중요하다. 공공성은 개인과 사회가 함께 시민의 삶을 지속해 나갈 구조를 만들어 가는 과정이자 가치로써 다수의 사람과 두루 연관된 문제라면 개인에게만 맡기거나 바라만 보고 있을 것이 아니라, 다 함께 해결해야 한다는 것이 공공성의 논리이다.

신자유주의의 등장으로 자유로운 경쟁이 중요시되고 개인, 기업, 국가 차원에서 경제성장과 경쟁력 강화가 핵심이 되는 사회적 분위기가 만연해 있다. 이러한 사회가 다양성과 자유를 보장해 주는 것처럼 보일 수도 있겠으나, 실제로는 그 반대의 경우가 될 수도 있다. 이는 의견의 다양성, 기회의 균등, 사회적 약자의 보호 등은 오히려 소홀히 다루어질 수도 있음을 간과해서는 안 된다. 즉, 공공성을 내세우지만, 각 집단마다 규정하는 공공성의 의미와 대상은 매우 다르고, 다수의 집단들은 공공성의 의미를 자신들의 입장에서 남용하는 경우가 있기 때문이다. 공공복리는 어떻게 규정하느냐에 따라 다르다. 특히, 권력이 있는 집단에 의해 그 의미가 달라질 가능성도 있기 때문이다. 따라서, 논의과정을 공개하고 자유롭고 평등한 합의가 이루어지는 의사소통이 공공복리를 실현할 수 있는 바탕이 될 것이다. 공공성의 예는 다음과 같다.

1) 재산권의 공공성

재산권이 보장된다고 하여도, 재산권은 이미 근대 초기에 생각하고 있었던 바와 같은 신성불가침의 권리는 아니다. 20세기에 들어오면서 자본주의의 발달로 인한 사회적 모순과 여러 폐해가 발생함에 따라, 재산권의 신성불가침사상에 대한 반성과 수정이 불가피하게 되었다. 1919년 독일의 바이마르 헌법은 제153조에서 "…소유권은 의무를 수반한다. 그 행사는 공공복리를 위하여야 한다."라고 규정하여 소유권의 의무성(사회성)을 선언하게 되자, 모든 현대 헌법이 이를 본받아 재산권의 의무성을 규정하게 되었다. 우리나라 헌법도 재산권의 내용과 한계를 법률로 정하며, 그 행사는 공공복리에 적합하도록 하여야 한다고 선언하고 있다(제23조 제2항).

2) 방송의 공공성

방송의 공공성은 방송전파의 소유권과 방송활동의 주권이 수용자에게 있다는 전제에서 나온다. 방송의 공공성은 어떤 행위주체도 반박할 수 없는 절대성을 지닌 개념이다. 일반적으로 방송의 공공성은 방송자원의 소유적 근거, 전파자원의 제한성 근거, 국가이익적 근거, 사회문화적 근거로 발생한 개념이다. 그 내용은 다음과 같다.

첫째, 방송자원의 소유적 근거는 방송국이 국민이 소유하고 있는 재산의 일부인 전파를 대여하여 사용함으로써 공공성이 의무화된다는 것이다.

둘째, 전파자원의 제한성 근거는 방송이 제한되어 있는 전파자원을 이용함으로써 운용되기 때문에 강력한 공공성을 발휘하도록 규제되어야 한다는 것이다.

셋째, 정부에게서 방송을 국가이익을 위해 이용할 수 있는 근거가 주어져 있다는 것이다.

넷째, 국민의 이익적 근거로, 이는 방송을 성립하게 해 주는 재정적 부담이 궁극적으로 국민에 의존한다는 사실 때문에 방송은 국민의 이익을 적극적으로 모색하여 충족시켜 줄 의무가 있다는 것이다.

다섯째, 사회문화적 근거로, 이는 방송에 접하는 시간이 생활의 일부가 되어 가고 있으며, 방송의 내용은 필연적으로 공공성에 부합해야 한다는 것을 의미한다.

8 사회적 적절성

적절성(adequacy)의 가치는 사회복지급여수준이 그 사회에서 바람직한 생활수준을 유지할 수 있을 만큼 적정한가의 문제이다. 「사회보장기본법」 제10조 제1항에서 "국가는 모든 국민이 건강하고 문화적인 생활을 유지할 수 있도록 사회보장급여의 수준 향상을 위하여 노력하여야 한다."라고 규정하고 있어, '건강하고 문화적인 생활을 유지할 수 있는 수준'을 사회적 적절성이라고 볼 수 있다.

「국민기초생활 보장법」 제2조에서는 "'최저보장수준'이란 국민의 소득 · 지출수준과 수급권자의 가구 유형 등 생활실태, 물가상승률 등을 고려하여 제6조에 따라 급여의 종류별로 공표하는 금액이나 보장수준을 말한다."라고 규정하여 복지국가정책의 종류에 따라 보장하는 사회적 적절성의 수준이 다른 것으로 보이기도 한다(류연규, 2021: 37-38).

적절성의 가치는 사회복지급여 할당이 평등한가 또는 그의 업적에 따른 비례적(형평)이냐 하는 것과는 달리, 급여수준이 신체적·정신적 안녕에 적절한 정도가 되어야 한다는 것을 말한다. 즉, 사회복지급여는 개인이 살아가고 있는 사회적 수준에 적절한 정도의 수준이어야 한다는 것을 말한다. 이 사회적 수준에 적절성의 가치는 시장과 환경에 따라 변화하는 성격을 지닌다. 이와 같이 적절성은 최저생계비 또는 최저임금, 빈곤선 등으로 구체화된다. 복지국가정책과 관련하여 사회복지의 목적이 삶의 질 향상과 인간다운 삶의 보장에 있으므로 적절성의 가치가 많이 관련되어 있다고 할 수 있다. 사회적 적절성은 급여수준이 높을수록 실현 가능성이 크다. 이런 점에서 사회보험의 사회적 적절성 실현 정도가 공공부조나 사회수당보다 높다고 볼 수 있다. 왜냐하면 공공부조는 최저생활 수준에 맞추어 급여를 주기 때문이고, 사회수당은 대상자가 아주 많아서 1인당 급여가 낮다는 점에서 사회적 적절성을 달성하기에 한계가 있기 때문이다(박경일, 2020: 61-62).

사회적 적절성의 기준은 시대와 상황에 따라서도 다르다. 2004년에는 4인 가구 최저생계비가 110만 원 정도였는데, 2015년에는 167만 원, 2021년에는 292만 원으로 상승하였다. 최근에는 최저임금 인상에 대한 찬반 논의가 매우 뜨거운데, 사회를 바라보는 가치관에 따라 사회적 적절성의 수준이 달라지기도 한다.

9 효율성

효율성(efficiency)은 최소한의 자원을 투입하여 최대의 결과를 만들어내는 것으로, 복지국가정책에서 효율성은 제한된 국가예산으로 사람들의 욕구를 최대로 해결할 수 있도록 하는 데 관심을 둔다. 이러한 효율성은 수단으로서의 효율성과 배분적 효율성으로 구분할 수 있다. 그 내용은 다음과 같다(고광신 외, 2017: 24-25).

1) 수단적 효율성

복지국가정책에서 수단적 효율성은 특정 목표를 달성하는 데 있어서, 가능한 한 적은 인적·물적 자원을 투입(input)하여 최대한의 정책효과를 산출(output)해 내는 것을 의미하며, 목표효율성과 운영효율성으로 나눌 수 있다.

목표효율성은 정책에서 목표하는 대상자에게 자원이 얼마나 집중적으로 할당되는가를 판단하는 기준이다. 사회보험과 공공부조를 비교하면, 공공부조가 상대적으로 저소득층에게 집중적으로 자원을 할당한다는 측면으로 볼 때, 목표효율성이 높다고 할 수 있다.

운영효율성은 정책집행과 운영과정에서 투입되는 비용 여부의 효율성을 판단하는 기준이다. 사회보험의 경우, 우리나라의 4대 사회보험의 통합시스템 구축은 운영효율성이 높은 반면, 공공부조의 자산조사나 개별욕구조사 등은 막대한 행정비용이 소모되어 운영효율성이 낮다고 볼 수 있다.

2) 배분적 효율성

배분적 효율성이란 사회 전체 효용(만족감)이 높을 수 있도록, 더 이상의 개선이 불가능하도록 최적의 사회적 자원배분을 하는 것으로 '파레토 효율(Pareto efficiency)'이라고도 한다. 사회적 자원이 가장 효율적으로 배분되었을 때를 '파레토 최적(Pareto optimal)'이라고 하는데, 다른 사람의 효용을 줄이지 않고서는 특정 사람의 효용을 높일 수 없는 상태를 말하는 것이다. 현실에서 시장을 통한 자원배분이 비효율적인 경우가 발생하며, 파레토 효율적인 사회적 자원배분은 불가능하다.

10 국민적 최저기준

국민적 최저기준(national minimum)은 국가가 사회보장, 기타의 공공정책에 의해 모든 국민에게 보장하는 최저생활 수준을 말한다. 원래는 국민적 효율(national efficiency)과 연계되어 주장된 것으로, 영국 국민이 국민적 효율에 적합한 생활을 유지하는 것이 가능한 정도의 최저한을 의미한다. 페이비언주의자(fabianist)인 영국의 웹(Webb) 부부는 고한산업(sweating industry)에서 근로자의 열악한 생활환경을 보고 처음으로 국민적 최저기준을 제창하였고, 국민적 최저기준은 1942년의 베버리지 사회보장계획에서 구체적인 정책목표로 설정되었다(허구생, 2002: 276). 이것은 국민적 합의를 얻은 기준이라는 의미로 규범적 니드(normative need)로서, 규범적 개념으로 사용되는 경우도 있고, 베버리지 계획처럼 구체적인 정책 개념으로 쓰이는 경우도 있다. 국민적 최저기준이 구체적으로 나타난 것이 최저생계비이지만, 그 수준은 국가나 사회에 따라 서로 다르거나 변하기도 한다(조추용 외, 2021: 49-50).

앳킨슨(Atkinson, 1991)에 따르면, 국민적 최저수준을 보장하는 목적은 급여수준을 결정하는 주요 요인이기 때문이다. 그러나 그는 영국의 사회보장 발달사에 비추어 보면, 국민적 최저기준이 급여수준을 결정하는 데 있어서 모호(ambiguity)하다고 하였다.

한편, 최근 지방분권화가 추진되면서 지역적 최저수준(regional minimum)이나 시민적 최저수준(civil minimum)이 강조되고 있다. 시민적 최저수준은 1970년대 전후에 논의된 것으로 복지영역뿐만 아니라, 교육, 여가 등 넓은 생활영역에 관계되어 있다. 시민적 최저수준은 생활권과 도시의 정책기준의 두 가지 측면으로 구성되어 있다. 생활권은 시민의 권리이고 그 권리가 보장되지 않을 경우, 시민은 이의를 제기하고 그 실현을 요구할 수 있다. 또 생활기준의 측면은 정책기준의 실현이 자치단체의 의무로 부여되어 있고 수치화되어 표시되는 것이 바람직하다. 예를 들어, 인구당 복지시설 수, 전담공무원당 수급자 수, 인구당 의료병상 수, 인구당 공원면적 등과 같이 목표치로 나타내고 있다.

CHAPTER

04

복지국가의 발달이론

CHAPTER 04

복지국가의 발달이론

사회복지정책이론의 역사적 변천과정을 분석하는 것은, 사회복지정책의 역동적인 변천과정을 명확히 이해하는 데 도움이 된다. 사회복지정책이 형성되고 집행되며 평가되는 과정에는 직간접적으로 이해관계가 있는 사회집단들이 자신들에게 유리한 정책이 수립되고 집행될 수 있도록 하기 위해 온갖 노력을 기울인다. 한편으로는, 시민사회단체나 종교집단들도 일반대중이나 소외집단의 이익을 대변하기 위해 다양한 노력을 전개한다. 이러한 집단들의 노력과정을 통해서 그 시대의 사회적 욕구와 사회문제는 어젠다의 지위에 오르게 되고, 적절한 정책대안이 마련되어 사회복지제도가 정립되는 데 기여하게 된다(김기원, 2020: 181).

여기에서는 공통적으로 논의되고 있는 발달이론들을 중심으로 살펴보기로 한다.

1 산업화이론

산업화이론(industrialization theory)은 사회복지와 관련된 이론으로, 수렴이론(convergence theory) 또는 기술결정론(technological determination)이라고도 한다. 윌렌스키(Harold L. Wilensky), 르보(Charles N. Lebeaux) 등의 학자가 주장하였다. 산

업화이론은 기술과 산업화에 의한 경제수준이 사회복지의 수준을 결정한다는 이론이다. 산업화이론의 요체는 서로 다른 정치이념과 정치문화를 가진 국가들도 산업화만 이룩되면 복지국가로 발전되어 유사한 사회복지체계를 갖게 된다고 보는 점이다(오세영, 2023: 154).

일반적으로 산업화이론은 사회복지를 산업화의 산물로 간주한다. 다시 말해서 선진산업사회의 복지체계와 내용은 이데올로기나 법적·정치적 제도, 사회적 양심이나 권리 등이 아니라, 오로지 기술과 산업화의 수준에 달려 있다고 주장한다. 이 이론에 따르면, 자본주의체제이든 사회주의체제이든 정치직·경제적 체제에 관계없이 경제발전 수준이 비슷하면 사회복지의 수준 또한 비슷해진다(정영숙 외, 2024: 66-67).

산업화이론은 복지국가의 발전을 설명하는 이론들 가운데 가장 먼저 등장하였고, 또한 가장 많이 논의되고 따라서 가장 많이 비판받는 이론이다. 산업화이론에 따르면, 복지국가의 발전은 산업화된 사회에서 발생하는 욕구에 대한 대응이 산업화로 인해서 가능해진 자원을 통해서 이루어진다고 본다.

그러나 산업화에 의해서 사회복지 욕구도 증가하고, 이것을 해결할 수 있는 경제적 자원이 있다고 해서 반드시 복지국가 발전이 이루어지는 것은 아니다. 여기에는 산업화 이외의 다른 변수, 특히 정치적 변수(예를 들어, 좌익정당 또한 우익정당의 세력, 이익집단의 활동 등)들이 더 중요할 수도 있다. 즉, 산업화가 복지국가 발전을 비교적 잘 설명할 수 있는 것도 국가들의 경제적 수준이 일정 이하까지의 단계이며, 그 이상의 수준에서는 다른 변수들이 복지국가의 발전을 더 잘 설명한다.

산업화이론은 많은 한계를 가지고 있는데, 그 비판은 다음과 같다(정영숙 외, 2024: 68 ; 김태성 외, 2019: 148-153).

첫째, 산업화이론은 산업화로 인하여 증대된 사회복지에 대한 욕구가 왜 증가할 수밖에 없는가를 설명하였지만, 이러한 욕구가 사회복지제도로 나타나는 구체적인 과정을 설명하지 못한다. 산업화이론에 의하면, 복지욕구만 있으면 자동적으로 그리고 결정론적으로 복지제도는 나타난다고 보는데, 여기서 욕구와 사회복지제도와의 인과관계에 대한 설명이 부족하다. 왜냐하면 욕구가 있어도 제도가 나타나지 않을 가능성도 매우 크기 때문이다. 사회복지제도가 왜 도입되었는가를 알기 위해서는 사회문제화하는 과정에서 어떤 사회집단들이 포함되었고, 그들의 가치와 이념이 무엇이고, 이해집단들 간의 갈등의 속성이 무엇인지 등에 관한 이해가 필요하다. 산업화이론은 이러한 욕구와 사회복지 제도상의 인과관계를 무시했다는 비판이다.

둘째, 산업화이론의 가정은 복지욕구가 복지제도로 나타나는 것을 사회적 합의에 의한 것으로 본다. 즉, 사회구성원 모두가 사회복지의 확대를 원한다고 단순화시킨다. 실제로 이러한 설명은 제2차 세계대전 후부터 1970년대 초까지의 사회복지발전의 팽창기에는 어느 정도 맞아 들어간다. 그러나 그 이후의 서구 선진산업사회에서는 복지국가에 대한 많은 비판과 문제점들이 발생하여 복지국가 발전상의 이른바 '위기의 시대'가 오는데, 산업화이론으로 이러한 현상을 설명하는 데 한계가 있다.

2 독점자본이론

복지국가에 관한 독점자본이론은 전통적 마르크스주의 이후 자본주의의 속성이 독점자본주의로 변화되고 국가의 개입이 강화되자, 이러한 변화에 부응하기 위해 새로이 개발된 신마르크스주의(neo-marxism)이론이다. 전통적 마르크스주의에 따르면, 지배계급의 이익만을 추구하는 착취적인 자본주의 사회에서는 다수의 복지가 보장될 수 없으며, 진정한 복지국가가 이루어지기 위해서는 생산수단의 사회화를 통하여 생산은 사회적 기준에 의해 이루어지고, 분배는 인간의 욕구에 따라 이루어져야 한다고 주장한다(김기원, 2020: 124).

그러나 전통적 마르크스주의 이후, 자본주의 사회는 커다란 변화가 이루어지기 시작했는데, 자본주의는 고전적인 경쟁적 자본주의로부터 점차 독점적 자본주의로 변화하기 시작하였다. 이러한 현상은 특히 제2차 세계대전 이후에 더욱 뚜렷이 나타났다. 또한 이 시기에 국가의 역할도 바뀌어 소극적인 역할에서 점차 적극적으로 자본주의 경제에 개입하여 국가의 역할이 매우 중요하게 됨에 따라 일반 국민들의 복지도 책임지는 '복지국가'가 등장하였다. 이러한 상황에서 전통적 마르크스주의를 수정, 발전시키는 이른바 신마르크스주의가 등장하여, 변화된 자본주의(고도의 독점자본주의)를 분석하기 시작하였다. 이러한 가운데 복지국가의 발전을 독점자본주의의 속성과 연결시켜 설명하게 된 것이다.

독점자본이론에 대한 평가는 다음과 같다(김태성 외, 2019: 166-167).

복지국가의 발전을 설명하는 독점자본이론은 기여한 바가 크다.

첫째, 이것은 산업화이론이 무시한 자본주의의 문제(계급문제, 노동력 재생산 등)를 분석하여 복지국가 발전을 설명한 점이다.

둘째, 이러한 분석을 통해 누가 복지국가로 인해 이익을 보느냐는 문제에 대한 답을 명확히 해 주었다. 산업화이론은 이러한 문제에 대해 모호하여 복지국가에서는 사회전체의 이익이 확대되는 것으로 보았다.

셋째, 이러한 관점을 통해 복지국가의 성격을 좀 더 거시적으로 볼 수 있게 한 점이다.

넷째, 이 이론을 통하여 국가의 역할에 대한 이해를 더 높일 수 있다. 산업화이론에서는 국가의 역할을 산업화로 야기된 문제에 대한 피동적인 대응으로 본 반면, 독점자본이론에서는 왜 국가가 적극적으로 자본주의 발전단계에서 경제체계에 개입해야 하는가를 보여 준다.

다섯째, 이러한 관점을 통해 구체적인 복지국가정책의 내용을 분석하는 데 도움을 준다. 예를 들어, 오늘날 고도로 발전된 복지국가에서도 여전히 빈민법의 잔재를 갖고 있는 복지 프로그램이 존재하는 이유를 규명하는 데 기여한다.

이러한 긍정적인 면에 반하여, 독점자본이론은 다음 몇 가지의 한계를 갖고 있다.

첫째, 이 이론은 복지국가의 발전을 설명하는 데 지나치게 자본주의 구조로부터의 경제적 결정론(economic structural determinism)에 의지한다.

둘째, 민주정치에서 여러 행위자들의 역할을 무시한 점이다.

셋째, 이러한 이론이 고도 산업자본주의에 모두 적용될 수 있느냐의 문제가 있다. 고도 산업자본주의에서의 복지국가의 발전 정도는 큰 차이가 있는데(예, 미국과 스웨덴), 독점자본이론으로는 이러한 차이를 설명하는 데 한계가 있다. 다시 말해서 자본주의 경제의 구조만으로는 설명이 안 되는 '자유'의 영역을 간과하였다.

넷째, 이러한 이론에서 사용하는 개념틀이 너무 거시적이며, 경험적 조사에 사용하기가 어렵기 때문에 이러한 이론을 지지 또한 반박할 실증적 연구에 어려움이 있다.

3 사회민주주의이론

사회민주주의(social democracy)는 생산수단의 사회적(공적) 소유와 사회적(공적) 관리에 의한 사회의 개조를 민주주의적인 방법을 통해서 실현하려고 하는 주장 또는 운동으로 19세기 말부터 제1차 세계대전까지 제2인터내셔널(The Second International, 1889~1914)에 집결한 사회민주당의 이론과 정책의 총칭이다. 19세기 말 자본주의하의 노동자에게도 참정권이 주어져 정치적 · 형식적 민주주의는 달성되었지만, 경제적 민주주의는 아직 달성되지 않았는데, 이것을 획득하는 것이 노동자계급의 과제라는 발상으로부터 사회민주주의란 용어가 생겼다.

산업화이론과 독점자본이론은 각 이론들이 배경으로 하는 이념적 틀이 크게 달랐다. 즉, 산업화이론은 복지국가의 발전을 설명하는 데 있어서 자본주의 사회에서 계급갈등문제를 무시하는 반면, 독점자본이론은 계급갈등문제에 초점을 맞추었다. 그러나 이러한 두 이론의 유사성은 복지국가 발전을 어떤 기능적 필요성(functional imperatives)에 대한 대응으로 필연적으로 결정된다고 설명한다는 것이다. 즉, 산업화이론에 의하면, 산업화만 되면 그것의 기술발전으로 인하여 국가의 지배적 이념에 상관없이 복지국가의 확대는 필연적이라는 것이다. 독점자본이론 역시, 자본주의가 독점자본의 단계에 가면 자본축적 또는 노동력 재생산의 필요성 때문에 복지국가는 필연적으로 확대되어야 한다는 것이다.

이와 같이 두 이론은 "정치는 무관하다(Politics does not matter)."고 주장하는 반면에, 사회민주주의이론은 '정치'를 중요시 여긴다. 사회민주주의이론은 독점자본이론처럼 자본주의에서의 계급갈등에 초점을 맞추었지만, 독점자본이론이 이러한 계급갈등에서 자본의 일방적인 이익추구라는 관점으로 설명한 것과 달리, 사회민주주의이론은 노동의 정치적 세력 확대의 결과로 설명한다. 다시 말해서 복지국가는 노동자계급을 대변하는 정치적 집단의 정치적 세력이 커질수록 발전한다. 복지국가는 자본과 노동의 계급투쟁에서 노동이 획득한 승리의 전리품으로 본다(김태성 외, 2019: 167-168).

사회민주주의이론은 복지국가의 전개에 대한 계급투쟁적 관점이라고 할 수 있는데, 이것은 노동운동의 요구라는 측면이 강하다. 이 이론은 서구 유럽 자본주의의 발전과정에서 노동운동이 수행한 역할에 초점을 맞추면서 노동계급의 조직화 정도와 조직된 노동세력의 정치적 동원 정도를 그 지표로서 중시한다. 즉, 복지국가의 발전은 노동조합 등을 통하여 노동계급이 얼마나 조직되어 있으며, 또한 노동계급정당을 통하여 얼마나 정치적으로 동원될 수 있는가에 따라 주로 결정된다는 논리이다. 사회민주주의이론은 노동계급이 가진 권력자원과 정치적 동원이 사회주의의 이행에 핵심적 변수라는 입장을 취한다. 우선, 특정 국가의 자원분배구조는 시민사회 내의 계급갈등과 계급 간 권력배분구조의 산물임을 중시하고, 생산영역에서의 계급적 분화가 갈등의 일차적 조건임을 받아들인다. 이러한 입장을 취하는 학자들(Gøsta Esping-Andersen,

Walter Korpi, John Stephens 등)은 노동자계급과 자본가계급의 권력 불균등은 항구적인 것이 아니며, 노동계급은 노동조합과 정당을 통해서, 즉 동력자원의 동원기제로서 노동조합의 조직률 확대와 노동자 정당에의 지지를 통하여 자본에 대한 힘의 열세를 어느 정도 만회할 수 있다고 본다(고세훈, 2000: 52-53).

20세기에 들어서서 절차적 민주주의의 확대가 대세로 되면서 의회를 통한 사회주의로의 개혁적 이행이 가능하다는 낙관이 확산되었고, 이러한 개혁적 입장은 제1차 세계대전 이후 서유럽 사회민주주의의 확고한 노선으로 자리 잡았다. 주목할 만한 점은, 사회민주주의가 비록 변혁의 형식으로 의회주의를 택하였다 하더라도, 실현되어야 할 궁극적인 목적가치로서의 사회주의는 견지하여 왔다는 점이다. 사회민주주의이론에서 사회주의의 달성은 정치적 힘의 확보를 통해 평등한 정책을 추진해 나갈 때 달성될 수 있는 목표이며, 사회복지정책의 확대는 사회주의로 가는 하나의 과정으로 평가될 수 있다.

사회민주주의이론에 대한 평가는 다음과 같다(김태성 외, 2019: 172-173).

사회민주주의이론은 복지국가 발전을 설명하는 데 몇 가지의 장점을 가지고 있다.

첫째, 사회민주주의이론은 전술한 산업화이론과 독점자본이론이 무시한 '정치적' 요소들에 대한 분석이 중요하다는 것을 보여 준다. 특히, 이 이론은 의회민주주의에서의 계급들 간의 힘의 역학관계가 변할 수 있다는 면을 보여주는 데서 뛰어나다.

둘째, 사회민주주의이론은 독점자본이론과는 달리, 사회복지 발전을 설명하는 데 있어서 실증적인 연구에 의하여 뒷받침된다는 점이다. 특히, 이 이론은 실증적인 연구를 통해 산업화이론을 비판하고 그 한계를 극복한다.

이러한 장점에도 불구하고, 사회민주주의이론은 한계를 갖고 있다.

첫째, 많은 나라에서의 복지국가 프로그램들(특히, 복지국가 발전의 초기단계)은 사회민주주의 세력에 의해서보다는 그 반대세력(자유주의자 또한 보수주의자, 예를 들어 독일에서의 비스마르크의 사회입법, 미국의 사회보장법)에 의하여 시작되었다. 오히려 사회민주주의 세력(특히, 노동조합)은 복지국가의 확대를 반대하였는데, 그 이유는 사회복지의 확대는 노동조합의 자율권과 통합성을 약화시킬 수 있거나, 또한 임금을 억제하기 위한 수단으로 보았기 때문이다. 따라서, 사회민주주의이론은 특정한 몇 나라의 사회복지 발전을 설명하는 데 적합할 뿐(예, 스웨덴) 일반화하기에 어렵다.

둘째, 사회민주주의이론의 가정은 노동자계급의 계급의식이 강해서 그들의 조직력이 강하고, 따라서 그들의 이익을 대변하는 뚜렷한 정당이 있어서, 이러한 정당이 집권하면 노동자계급의 이익을 대변하는 사회복지의 확대가 이루어진다는 것이다. 그러나 많은 연구들은 이러한 가정을 비판하여 노동자들의 계급의식의 동질성은 비교적 약하고, 또한 순수 노동자계급을 위한 정당이 집권을 하기에는 그들의 지지세력이 많지 않아 집권을 위해서는 다른 계급(특히, 중산층)의 이익도 반영해야 하기 때문에 순수한 전통적인 노동자계급만을 위한 정당이 존재하기 어렵다고 본다. 따라서, 사회민주주의 정당 이외의 정당도 집권을 위한 득표를 위하여 복지국가의 확대정책을 표방할 수 있어서 정당들 간의 복지국가정책의 차이가 별로 없다는 결론에 이른다.

4 이익집단이론

이익집단이론(interest group theory) 또는 이익집단정치이론(interest group politics theory)은 사회복지정책을 이익집단 간의 갈등과 정부의 조정 결과라고 주장한다(김기원, 2020: 193). 이 이론에 따르면, 이익집단은 공통의 목적을 가지고 공공정책에 영향을 미치기 위해 노력하는 개인들의 조직체를 말한다. 또한 사회복지정책은 이러한 이익집단들 간의 갈등과 타협의 산물로 간주한다. 즉, 이익집단정치이론은 각종 이익집단들의 정치적 힘이 사회복지정책 발달에 영향을 미친다는 것이다. 국가들은 많은 정책을 둘러싸고 다양한 이해집단들이 자신의 정치적 힘을 통해 이익을 반영하기 위해 노력한다. 이 이론에 따르면,

『사회변동과 정치』
(Janowitz, 2017)

1945년 이후 복지국가는 계급이익이 아니라, 압력집단 정치의 영향력으로 발전되었으며, 또한 계급적 구분을 초월하여 사회의 다양한 집단들의 욕구와 요구에 대응하였다(Janowitz, 2017). 즉, 다양한 복지이해집단의 움직임에 따라 사회복지정책이 발달한다고 보는 견해이다(정영숙 외, 2024: 77-78).

경제발전과 민주주의의 진전으로 이익집단들의 요구가 커지고 다양화되는 것은, 세계 어느 나라에서나 나타나는 공통된 현상이다. 이익집단이라고 하면, 노동조합이나 경영자단체, 그리고 의사나 변호사와 같은 직능단체가 먼저 떠오르지만, 오늘날 이익집단은 계급이나 직능을 넘어 연령, 인종, 언어, 종교를 중심으로 결성되기도 한다. 퇴직한 노년층의 이익집단화가 좋은 예이다. 이들은 숫자도 많고, 투표율도 높으며, 정치적으로 활동적이다. 이익집단은 경제적 다양화와 정치적 민주화의 결과로만 결성되는 것이 아니라, 역동적인 집단행동으로도 조직되고 또 조직력이 강화된다. 공통의 이익을 중심으로 집단이 형성되고, 이들 집단의 행동을 통해 이익을 관철시키게 되면, 집단 역동성은 더욱 강해진다(김영화 외, 2023: 119).

팜펠과 윌리엄슨(Pampel & Williamson, 1992: 38-40)에 따르면, 이익집단의 성장은 정부지출의 증대를 가져오는 경향이 있다. 다시 말해서 이익집단이 구성원들의 집단이익을 실현하기 위해 국가에 대해 가하는 압력은 결국 복지비의 증대를 가져온다는 것이다. 자유민주주의는 선거라는 경쟁을 통해 제도적 질서를 만들어 가는 체제이다. 정당은 정책을 형성하는 집단이라기보다는 선거에서의 승리를 위해 모인 느슨한 연합체에 가깝다. 이때 잠재적인 이익집단이 정치지도자를 중심으로 조직화되고, 그 대표자를 통해 자신들의 이익을 실현시키고자 선거에 조직적으로 참여한다면 상당한 힘을 발휘하게 된다. 이런 점에서 정부지출은 이익집단들이 자신의 이익을 실현하기 위해 벌이는 정치적 단체활동의 정치적 과정이다.

로우(Lowe, 1993: 27-28)에 따르면, 이익집단정치이론에서 중시하는 것은 정부의 역할이다. 이익집단정치이론은 기본적으로 사회는 안정되어 있고, 권력은 분산되어 있어 한 집단(또는 계급)이 지배적인 권력을 행사할 수 없다고 전제하는 다원주의를 기반으로 하기 때문에 다양한 이익집단들의 이익 상충을 조정하는 데 있어 정부의 역할이 중요하다. 예컨대, 보건의료 분야에서 의료소비자인 국민과 그 생산가인 의료전문직 간의 갈등을 중재하여 타협에 이르게 하는 게 국가의 임무인 것이다. 이때 국가는 중립적이어야 함은 물론이다. 따라서, 국가가 비중립적이고, 국가가 중재하는 경우라도 대중의 이익보다는 국가 자체의 이익을 더 중시한다는 비판과 권력이 분산되어 있지 않다는 반론이 제기될 수 있다.

이익집단정치이론은 제도를 놓고 서로 다른 이해를 가진 집단들이 행사하는 영향력을 분석하고 각 집단들의 이해관계를 적절히 폭로함으로써 정책과 이익집단들의 관계를 근본적으로 파악할 수 있으며, 나아가 이익집단들의 영향력 행사 양상을 생동감 있게 포착할 수 있게 해 주는 장점이 있다.

그러나 계급과 대비해 보면 취약점이 드러난다. 즉, 이익집단정치이론에 의하면, 권력은 적대적인 계급으로 구분되는 것이 아니라, 국가와 정권을 포함한 권력을 둘러싸고 경쟁하는 여러 집단으로 구성된다. 이는 권력의 한 범주로서의 계급을 경영자, 노동조합, 정당, 정부기구 등으로 대치한다는 것을 의미한다. 이것은 계급 간의 갈등이나 투쟁이 압력집단 간의 소전투로 환원되는 결과를 낳는다. 다시 말해서 복지국가와 복지국가 내의 다양한 사회복지정책들은 자본과 노동 간의 대립이 아니라, 관련된 다양한 이익단체 간의 대립과 타협의 산물로 해석되는 것이다. 예컨대, 보건의료 분야에서의 위기는 의사나 약사 등 몇몇 집단이 행사하고 있는 지배력과 전문적 지식 및 제도적 통제를 통해 자기권력을 제도화하여 자기이익에 가장 적합한 환경을 조성하려는 데서 오는 것으로 간주된다. 계급을 이익집단으로, 계급갈등을 이익집단 간의 갈등으로 대치하는 것은 대중의 관심을 특정 쟁점(예컨대, 보건의료 부문)에만 집중하게 만들어 위기에 처한 것은 그 부분만이 아니라는 사실을 망각하게 만든다. 결국 상황을 이렇게 인식하면, 자본주의의 계급권력관계를 초월하여 자본주의를 강화하는 데 자신도 모르게 봉사하게 된다(원석조, 2023b: 265).

이익집단정치이론에 대한 평가는 다음과 같다(김영화 외, 2023: 118 ; 김태성 외, 2019: 179-180).

이익집단정치이론이 다른 이론과 비교하여 복지국가 발전을 설명하는 데 있어 기여한 것은, 복지국가 발전을 전통적인 계급관계(자본 대 노동)를 넘어서 다양한 집단의 정치적 경쟁에 초점을 맞춘 점이다. 이것은 현대산업사회에 존재하는 다양한 이익집단들, 그리고 이 이익집단들 사이의 치열한 경쟁을 볼 때 적절하다. 또한 이 이론은 오늘날의 선진산업사회 민주주의제도에서의 정당정치의 현실을 좀 더 명확히 파악했다고 볼 수 있다. 마지막으로 이 이론은 특히 노인들을 위한 복지국가 프로그램의 확대를 설명하는 데 적합하다.

그러나 이익집단정치이론은 세계의 많은 나라의 복지국가 발전을 설명하는 데는, 즉 일반화하기에는 한계가 있어서 주로 선진산업국가들(특히, 이 가운데서도 정치적으로 다원화된 민주주의 국가. 예, 미국)에만 적합하다고 할 수 있다. 이 이론은 민주주의제도가 발전 안 된 국가들 또한 민주주의제도에서도 이익집단들의 정치적 힘이 상대적으로 중요하지 않은 국가들의 복지발전현상을 설명하는 데 어려움이 있다. 전자의 예는 민주화 이전의 국가조합주의(state corporatism) 성격이 강한 남미 국가들이고, 후자의 예는 사회민주적 조합주의의 성격이 강한 스칸디나비아 국가들이다.

5 국가중심이론

지금까지 사회복지 발전을 설명하는 네 가지 이론은 사회복지에 대한 수요의 증대에 초점을 맞추었다. 산업화이론이나 독점자본이론은 각기 산업화나 독점자본축적에의 기능적 필요성 때문에 사회복지에 대한 수요가 증대한 것이고, 이익집단정치이론이나 사회민주주의이론은 각기 이익집단이나 노동자 계급의 정치적인 힘의 증대로 인한 사회복지에 대한 수요가 증대하여 확대된 것으로 본다(강종수, 2025: 81-82).

이와 달리, 국가중심이론(state-centered approach)은 사회복지를 제공하는 공급(supply)의 측면에서 복지국가의 발전을 설명한다. 이 이론은 사회복지에의 수요의 변화에도 불구하고, 국가는 국가 나름대로 사회복지 확대가 필요한 이유들을 갖고 있다고 본다. 다시 말해서 유사한 사회복지에의 수요에 처해 있어도 국가에 따라 특정한 국가구조의 차이에 따라 대응하는 것이 다르다는 것이다(김태성 외, 2019: 181).

이익집단정치이론에서는 국가와 관료조직을 사회복지정책 도입의 중개자(transferring media)로 간주하고, 계급투쟁론(신마르크스주의 이론)에서는 국가를 지배계급의 도구로 보는 데 반해, 국가중심이론에서는 사회복지정책에 대해 독립된 주체인 국가가 스스로 문제를 인식하고 해결하려고 하는 노력의 산물(특정 집단의 요구를 반영한 게 아니라)로 파악한다. 그런 의미에서 '국가론(the statist approach)'이라고도 한다.

국가중심이론이 가장 중시하는 것은, 문제를 발견하고, 해결책을 찾아내며, 그것을 수행하는 정부관료조직의 역할이다. 국가중심이론에서는 사회적 쟁점과 그 해결책은 점차 복잡해지는 경향이 있으며, 정치인과 이익집단의 역할은 약화되는 반면에, 관료와 전문가의 역할은 더욱 중요해진다. 국가중심이론은 국가나 관료기구의 주도성에 초점을 둔다. 사회복지정책 발달에 정당이나 이익집단이 중요한 역할을 하기도 하지만, 지속적으로 영향을 미치는 것은 공공관료들이라고 본다. 즉, 복지정책이 사회의 필요와 다양한 세력들의 이해관계를 반영하기도 하지만, 궁극적으로 국가 엘리트들과 관료집단의 의지와 능력에 의해 결정된다고 보는 것이다. 각 국가의 복지수준과 복지제도의 차이는 국가구조나 정치제도 또한 관료기구의 차이에 있다는 것이다(김영화 외, 2023: 119).

국가중심이론은 산업화, 독점자본, 이익집단, 노동자계급 등의 요인들이 복지국가의 발전에 영향을 준다는 점은 인정하지만, 이 이론의 강조점은 이러한

『국가 다시 불러오기』
(Evans et al., 1985)

영향들이 독립적인 국가조직에 의해서 매개가 된다는 점이다. 이 이론에 따르면, 지금까지의 4이론들은 복지국가 발전에서의 국가의 역할은 단순시행자(산업화이론)나 자본가의 하수인(독점자본이론), 다양한 이익집단들의 요구의 중재자(이익집단정치이론), 또한 노동자계급의 요구에 대한 타협자(사회민주주의이론)로서의 소극적인 역할이었다. 반면에, 국가중심이론은 국가의 적극적인 역할을 강조하여 복지국가의 발전을 설명하는 거시적이고 사회적인 배경적 원인과 구체적인 한 국가의 사회복지정책 사이의 관계는, 각 국가들이 갖고 있는 국가구조의 특이성에 의하여 결정된다고 본다(Evans et al., 1985).

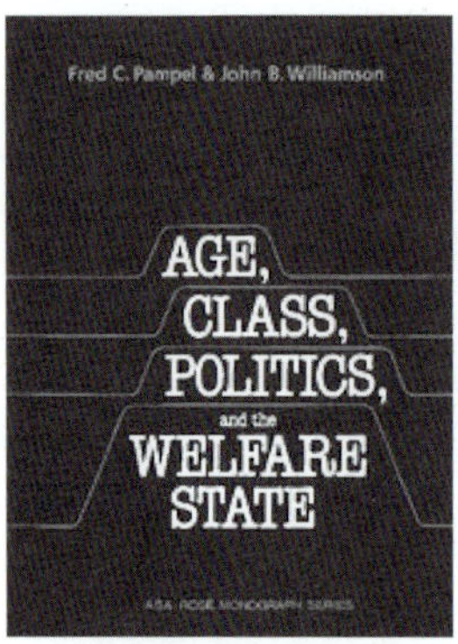

『연령, 계급, 정치, 그리고
복지국가』(1992)

팜펠과 윌리암슨(Fred C. Pampel & John B. Williamson)은 1989년 그들의 저서 『연령, 계급, 정치, 그리고 복지국가(*Age, Class, Politics, and the Welfare State*)』에서, 국가의 역량(state capacity)은 국민의 요구에 대한 국가의 대처능력을 좌우한다는 점에서 국가의 성격이 사회복지수준을 결정한다고 하면서 국가중심이론을 뒷받침하고 있다. 그 이유는 다음과 같다.

첫째, 국가의 중앙집권화와 조합주의자(corporatist) 조직은 집권자들이 원하는 정책의 시행을 위해 복지비 확대를 가져온다. 정부, 기업, 노조의 엘리트들이 집중화되어 있으면(조합주의, corporatism), 복지 확대를 반대하는 분파들의 저항을 효과적으로 제압할 수 있다. 그리고 복지 확대에 대한 국민적 합의를 이끌어 내기도 용이하다.

둘째, 행정기관 관료제의 확대는 복지비 지출을 증대시킨다. 행정조직의 확대는 인건비 지출과 자체 예산의 확대를 가져온다.

셋째, 국가조세구조도 복지비 지출과 관계가 있다. 직접세와 사회보장세의 비중이 높을 경우, 복지비 지출이 상대적으로 어렵다. 간접세에의 의존도가 높을 경우, 복지비 지출의 증대에 필요한 조세의 증액에 대한 반대가 상대적으로 적다.

넷째, 선거의 시점도 복지비 지출의 시점에 영향을 줄 수 있다.

다섯째, 국방비와 같이 경쟁관계에 있는 지출항목이 복지비 지출을 억제할 수 있다. 전쟁 중이거나 국가 간 군사적 긴장도가 높을 경우, 군사비는 복지비에 우선한다.

국가중심이론에 대한 평가는 다음과 같다(오세영, 2023: 171).

국가중심이론의 장점은 다음과 같다.

첫째, 사회 중심적 접근에서 벗어나, 사회복지를 제공하는 공급자로서의 국가를 강조함으로써 사회복지정책 발달에 대한 설명의 폭을 넓혔다.

둘째, 사회복지정책 발전에 있어서의 각 국가들이 갖고 있는 국가 구조적 특이성을 역사적인 발전과정의 맥락에서 분석하고 있다.

셋째, 지금까지의 소극적인 국가역할에서 벗어나 적극적인 행위자로서의 국가를 강조한 점도 사회복지정책 발달에 관한 이해의 폭을 넓히고 있다.

국가중심이론은 다음과 같은 한계를 지니고 있다.

첫째, 각 국가의 구조적 특이성을 강조하기 때문에 이 이론을 통해 사회복지정책의 발달을 일반화하기 어려운 점이 있다. 즉, 많은 국가들을 대상으로 적용될 수 있는 체계화된 그리고 구체적인 가설을 정립하기 어렵다.

둘째, 국가중심이론은 사회복지의 욕구가 어떻게 하여 발생하는가를 설명하기보다는 그러한 욕구에 대한 대응을 국가에 따라 어떻게 하는가에만 초점을 맞추었기 때문에 사회복지정책의 발전에 대한 본질적인 원인에 대하여는 등한시할 수 있는 한계가 있다.

6 확산이론

확산이론(diffusion theory)은 사회복지정책의 발달이 국가 간의 의사소통이나 영향력을 주고받음에 따라 이루어진다고 보며, 전파이론이라고도 한다(송진영 외, 2024: 67). 사회복지가 국제적 모방과정으로서 한 나라의 사회복지정책이 다른 나라에 영향을 미친다는 데 초점을 둔 이론이다(김기원, 2020: 186). 이 이론에 따르면, 근대국가들이 발전하면서 그 발전이 확산되어 전통적 국가들에게 영향을 미친다. 이 이론은 서구사회의 발전모형을 기초로 근대화를 사회발전의 가장 중요한 요소로 강조하며, 진화론적 입장을 취한다. 확산이론의 논리적 핵심은 사회복지정책의 도입을 모방과정의 결과로 인식한다는 점이다(정영숙 외, 2024: 69).

콜리어와 메식(Collier & Messick, 1975)에 의하면, 확산은 두 가지 유형으로 구분된다.

첫째, 위계적 확산(hierarchical diffusion)이다. 이는 기술혁신이나 새로운 제도가 선진국에서 후진국으로 확산되는 경우를 말한다. 일반적으로 근대화가 먼저 진행된 국가들로부터 늦게 진행된 국가로 위계적 확산이 진행되는데, 개발도상국은 근대화의 수준이 낮은 상태에서 사회복지제도와 프로그램을 도입한다.

둘째, 공간적 확산(spatial diffusion)이다. 이는 어떤 국가에서 만들어진 기술이나 제도가 우선 인접 주변국을 중심으로 하여 점차적으로 확산되는 경우를 말한다. 1880년대의 독일 비스마르크의 사회보험제도가 점차적으로 유럽 전역으로 확산된 경우가 그 예이다.

확산이론을 주장하는 학자들은 사회복지정책의 발전과 국가의 지리적 위치가 밀접한 관계에 있다고 주장한다. 즉, 지리상으로 인접한 국가나 긴밀한 관계에 있는 국가 간에 정책이 확산되어 간다. 유럽대륙 국가들은 다른 선진국이나 비유럽 국가보다 먼저 사회보장 프로그램을 구축했을 뿐만 아니라, 더 많은 복지비를 지출하고 있었는데, 이는 유럽대륙 국가들의 지리적 근접에 기인한다. 이런 관점에서 보면, 독일에서 처음 도입된 사회보험이 빠른 시일 내에 유럽의 인접 국가로 퍼져나간 경우가 있다(김영화 외, 2023: 113-114).

확산이론은 기존의 이론들이 사회복지정책의 발달을 국내적인 요인을 가지고 설명하려는 것에서부터 벗어나 국제적인 관계와 범위로 그 영역을 넓혀 설명했다는 점에서 의의가 있다. 특히, 현대사회와 같이 교통과 통신이 잘 발달되고 최근에 와서는 인터넷 등으로 인하여 명실상부한 지구촌이 된 상황에서 확산이론은 설명력이 훨씬 높아지고 있다.

확산이론은 다음과 같은 한계들이 지적되고 있다(오세영, 2023: 157-158).

첫째, 산업국가에서 정부가 시행하는 사회복지정책에 있어서 확산이론에 의한 확산효과는 미미하며, 그보다는 각 국가의 내부적인 사회경제적·정치적 요인이 더 중요하다.

둘째, 이 이론은 국제적인 환경변수가 구체적인 사회복지정책으로 전환되는 역동적인 과정을 설명하지 못하고 있다. 단순히 특정 국가와 인접하고 있다는 지리적 위치나 피식민지적 지배와 경험 자체는 중요한 요인이기는 하지만, 이와 같은 요인이 왜, 어떻게 영향을 미쳐 정책화되는가에 대한 구체적인 설명이 부족하다.

셋째, 이 이론은 선진국가에서 후진국가로 사회복지정책이 확산되어 간다고 주장하고 있으나, 그렇지 않은 경우도 있다. 때로는 후진국가에서 선진국가로의 '역 확산(up a hierarchy)'도 존재하는데, 근대화가 영국에 비해 뒤진 독일의 사회보험이 영국에 뒤늦게 도입된 것이 그 예이다.

넷째, 한 국가가 새로운 복지제도를 도입하려 할 때, 다른 나라, 특히 선진복지국가의 제도를 참고하는 것은 분명하지만, 확산이론은 사회복지제도의 국가 간 확산 여부를 떠나 복지의 원인이 복지가 된다는 논리적인 취약점을 가지고 있다. 제도를 단지 참고만 하는 것을 그 원인이 된다고 간주할 수는 없다.

7 시민권론

토마스 마셜

『교차로와 에세이에서의 사회학』
(1963년 출판)

시민권론(citizenship theory)은 사회복지정책의 발달을 시민권의 변천이라는 측면에서 진화론적으로 설명하는 이론으로, 사회복지정책이 발달하는 것은 시민권의 수준이 높아지기 때문이라고 보는 이론이다(김기원, 2020: 190). 대표적인 학자로는 마셜(Thomas Humphrey Marshall, 1893~1981)이 있다. 마셜은 1963년 그의 저서 『교차로에서의 사회학과 기타 에세이들(*Sociology at The Crossroads and other Essays*)』에서, 시민권이 세 요소로 구성돼 있다고 주장한다. 공민적 · 정치적 · 사회적 요소다. 18세기에 발전한 '공민적 요소'(공민권)는 계약의 자유, 사유재산권, 법 앞의 평등, 언론 · 출판 · 집회 · 결사의 자유 등을 가리킨다. 19세기 본격적으로 나타난 '정치적 요소'(정치권)는 정치적 기구의 구성원으로 참여하거나 그러한 구성원을 선출할 수 있는 권리, 즉 선거권과 피선거권을 말한다. 20세기에는 '사회적 요소'(사회권)가 발전했는데, 마셜은 이를 "경제적 복지와 보장에서부터 사회적 유산을 완전하게 공유하고 사회의 지배적인 기준에 따라 문명화된 존재로서의 삶을 영위할 수 있는 모든 범위를 의미한다."고 설명한다. 이는 교육과 사회복지서비스 등을 통해 현실화한다.

마셜은 시민권(citizenship)을 공동체의 완전한 사회구성원에게 부여된 여러 가지의 권리와 권력을 향유할 수 있는 지위로 보았으며, 시민권의 요소를 공민권, 정치권, 사회권으로 분류하면서 시민권의 변천을 진화론적 입장에서 분석하고 있다.

공민권(civil right)은 산업혁명을 통해 봉권주의 체제가 붕괴되고 자본주의가 도래하던 18세기에 형성되었으며, 인간의 기본권적인 자유권을 비롯, 평등권을 보장받는 권리 및 이와 관련된 권리이다. 개인의 자유와 법 앞에서의 평등을 보장받을 권리를 말한다.

정치권(political right)은 19세기에 발달한 권리로서, 한 사람의 성원으로서 투표할 수 있는 권리뿐만 아니라, 대의기구에 선출될 수 있는 권리이며, 국가의 정치에 적극적으로 참여할 수 있는 권리이다.

사회권(social right)은 20세기에 확립된 권리로 적정 수준의 경제적 복지로부터 사회적 유산을 공유하고, 그 사회의 보편적 기준에 따라 문명화된 삶을 살 수 있는 권리이며, 생존권적 기본권이라고도 한다. 사회권은 자본주의 및 시민사회 성장의 토대였던 공민권과 민주주의의 확대를 가능하게 했던 정치권의 변증법적 상호작용의 결과물이다.

그러므로 시민권 중 첫 번째인 공민권은 기본적으로 법률제도를 통해 구현되고, 두 번째의 정치권은 정치제도에 의해 구현되며, 세 번째인 사회권은 사회서비스를 통해 구현된다(강종수, 2025: 78-79).

마셜의 궁극적 관심은 시민권과 사회적 불평등의 관계, 구체적으로 양자의 공존관계에 있었다. 그는 시민권과 사회적 불평등을 양립 가능한 것으로 보았다. 사회권은 소속감을 창조하지만, 계급 간 불평등을 폐지하는 것과는 별 관련이 없다고 보았다. 시민권은 계급불평등을 감소시키기는커녕, 어떤 의미에서는 사회적 불평등의 구조가 더욱 견고하게 유지될 수 있도록 조건의 평등이라는 상황을 만들어 낸다는 것이다. 이러한 의미에서 복지국가는 불평등을 참을 수 있을 만한 것으로, 그리고 정당한 것으로 만든다. 하지만 마셜은 시민권의 평등이라는 요소와 자본주의의 불평등이라는 요소 사이에는 일정 정도의 긴장이 있다는 것은 인식하였다. 즉, 불평등이 심할 경우 사회적 소요나 폭동이 일어날 수 있기 때문에 사회적 효율을 해치지 않으면서 사회적 불평등을 완화시키기 위한 노력이 필요하다고 보았던 것이다. 사회적 불평등의 완화제가 바로 사회복지정책이었다(Marshall, 2021).

그러므로 시민권론은 주로 보편적이고 포괄적이며, '권리로서 주어지는' 사회복지정책과 정책서비스와 원칙을 정당화하는 데 적절한 개념으로, 사회복지 정책과 정책서비스의 정당성을 부여하는 데 큰 의의가 있다.

시민권론의 문제점은 다음과 같다(정영숙 외, 2024: 75).

첫째, 법률적 복지에 한정되므로 사회봉사 등의 복지형태를 포괄하기 어렵다.

둘째, 시민권 이론의 적용범위는 서구 민주사회에만 제한된다. 사회주의 국가에서의 국가복지에 대해 시민권적 견해에서 이해가 될 수 없다.

셋째, 시민권론은 공민권과 정치권, 사회권을 사회구조의 변화와 연결시켜 설명하지 못하고 있다. 사회변동에 대한 전체적이고 진화론적 접근을 취함으로써 집단의 행위와 집단갈등이 초래할 수 있는 영향, 산업화의 영향 등은 고려되지 못하고 있다.

8 사회양심론

『현대 영국 사회서비스』
(2013)

사회양심론(the social conscience theory)은 1950년대 영국 사회복지정책학의 통설로서 애용되었고, 그 이후 오늘날에 이르기까지 사회사업가들은 물론 박애주의자들에게 큰 영향을 미치고 있다(송진영 외, 2024: 61). 이 이론의 대표적인 저작으로는 홀(Mary Penelope Hall)의 저서 『현대 영국 사회서비스(*The Social Services of Modern England*, 1952)』가 있다(Higgins, 1981).

사회양심론은 인도주의에 기초하고 있다. 사람은 인간에 대한 기본적인 연민과 동정을 가지고 있으며, 국가 역시 이

타주의(altruism)에 기반을 둔 사회적 책임이 있음을 가정한다. 사회양심은 개인적인 차원에서는 상호부조 정신과 기부문화가 발달할 수 있는 근거가 되고, 사회적인 차원에서는 지역사회나 공동체, 지방자치단체, 중앙정부 등에서 인도주의에 입각한 사회적 의무감이 복지정책을 확대할 수 있다고 보는 것이다. 이러한 사고는 오래전부터 인간사회에 존재하고 있어서, 복지마인드의 가장 근본적인 인식 틀을 형성해 왔다. 사회양심론에 따르면, 사회복지정책의 발달은 타인의 고통을 해소하려는 개인의 이타적 양심이 사회적 · 국가적 정책으로 표현되는 것이다(김영화 외, 2023: 105).

사회양심론은 정부의 사회복지정책을 국가의 자선활동으로 간주한다. 즉, 국가의 복지활동을 동정주의적 관점(sympathetic view)으로 보는 것이다. 그리고 사회복지제도에 대한 연구를 다른 사회제도에 대한 연구와 구별하고 있으며, 사회복지정책의 발전에 대한 정치적 요인을 무시하고 사회복지정책을 이상주의(realism)와 인간사회에 관한 지식 · 정보의 발전의 결과이다(정영숙 외, 2024: 71).

『복지국가』
(1981)

사회복지정책의 발전을 아동의 성장과정에 유추하고 있는 진화론적 관점을 취하고 있으며, 진화적 관점은 당연히 사회복지정책 발전의 역전 불가능성(사회복지정책 발전의 필연성)과 발전에 대한 낙관주의를 내포한다. 그러나 최근의 공공정책들의 잇따른 실패와 사회문제의 재발로 인해 사회양심론의 설득력은 매우 약화되었다(강종수, 2025: 79-80).

히긴스(Joan Higgins)는 1981년 그의 저서 『복지국가: 사회복지정책의 비교분석(*States of Welfare: Comparative analysis in social policy*)』에서, 영국 사회복지행정의 특성에서 잘 나타나듯이 사회양심론은 낙관적이고 문제해결 중심의 시각이란 점이 장점이 될 수도 있지만, 단점을 열거했는데, 그중에서도 특히 다음 세 번째의 단점 지적은 그녀의 비교연구적 시각이 날카롭게 적용된 것이다. 왜냐하면 사회복지정책의 생성과 변화가 사회양심론자들의 주장대로 인간의 기본 가치인 이타심의 발현이라면, 이러한 가치의 표현은 모든 형태의 인간사회에서 유사하게 나타나야 할 것이지만, 실제는 그렇지 않다는 것이다. 그 내용은 다음과 같다(Higgins, 1981).

첫째, 사회복지정책의 자비적 특성을 너무 강조한 나머지, 국가의 역할에 관한 왜곡된 견해를 갖게 하여 사회적 과정의 정확한 이해를 방해하고 있다.

둘째, 특정의 문제가 특정의 시기에 하필이면 문제로 인식되어 해결의 시도를 받게 되는 사회적 맥락에 관한 설명이 불가능한 것과 같이, 사회복지정책의 형성 및 변화에 미치는 압력 및 영향에 관한 분석이 너무 협소하다.

셋째, '지속적 발전이 있다' 또한 '근본문제의 해결은 끝났다'와 같이, 사회복지정책의 변천과정을 직선적 그리고 낙관적으로만 봄으로써 피상적인 국가간의 비교가 쉽사리 수렴이론으로 비약될 여지가 많다.

영국 사회복지정책의 전개과정에서 외국과의 비교가 없었던 것은 아니지만, 그것이 어디까지나 자국의 조건개선이나 문제해결을 위한 수단에 지나지 않았으며, 보다 고차원적인 사회복지정책론의 개발이 목적이 될 수 없었던 이유 중에는 사회양심론의 영향도 크게 작용하였다. 인간본성의 일부인 선이란 동서고금에 존재해 왔는데도, 사회복지를 유독 현대사회의 산물로만 설명하는 것은 무리이다. 그리고 선행을 가장한 위선의 존재를 이 이론으로는 파악해내지 못할 뿐 아니라, 사회복지제도 발달사에 나타나는 진보와 퇴보의 교차현상을 적절히 설명할 수 없으며, 채택되지 않은 정책의 대안들이 분석대상에서 제외되고 있는 점들이 사회복지정책 발달이론으로서 사회양심론의 큰 약점이 되고 있다(김상균, 2000: 88-89).

9 음모이론

음모이론(the conspiracy theory)은 사회양심론에 정면으로 도전하는 입장을 취하고 있다. 이 이론에 따르면, 사회복지정책의 주 목적은 인도주의나 인정(compassion)의 실현이 아니라, 사회안정 및 질서유지와 사회통제이다(송진영 외, 2024: 64). 따라서, 사회복지정책의 변화 시기를 지배계층이 기존의 사회질서가 위협을 받고 있다고 느끼는 때라고 주장하면서 사회복지정책의 변화를 줄곧 진화의 과정을 밟아 발전만 되는 것이 아니라, 개선과 악화의 양면이 언제라도 교차될 수밖에 없는 성질의 것으로 본다.

피벤과 클로와드(Frances Fox Piven & Richard Cloward)는 1971년 그들의 저서 『빈곤층 규제: 공공복지의 기능(*Regulating the Poor: The Functions of Public Welfare*)』에서, 전통 사회복지정책론에서는 별로 다루어지지 않던 계급갈등과 정치적 편의주의의 중요성을 강조하면서 이를 뒷받침하기 위해 대공황 이후 미국의 사회복지역사를 분석했다. 그 결과, 그들은 대량실업에서 파생되는 시민소요사태가 발생하면 공공복지제도가 시작되거나 확장되며, 반대로 정치적 안정이 회복되면 그러한 프로그램은 폐지되거나 감축되어 버린다는 사실을 발견했다. 사회보험의 원조로 알려진 비스마르크(Bismarck) 입법 동기에 대해 당시 격화일로에 있던 노동자계급 중심 사회주의 운동을 저지시켜 기존 질서를 유지하기 위한 속셈으로 보는 견해 역시 이 부류에 속한다(정영숙 외, 2024: 72).

『빈곤층 규제』
(2020, Audible)

조지와 윌딩(Victor George & Paul Wilding)은 이러한 속셈으로부터 실시되는 복지제도를 일컬어 복지국가의 '마키아벨리적 관점'이라고 하면서 이 관점은 지배계층이 예상되는 근로계층으로부터의 엄청난 요구를 사전에 봉쇄할 목적으로 원하든 원하지 않든 간에 미리 선수를 쳐서 양보하는 것이 사회복지정책이라고 해석한다.

음모이론의 또 다른 시각은 마르크스주의자들에 의해 제공된다. 사빌레(Saville, 1957~1958)는 사회복지정책을 자본주의에 절대 필요한 안정과 효율의 유지를 위한 물리적 강압책의 대안으로 보고 있다.

오코너(James O'Connor)의 저서 『국가재정위기(*The Fiscal Crisis of the State*, 2017)』에 따르면, 정부의 사회복지 지출액은 시장의 법칙에 의해 결정되는 것이 아니라, 계급 또는 집단 간의 사회, 경제적 갈등에 의해 구조적으로 결정된다. 결국 마르크스주의자들은 사회복지정책을 단기적으로는 폭력사태의 방지를 위한 자본주의자들의 방편으로, 그리고 장기적으로는 노동자계급의 혁명에 대한 정열을 식히는 전략으로 보고 있다.

핀커(Pinker, 1974)는 사회복지정책이 빈곤자들의 성공기회를 개선시킬 수 있고, 혁명의 변화 없이도 사회정의의 요구를 충족시킬 수 있는 가능성을 과시하고 있기 때문에 마르크스주의자들의 눈에는 함정, 환상 또는 이단으로 비치고 있다고 주장한다.

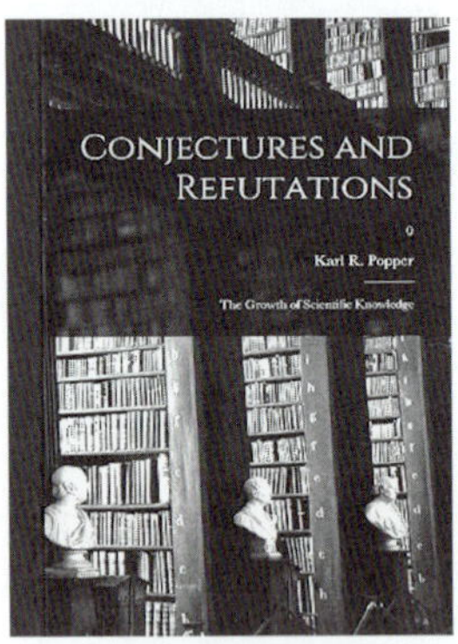

『추측과 논박』
(Popper, 2021)

음모이론에 대한 비판은 다음과 같다(Popper, 2021 ; Muraskin, 1975).

첫째, 정책결정자의 의도를 너무 중시한 나머지, 정치적 현실을 과소평가하고 있다. 즉, 사회복지정책은 많은 경우에 있어서 복잡한 행정과정의 결과인데, 그러한 과정 자체는 사전에 예측하지 못했거나 의도하지 않았던 결과를 초래할 수 있는 것이다.

둘째, 사회안정에 대한 위협을 조성하지 않는 집단이면서도 사회적 서비스의 확충으로 인한 혜택을 입고 있는 사례를 설명할 수 없다. 예컨대, 노인, 아동 그리고 환자들과 같이 노동시장에서 제외되는 대상들은 정책입안자들에게 위협적인 존재라고 보기 힘들다.

셋째, 음모가 도사리고 있음은 사실이지만, 그렇게 자주 있는 것도 아니고 또 반드시 음모가 성공하는 것도 아니다.

넷째, 권력에 대한 견해가 모순적이다. 한편으로는 지배 엘리트가 빈곤자의 압력에 반응하여 행동하는 것처럼 가정하고, 또 다른 한편으로는 전체 권력을 장악하여 구호체계의 모든 확대 및 축소를 결정하고 있는 것처럼 본다는 것이다. 덧붙여 복지에 대해 대부분 회의적이거나 거부적인 태도를 갖고 있는 중간계층의 정책결정에 미치는 영향을 고려하지 않고 있다.

10 엘리트이론

엘리트이론(elite theory)은 사회복지정책을 인도주의적 이타심이나 양심의 발로가 아니라, 지배질서의 안녕과 유지를 위한 사회통제에 목적이 있다고 한다(송진영 외, 2024: 64). 이 이론에 따르면, 사회복지정책은 엘리트의 산물이다. 엘리트란 일반적으로 특별한 자격을 갖춘 소수의 사회지도자, 정치 · 경제 · 사회 · 문화 등 사회의 각 분야에서 주도적인 역할을 하는 계층으로 일반대중과 구분된다. "역사란 곧 귀족(통치엘리트)의 무덤이다."라는 말이 있다. 이는 역사가 민중의 집합된 의지와 결실에 의하여 이루어져야 함에도, 실제로는 그러한 민중을 유린하고 지배하는 소수의 통치엘리트에 의해서 지배되고 있다는 의미이다(김기원, 2020: 192).

사회복지정책과 관련한 엘리트이론가들은 대중이란 맹목적이며 자립적인 판단을 하지 못하고, 감정적인 유혹에 쉽게 이끌리거나 창조적인 행동을 수행하지 못한다고 간주하는 반면, 엘리트들이 사신들의 이익을 도모하기 위해 사회복지정책을 도입한다고 주장한다. 일부에서는 역사상 한 시대의 역사를 만드는 데 지배적인 역할을 한 '위대한 사람(great man)'이 사회복지정책을 만들었다고 보는 위인론(great man theory)을 주장하기도 한다.

사회복지정책 대안은 주로 보건복지부나 노동부, 학계, 국책연구소의 연구

『공공정책이해』 (Dye, 2016)

원과 같은 사회의 엘리트에 의해 형성되는 경우가 대부분이다. 엘리트이론에 따르면, 우리 사회는 소수의 권력자와 다수의 비권력자로 나뉘는데, 이 소수의 지배자들은 다수의 피지배자들을 대표하지 않으며, 비 엘리트집단이 엘리트집단으로 쉽사리 전이되지도 않는다. 엘리트들은 기존 사회체제를 보존하고, 사회의 기본 가치를 위하는 데 의견이 일치한다. 정책은 바로 이 지배엘리트(governing elite)들의 가치와 선호로 간주된다. 사회복지정책은 다수의 일반대중의 가치와 선호와는 다른 가치와 선호를 갖고 있는 소수 엘리트들이 자신의 가치와 선호를 반영한 결과로 간주될 수 있다(Dye, 2016).

엘리트이론에 따르면, 사회복지정책의 형성과정에서 정책엘리트들이 얼마나 일반대중의 가치와 선호를 정책내용에 반영하고 있느냐가 중요한 문제로 떠오른다. 즉, 지배엘리트 친화적(governing elite-friendly)이거나 지배엘리트 중심적인(governing elite-centered) 사회복지정책이 아니라, 수혜자 친화적(beneficiary-friendly)이거나 수혜자 중심적(beneficiary-centered) 사회복지정책을 어떻게 수립할 수 있는가가 관건이 된다.

엘리트모델은 [그림 4-1]과 같다.

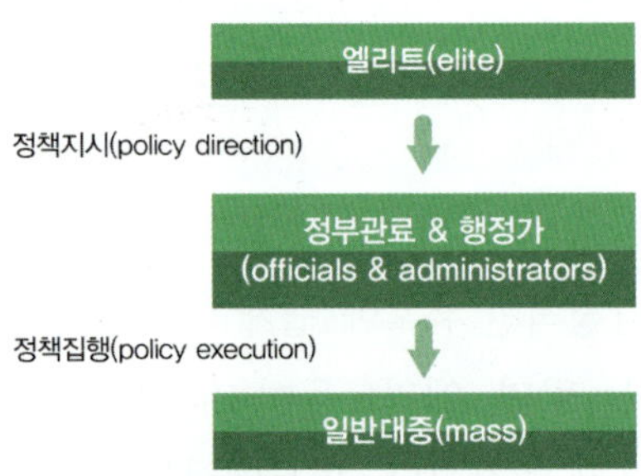

그림 4-1 **엘리트모델**

자료: 김기원(2020: 192).

CHAPTER

05

복지국가의 이데올로기

CHAPTER 05

복지국가의 이데올로기

1 자유주의

1) 고전적 자유주의

고전적 자유주의(classical liberalism)는 경제적 자유에 중점을 두고 법치주의 아래에서 시민자유를 옹호하는 정치 이데올로기이자 자유주의의 분파이다. 경제적 자유주의와 밀접하게 관련되어 있으며, 19세기 초 도시화와 산업혁명에 대응하여 이전 세기의 아이디어를 바탕으로 만들어졌다. 고전적 자유주의에 기여한 사상가는 존 로크(John Locke, 1632~1704), 장바티스트 세이(Jean-Baptiste Say, 1767~1832), 토머스 로버트 맬서스(Thomas Robert Malthus, 1766~1834), 데이비드 리카도(David Ricardo, 1772~1823) 등이 있다. '고전적 자유주의'라는 용어는 19세기 초에 발생한 사회자유주의와 구별하기 위해 사용되기 시작했다.

존 로크(John Locke, 1632~1704)

고전적 자유주의는 봉건주의에서 시민계급의 탄생과 함께 시작된 사상이다. 18세기 산업혁명과 함께 자본을 배경으로 급성장한 시민계급은 왕과 봉건 제후들이 가진 절대적 권력과 경제적 기득권을 유지하려는 정치경제적 환경을 극복할 필요가 있었다. 따라서, 자본주의 생성기에 중상주의에 반대하는 프랑스의 중농주의자들이 시장과 국가를 분리하여 국가가 시장에 개입하지 않는 자유방임 경제관을 강조하기 위해 '자유방임(laissez-faire, 하게 내버려 두다)' 이념에 토대를 둔 고전적 자유주의를 표방하였다. 즉, 자유방임주의는 국가의 경제적 간섭과 규제 없는 자유로운 경제활동을 주장하는 사상이다.

애덤 스미스(Adam Smith, 1723~1790)

고전적 자유주의는 애덤 스미스(Adam Smith, 1723~1790)가 『국부론 I (*An Inquiry Into the Nature and Causes of the Wealth of Nations, Volume 1*, 1776)』에서 옹호한 경제사상과 자연법, 공리주의, 사회진보에 대한 믿음을 바탕으로 정립되었다. 애덤 스미스는 그의 저서 『국부론』에서 '보이지 않는 손(invisible hand)'으로 표현되는 시장은 시장이 알아서 하도록 맡겨 둬야 한다고 보면서, 국가가 경제주체로서 경제활동에 직접 참여하는 것을 반대하며, 심판자의 역할을 하여야 한다고 보았다. 반면에, 군수산업 등 국가의 보호가 필요한 시장은 바람직한 시장상태를 유지하기 위하여 국가개입이 적극적으로 필요하다고 보았다. 즉, 애덤 스미스는 경제적 영역에서 국가 간섭이 제한적으로 이루어지고 개인의 자유가 보장될 때, 시장은 '보이지 않는 손'에 의해 최고의 경제적 결과를 확보할 수 있다고 주장한 것이다. 그는 '작은 정부'에 의한 자유방임주의, 순수 자본주의 시대가 필요함을 역설하였다. 이러한 영향으로 산업혁명, 분업, 대량생산에 따라 누구나 저렴한 가격으로 양질의 상품을 구입할 수 있는 시장이 활성화되면서, 본격적인 시장경제체제의 확산이 이루어졌다.

『국부론』 (1982)

이처럼 19세기 고전적 자유주의는 자본주의 확산에 따른 시장경제체제의 확립에 기여한 것으로 평가할 수 있다. 그러나 최소의 국가역할이 최대한의 경제성장을 보장한다는 논리로 국가의 불간섭원칙을 여러 방면에서 주장한 까닭에 산업사회의 결과, 빈부의 격차, 노사문제, 권력을 가진 자의 착취 등 다양한 형태로 제기되는 사회복지적 문제들을 대처하기에는 역부족이었다. 고전적 자유주의자들이 자유방임주의 관점에 기초하여 노동자, 농민의 빈곤생활을 전적으로 개인의 책임으로 돌리고 사회적인 책임을 거부한 자유방임주의에 대한 사회 일반의 비판을 피할 수 없었다(손병덕, 2020: 54-55).

이러한 자유방임주의는 사회복지에 전반적으로 영향을 미쳤다. 애덤 스미스의 자유방임주의에 영향을 받아 「구빈법」에 대한 새로운 관념이 대두되었다. 그는 노동력의 이동과 임금은 수요와 공급의 법칙에 따라 결정되어야 하며, 임금은 노동자의 결핍이나 기대에 의해서가 아니라, 고용주의 지불능력에 의해 정해져야 한다고 주장했다. 이를 가로막는 가장 큰 장애가 「정주법」과 스핀햄랜드제도였다. 이처럼 자유방임주의는 「구빈법」 개정에 큰 영향을 미쳤던 경제 · 정치 사상이었다(최혜지, 2008: 84).

오스트리아 태생의 미국 경제학자인 루트비히 폰 미제스(Ludwig Edler von Mises, 1881~1973)는 신자유주의라는 개념은 사회주의와의 타협으로 규정하여 고전적 자유주의를 변형할 필요에 대해 부정적이었다. 하지만 신자유주의자들은 19세기에 고전적 자유주의의 실패, 즉 대기업 카르텔의 독점과, 가난의 문제에 대해 대답을 주지 못함을 강조하여 누진세나, 기업의 규제방안을 내놓았다.

2) 자유주의적 사회주의(New Liberalism, 19세기 신자유주의)

19세기 말경에 대부분의 유럽 국가들은 산업사회로 이행 중이었다. 한편으로는 부의 팽창과 자본주의의 발달이 진행되면서도 다른 한편으로는 양극화와 실업, 경기침체 등 여러 가지 사회적 · 경제적 문제도 대두되었다. 정치적으로는 노동계급 및 사회주의 정당의 세력신장 등 정치적 지형의 중대한 변화가 나타났다. 이러한 정치적 · 사회경제적 변화는 자유주의 진영과 사회주의 진영 모두에게 변화를 요구하였다. 이때 근대 자유주의에 대한 수정의 조류가 나타나는데, 하나는 그린(Thomas Hill Green, 1836~1882)을 중심으로 한 옥스퍼드학파이며, 또 한 흐름은 '신자유주의(New Liberalism)'이다. 이 신(New)자유주의는 100년 후 나타나는 신(Neo)자유주의와 비교할 때, 이념은 물론 정책

지향에서도 확연한 차이를 보이게 된다. 이를 구별하기 위해 New Liberalism을 '자유주의적 사회주의, Neo Liberalism을 '신자유주의'라고 부르기도 한다.

그린으로 대표되는 옥스퍼드학파는 국가개입을 통하여 19세기의 자유주의를 20세기의 사회개량으로 전향시키고자 했다. 그린은 국민생활에 대한 국가의 적극적 역할을 강조한 적극국가론을 주장하였는데, 이는 공공의 복지를 위해서는 개인의 자유도 어느 정도 제한될 수 있다는 관념에 기초하고 있다. 즉, 단순히 제약이 없는 '소극적 자유'가 아니라, 인격의 성장을 위해서 가치가 있는 어떤 일을 행하고 향유할 수 있는 '적극적 자유'를 강조하였다. 따라서, 국가의 기능은 개인의 권리행사나 자아의 실현을 보장하는 것이므로, 국가의 적극적 기능은 인격의 성장에 장애가 되는 것을 제거하는 데 있다. 19세기 말을 기준으로, 영국사회의 장애물과 그 제거를 위해 그린이 제시한 적극적인 구제책은, 노동조건의 문제, 빈곤가정의 교육문제, 토지제도의 개혁 등 모두 노동자와 관련된 문제였다. 즉, 노동자들의 인간다운 생활의 실현을 방해하는 모든 영역에서 적극적인 국가적 간섭을 주장하여, 모든 인간의 인격성장을 위한 효과적인 사회정책이나 사회입법에 대한 하나의 이론적인 근거를 마련한 것이 그린의 큰 공헌이었다.

한편, 홉하우스(Leonard Trelawny Hobhouse, 1864~1929)와 홉슨(John Atkinson Hobson, 1858~1940)을 대표 이론가로 하는 신자유주의(New Liberalism)는 자유방임적 자유주의를 수정하여 사회적 약자를 보호하기 위한 국가개입의 확대를 주장하는 사조로서, 자유당의 사회개혁 입법에 큰 영향을 주었다.

『자유주의』
(2012)

홉하우스는 1911년 그의 저서 『자유주의(*Liberalism*)』에서, 경제에 사회주의적 원리를 도입하여 운영하면서, 개인주의의 본질을 보조하고자 하는 사회철학을 구축하여, 자유주의적 사회주의(Liberal Socialism)를 이룩하고자 하였다. 홉하우스의 자유주의적 사회주의 경제의 핵심은 분배의 정의를 위해서가 아니라, 생산된 것 자체가 이미 사회적인 것이며, 그 속에 사회적 재산 또는 사회적 가치가 있기 때문에 분배되어야 한다는 것이다 (Hobhouse, 2012: 100).

『사회문제』
(2016)

홉슨은 1901년 그의 저서 『사회문제(*The Social Problem*)』에서, 홉하우스와 마찬가지로 사회는 자신이 재산의 가치를 형성하는 데 기여했다는 근거에서 사회적 몫에 대한 당연한 주장을 할 수 있으며, 따라서 사회 역시나 가치의 생산자로 간주되어야 한다고 주장한다. 따라서, 재산권이 온전히 개인에게 속해 있다는 생각은 수정되어, 가치와 생산력의 원천은 노동분업 속에서 모습을 드러내는 조직화된 협업의 체제에 있게 되는 것이다(Hobson, 2016: 27).

결국 자유주의적 사회주의는 소유권 자체를 부인하지 않으면서, 그 소유권을 구성하고 있는 소유 자체를 새롭게 해석하였다. 여기에는 구성원이 무엇인가를 소유한다는 것이 그 과정에 사회의 지원과 공헌을 포함하고 있으므로, 그 소유 자체에는 이미 사회적 성격이 담겨 있다는 점을 의미한다. 이러한 자유주의적 사회주의는 후에 케인스로 이어진다.

3) 케인스주의와 국가개입주의

애덤 스미스가 중상주의를, 마르크스가 자본주의를 비판했다면, 케인스는 자유방임주의를 비판했다. 케인스 경제이론은 1929년에 시작된 세계적인 대공황 이후 20세기 전반에 걸쳐서 경제학자는 물론 정치인과 공공정책수립자의 사고에 엄청난 영향을 미쳤다. 자본주의 경제는 국가가 적절히 개입해야만 그 건강성을 유지할 수 있다는 그의 경제관념은, 제2차 세계대전 후의 복지국가에 대한 이론적 기반이 되었음은 물론, 정치적 지지를 이끌어내는 데에도 결정적인 역할을 했다.

케인스는 실업, 저축, 이자, 불평등에 대해 고전파 경제학파는 전혀 다른 생각을 했다. 고전파에 의하면, 실업은 기업주와 노동자 사이의 임금계약에 좌우된다. 다시 말해서 개별 노동자가 요구하는 임금수준이 높으면, 사용자는 고용을 거부하게 되는데, 이러한 경우가 많으면 실업률이 높아진다는 것이다. 케인스는 이를 부정하고 실업은 '유효수요(투자+소비, 유효수요의 개념은 케인스이론의 키워드에 해당한다)'에 좌우된다고 주장했다. 즉, 총고용은 총수요에 좌우된다. 고용이 증가하면, 소득이 증가한다. 소득이 증가하면 소비행위, 즉 유효수요가 증가한다(고용증가→소득증가→유효수요 증가). 반대로, 유효수요가 감소하면 소득이 감소하고(유효수요의 감소는 경기불황을 가져온다), 소득이 감소하면 실업이 증가하는 것이다(유효수요 감소→경기불황→소득감소→실업증가).

그런데 실질소득의 향상은 소비를 촉진하지만, 소비의 증가율은 항상 소득의 증가율보다 낮다는 데 문제가 있다. 소득의 일부가 저축의 형태로 '퇴장'되기 때문이다. 고전파는 저축의 증가는 이자율을 인하시키고, 이자율의 인하는 투자를 촉진한다고 보았다. 그러나 케인스는 고전파가 말하는 저축이란 '퇴장'을 의미하며, 퇴장은 투자를 증가시키는 게 아니라, 실업을 증가시킨다고 보았다(저축증가→투자감소→고용감소). 그 내용은 [그림 5-1]과 같다.

그림 5-1 케인스 경제 이론: 고용, 유효수요, 소득, 경기, 투자의 관계

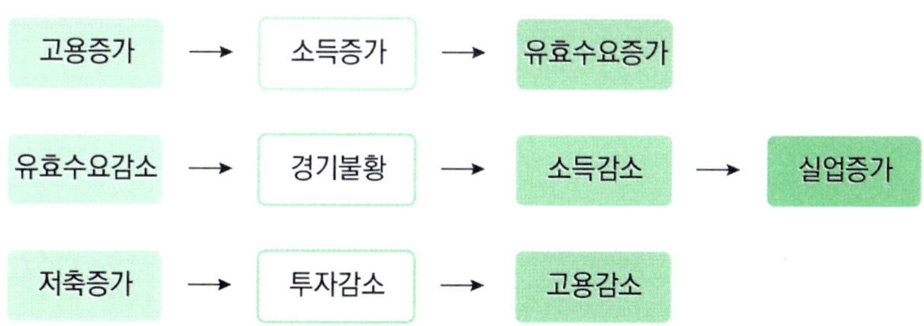

자료: 원석조(2020: 221).

케인스는 개인들이 채권이나 주식보다는 화폐나 은행예금 등 현금을 선호하는 이른바 '유동성 선호(liquidity preference)'가 투자감소와 대량실업의 증대와 같은 반사회적 결과를 가져올 것이라고 확신했고, 그의 이론은 1929년 대공황으로 증명되었다. 따라서, 일정한 고용수준을 유지하기 위해서는 이 간격을

줄이기 위한 국가정책, 즉 실질적인 투자증가를 위한 정책이 반드시 필요하다. 이는 자유방임주의에 대한 완전한 부정이다.

존 메이너드 케인스

케인스는 부와 소득의 불평등도 부정적으로 보았다. 불평등은 도덕적으로서가 아니라, 경제적으로 국가에 큰 해악이 되는 문제이다. 즉, 이런 불평등은 부유층이 소비하고 남은 부분인 저축을 증가시키고, 저축의 증가는 소비의 감소를, 소비의 감소는 투자의 감소를, 투자의 감소는 실업의 증가를 가져오기 때문이다. 케인스에게 자본주의는 현명하게 관리된다면 가장 능률적인 체제임이 틀림없지만, 부와 소득의 거대한 불평등을 야기한다는 점에서 관리되어야만 할 존재이다. 이렇게 소득의 불평등이 새로운 부의 창출의 장애물이라고 본 케인스의 생각은 부의 축적이 소득의 잉여에서 나오는 저축에 의존한다는 고전파의 관념과 다르다.

『일반이론』
(2018)

그런데 케인스가 실업과 불평등을 반대한 이유가 경제적인 데 있었던 것만은 아니었다. 그의 주저 『고용 · 이자 및 화폐의 일반이론(*The General Theory of Employment, Interest and Money*, 1936 ; 또는 일반이론)』의 결론에서 밝혔듯이 책을 쓰게 된 동기가 실업과 소득분배의 불평등을 해소하여 자본주의를 유지해야 할 급박한 시기에 '자본주의를 보호하기 위한 훌륭한 조치들을 볼셰비즘(Bolshevism, 볼셰비키주의)으로 간주하고 있는' 완고한 지도자들을 계몽시키기 위함에 있었다(김수행, 1986: 134).

이와 같이 케인스 이전의 사회민주주의적 평등주의자들은 소득분배의 평등화가 정치적 · 사회적으로 옳은 일이긴 하지만, 그것이 저축의 감소와 경제발전의 둔화를 가져온다는 자유주의적 논리에 대한 대응논리를 결여하고 있었는데, 케인스에 의해 저축의 증대가 오히려 경제발전의 정체와 실업을 야기한다는 사실이 밝혀짐으로써 자신들의 주장에 상당한 힘을 얻게 되었다(김수행,

1986: 136). 바로 이 점 때문에 케인스이론을 사회민주주의자들이 복지국가의 이론적 무기로 적절히 활용할 수 있었다. 나아가 일국 보수주의(one nation conservatism)를 신봉한 보수당의 주류들까지 케인스주의를 수용하여 사회적 약자를 위한 국가의 사회복지활동의 확대를 정당화했다.

케인스는 또 인플레이션(inflation)과 디플레이션(deflation) 모두를 반대했지만, 적당한 인플레이션은 비교적 해악이 덜하다고 생각하였다. 인플레이션, 즉 화폐가치의 하락은 과거에 축적된 부(은행예금 등)의 가치를 하락시키고 항상 새로운 투자를 자극하기 때문이다. 반면에, 디플레이션(deflation), 즉 화폐가치의 상승은 금리생활자에게만 유리할 뿐 사회 전체의 복지를 위협하는 것이었다.

그리하여 케인스가 제시한 고용증진을 위한 국가정책은 사회의 소비성향을 증대시키기 위한 누진과세(소득재분배정책), 민간투자의 부족을 채우기 위한 공공투자(인플레이션을 다소 유발해도 좋다), 화폐공급을 통제하고 이자율을 인하시키기 위한 화폐당국 등이었다. 이 중 사회복지정책과 직접 관련된 것이 소득재분배정책이다.

자본주의에서 누진과세와 함께 소득재분배를 위한 가장 대표적인 제도가 사회보장이다. 사회보장은 유효수요를 증대시키고, 또 그 수준을 유지하는 데 매우 효과적인 국가정책이다. 바로 여기에 복지국가를 '경제학적으로' 정당화하는 근거가 있다. 이로써 보수적인 사람들도 사회복지정책을 사회주의가 아닌 자본주의를 강화시키는 제도로 수용하게 되었던 것이다.

한편, 케인스 사상을 국가개입주의(state interventionism)라고도 한다. 국가개입주의란 자유주의와 같이 자본주의의 기본 가치인 자유, 개인주의, 경쟁적 사기업에 대한 신념을 신봉하되, 자본주의의 자기규제적이지 못한 결함을 직시하고, 이의 해결을 위해 일정한 수준에서의 국가개입이 불가피하다고 보는 실용주의적 입장을 말한다. 이를 '소극적 집합주의(reluctant collectivism)'라고도 하는데, 베버리지와 갤브레이스(John Kenneth Galbraith, 1908~2006) 등이 거기에 속한다. 이들에 있어 자본주의는 최선의 경제체제임이 틀림없지만, 공정하고도 효율적으로 기능하기 위해서는 적절한 규제와 통제가 필요하며, 자본주의의 결함이 심각하지만 근본적인 것은 아니며 수정될 수 있다.

케인스이론에 따르면, 정부의 복지지출 증가는 국민소득을 향상시키는 데 긍정적인 영향을 미친다. 즉, 정부가 복지지출을 증가시키면, 유효수요가 증가하고 생산량을 증가시켜 고용을 증대시키며, 궁극적으로 국민소득을 증가시킨다. 따라서, 불경기일 때 공공복지지출의 증가는 국민의 삶을 풍요롭게 하는 데 기여한다. 반면, 호경기일 때는 불경기 때 발생한 재정 적자를 보전하기 위해 정부의 복지지출을 감소시켜야 한다. 미국의 경우, 케인스이론에 입각하여 '검은 목요일(Black Thursday)'로 불리는 1929년 10월 24일 뉴욕 증권시장의 붕괴로 시작된 대공황(Great Depression) 위기를 맞아 국가의 적극적 개입에 의한 수요의 창출을 통하여 경제를 회복시키기 위한 뉴딜정책(New Deal Policy)을 실시함으로써 극복하였다. 케인스이론은 정부의 재정지출 확대가 유효수요를 증가시켜 소비를 증가시키고, 소비의 증가는 생산을 증가시키고, 생산의 증가는 생산시설에 대한 투자의 증가를 가져오고, 투자의 증가는 고용의 증가를 가져온다고 주장한다. 미국은 당시 대규모 공공사업과 함께 뉴딜정책의 3R's[부흥(Recovery), 구제(Relief), 개혁(Reform)] 가운데 Relief(구제) 대안의 하나로 1935년 「사회보장법(social security act)」을 제정하여 사회보장에 대한 재정지출을 증가시켰으며, 연방정부는 노령연금을, 주정부는 실업보험, 아동부조, 장애인부조, 노령부조를 주도하였다(김기원, 2020: 76).

제2차 세계대전이 끝난 뒤 30년 동안은 케인스주의 복지국가의 전성기였다. 베버리지와 케인스의 사상이 모든 자본주의 국가에서 정책으로 실현되기 시작했다. 경제성장 · 고용 · 분배가 다 좋아서 자본주의의 미래는 밝았고, 모든 것이 장밋빛으로 보였다. 그러나 장밋빛 세상은 오래가지 않았다. 케인스주의가 빚은 stop-go정책(경제 국제수지정책)은 부작용을 나타냈고, 국가부채의 누적으로 그 지속가능성이 의심받기 시작했다.

그 와중에 1929년 미국에서 시작된 세계적인 대공황 이후 케인스주의와 국가개입주의는 1973년과 1979년의 오일 쇼크로 인한 스태그플레이션(stagflation) 앞에서 무너졌다. 원래 자본주의 경제에서 호황기에는 물가가 상승하고 불황기에는 물가가 하락하는 것이 일반적인 현상이다. 그러나 1970년대의 오일 쇼크는 불황과 인플레이션을 동시에 발생시켰다. 이는 인플레이션이 경제를 활성화시키고, 경제활성화는 실업률을 낮춘다는 케인스이론으로는 설명이 되지 않는 것이었다. 그리하여 신자유주의적인 통화주의 경제학이 힘을 얻게 되었다. 즉, 실업률이 높은 상황에서 인플레이션이 발생하면, 장래의 예상 인플레이션도 뒤따라 상승하게 되는데, 재정·금융정책에 의한 긴축으로 이것을 억제하여 현재의 인플레이션을 떨어뜨려도 예상 인플레이션이 그 뒤를 따르기 때문에 안정되기까지는 높은 실업률과 높은 인플레이션이 공존하는 스태그플레이션이 된다. 신자유주의자들은 스태그플레이션의 극복을 위해서는 케인스주의 경제사회정책을 포기하고, 화폐공급을 억제하여 경제의 자율성을 회복시키는 방법밖에 없다고 보았다. 결국 영국 대처 총리의 등장과 함께 케인스주의는 프리드먼(Milton Friedman)으로 대표되는 시카고학파(Chicago School, 신자유주의학파)가 주장하는 통화주의(monetarism)로 대체되었다. 대처와 레이건이 대서양을 사이에 두고 나란히 집권해 작은 정부, 감세, 규제 완화, 친기업 반노조 정책을 추진함으로써 케인스주의의 종언을 가져왔다. 영국과 미국뿐 아니라, 거의 모든 나라에서 케인스정책은 폐기되고 시장만능주의 정책이 채택되었다. 그러나 2008년 미국 월가(Wall Street)에서 시작된 금융위기는 케인스주의가 여전히 유효하고 중요하다는 것을 증명하였다(김윤태 외, 2016: 39-41).

4) 신자유주의

신자유주의(neoliberalism)는 1970년대부터 부각하기 시작한 '자본의 세계화(globalization of capital)' 흐름에 기반을 둔 경제적 자유주의 중 하나이며, 반집합주의(anti-collectivism)라고도 한다. 신자유주의는 19세기의 자유방임적인 자유주의의 결함에 대하여 국가에 의한 사회정책의 필요를 인정하면서도, 자본주의의 자유기업의 전통을 지키고 사회주의에 대항하려는 사상이다. 윌슨 미국 대통령(Thomas Woodrow Wilson, 1856~1924 ; 제28대 1913~1921)이 1920년대 제창했던 '새로운 자유(The New Freedom)' 정책, 그리고 정치적·문화적 자유에도 중점을 두었던 자유주의와는 다른 고전적 자유주의에 더 가까운 것이며, 사회적인 면에서는 보수자유주의적인 가치를 지향한다.

1980년을 즈음하여 영국과 미국에서 신자유주의가 지배적인 정책기조로 등장함으로써 역사의 시계추는 케인지안(Keynesian)의 개입주의에서 다시 자유방임주의로 기울어졌다. 1979년에서 1990년까지 집권하였던 영국의 대처 총리와, 1980년에서 1988년까지 재임하였던 미국의 레이건 대통령은 이러한 신자유주의에 입각하여 규제철폐, 공기업의 민영화, 노동시장의 유연화, 공공복지 축소 등의 정책을 실시하였다. 이는 세계화를 등에 업고 현재 전 세계를 풍미하고 있다. 역사적으로 볼 때, 구미의 자본주의 역사에서 자유방임주의와 개입주의가 교대로 등장하는 현상이 반복됐다. 대략 16세기에서 18세기까지는 전형적인 개입주의인 중상주의, 19세기에는 자유주의, 20세기에 들어와서 1970년대까지는 다시 개입주의인 신중상주의, 1980년대부터는 또다시 자유방임주의인 신자유주의가 지배적 조류가 되어 오늘에 이르고 있다(이근식, 2009: 41).

신자유주의는 시장질서와 개인의 자유를 최고의 가치로 내세우기 때문에 이를 침해하는 국가의 인위적 개입에는 비판적인 태도를 보인다. 복지국가는 국방과 외교 등 최소한의 역할만 수행하도록 축소되어야 한다고 주장한다. 평등을 실현하는 재분배정책과 복지급여 확대에도 부정적인 입장을 가진다(김영화 외, 2023: 133). 이와 같이 신자유주의는 국가권력의 개입증대라는 현대 복지국가의 경향에 대하여 경제적 자유방임주의 원칙의 현대적 부활을 지향하는 사상적 경향이다. 고전적 자유주의가 국가개입의 전면적 철폐를 주장하는 데 비해, 신자유주의는 강한 정부를 배후로 시장경쟁의 질서를 권력적으로 확정하는 방법을 취한다. 신자유주의는 1980년대의 영국 대처 정부에서 보는 것처럼 권력기구를 강화하여 치안과 시장 규율의 유지를 보장하는 '작고도 강한 정부'를 추구하며, "시장은 좋고 정부는 나쁘다."라는 말이 된다(원석조, 2020: 230). 카바나(Dennis A. Kavanagh)는 1987년 그의 저서 『대처리즘과 영국정치: 합의의 종말론?(*Thatcherism and British Politics: The End of Consensus?*)』에서, 신자유주의 대표로 지목되는 대처 총리의 복지국가에 대한 관념을 다음과 같이 설명한다(Kavanagh, 1987).

첫째, '요람에서 무덤까지'의 복지국가는 비용이 너무 많이 든다. 복지비 증가는 그 재원이 되는 국민소득의 증가를 상회하였다. 이제는 복지비를 줄여 조세감면을 기하고, 복지자원을 꼭 필요한 사람에게만 집중시켜 효율성(이는 보편주의에서 선별주의로의 선회를 의미한다.)을 기해야 한다.

둘째, 국가책임의 과잉은 개인의 책임의식, 가족과 공동체의 연대의식, 사적 자원의 가치를 약화시킨다. 국민 개개인은 자신의 문제를 스스로 책임져야 하며, 국가지원은 극빈층에 대한 사회안전망에 한정되어야 한다.

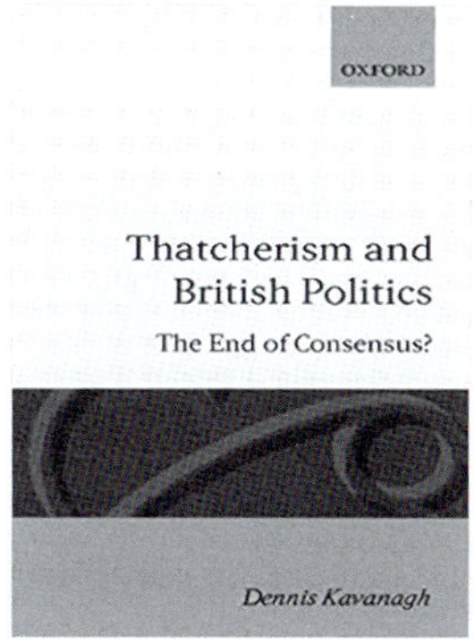

『대처리즘과 영국정치』(1987)

셋째, 복지윤리는 시장의 위험을 제거하고, 실패에 대한 쿠션(cushion)을 제공하며, 열망의 인센티브(incentive)를 약화함으로써 기업에 해롭다.

신자유주의의 기본 방향은 단순하다. 사적인 것이 더 좋다는 것이다. 그러나 많은 사람들은 국가를 여러 분야에 걸친 기본적인 복지제공자로 인식하게 되었다. 따라서, 신자유주의는 이러한 현실과 현재의 상태를 변화시키기에는 정치적으로나 현실적으로 많은 어려움이 있기 때문에 복지국가를 변화시키는데 유연적인 입장이다. 그러나 신자유주의의 목표는 분명하다. 모든 사상적 학파들처럼 신자유주의는 이상주의와 실용주의를 양 끝으로 하는 연속선 상에 배열되어 있다. 그러나 신자유주의가 원하는 일련의 광범위한 사회정책들은 확대된 시장, 축소된 정부 그리고 다원적인 국가를 강조하고 있는 것은 분명하다(최혜지 외, 2008: 252).

한국에서 신자유주의의 기원은 대체로 김영삼 정부의 후반기로 소급되는데, 이명박 · 박근혜 · 윤석열 정부가 뒤를 잇고 있다. 주로 작지만 강한 정부, 자유시장경제의 중시, 규제 완화, 자유무역협정(free trade agreement, FTA ; 무역장벽을 제거·완화하는 협정)의 중시, 노동시장의 유연화 등의 형태로 나타나고 있다.

신자유주의적 정책의 추진은 사회적 불평등을 심화하는 결과를 가져올 수 있다. 그러나 신자유주의자들은 사회적 불평등은 사회에 불가피하게 존재해야만 하고, 그러한 불평등은 사회체제의 활성화를 위해서 필요한 것으로 간주한다. 따라서, 사회불평등은 심각한 사회문제가 아니라고 주장한다. 빈곤층이 반대했는데도 1970년대 말 이후 그 정책이 지속해서 추진됐던 것은, 이른바 '두 개의 국민전략'이라는 정치적 속셈이 숨어 있었기 때문이다. 신자유주의자들은 국민을 두 부류로 분해하여 자신들의 정권유지에 필요한 부류의 국민만의 지지를 얻어 정권을 유지하고자 하였다. 이것이 두 개의 국민전략이다. 이 전략이 성공을 거두느냐 아니냐는 노동계급과 중간계급의 이해관계에 기초한 태도의 변화 여하에 달려 있다. 중간계급에 신보수주의적 정책의 경제적인 이점을 제공하여 그들의 지지를 획득하게 된다면, 사회복지의 축소로 생활에 위협을 받는 일부 빈곤층과 노동자들이 집권 정당에 반대투표를 계속하더라도, 정권을 유지할 수 있기 때문이다. 영국에서 이 전략이 성공한 이유는 중간계급이 이러한 정책에 동조하였기 때문이다. 그러나 스웨덴에는 중간계급이 동조하지 않아 이러한 시도가 실패로 끝났고, 따라서 복지체제는 큰 틀에서 훼손 없이 유지될 수 있었다(박주현, 2018: 266).

작은 정부는 신자유주의의 정책 이념이다. 자유시장의 존중, 규제의 완화, 재정수지의 균형 등을 추구하는 정책은, 기본적으로는 정부의 역할이 작을수록 바람직하다는 생각을 바탕에 깔고 있다. 이러한 견해는 통화공급관리로 인플레이션 퇴치와 작은 정부를 지향하는 통화주의의 총수로 시카고대학교 교수였던 프리드먼(M. Friedman)이 잘 대변한다.

프리드먼은 케인스와 더불어 20세기에 가장 큰 영향을 준 경제학자로 여겨진다. 기존 케인스의 개입주의를 비판하던 자유주의 경제학자들이 미시경제학적 접근을 주로 했던 반면에, 거시경제학자인 프리드먼이 거시경제학인 케인스 경제학을 더 엄밀하고 본격적으로 비판하였다. 또한 기존의 자유주의 경제학자들은 주로 유럽에서 활동한 탓에 세계경제정책에 큰 영향을 주지 못한 데 반해, 프리드먼은 미국에서 활동한 탓에 미국과 영국의 경제정책 변화에 가장 큰 기여를 할 수 있었다.

밀턴 프리드먼

프리드먼은 현대의 자유주의가 진보주의라는 의미로 사용되는 것을 비판하고, 원래의 고전적 자유주의를 부활시킬 것을 주장하였다. 그는 자유주의(liberalism)가 현대 영미사회에서 진보주의(progressivism, progressive liberalism)와 원래의 자유주의 두 가지 의미로 쓰이고 있는 것을 지적하였다. 자유주의의 원래의 의미는 18세기 후반과 19세기 전반에 사용되던 것과 같이, 개인의 자유를 유일한 궁극적인 가치로 인정하고, 개인의 권리와 책임을 중시하여 개인의 사회활동에 대한 정부의 부당한 간섭을 반대하는 주장, 즉 자유지상주의였다. 따라서, 복지와 균등배분을 자유주의의 전제조건으로 보고 이를 위한 정부개입의 부활을 옹호하고 나선 20세기 자유주의(진보적 자유주의, 진보주의)와 혼동되는 것을 피하기 위해 자유지상주의(libertarianism) 또는 신자유주의(neoliberalism)라고 명명하게 됐다.

『자본주의와 자유』
(2020)

프리드먼은 1962년 그의 저서 『자본주의와 자유(*Capitalism and Freedom*)』에서, 그는 정치적·사회적 자유의 창조수단으로 자유시장 내 정부가 맡는 역할이 축소되어야 한다고 주장하였다. 프리드먼에 따르면, 자유사회(free society)에서 정부의 기본 역할은 '규칙 제정자 및 심판원(rule-maker and umpire)'으로 봉사하는 것이다. 이런 점에서 정부의 필요성은 절대적인 자유가 불가능하기 때문에 발생한다. 철학으로서 아무리 매력적인 무정부 상태가 있을지라도, 불완전한 인간의 세계에서는 실현 가능하지 않다(Friedman, 2020: 25).

프리드먼은 그의 저서 『선택할 자유: 개인적 진술(*Free to Choose: A Personal*

『선택할 자유』
(2020)

Statement)』에서, 워싱턴의 법률, 규정, 기관 및 지출의 폭발적 증가로 인해 우리의 자유가 어떻게 잠식되고, 우리의 풍요가 훼손되었는지 설명하고 있다. 그에 따르면, 복지국가는 가부장적이고 권위적이기 때문에 사람들에게 선택의 기회를 갖지 못하게 하는 방식으로 자유를 위협하는 것이며, 선택의 기회를 가장 효과적으로 제공하는 것은 시장이다. 그는 개인의 자유와 인센티브를 중시하며, 복지국가의 낭비적이고 비효율적인 측면을 비판한다.

2 마르크스주의

카를 마르크스

마르크스주의(marxism)는 마르크스(Karl Heinrich Marx, 1818~1883)가 엥겔스의 협력으로 만들어 낸 사상과 이론의 체계를 말한다. 레닌(Vladimir Il'ich Lenin, 1870~1924)에 따르면, 마르크스의 사상과 학설의 체계인 마르크스주의는 19세기의 3가지 정신적 주요 조류인 독일의 고전철학, 영국의 고전경제학 및 프랑스의 혁명적 학설과 결합된 프랑스 사회주의를 그 원천 또는 구성부분으로 하고 있다.

마르크스는 유대계 독일인으로 당시 프로이센의 수도 베를린으로 건너가 헤겔(Georg Wilhelm Friedrich Hegel, 1770~ 1831)에게서 변증법을 배웠고, 프랑스 파리에서 사회주의 사상을 접했으며, 그 무렵에 만난 평생 친구이며 동지인 프리드리히 엥겔스(Friedrich Engels, 1820~1895)의 권유로 영국의 정치경제학을 연구하고 그의 필생의 대작 『자본론(*Das Kapital*)』을 완성했다. 이 책의 원제는 『자본: 정치경제학 비판(*Das Kapital: Kritik der politischen*

Ökonomie, Capital: Critique of Political Economy)』으로 마르크스가 독일어로 집필하고, 엥겔스가 편집한 방대한 정치경제학 논문으로서, 1867년에 제1권이 출간되었다. 또한 이 책은 주로 영국의 고전파 경제학 및 자본주의와 영국사회에 대한 비판을 담고 있는데, 그 내용은 1859년 발간된 마르크스의 저서 『정치경제학 비판을 위하여』의 연장 선상에 놓여있다. 이 책은 총 3권으로 구성되어 있는데, 1권은 자본의 생산과정, 2권은 자본의 유통과정, 3권은 자본주의적 생산의 총 과정이 부제로 붙어 있다. 1권은 1867년에 나왔으며 2, 3권은 프리드리히 엥겔스가 마르크스의 유고를 모아 집필, 각각 1885년과 1894년 발간되었다.

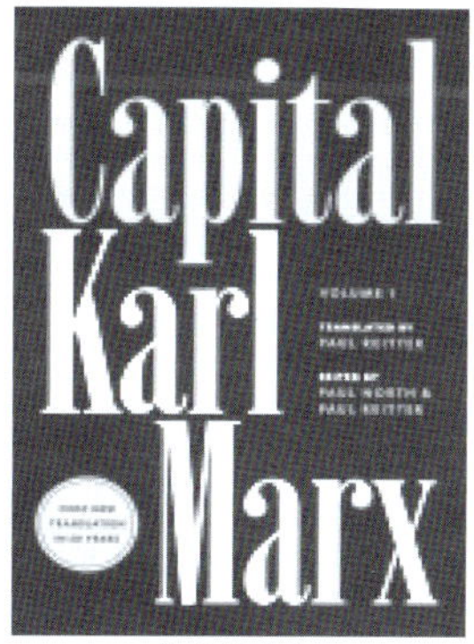

『자본론(1)』
(2024)

마르크스가 활동할 무렵인 19세기 중·후반에는 근대적인 사회복지정책(1880년대 독일의 비스마르크 사회입법)이 등장하기 전이어서 오늘날과 같은 사회복지정책에 대한 마르크스의 정확한 입장은 확인할 길이 없다. 즉, 마르크스주의는 복지제도라고 부를 수 있는 것들에 대한 분석에 직접적으로 관련된 것은 아니다. 이는 무엇보다도 마르크스가 살아 있을 당시에는 현재와 같은 복지제도 – 특히, 사회서비스가 거의 발달되어 있지 않았기 때문이었다(Mishra, 1981). 그러나 자본주의체제와 자본주의 국가에 관한 마르크스의 견해로부터 유추할 수는 있다. 즉, 그에게 자본주의는 프롤레타리아트(독, Proletariat)에 의해 지양되어야 할 착취체제였으며, 자본주의 국가는 부르주아의 계급적 이해를 수호하기 위한 위원회에 불과했다. 따라서, 자본주의 국가가 행하는 일체의 활동은 사회주의 혁명에 이로울 리가 없다. 사회복지정책도 예외가 아니다. 이 말은 사회복지정책이 비록 노동자계급이나 빈민을 위한 것이라고 하더라도, 부르주아(bourgeois) 국가가 시행하는 한 구조적으로 부르주아의 계급이해에 반하는 것이 될 수 없고, 노동자계급은 이를 수용해서는 안 된다는 것을 의미한다(원석조, 2020: 242).

마르크스주의에서는 자본주의 경제를 계급갈등과 착취로 간주한다. 이때 그 정도는 국가와 시대별로 차이가 있지만, 자본주의라는 공통적인 구조 속에서는 없어지지 않는다. 복지국가는 자본가의 요구에 부합하는 국가활동의 연속이자 노동자계급의 반발에 대한 대응책, 그리고 노동자계급의 급진적 투쟁을 조절하기 위한 국가장치로 나타난 산물로서 이해한다. 그런데 마르크스주의가 처음 태동될 당시와 비교해 본다면, 현재의 계급 또는 계급갈등은 마르크스가 직시했던 것보다 훨씬 더 복잡하게 변화하고 있다. 따라서, 복지국가의 연원을 마르크스주의자들이 주장하는 자본과 노동의 대립 구도에 따른 국가적 대응책으로만 이해하는 것은 충분하지 않다.

한편, 마르크스주의자들에 따르면, 자본주의체제의 논리는 생산 및 사적 이윤을 극대화하는 것이다. 그러나 그 과정에서 과잉생산, 인플레이션, 투자부족, 과도한 실업에 의해 스스로 위기와 문제를 초래한다. 따라서, 자본주의가 생존하기 위해서는 끊임없는 부양책과 교제가 있어야 하며, 방어되어야 할 필요가 있다(George & Wilding, 1994: 104). 이러한 이유로 자본주의체제가 주장하는 복지국가는 모순적인 사회구성체이며, 선과 악이 공존하며, 노동자계급의 이익을 증대시키는 것처럼 보이지만 오히려 제한하게 된다. 따라서, 복지국가는 자본주의체제의 방어막이다. 또한 복지급여를 실시하는 것이 일부 노동자계급에 대해서는 현물 또는 현금을 통한 도움이 될 수 있을지라도, 급여 실시의 목적이 노동자계급을 지지하기 위해서가 아니라, 자본가계급을 보호하기 위함이기 때문이다. 자본주의체제에서 복지급여는 일정 수준까지는 받아들여지겠으나, 높은 공공지출이 경제성장을 위축시키고 물가상승을 부추길 수 있다는 논리에 의해 결국 복지급여가 확대될 수 없다. 결국 노동자계급의 풍요와 정치적 각성, 발달된 선진기술단계에 도달하지 않는다면, 자본주의를 통한 이상적 사회구현은 불가능할 것으로 여기고, 자본주의는 계급체계를 파괴하고 평등주의적 공산사회로 이행하는 한 단계에 불과할 것이다. 따라서, 마르크스주의자들은 생산수단의 사회화를 통한 모든 국민의 복지를 향상시키는 것이 마르크스주의의 이상사회로 본다.

오늘날 대부분의 마르크스주의자들은 사회주의의 미래에 대해 대체로 의회민주주의가 될 것으로 인정하지만, 시장이 소멸되고 국가가 모든 국민의 욕구를 충족시킨다는 고전적 마르크스주의 이론에는 전적으로 동의하지 않는다. 또한 대기업 문화를 종식하게 되면, 그로 인한 부의 불평등 또한 감소될 것으로 전망하고 있으며, 생산 및 재분배의 주요 수단을 사회화시키는 것이 궁극적인 사회주의 실현에 절대적이라고 간주한다. 마르크스주의는 지나치게 자본가와 노동자계급의 갈등만 주목한 나머지 노동자계급 내부의 갈등과 이해관계를 간과했다는 한계점이 있다. 또한 복지국가의 등장을 노동자계급의 투쟁으로 보았던 것 역시 같은 지적을 할 수 있다(김영화 외, 2023: 139).

그러므로 마르크스주의의 주된 약점은 복지국가의 기능을 고려할 때, 복지국가가 전적으로 자본주의에 기여했다는 것을 지나치게 강조했다는 점이다. 그 이유는 마르크스주의에는 자본주의가 멸망한다는 전제조건이 있기 때문이다. 이는 대중의 지지를 받는 데 어느 정도의 영향을 미쳤는지는 의문으로 남는다. 또 하나의 약점은 이상사회의 성격과 이상사회를 건설하는 데 요구되는 수단이다. 즉, 마르크스주의가 주장하는 복지국가의 이상사회는 극단적으로 유토피아적일 뿐만 아니라, 실현할 수 없는 모형이라는 심각한 모순을 안고 있다(George & Wilding, 1994: 129).

3 사회주의

1) 고전적 사회주의

전후 초기에 많은 국가들의 사회민주주의자들은 유사한 시각을 폭넓게 공유하고 있었는데, 이것을 고전적 사회주의 또는 고전적 사회민주주의(old-style or classical social democracy)라고 한다. 여기서 사회민주주의라는 말은 영국 노동당을 포함하여 개혁적 좌파 정당과 집단을 의미한다(Giddens, 2008: 6).

고전적 사회민주주의는 자유시장 자본주의를 마르크스가 진단한 수많은 문제를 낳는다고 보았으나, 국가의 시장개입을 통해 그 문제들이 완화 또는 극복될 수 있다고 믿었다. 국가는 시장이 조달할 수 없거나 왜곡된 방식으로만 조달할 수 있는 공공재를 제공할 의무를 가지고 있다. 경제, 그리고 사회의 다른 부문들에도 강한 정부의 존재는 정상적이며 바람직하다. 왜냐하면 민주사회에서 공공의 힘은 집단 의사를 대표하기 때문이다. 정부, 기업과 노조가 관여하는 집단적 결정이 부분적으로 시장 메커니즘을 대체한다.

고전적 사회민주주의에서 가족생활에 대한 정부의 개입은 필수적이며 긍정할 만하다. 국가의 혜택은 궁핍한 가계를 구제하기 위해 없어서는 안 될 만큼 중요하다. 그리고 국가는 개인이 이런저런 이유로 자활할 수 없는 곳에는 어디에나 간여해야만 한다. 몇 가지 현저한 예외가 있기는 하지만, 고전적 사회민주주의자들은 자발적 결사를 의심의 눈으로 바라보는 경향이 있다. 이러한 집단들은 흔히 선보다 악을 행하는 경우가 종종 있으며, 국가가 제공하는 사회복지서비스와 비교해 볼 때, 비전문적이고 즉흥적이며 그들이 상대하는 사람들에게 시혜적인 경향이 있기 때문이다(Giddens, 2008: 9).

전후 '복지에 대한 합의'를 경제적 측면에서 고취한 케인스는 사회주의자가 아니었으나, 마르크스와 사회주의가 강조한 몇 가지 점에 공감했다. 케인스는 마르크스가 그랬던 것처럼 자본주의가 불합리한 문제점을 갖고 있다고 생각했다. 다만, 케인스는 이런 문제점들을 통제하여 자본주의를 그 자체로부터 살려낼 수 있다고 믿었다.

마르크스와 케인스는 모두 자본주의의 생산성을 당연한 것으로 보았다. 케인스이론이 경제의 공급 측면에 비교적 주의를 기울이지 않은 사실은 사회민주주의의 우선적 관심사와 잘 부합한다. 케인스는 시장자본주의가 수요관리와 혼합경제의 확립을 통해서 안정될 수 있는 방법을 보여 주었다. 비록 그가 찬성한 것은 아니었으나, 영국에서 혼합경제의 한 면모는 국유화로 나타났다. 어떤 경제 부문들은 시장의 결함뿐만 아니라, 국익에 중요한 산업이 개인의 손에 매달려서는 안 되기 때문에 시장으로부터 제외되어야 했다.

평등 추구는 영국 노동당을 비롯하여 모든 사회민주주의자들의 주요 관심사이다. 다양한 수평화 전략으로 더 많은 평등이 성취될 수 있다. 예를 들어, 복지국가에서 시행되는 누진세는 부유한 사람들에게 받아서 가난한 사람들에게 준다. 복지국가는 두 가지 목표가 있다. 더욱 평등한 사회를 창조하는 것과 인생의 주기에 맞춰 개인들을 보호하는 것이다. 19세기에 시작한 초기의 복지 조치들은 자유주의자나 보수주의자들이 도입하였고, 종종 조직된 노조가 이에 반대하였다. 그러나 전후 복지국가의 강력한 기반은 일반적으로 육체노동계급이었으며, 이 계급은 대처 등장 전까지 선거에서 사회민주주의 정당을 위한 지지의 핵심적 근원이었다.

1970년대 말에 쇠퇴의 길을 걷기까지 사회민주주의는 어디서나 단선적 근대화 모형, 즉 '사회주의의 길(the path of socialism)'을 추구하였다. 영국에서 복지국가 등장에 대한 가장 저명한 해석가인 사회학자 마셜(T. H. Marshall)은 이런 모형에 대해 설득력 있는 설명을 제시했다. 복지국가는 시민권이 진화하는 장기적 과정에서 높은 지점을 차지하고 있다. 전후 초기에 마셜은 다른 사람들과 마찬가지로 복지제도가 점진적으로 확장되고 경제적 발전과 병행하여 사회적 권리를 더욱 충실하게 보장할 것으로 기대하였다.

대체로 고전적 사회민주주의는 생태적 관심사에 적대적 태도를 갖지는 않았으나, 그것에 순응하기는 어렵다는 것을 알았다. 고전적 사회민주주의는 코포라티즘(corporatism)적 강조, 전 고용 지향, 그리고 복지국가에 우선적으로 역점을 두었기 때문에 당면한 생태계 문제에 체계적으로 대처하기가 어려웠다. 또한 실제적으로 강력한 세계적 전망도 갖고 있지 못했다. 사회주의는 지향에 있어서 국제주의적이었고, 세계적 문제 그 자체들에 정면으로 부딪치기보다는 서로 뜻을 나누는 정당들 사이의 연대를 창출하려고 하였다. 그렇지만 사회민주주의는 양극적 세계에 강하게 묶이게 되었고, 미국의 복지최소주의와 공산주의의 통제경제 사이에 자리 잡게 되었다.

2) 페이비언주의

페이비언주의자(fabianist)들은 자본주의의 폐해에 대한 문제점을 인식하고, 사회주의(socialism)에도 도덕적인 면이 있다는 것을 자각하였다. 조지와 윌딩(George & Wilding, 2013: 69)은 사회주의적 복지 이념을 페이비언주의(fabianism)와 마르크스주의(마르크스 사회주의)로 구분하고 있는데, 페이비언주의는 소극적 집합주의와 마르크스주의 사이의 다소 모호한 중간영역에 위치한다. 페이비언주의는 페이비언 사회주의(fabian socialism)라고도 한다.

페이비언주의의 배경에 대하여 시대적 · 사상적 배경으로 살펴보면, 먼저 페이비언주의는 19세기 말 기존의 절대적 세계관과 사상체계가 심각하게 도전받은 사상적 전환기에 영국식 진보 개념을 발전시키도록 하였을 뿐 아니라, 국민을 위한 복지정책을 발전시킨 매우 중요한 사상이다. 페이비어니즘은 특정한 사상체계가 공식으로 정해진 것이 없는 데다가 80년 이상 활동해 온 페이비언협회의 주장도 시대에 따라 변화하였기 때문에 한마디로 정의하기는 어렵지만, 협회 창설 당시의 지도자인 조지 버나드 쇼(George Bernard Shaw)와 그의 친구 시드니 웹(Sidney Webb), 애니 베전트(Annie Besant) 등의 사회주의 사상, 즉 의회정치의 방법으로 점진적으로 사회개량을 진행하면서 생산수단의 공공적 소유라는 관점을 견지하는 사회주의 이데올로기로 정의된다. 페이비언주의는 마르크스주의와는 달리, 특정의 역사관 · 경제이론 · 정치학설을 가지고 있지 않지만, 초기 지도자의 저작을 살펴보면 그 역사관은 점진적 진보의 낙천론 위에 서 있다. 즉, 사회는 기술적 발달과 물질적 부의 증대에 의한 구성원의 행복의 증진이라는 방향으로 진보해 가는데, 그 과정에서 사회의 내부에 그 존속을 위협할 만한 파괴적 요소가 나타나면, 그것을 극복하는 조치가 취해지게 된다는 것이다(노기남 외, 2021: 112).

조지 버나드 쇼

페이비언주의를 주창한 페이비언협회의 활동은 사회 다방면으로 확대되어 노동조합, 중산계층, 자유당, 보수당 등에 크게 영향을 끼쳤고, 특히 후일 자유당이 1901년에 실시한 양로연금제도 제안과 영국 사회보장제도의 기초 형성에 공헌하였다. 페이비언협회의 기원은 스코틀랜드 철학자인 데이비드슨(Thomas Davidson)이 1882년에 결성한 '신생활회(Fellowship of New Life)'였다. 원래 신생활회가 추구하였던 이상은 '개인 성품의 교양과 완성을 통한 사회개선'이었으며, 그 궁극적 목표는 기독교윤리를 바탕으로 한 공동체였다. 이 단체의 초기 활동은 모든 개혁의 기초를 개인의 도덕적 개혁에 두려고 하였다(고세훈, 2011: 137). 이후 점차 입법에 의한 사회개혁이 개인의 도덕적 개혁 못지않게 중요하다는 입장에서 1884년 1월 4일 새로이 사회문제 연구의 사상단체인 페이비언협회를 탄생시켰다(고세훈, 2011: 138). 페이비언협회가 결성되기 시작한 19세기 후반은 기존의 절대적 세계관과 사상체계가 심각하게 도전을 받은 사상적 전환기였다. 경제적 불황과 함께 시작된 노동조건의 악화와 실업자가 증대되어 노동운동이 활발해지고, 차티스트 운동(chartist movement, 1838~1848년 노동자층을 주체로 하여 전개된 영국의 민중운동)의 종식 이래, 사회주의 운동은 1880년대에 급속히 부활했다. 또한 마르크스주의의 흐름에 따라 하인드민(H. M. Hyndman)의 '사회주의연맹(socialist league)' 등 사회주의 단체가 계속 출현했다. 이러한 사회적 상황에서 도덕성과 금욕, 사회 재건을 목표로 하는 페이비언협회가 발족되어 페이비언주의라는 새로운 사상이 대두된 것이다.

당시 페이비언협회의 주요 인물인 웹(Sidney Webb)이 주장한 사회개혁은 민주적일 것, 도덕적일 것 그리고 합법적이어야 한다는 것으로 페이비언협회의 핵심사상이 되었다(김성이, 2006: 173 재인용). 또한 웹 부부(Sidney & Beatrice Webb)는 빈곤을 하나의 사회적 현실로 받아들이면서 억압과 통제보다는 예방과 진료로서의 빈민정책을 주장하였다. 특히, 이들 부부는 노동부를 창설하여 실업문제의 해결을 위한 적극적 정책을 추진할 것을 건의하였다. 노동부는 다양한 산업에 걸쳐 노동조합을 활용한 실업보험을 활성화할 것을 제안하였다. 또한 웹 부부는 「신구빈법」(1948년 폐지)을 폐지를 건의하였다(허구생, 2002: 276-277).

사회복지 측면에서 본 페이비언협회는 점진적인 사회주의로 향하는 영국

사회보장의 기초가 되었으므로 그 의의가 크다. 협회의 초기에는 쇼(George Bernard Shaw, 1856~1943)와 웹 부처(Sidney & Beatrice Webb) 등 16명이 참가하였고, 80여 년을 활동하였다. 이들은 초기에는 노동운동과 거리를 두었다. 그러나 1918년 노동당 노팅엄(Nottingham) 전당대회에서 당 강령작성에 시드니 웹이 핵심적 역할을 하면서 페이비언주의는 노동당의 기본 노선이 되었으며, 제2차 세계대전 후에는 노동당이 복지국가를 건설하는 데 있어서 가장 유력한 이념이 되었다(원석조, 2020: 216). 이 협회는 단체 출발 시부터 뚜렷한 역사관이나 이론 또는 학설을 설정했던 것은 아니나, 점진적으로 사회주의를 실현하되, 이 과정에는 노동자뿐만 아니라, 착취의 폐지를 주장하는 누구나 참여할 수 있다고 보았다. 또한 독일, 프랑스 등지에서 정통적 마르크스주의자들이 급진적 혁명을 주장할 때, 이 협회는 영국사회에 적절한 사회발전 형태는 혁명이 아닌 점진적 개혁에 의한 진보로 판단했던 인물들이 모여서 만든 조직이다.

『페이비언협회의 역사』 (Pease, 2008)

페이비언협회의 주요 활동의 특징은 항상 노동자들이 스스로의 정당을 조직할 것을 강조하여 왔는데, 1892년 총선거에서 하아디(H. K. Hardie) 등의 노동자 출신이 당선된 것을 계기로 자유당으로부터 독립된 노동자 정당의 결성이 추진되어 독립노동당이 성립되었다(Shaw, 2018: 35-36). 페이비언협회의 활동은 각 방면으로 확대되고 그 이념은 노동조합, 중산계급, 자유당 또는 보수당에까지 영향을 미쳤다. 특히, 자유당이 1909년에 실시한 '양로연금제도(old age pension scheme)'는 전적으로 페이비언협회가 제안한 정책을 실천한 것이었다(Pease, 2012: 3-5). 이는 오늘날 영국 사회보장제도의 기초가 되었다. 페이비언주의는 의회정치를 활용하여 재정정책과 사회보장 및 노동입법 등에 의한 부와 소득의 평등화 정책을 추진함으로써 사회주의는 실현될 수 있는 것으로 보았다. 페이비언주의의 공헌은 영국의 '노동당'이 이 사상을 기본 강령으로 채택함으로써 사회정책적 개입의 기초로 삼았다는 점에 있다. 노동당이 결성된 것은 1906년의 일이지만, 사실상 그 사상적 토대는 1880년대부터 구축된 것이라고 할 수 있다(최혜지 외, 2008: 197).

페이비언협회의 회원은 최전성기였던 1946년에도 지지자가 8,400여 명 정도로 숫자는 많지 않았지만, 하원의 노동당 지도부는 물론 노동당 출신 의원의 상당수가 페이비언협회 출신이었던 만큼 그 영향력은 지대했다. 협회의 주요 활동은 강연, 토론회를 통해 대중에게 페이비어니즘을 홍보하고, 소책자와 정기간행물 등 출판물을 간행하며, 정치적 · 사회적 · 경제적 문제에 대한 조사를 실시하는 것이었다.

이처럼 페이비언주의는 자본주의의 정치제도와 경제제도를 그대로 유지하면서 자본주의의 일부 수정을 통해 계급모순을 완화시키되, 자본주의를 수호하려는 목적이 있었다. 페이비언협회는 이후 1945년 영국 노동당 창건과 활동에 적극 참여하여 페이비언주의의 국가책임주의를 바탕으로 노동당 정부의 국유화정책(영국은행 1946년, 석탄 1947년, 전기 1948년, 가스 1948년, 철도 1948년), 복지국가의 실현을 향한 사회복지정책(「국민보험법」 1946년, 「국민보건서비스법」 1946년, 「국가부조법」 1948년, 「아동법」 1948년 등) 실현에 큰 영향을 미쳤다. 또한 페이비언주의의 영향으로 1930년대의 대공황의 공포를 종식하고 제2차 세계대전을 이끌어 나가기 위한 사회적 결속을 위해 국유화, 완전고용, 사회보장제도 확대는 페이비언주의에 기반을 둔 노동당의 기여라 할 수 있다. 이처럼 페이비언주의는 비록 점진적 개혁을 통한 사회주의의 완성을 추구하였으나, 그 주체는 교육받고 계몽된 시민들에 의하여 조직된 공동사회를 말하므로 결국 대중민주주의가 아닌 민주적 귀족주의였다는 비판을 받는다. 1960년대 영국에서 실업과 인플레이션의 증가, 1970년대 세계불황으로 인한 공공지출 삭감, 감세, 보조금과 장려금을 폐지할 수밖에 없는 상황에서 노동당 정부는 1979년 보수당 대처 정권에게 권력을 넘겨주었다. 대처 정부는 페이비언 노동당 정부의 국유화, 사회보장제도와 반대로 정부의 역할 축소 및 복지비의 삭감을 단행하고, 신보수주의, 신자유주의적 정책을 실시하여 복지국가의 위기를 가져오게 하였다(손병덕, 2020: 67). 그 후 페이비언협회의 지속은 사회민주주의와 영국 노동당의 복지정책에 가장 큰 영향을 미쳤으며, 최근 '제3의 길'을 제시하고, 토니 블레어(Tony Blair) 총리 및 내각의 주요 인물들을 배출하여 오늘에 이르고 있다(김보기 외, 2022a: 43-44).

페이비언주의의 의의는 다음과 같다(최혜지 외, 2008: 206).

첫째, 페이비언협회는 국가의 역할에 큰 의미를 부여하여, 국가는 자본주의 체계에서 가장 큰 문제점의 하나인 실업을 방지할 의무가 있으며, 생산과정에서 발생하는 이익을 사유의 상태에서 공공재정으로 유인하여야 한다고 보았다. 이를 통해 이들은 얻어진 부를 사회의 전반적인 생활수준 향상에 사용하는 역할을 하는 초기 복지국가 모델을 마련하였다. 이는 향후에 「베버리지 보고서」 및 케인스에 의한 국가개입주의로 발전하여 제2차 세계대전 후의 복지국가에 대한 이론적 기반을 마련하였다.

둘째, 복지국가에 대한 페이비언들의 입장은 적극적 지지였다. 이들은 점진주의와 침투작전을 통하여 기존의 자본주의 시장경제체제 안에서 모순된 국가를 수정이 아닌 극복을 통해서 개혁시킬 수 있다고 보았다. 이는 현재 영국 노동당 정책의 기본을 이루고 있는 사상으로, 복지국가주의(welfare statism)의 시초라고 할 수 있다.

셋째, 페이비언들은 토지와 상업자본을 개인과 계급지배로부터 해방시켜 공동체에 귀속시키는 등 기존의 자본주의 제도를 재조직하여 일반 복지에 보다 충실한 사회를 지향하려 하였다. 이는 향후에 국민최저수준(national minimum), 산업민주주의, 재정에 의한 평등한 소득분배 등으로 대변되는 제도적 재분배 모델(the institutional redistributive model)의 기초를 만들었다.

마르크스주의와의 구분

페이비어니즘과 마르크스주의는 모두 평등, 자유, 우애로 대표되는 근본적인 사회주의의 가치는 동일하지만, 다음과 같은 차이점이 있다(최혜지 외, 2008: 205-206).

첫째, 마르크스주의는 실천보다는 이론을 중요시하지만, 페이비어니즘은 실천을 더 중요시한다.

둘째, 마르크스주의는 사회를 집합주의적으로 재구성하는 정치기구를 만들기 위해서 기존의 국가를 부인하며 계급투쟁을 강조하고 혁명을 시도하는 반면에, 페이비어니즘은 사회주의 실현을 위해서 국가가 사회개혁사상을 수용해야 하며, 보통선거 기반의 민주정치에서 국가가 언제나 다수파에 의하여 지배되어야 하고, 의회민주주의적인 수단을 통한 사회주의의 발전을 도모해야 한다고 본다.

셋째, 페이비어니즘은 복지국가가 시장요소의 자유로운 활동을 수정하는 사회정책을 사용하여 시장경제와 공존할 수 있다고 믿었지만, 마르크스주의는 자본주의가 완전히 붕괴되는 것을 목적으로 한다.

넷째, 페이비어니즘은 복지국가를 지향하는 데 있어서 마르크스주의보다 더 열정적이고, 복지국가의 완성을 그들 활동의 상당한 성취로 간주하였다.

3) 사회민주주의

사회민주주의(social democracy)는 독일의 철학자이자 정치인인 베른슈타인(Eduard Bernstein, 1850~1932)이 수정마르크스주의(revision marxism)를 발전시켜 확립한 이념으로, 마르크스주의가 자본주의 경제체제를 혁명으로 변혁하자는 주장을 배제하고, 점진적 사회주의 및 민주주의적 소득재분배정책을 주장한 사회적·정치적·경제적 이념이다. 혁명적 사회주의의 폭력성을 배제하고 정치적 자유와 평등가치를 신봉하는 민주주의체제하에서 경제적·정치적·사회적 평등을 달성하자는 것이다. 자본주의란 기본적으로 개인의 이윤을 목적으로 하고 개인경쟁에 의해 운영되기에 자본주의적 민주주의는 자유평등을 방해하는 원인이 된다고 본 것이다. 따라서, 자유평등이 보장되는 민주사회를 실현하려면 자본주의의 핵심인 개인주의를 사회주의로 바꾸되, 마르크스주의자들처럼 폭력적 방법이 아닌 민주주의적 방법을 통하여 사회체제를 건설하자는 것이다. 스웨덴의 사회민주당(1889년 창당)과 생산직 노동조합 총연맹은 1930년대부터 1960년대 말까지 스웨덴 특유의 경제사회운영 모델을 발전시켜 스웨덴이 사회민주주의를 정책으로 정착시키는 데 주도적인 역할을 하였다.

사회민주주의는 모든 사회구성원을 대상으로 하는 보편주의적 복지, 공적복지 및 공적 재정기반 복지, 성평등 및 사회적 책임과 개인적 책임의 조화를 추구하는 복지정책을 지향한다(손병덕, 2020: 65).

사회민주주의는 계급투쟁에 의해 자본주의를 사회주의로 대체시키려는 고전적 사회주의가 아니라, 온건하고 의회주의적인 사회주의로, 시장경제의 병폐와 분배상의 문제점을 국가개입에 의해 해결하려는 사회이념이다. 사회민주주의는 국가통제를 받아들이면서 타협을 선호하는 온건 좌파, 좌파 자유주의, 복지자유주의 등으로도 불린다. 서구에서 말하는 사회주의는 복지국가의 기틀 위에 세워진 사회민주주의이다. 20세기 페이비언들은 사회민주주의 국가가 '사회조직의 집합적 원칙과 시장원칙(collective and market principles of social organization)'을 조화시킬 수 있다고 믿었다(Hewitt, 1992: 26).

사회민주주의는 포디즘(fordism)적 생산체제에 따른 케인스주의적 계급타협체제 내에서 발전한다. 포디즘(fordism)적 생산체제는 일관된 공정시스템, 노동의 분업화, 반숙련 노동자계층 등에 기초한 소품종 대량생산체제를 말하는데, 사업장이 대규모화되고 생산직 노동자층이 대규모로 집결됨에 따라 대규모 파업 등 노동쟁의 가능성이 상존한다. 노동쟁의는 자본가와 노동자 모두에게 커다란 경제적 손실을 가져온다. 따라서, 파업을 예방하고 통제하기 위해 자본가계층과 노동자계층의 계급적 협력체제를 구축할 필요가 있다(이평화 외, 2025: 201).

사회민주주의체제는 계급 간의 타협을 추구하는 조합주의(corporatism)이다. 이 체제는 계급타협체제의 구축에 찬성한 자본가계층과 계급타협을 추구하는 대중노조지도부가 지배블록을 구성하여 노사 간의 사회적 동반자관계(social partnership) 수립을 추구한다. 사회민주주의체제는 노동자계층과 신중간계층이 자본주의를 무너뜨리려는 것이 아니라, 자본주의를 인정하는 가운데서 '복지동맹'을 이룩하려는 체제이다(김영화 외, 2023: 137).

사회민주주의체제하에서는 계급 간 대립과 갈등이라는 고전적인 사회주의 문제가 복지정책상 어젠다의 지위에서 물러나고 분배와 복지 및 고용창출이 정책어젠다의 지위를 획득하는 변화가 발생하였다. 노동운동 역시 자본주의체제를 붕괴시키려는 체제변혁을 시도하지 않고, 자본주의 지배질서를 인정하는 가운데 변혁을 추진하는 제도혁신운동으로 전환되어 체제 종속적으로 변화하였다(Watkins, 1964).

『이데올로기의 시대』
(Watkins, 1964)

사회민주주의의 핵심적 특징은 고전적 사회주의와 달리, 생산수단의 개인적 소유권을 불법화하지 않으며, 모든 생산수단의 사적 소유까지도 수용한다. 반면, 생산수단의 소유자는 그의 생산수단의 사용으로 얻을 수 있는 소득의 전부를 정당하게 소유하지 못하며, 생산소득의 일부는 정당하게 사회에 귀속되고, 사회에 인도되어야 하고, 평등주의 또는 분배정의의 사상에 따라 사회의 각 구성원에게 재분배된다.

분배적 측면에서 사회민주주의는 롤즈의 정의론에 기초하고 있다(Rawls, 1999). 롤즈의 정의론은 자유민주주의의 기틀 아래서 적극적인 부의 재분배정책을 시도한다. 롤즈는 사회를 협동과 갈등의 양면성을 띤 체제로 인식한다. 사회를 사회구성원들이 상호 간의 이익을 위해 노력하는 협동체계임과 동시에, 이익의 분배과정에서 상호 간의 이해가 대립되고 갈등이 불가피하게 발생하는 체제로 본다. 따라서, 적정한 분배를 위한 사회적 합의를 유도할 수 있는 기본 원칙이 필요하다.

사회민주주의의 계급타협체제는 계급타협을 위한 고용창출과 경제성장 유지 등을 명분으로 생산력주의와 성장제일주의 등을 관철했다. 복지국가를 지탱할 수 있는 재원의 대부분은 건실한 노동시장으로부터 충당되기 때문이다. 다른 한편으로는 계급문제와 관련이 없는 선거혁명, 부패방지, 범죄예방, 청소년 보호, 환경, 문화 등과 관련된 '신사회운동'이 계급운동을 대신하여 사회운동의 중심으로 자리매김했다.

사회민주주의자들은 복지국가를 적극적으로 지지한다. 특히, 이들은 모든 국민에게 중간계층의 삶을 보장해 주는 사회민주주의 복지국가를 지향한다.

사회민주주의자들은 복지국가는 사회적 빈곤을 완화시키고 사회적 욕구를 충족해 줄 뿐 아니라, 사회복지급여나 서비스는 경제성장을 촉진하고, 사회적 투자가 되며, 모두가 인간다운 삶을 구현하는 수단이 되고, 사회를 하나로 통합시켜 준다는 점에서 정당성을 부여한다. 이처럼 사회민주주의는 마르크스주의의 혁명적 사회변혁방법을 비판하고, 자유와 평등이 민주적인 방법의 정착을 목적으로 하여 사회 내 기득권을 감소시키고, 사회구성원 간 평등(사회적 연대 강화)을 지향한 결과, 사회보장의 확대, 적극적인 재분배정책을 펼쳐 사회 일반의 삶의 질이 향상되는 결과를 가져왔다(김기원, 2020: 77).

그러나 사회민주주의는 평등의 확대를 주장한 나머지 사회의 자율성이 약화하도록 하였고, 노사관계의 문제점을 개선하기보다는 양자 간 타협에 초점을 둔 까닭에 근본적 불평등을 극복하지 못하는 한계가 있다는 비판을 받는다. 또한 사회민주주의하의 복지국가는 지나친 세금부담과 국가재정 적자, 비대해진 국가관료제와 지나친 중앙집권제, 국민의 노동의욕 감소 및 국가 경쟁력의 하락 등으로 이른바 '복지국가 위기론(crisis of welfare state)'에 직면하게 된다.

4) 제3의 길

기든스(Anthony Giddens)는 영국의 사회학자로, 런던정치경제대학(London School of Economics and Political Science, LSE) 학장을 역임했다. 기든스가 주창한 '제3의 길'은 1990년대 이후 영국의 블레어(Tony Blair) 정부, 독일 슈뢰더(Gerhard Schröder) 정부, 프랑스의 조스팽(Lionel Josepin) 정부 등 중도좌파 정부가 들어서면서 그들의 정치이념으로 내세웠다. 헤이우드(Heywood, 2021)에 따르면, 제3의 길은 자본주의와 사회주의 모두에 대한 하나의 대안이라고 할 수 있다. 즉, 고전적 사회민주주의와 신자유주의에 대한 대안이다.

기든스는 1988년 그의 저서 『제3의 길: 사회민주주의의 재생(*The Third Way: The Renewal of Social Democracy*)』에서, '제3의 길'은 경제관리체제로서의 사회주의의 사망, 생태적 관점, 세계화를 포함한 새로운 문제의 출현, 고전적 사회민

『제3의 길』 (2008)

주주의와 신자유주의의 한계, 정치적 지지구조의 변화가 발생하는 등 정치적·사회적 환경이 급변하는 세계에서, “고전적 사회민주주의(old-style democracy)와 신자유주의를 뛰어넘는 시도”(Giddens, 2008: vii)라고 주장한다. 기든스는 “현대 사회민주주의의 부활과 성공으로 가는 길이다. 구좌파(the old left)는 변화에 저항했다. 신우파(the new right)는 변화를 관리하려고 하지 않았다. 우리가 그 변화를 관리하여 사회적 연대와 번영을 창출해야 한다.”(Giddens, 2008: 14)라는 블레어의 주장을 직접 인용하면서 제3의 길의 실현을 위한 방법의 일만을 밝히고 있다. 그것은 중도좌파의 본질적 가치를 유지하고, 그 가치들을 근본적인 사회경제적 변화가 일어난 세계에 적용하고자 하며, 낡은 이데올로기로부터 벗어나는 것, 다시 말해서 ‘사회민주주의의 현대화 프로젝트’이다.

기든스는 이러한 논의를 바탕으로 급진적 중도, 새로운 민주국가(적이 없는 국가), 활발한 시민사회, 민주적 가족, 신혼합경제(new mixed economy), 통합으로서의 평등, 적극적 복지, 사회투자국가(the social investment state), 세계주의적 민족, 세계적 민족주의 등의 제3의 길 프로그램을 제시하고 있다.

‘제3의 길’의 핵심은 케인스주의(Keynesian) 복지국가의 근본적인 개혁에 있다. 기든스는 그 이유를 다음과 같이 세 가지 차원에서 제시하고 있다.

첫째, 새로운 사회적 변화들로 인해서 전통적인 형태의 복지국가가 더 이상 유지되기 어렵게 되었다. 복지국가는 과거에 어떤 사회적 조건하에서 자본과 노동의 계급타협의 결과로 형성된 것이지만, 세계화와 개인주의의 진전에 따라 그러한 타협은 더 이상 지속될 수 없게 되었다고 한다. 이와 비슷한 맥락에서 전 세계적인 경제전쟁에 따라 국민국가들이 경제효율성을 저해하는 조세 및 사회보험료를 늘리기가 어렵게 되었다는 점도 보편주의 복지국가의 유지를 불가능하게 만드는 요인으로 작용한다(Giddens, 1991).

둘째, 복지국가는 보장되어야 할 사회적 위험들이나 가장 도움을 받아야 할 집단들이 지금의 것들과는 달랐던 시절에 발전되었다. 과거에는 개인이 직면하는 사회적 위험들의 성격이 외부적인 것이었지만, 최근으로 올수록 점차 내부적인 것으로 변화하고 있으며, 경제적 차원의 불평등이 아니라, 개인의 전 생애에 영향을 미치는 사회적 배제상태가 보다 시급한 과제로 부상하고 있다. 이에 따라, 전통적인 복지국가는 시민들의 복리증진을 위해 점점 더 비효율적으로 되어가고 있다는 것이다(Giddens, 2008).

셋째, 전통적인 복지국가는 빈곤 구제나 불평등의 해소를 위해 그다지 효과적이지 않았다. 사회서비스에 대한 공공지출은 많은 경우, 빈곤층보다 중산층에게 더 집중적으로 분배되기도 하였으며, 전통적인 복지국가는 그 수급자들에게 복지 의존적인 태도와 가치관을 조장함으로써 오히려 사회적 빈곤의 영속화에 기여한 것이다. 기든스에 따르면, "사회적으로 배제된 수많은 사람들은 복지의존의 덫에 빠져 있다는 점에서 어느 정도는 복지국가 그 자체의 희생자들"이라고 한다(Giddens, 2013).

이상과 같이 기든스에 따르면, 2차 세계대전 이후 서구에서 발달해 온 보편주의 복지국가는 그 자신의 존재목적을 위해 효과적으로 기능해 오지 않았고, 새롭게 등장하고 있는 다양한 복지욕구를 충족시키지도 못하며, 정치적 지지기반과 재정기반을 상실하고 있다. 이런 점에서 기든스는 보편주의 복지국가를 지지하고 확대하고자 하는 정책은 시대착오적인 것일 뿐 아니라, 사회민주주의 정당의 집권 가능성을 원천적으로 봉쇄하는 위험한 것이라는 점에서 전면적으로 재검토되어야 한다고 주장한다.

기든스는 이러한 새로운 복지국가를 사회투자국가(social investment state)로, 그리고 새롭게 구성되어야 할 복지모형을 적극적 복지(positive welfare)로 명명한다. 인적 자본에 대한 투자를 강조한다는 점 이외에도 사회투자국가는 복지제공에 있어서 개인과 비정부단체들의 역할을 강화하고 시장의 역동성을 중시하며, 지나친 복지지출을 억제한다는 점에서 전통적인 복지국가와 차별화 된다. 사회투자국가는 시장의 작동을 방해하는 것이 아니라 활성화시키며, 이를 통해 국가경제를 크게 향상시킬 것이다(Giddens, 2008, 2013).

기든스는 기존의 복지국가 옹호는 더 이상 설득력이 없다고 본다. 서구 사회주의자들에 의해서 옹호되고 있는 복지국가의 경우도 개인적인 삶의 완성과 관련되지 못하고, 관료화, 복지 수혜자의 소외, 국가재정 악화 등 문제를 낳고 있기 때문에 복지국가에 관한 논의는 수세적으로 될 수밖에 없다는 것이다. 복지국가의 성공이 복지국가를 약화시키는 요인으로 작용한다는 것이다. 전후 복지국가의 취약성은 경제적 효율성과 재분배와의 관계가 약하다는 데 있다. 서구의 복지국가에서 가장 혜택을 받은 집단은 빈곤층이 아니라 중간계급이었기 때문에 경제적 불평등을 약화시키는 데도 실패하였다.

기든스는 그 대안으로서 다음과 같이 주장한다(Giddens, 2008: 99-128).

첫째, '적극적 복지'이다. 제3의 길 정치는 복지국가에 대한 우파의 일부 비판을 받아들인다. 이에 대한 대안으로 기든스가 제안한 것이 '부의 창조에 순기능을 한다.'는 적극적 복지 개념이다. 그는 복지가 본질적으로 심리적인 개념이라고 보고 경제적 부양비를 직접 제공하기보다는 가급적 '인적 자본'에 투자하라고 권고한다. 즉, 적극적 복지사회의 맥락에서 작동하는 사회투자국가를 건설해야 한다는 것이다.

둘째, 사회투자국가의 건설이다. 기든스는 두 가지 기본 영역인 노령인구와 실업에 초점을 맞춰 사회투자전략을 논의한다. 이 가운데 사회투자국가의 면모가 잘 드러나는 것이 실업의 문제이다. 구체적인 방안으로 그는 중소기업의 창업이나 기술혁신에 관련한 '기업가 주도사업'에 대한 지원, 평생교육을 위한 프로그램 개발, 공공사업에서 공익적 성격을 유지하면서 사기업의 역할 확대, 예컨대 교육의 공통기준을 마련하여 노동인력의 경편성(portability)의 제고, 가족 친화적 작업장 정책 추진 등을 말한다.

셋째, 발생적 평등모델이다. 적극적 복지에 기초하여 기든스가 제안하는 포괄적인 모델은 발생적 평등모델이다. 여기에서 국가의 역할을 신자유주의자들이 주장하는 일방적인 후퇴가 의존성이 아닌 자율성을 창출하는 복지서비스의 공급과 빈곤층과 부유층의 협정을 이끌어내고 사회적 책임성을 고양시켜야 하기 때문에 다양한 자발적 결사체들과 협조를 해야 한다는 것이다.

넷째, 생활현장의 정치이다. 기든스는 삶을 위협하는 요소들에 대한 통제의 방법으로 복지제도가 발달하였지만, 오늘날 위험요소는 과거와는 달리 인위적 위험이라는 것이다. 기든스가 중시하는 것은 발생적 정치이다. 이것은 기존의 사고틀을 전면적으로 변화시켜 서구 사회의 문제를 해결하자는 생각에 기초하고 있다. 먼저, 복지국가에서 적극적 복지로의 전환이 필요하다는 것이다. 그는 복지가 위기 대처 수단으로서 '노동이 중심적인 역할을 담당하는 사회원칙'인 생산성주의보다 근원적인 삶의 관심과 연결되어야 한다는 것이다.

『제3의 길과 그 비판자들』
(2013)

기든스는 2000년 그의 저서 『제3의 길과 그 비판자들(*The Third Way and its Critics*)』에서, '좌파와 우파를 넘고자' 하는 '제3의 길' 이론은 우파와 좌파 모두에게서 커다란 반향을 일으켰다고 평가한다. 먼저, 신자유주의자 입장에서는 '제3의 길' 이론을 대체로 용인하는 움직임을 보이고 있다. 즉, 블레어 총리의 경제 및 사회 정책이 보수당의 그것과 크게 다르지 않은 것으로 평가했다. 그러나 일부 보수주의자들은 '제3의 길'이 낡은 좌파적 전략의 새 이름일 뿐이라고 의심하였다(Stelzer, 1998).

사회민주주의자는 '제3의 길'이 전통적인 사회민주주의의 비판과 재구성을 지향한다는 점에서 특히 비판이 거셌다. 대표적으로 홀(S. Hall)은 '제3의 길'이 좌파의 고유한 전망을 유지하지 못한 채 보수적인 우파로 기울었다고 비판한다(Giddens, 2008). 또한 '제3의 길'은 전통적인 좌파로부터 완전히 단절되었다는 것이다. 즉, "대처주의의 개량에 불과"(Hay, 1999)하다든지, "인간의 얼굴을 한 신자유주의"(Issac, 2001)라든지, 아니면 "신자유주의 정책들을 지속하고 있고 어떤 점에서는 더욱 강화하였다."(Callinicos, 2001)라고 비판한다. 좌파에게 있어서 '제3의 길'은 사회불평등과 시장을 옹호하는 자본주의 이데올로기이며,

정권획득을 위해 좌파의 가치들을 희생시키는 전략에 불과하다는 평가가 있다. 비판자들에 따르면, '제3의 길'은 신자유주의에 의해 추진되는 기존의 세계화 흐름에 굴복하여 세계적 차원에서 진행되는 양극화 문제를 해결하기 위한 방안을 제시하지 못하고 있다.

클린턴(Bill Clinton)과 블레어가 채용한 '제3의 길'은 각 국가에서 구좌파에 속한 비평가들은 물론, 많은 대륙 사회민주주의자들로부터 미온적인 환영을 받았다. 비판가들은 이 치장된 제3의 길을 '재탕한 신자유주의'라고 보고 있다. 그들은 미국에서 매우 역동적인 경제와 아울러 발전된 세계에 존재하는 극심한 수준의 불평등 사회를 보았다. 클린턴은 '우리가 알고 있는 바의 복지를 종식'시키겠다고 약속하여 신자유주의적 보수주의의 태도를 얼마간 반향하는 것처럼 보였다. 비판가들은 블레어와 노동당이 일단 권력을 잡자 대처 총리의 경제정책을 지속적으로 추진하고 있다고 말한다(Giddens, 2008: 25).

그러므로 제3의 길은 서유럽, 특히 유럽 사회민주주의의 역사적 맥락에서 이해되어야만 한다. 또한 유럽의 사회민주당이 장악한 정부의 정책에서도 각 나라의 오랜 전통과 문화, 그리고 제도의 유산에 따라 다양한 차이를 가질 것이다. 더욱이 사회민주주의의 역사와 경험이 없는 동아시아에서 적용할 수 있는 제3의 길의 내용은 무척 다를 것이다. 그럼에도 불구하고, 제3의 정치가 자유와 평등, 권리와 책임, 개발과 보존 등 대립적 가치들의 오랜 논쟁을 해결하기 위한 새로운 시도를 하고 있다는 점은 주목할 만하다.

제3의 길의 내용을 정리하면 다음과 같다(이정서, 2018: 107).

① 기든스가 제시한 제3의 길은 블레어 노동당 정부의 기조가 되었다.

② 사회주의적 복지국가노선(제1의 길)과 신자유주의적 시장경제노선(제2의 길)을 지양한 새로운 정책노선이나. 즉, 제1의 길(요람에서 무덤까지, 사회민주주의적 기획), 제2의 길(시장의 자유 극대화, 국가개입 최소화, 신자유주의적 기획), 제3의 길(사회민주주의적 가치와 신자유주의적 가치 동시추구) 등이다. 제3의 길은 사회민주주의(제1의 길)와 시장경제의 효율성과 자유를 강조하는 신자

유주의(제2의 길)의 장점을 결합하고, 단점을 시정한 제3의 이념을 추구하는 것을 말한다.

③ 사회투자국가, 복지다원주의를 통한 적극적 복지를 주장한다.

④ 사회투자국가로 개편이다. 즉, 인적자원에 투자하는 국가여야 한다.

⑤ 복지다원주의이다. 즉, 비영리부문, 기업, 지방정부 활용이다.

⑥ 의식전환이다. 즉, 노동자도 위험을 공동부담해야 한다.

⑦ '제3의 길' 정책은 정부, 시장, 시민사회 3자의 균형을 강조한다.

4 생태주의와 페미니즘

1) 생태주의

인간의 생활환경은 물, 공기, 자연, 태양과 같은 자연환경과 이를 기반으로 한 산업발달을 통한 도시환경으로 이루어진다. 그러나 산업화 과정에서 나타난 공기와 토양의 오염, 산림훼손으로 인한 자연재해 등의 환경문제는 생태위기를 초래하고 있다. 재생 불가능한 천연자원의 고갈과 공해에 의한 환경오염이 인류에게 심각한 위기를 가져다줄 것이라는 우려 아래, 1992년 6월 브라질의 리우데자네이루에서 '환경과 개발에 관한 리우선언(The Rio Declaration on Environment and Development)'과 의제 21(Agenda 21)을 채택하였다. 이 협약에서 '모두의 이익을 존중하고 또한 지구의 환경 및 개발체제의 통합성을 보호하기 위한 국제협정체결'을 선언하고, 개발과정에서 환경의 보호를 전제로 하면서 모든 국가와 국민의 생활수준을 향상시켜야 한다는 목표를 추구하면서 생태주의(ecology)가 등장하게 되었다(손병덕, 2020: 73).

의제 21
(Agenda 21, Rio)

생태주의는 공해, 오염, 보존, 보호 등 인간 중심적 관심으로부터 어떻게 하면 지속가능한 환경을 지킬 것인가에 초점이 맞추어졌으나, 최근에 와서는 지속가능한 성장에 대한 생태적 관심으로까지 확대되었다. 생태주의는 성장제일주의적 산업문명을 넘어서는 탈근대적 문명전환운동을 지향한다. 지배가 아닌 공존, 획일성이 아닌 다양성, 시장경쟁이 아닌 나눔의 공동체가 목표이다. 근대 산업문명의 온갖 폐해, 예컨대 지배와 복종, 억압과 차별, 빈부격차, 환경파괴 등의 문제를 해결하고, 대안적 사회를 이룩하려는 모색의 한 가운데에 생태주의가 자리 잡고 있다.

생태주의(ecologism)는 산업자본주의의 진전으로 인해 지구 자연이 급속도로 오염되고 파괴되는 상황 속에서 인류가 범해 온 잘못과 미래의 대안을 제시하고자 일어난 일군의 생태 중심적 흐름을 의미한다. 생태주의 자체가 어떠한 이론적 중심을 두고 형성된 것은 아니지만, 오늘날에 있어서는 현대사회의 자연파괴와 인간소외 문제 등을 비판적으로 바라보고, 그 해결책을 모색하는 근본적인 대안으로 부상하고 있다.

본래 '생태'라는 용어는 19세기 독일에서 형성된 생태학에서 유래된 개념이다. 즉, 1869년 독일의 생물학자 에른스트 헤켈(Ernst Haeckel)이 '생태학(ecology)'이라는 용어를 최초로 사용한 것으로 알려지고 있다(김윤태, 2016: 326). 생태학은 생명체가 자연계 속에서 자기유지와 증식을 이루어내는 과정을 연구하는 생물학의 한 분야였다. 생태계는 자연계 속에 존재하는 생물들 간의 상호관계를 중심으로 한 개념인데, 20세기 이후의 생태학은 인간 또한 생태계의 일부로 포함시켜 새로운 생태학의 흐름을 이어 갔다. 생태주의 또는 생태론은 이와 같은 생태학의 이론을 수용하여 이를 현대사회 전반에 걸친 문제로 확장시켜 나갔다. 생태주의의 대두는 근대 이후의 자본주의 문명에 대한 근본적인 반성과 성찰에서부터 비롯되었다. 자본주의는 몇 차례의 불황과 공황을 겪으면서도 전 세계적으로 확산되고 성장하였지만, 그 결과 지구 전역에서 심각한 자연파괴가 빚어졌고, 거대 산업 중심의 생산체제는 지구에 존재하는 화석연료를 급격히 줄어들게 하여 미래에 대한 전망을 불투명하게 만들었다. 일부에서는 이와 같은 문제점을 과학기술의 진보와 효과적인 자연환경 제어기술의 발달을 통해 극복 가능하다고 주장하기도 하였지만, 계속되는 자연파괴와 지구기후의 변화, 그리고 거대 자본에 의해 피폐해져 가는 약소국 국민들의 삶은 이들의 주장이 현실성이 없는 것임을 입증하게 되었다(김영화 외, 2023: 142).

생태주의는 지금까지 근대문명이 일관해 온 인간 중심적 사고로부터 오늘날의 거대한 재앙이 비롯되었다고 파악한다. 생태주의는 그동안 인간과 자연을 철저하게 분리하여 인간의 자연 지배를 정당화시켰던 기존의 이성·인간 중심적 사고를 거부하고 인간 또한 생태계의 일부로서 자연과 상호관계를 맺는 존재에 불과하다는 점을 강조한다. 생태주의는 비단 자연과 인간의 조화뿐만이 아니라, 인간·이성 중심의 지배 구도에서 배제되거나 억압되었던 소수자들의 문제에도 관심을 기울인다.

20세기 중반부터 본격화된 생태주의는 내부적으로 여러 흐름으로 분화되는데 크게 보아 근본생태주의와 사회생태주의로 나눌 수 있다.

(1) 근본생태주의

근본생태주의는 모든 생명체가 고유한 생명의 권리를 지니고 있다는 생물평등주의의 입장에서 인간의 자연에 대한 우월적 지위를 부정하고 인간과 생태계를 상호 의존적인 것으로 파악한다. 이에 따라, 지금까지의 인간에 의한 자연 지배는 철저히 비판받게 되고, 자연을 파괴하는 행위는 그 무엇보다도 큰 죄악으로 여겨진다. 근본생태주의는 인간도 다른 생태계 안의 생물들과 마찬가지로 자연의 흐름에 순응하며, 전체 생태계와 조화를 이루어야 한다고 주장한다. 이와 같은 경향은 인간이 이룩한 문명에 대한 거부로 이어져 극단적인 근본생태주의자들은 인간의 인위적인 생산과 소비 활동을 모두 혐오하는 형태로 나타나기도 한다(이평화 외, 2025: 214).

근본생태주의는 지금까지의 근대문명이 추구해 온 인간 중심적 가치관이 지닌 문제점을 적극적으로 비판하면서 인간과 자연의 조화와 공존을 모색하였다. 특히, 근대 이후 서구사회를 지배해 온 이성 중심의 사고체계를 논의의 대상으로 하여 생태문제를 단순한 윤리적 문제가 아닌 서구의 형이상학과 인식론, 정치, 철학 등의 사유체계와 밀접하게 연관된 문제로 파악하였다는 점에서 큰 의의를 지닌다. 그러나 인간의 이성과 문명에 대한 극단적인 혐오감으로 인해 인류가 이룩한 문화적 발전의 결과물들을 모두 거부하는 경향이 강해 이에 대한 비판 또한 적지 않은 편이다.

근본적 가치관의 변화를 추구하지만, 실제 사회의 복잡한 단면들을 현실적으로 파헤쳐 해결책을 모색하려는 구체성이 부족하다는 지적도 이와 같은 한계를 문제시한 것이라고 볼 수 있다. 근본생태주의는 생태계 파괴에 대한 책임을 모든 인간에게 부여하여 실제 현실에서 선진국과 후진국, 부자와 빈자 사이에 존재하는 차이를 없애버린다는 비판을 받기도 한다.

(2) 사회생태주의

사회생태주의(social ecology)는 생태계 파괴의 원인을 단순히 인간 대 자연의 이분법적인 대립 구도로 보지 않고 현실 사회에 존재하는 사회집단 간의 역학관계를 고려하여 무엇이 실제로 인간성을 파괴하고 나아가 생태계를 어지럽히는지를 분석하고자 한다. 사회생태주의에서 문제의 핵심으로 삼는 것은 불평등한 사회구조이다. 특히, 경쟁과 지배의 원칙이 중심으로 되는 자본주의적 경제구조와 이러한 논리를 강력하게 실천해 나가는 거대 자본, 국가가 주된 비판의 대상이 된다. 사회생태주의도 인간의 자연에 대한 지배구조를 근본적인 문제로 바라보는 점에서는 근본생태주의와 맥락을 같이하지만, 이 지배구조가 사회적으로 편차를 보이며, 그중에서도 사회적 강자들에 의한 과도한 개발, 경쟁이 자연파괴의 원인임을 강조한다.

사회생태주의의 대표적인 이론가이자 실천가인 북친(Murray Bookchin)은 1995년 그의 저서 『사회생태론의 철학(*The Philosophy of Social Ecology*)』에서, "인간에 의한 자연지배는 인간에 의한 인간지배로부터 비롯된다."라고 지적하고 있다. 북친은 사회 속에 존재하는 인간 개개인 간의 편차를 무시한 채 모

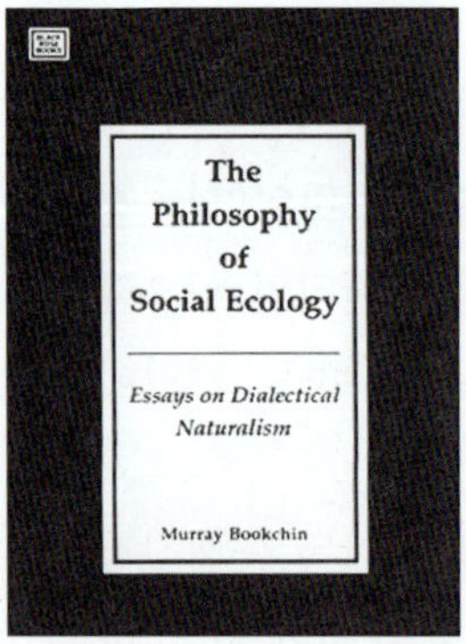

『사회생태론의 철학』
(1995)

든 문제의 원인을 인간 자체에게서 찾는 근본생태주의에 비판적인 입장을 취하면서, 억압적인 사회구조의 변화야말로 문제의 본질임을 강조하였다. 또한 인간 이성이 저지른 파괴행위를 비판하면서도, 기술문명의 발달로 인해 도구화된 이성과 사태를 종합적으로 파악하고 성찰할 수 있는 비판적 이성을 엄격히 분리하여 인간의 이성적 능력에 대한 믿음을 져버리지 않은 점도 근본생태주의와 차별되는 지점이라 할 수 있다.

북친의 사회생태주의는 마르크스주의(marxism), 자유주의적 아나키즘(liberal anarchism), 아리스토텔레스(Aristoteles, B.C. 384~B.C. 322)와 헤겔(Georg Wilhelm Friedrich Hegel, 1770~1831)과 유기체주의(organicism) 등에 뿌리를 두었다.

생태주의의 복지 관점은 다음과 같다(김영화 외, 2023: 142-143).

첫째, 평등을 복지의 중요한 가치로 본다. 경쟁사회에서 인간의 능력 차이는 부, 권력, 지식 등을 특정한 소수인에게 집중시켜 소수에 의한 절대 다수의 억압과 지배를 당연한 것으로 받아들이는 경향이 있다. 이러한 지배구조는 인간의 행복을 저해하는 사회구조적 모순이며, 불평등을 심화시키는 원인으로 지역주민의 갈등과 분열을 심화시킨다. 생태주의는 이러한 불평등을 반대하고, 개인, 공동체, 사회 그리고 환경에서의 반생명적인 요소를 찾아 제거함으로써 그동안 억압되었던 타자의 다양한 권리를 수용하고 그 기능을 조화시키고자 하는 관점을 지닌다.

둘째, 생태주의적 이데올로기에서는 상호 보완성을 중시한다. 인간은 기본적으로 완전한 존재라고 볼 수 없으며, 그 불완전성을 극복하기 위해 상호 협력한다. 따라서, 생태주의에서는 타인과 더불어 살 수 있는 상호 보완성을 통해 인간을 더욱 인간답게 하는 중요한 가치로 보고 있다.

셋째, 자율성을 중시한다. 산업화로 인한 일과 생활의 분리는 인간의 주체적 삶을 객체적 삶으로 전환시키는 계기가 되었다. 노동에서의 소외는 곧 소비를 통하여 대리만족을 얻도록 인간을 타자화시켰으며, 자율성을 상실하게 하여 소극적이고 타율적인 존재로 만들었다. 신자유주의적 개발은 과도화된 경쟁의 결과이며, 자본의 무차별적 확장과 밀접한 관계가 있다.

넷째, 연대성의 가치를 중요시한다. 인간과 자연은 일방적으로 개발하는 차원이 아니라, 쾌적한 삶의 공간을 만드는 동반자적 관계라는 점에 주목한다.

그러므로 생태주의는 지역사회가 해체되고 있는 상황에서 지역주민들이 공유하는 공간인 지역사회환경에서 평등성과 상호 보완성을 통하여 공동체 의식과 사회통합을 이루는 데 기여할 수 있는 것으로 평가할 수 있다. 또한 생태주의적 접근은 산업화 과정이 초래한 빈부격차, 지역불균형 등이 사회복지정책으로 해소하기 어려우나, 국민들이 보편적으로 이용할 수 있는 자연환경을 통해 국민의 기본권 확장에 긍정적인 기여를 할 수 있다. 모든 국민에게 필요한 삶의 질 보장을 위해 평등성, 상호연대성, 협동성의 가치에 기반하는 생태주의 이념이 실천적 모델을 적립하는 데 도움을 줄 것으로 기대할 수 있다.

2) 페미니즘

페미니즘(feminism)은 여성의 권리 및 기회의 평등을 핵심으로 하는 여러 형태의 사회적 · 정치적 운동과 이론들을 아우르는 용어이다. 페미니즘은 '여성의 특징을 갖추고 있는 것'이라는 뜻의 라틴어 '*femina*'에서 유래한 말로, 오래전부터 이어져 왔던 남성 중심의 이데올로기에 대항하며, 사회 각 분야에서 여성의 권리와 주체성을 확장하고 강화해야 한다는 이론 및 운동을 가리킨다. 즉, 남성 중심적인 사회에서 차별적인 대우를 받아 온 여성들이 사회가 정해놓은 여성에 대한 고정관념을 탈피하는 등 '성(sex, gender, sexuality)에서 기인하는 차별과 억압으로부터의 해방'을 주장한다.

현대 페미니즘의 선구자는 최초의 '페미니즘 선언서'로 알려진 「여성의

「여성의 권리옹호」(1992)

권리 옹호(Vindication of the Rights of Woman, 1792)」를 작성한 영국 작가이자 시민운동가인 울스턴크래프트(Mary Wollstonecraft, 1759~1797)이다. 그녀는 "여성의 지적 평등이 실제적인 결과를 가져올 것이며 가져와야 한다."고 주장하여 계몽주의 원칙인 '남성의 권리'를 여성에게까지 확장한 초기 페미니즘의 선구적인 역할을 하였다. 이후 19세기에 들어서면서 점차 여성에 대한 차별에 대항하고 여성의 권리를 요구하는 조직적인 페미니즘운동이 전개되기 시작됐는데, 이러한 흐름은 크게 1세대(여성의 참정권) · 2세대(사회 모든 분야에서의 평등과 성적 해방 추구) · 3세대(계급·인종 문제 등으로 확대)로 나눌 수 있다.

1세대 페미니즘 물결은 19세기부터 1950년대까지 전개된 페미니즘 물결을 가리키는데, 이는 영국과 미국에서 가장 활발히 일어났다. 이 시기 페미니즘의 핵심은 여성들의 정치 참여, 즉 참정권 획득이었으며, 흑인들의 권리신장 움직임도 함께 나타났다. 이러한 움직임에 따라, 미국에서는 1870년 흑인들의 참정권 인정에 이어 1920년 여성들의 참정권이 인정되었다. 그리고 영국에서는 참정권 운동을 벌인 여성들, 즉 서프러제트(Suffragette)가 등장했으며, 이들의 활동 결과로 영국정부는 1918년 2월 일정 자격을 갖춘 30세 이상 여성에게 참정권을 부여하는 「국민투표법(Representation of the People Act)」을 제정하였다. 그리고 1928년에는 21세 이상의 모든 여성이 남성과 동등하게 투표권을 행사할 수 있게 됐다.

시몬 드 보부아르

2세대 페미니즘 물결은 1960~1980년대까지의 페미니즘을 지칭하는데, 이는 당시 사회에 만연해 있던 여성에 대한 사회적 차별을 벗어나자는 움직임이었다. 이들은 직장에서의 평등(노동 환경과 임금수준 개선), 가정에서의 평등, 여성의 성 역할에 대한 사회적 편견 배제 등 사회 전반적인 분야로 주장의 범위를 넓혀 나갔다. 특히, 이 시기 사상적으로는 프랑스 소설가이자 평론가인 시몬 드 보부아르(Simone de Beauvoir, 1908~1986)의 『제2의 성(*The Second Sex*, 1949)』이 큰 영향을 미쳤는데, 보부아르는 "여성은 태어나는 것이 아니라 만들어진다."라는 실존주의 견해를 밝혔다.

『제2의 성』
(2011)

3세대 페미니즘 물결은 1990년대 이후 등장하기 시작했는데, 이전 세대의 페미니즘이 백인 여성들만의 전유물이었다는 비판에서 출발하였다. 이 시기 페미니즘은 1990년대 포스트모더니즘과 결합하며 다양한 집단과 계층 · 영역으로 확대됐으며, 이에 성 소수자(sexual minority, LGBTQ)들의 권리운동도 함께 일어나기 시작했다.

페미니즘은 이데올로기에 따라 다음과 같이 구분된다(손병덕, 2020: 70-73).

(1) 자유주의 페미니즘

자유주의 페미니즘(liberal feminism)은 개인의 자율성과 자아실현이라는 전통적인 자유주의에 근원을 둔 여성해방운동 및 그 이론을 일컫는다. 역사적으로 그 정체가 확인된 페미니즘으로서는 가장 오래된 것으로, 18세기에 서구사회가 근대사회로 옮겨가는 과정에서 자유주의 페미니즘이 발생하였다. 자유주의 페미니즘은 현대 페미니즘의 가장 초기에 발생한 이론으로서, 여성들로 하여금 가정에서 벗어나지 못하게 하여 사회에서 아무런 역할도 못하게 한 것에 대하여 문제를 제기하면서, 만약 남성과 마찬가지로 여성에게도 동일하게 잠재력 개발의 기회가 주어진다면, 사회구성원으로서 정당한 역할을 할 수 있다고 하였다.

만인이 이성적인 존재로서 평등하며, 모든 인간은 자유의지를 가지고 있다는 자유주의 사상을 기조로 자유주의 페미니즘은 모든 인간이 사회에서 남성과 동등하며, 개인적인 권리를 가지고 있다고 주장하였다. 자유주의 페미니즘은 여성의 법 · 교육 · 정치 · 사회 · 경제적 권리는 남성과 동등하여야 하며, 이러한 법적 · 제도적인 장치를 만들 수 있도록 압력을 행사할 수 있게끔 참정권 또한 요구하였다. 19세기까지 여성은 선거권이 없었으며, 정치적인 집회의 기회를 가질 수 없었다. 또한 여성은 재산을 소유할 수도 없었고, 직업이나 상업행위도 제한되었다. 이에 19세기 페미니즘은 남성과 여성의 동등한 시민권과 법·교육·정치·사회·경제적 권리 획득에 초점을 맞추었다. 이러한 노력은 20세기 중반까지 이어졌다.

자유주의 페미니즘은 여성이 남성과 동등한 인간임을 강조하며, 여성의 교육받을 권리, 성 역할의 사회화와 성 정형화 비판, 성차별적 평가 거부를 특징으로 한다. 또한 교육의 기회를 박탈당하며, 부모에 의해 강제로 결혼하고, 여성의 취업구조가 특정 영역에 한정되어 있는 사실들에 주목하여 자유주의 페미니즘은 여성을 대상으로 정규교육 및 평생교육의 필요성을 강조하였고, 경력단절에 따른 진로교육, 여성을 위한 정치교육의 확대를 주장하였다. 이와 같은 자유주의 페미니즘은 기성의 정치적·사회적 구조를 완전히 무시하거나 혁파하기보다는 기존의 틀 안에 여성의 입장이 반영되도록 구조를 개량하는 일에 더 관심이 많다. 이들의 수정주의적 태도는 혁명적 철학을 지지하는 급진적 페미니스트들로부터 미온적이라는 비난을 사고 있다.

자유주의 페미니즘은 여성의 관점에서 남성 중심의 사회에 대하여 비판적으로 접근할 뿐만 아니라, 여성이 사회에서 소외받지 않을 방법으로 여성교육과 경제력의 필요성을 강조하였고, 이를 통한 여성의 인간성 해방을 목적으로 하였다. 자유주의적 페미니즘의 목적달성을 위하여 여성이 참된 의미에서 자아실현과 정치적·경제적 주체로 살아갈 수 있도록 육아와 가사를 분담하는 제도개선, 남성도 출산 및 육아휴가를 활용할 수 있도록 하고 여성이 사회에서 지도자의 역할들을 잘 해낼 수 있도록 정치분야 여성할당제를 확대하는 노력도 필요할 것이다.

(2) 마르크스주의 페미니즘

마르크스주의 페미니즘(marxist feminism)은 마르크스주의와 페미니즘이 교차하여 발생한 페미니즘이론을 말한다. 이 이론은 마르크스의 사상에 영향을 받은 페미니즘의 한 분파로, 개인의 가능성을 저지하는 원인을 사회체제에서 찾고 그러한 조건들로부터 개인을 해방시키는 것을 핵심 목표로 한다. 자본주의가 지배하는 사회 속에서 남성과 여성 간의 불평등에 주목하며, 사회체제 속에서 반복되어 온 노동의 차이에 여성이 참여하게 됨으로써, 남성 중심적 규범에 부합되는 여성의 젠더가 형성되고 견고해졌다고 주장한다.

1960년대에 이르러 마르크스주의는 기존의 계급투쟁에서 벗어나 여성의 관점에서 남성 노동자계급의 생산노동에 대하여 자기비판을 하며, 여성이 노동시장 참여로 가사노동에서 해방되어 남성 노동자와 함께 계급투쟁에 참여하여야 한다는 논리로 여성문제를 계급문제로 제기하였다.

마르크스주의에 따르면, 가족은 그 자체로 생산, 재생산, 소비, 계급 등 사회적인 것으로 가족 내에서 계급 구조화된 관계에 의해 갈등과 모순이 발생한다. 즉, 마르크스주의 페미니즘은 자본주의체제 안에서 부르주아 계급은 가족 내에서 성정체성과 성별 노동분업을 고착시켜 남성을 생계부양자로, 여성은 가사노동자로 규정하여 남성 주도권이 이루어진 것으로 설명하였다. 이와 같이 성(sex)에 따른 노동시장의 구조화로 여성을 주변노동자로 내모는 젠더 이데올로기(gender ideology)가 발생하게 된다고 보고, 여성 가사노동의 사회화를 저지하여야 한다고 하였다.

마르크스주의 페미니즘에 의해 여성은 다양한 형태의 노동에 참여할 수 있게 되었고, 여성의 노동환경이나 임금수준이 개선되고 있다. 그러나 현대의 마르크스주의 페미니즘은 여성들이 생산적 노동과 가사노동을 모두 강요받고 있는 상황에 주목하고, 보상받지 못하는 가사노동으로부터의 해방만이 여성의 진정한 해방을 가져올 수 있다고 주장한다. 그리고 이는 개인적 차원에서 가능한 것이 아니라, 임금격차의 개선을 비롯한 사회체제의 재정비를 통해서만 가능하다고 본다.

이처럼 마르크스주의 페미니즘은 남녀 간의 생물학적 차이를 사회모순의 핵심적인 물질 기반으로 보고, 자본주의의 생산-재생산의 이분법적 분리가 젠더문제를 발생시키며, 가족 내에서 그 모순은 심화 · 사회화되므로 여성 억압이 심화된다는 점을 강조하였다.

(3) 급진적 페미니즘

급진적 페미니즘(radical feminism)은 여성 억압의 주체인 남성 위주의 현 사회체제를 변혁시키기 위한 정치적 행동주의를 실천하는 여성운동과 그 이론을 말한다. 급진적 페미니즘은 가부장제에 기초한 법적 · 정치적 구조와 사회 · 문화적 제도가 여성 억압의 한 원인일 뿐만 아니라, 생물학적인 성이 여성의 정체감과 억압의 주된 원인이므로, 여성해방은 출산 · 양육 등의 여성 역할에 대한 근본적인 변혁을 통해 이루어질 수 있다고 주장하는 여성운동 또는 그 이론을 가리킨다.

1970년대에는 남성지배사회의 모든 것에 대하여 문제를 제기하며, 기존의 자유주의 페미니즘이 단지 남성과 동일한 시민권의 쟁취를 목표로 한 반면에, 여성의 문제는 개인적인 것이 아니라 정치적인 것으로 간주하면서 보다 적극적으로 여성만의 문제를 제기하였다(Wills, 1992). 급진적 페미니즘은 사회 자체를 근본적으로 남성이 여성을 억압하고 지배하는 것으로 보고, 부당한 사회로부터 여성을 해방시키기 위해 모든 사회적 · 경제적 맥락에서 남성 중심주의를 제거하고, 근본적인 사회재구성을 하는 것을 목적으로 한다. 이처럼 급진적 페미니즘은 여성 억압의 뿌리가 사법체계나 사회제도라고 보았던 자유주의 여성주의나 계급갈등으로 평가한 사회적인 여성주의를 거부하고 보다 심각한 뿌리는 가부장적 젠더관계에 있다고 본 것이다.

급진적 페미니스트 앳킨슨(Ti-Grace Atkinson)에 따르면, 최초의 남녀 이분법이 성별을 근거로 시작되었으며, 남성은 그 혜택을 누리고 여성은 아이를 낳는 사람으로 간주하는 가부장제 때문에 여성은 남성 규범의 타자로 취급되었다. 이에 따라, 체계적으로 억압되고 소외되었으며, 남성은 여성 억압에 의해 이익을 얻게 되었다(Fahs, 2011). 급진적 페미니즘은 기존의 사회적 규범에 도전하여 가부장제를 철폐하기 위해 노력하고 가부장제를 제거하는 것이 여성 억압사회로부터 여성을 해방하는 길이라고 믿었다.

1970년대 초반 이후 급진주의 페미니즘은 현대사회에서 성의 문제를 더욱 중요한 문제로 부각시키고, 학계에 여성학이라는 형식적 측면에 자취를 남긴 채 문화적 페미니즘(cultural feminism)이라는 새로운 흐름에 밀려났다. 문화적 페미니즘은 계급으로서의 여성에 초점을 맞춘 급진적 페미니즘의 작업을 한 층 더 정제하여 여성문화와 여성공동체에 대한 사회적 관심을 확대시키는 방향으로 이끌었다.

그러므로 남성에 의한 여성의 억압을 당연시해 오던 사회적 관념과 제도에 저항하여, 남성과 마찬가지로 여성 또한 한 인간으로서 완전히 존재하는 것을 핵심목표로 해 온 페미니즘으로 인하여 여성은 투표권을 행사하고, 경제활동에 적극적으로 참여하며, 교육의 기회를 누리는 등 더욱 인간답게 살아갈 수 있게 되었다. 또한 3차 페미니즘 물결 이후에는 성별을 불문한 개인의 다양성과 차이를 주장하는 데에 필요한 이론적 정교함이 갖춰지고 정치적 투쟁의 장이 열리게 되었다.

피메일리즘과 에코페미니즘

페미니즘(feminism)은 '성적 차별'은 문화적인 산물로 양육의 관습과 입법화로 극복할 수 있다고 주장한다. 이에 반해, 피메일리즘(femalism)은 남녀의 신체적 차이를 인정하고, 그에 맞는 역할을 요구한다. 피메일리스트들은 "우리가 볼 수 있는 남녀의 차이는 결점이나 우열의 표시가 아니다. 여성은 제2의 성이 아니라, 분리된 별개의 성일 뿐이다."라고 강조한다.

에코페미니즘(ecofeminism)은 생태학(ecology)과 여성주의(feminism)의 합성어로, 자연의 억압과 여성의 억압이 밀접하게 연관된 문제라고 주장한다. 즉, 인간의 자연에 대한 파괴, 남성의 여성에 대한 억압이 가부장적인 남성 중심의 지배문화 속에서 생겨났다고 주장한다. 에코페미니즘은 남성 중심의 가부장적 산업문명 속에서 여성과 자연이 차별과 파괴의 대상이 되어 왔다는 시각에서 출발하는데, 환경문제를 비롯한 현대산업사회의 여러 측면들을 비판하고 새로운 대안을 모색한다.

CHAPTER

06

복지국가의 모형

CHAPTER 06
복지국가의 모형

1 윌렌스키와 르보

『산업사회와 사회복지』
(2012)

윌렌스키와 르보(Harold L. Wilensky & Charles N. Lebeaux)는 1958년 그들의 저서 『산업사회와 사회복지(*Industrial Society and Social Welfare*)』에서 잔여적 관점과 제도적 관점으로 유형화하고 있다. 그 내용은 다음과 같다(Wilensky & Lebeaux, 1965: 138-139).

1) 잔여적 관점

잔여적 관점(residual view)은 사회복지가 일차적으로 가족과 시장기구에 의해서 공급되는 것을 원칙으로 한다. 보완적 관점이라고도 한다. 사회복지제도는 가족과 시장기구에 의해 움직여지고, 그러한 기구를 통해 개인의 욕구가 충족될 수 있다. 그런데 가족 또는 시장기구가 정상적으로 제 기능을 발휘하지 못할 때 사회복지제도로서의 보완적 모형이 작동된다. 이 모형은 가정생활이 파괴되거나 시장기구나 제대로 움직일 수 없어 정상적인 경로로는 사회복지가 공급될 수 없을 때 나타난다. 그것은 가족과 시장기구가 작동하지 못할 때 출현하는 일시적이고, 긴급한 기능이며 보조적인 성격을 띤다. 예컨대, 자선사업과 의연금이 그러한 유형의 사회복지 활동이며, 가족과 시장기구가 다시 제 기능을 회복할 때 보완적 사회복지활동은 작동이 중지된다.

2) 제도적 관점

제도적 관점(institutional view)은 누구나 일정한 조건, 즉 법적 · 제도적 조건만 갖추게 되면 사회복지 혜택을 받을 수 있는 경우를 말한다. 복지사회를 건설하기 위해 사회복지 혜택을 받을 수 있는 경우를 말한다. 그들은 "사회복지는 각 개인이나 집단이 만족할 만한 수준의 삶과 건강을 누릴 수 있도록 도와주기 위해 만들어진, 사회적 서비스와 제도의 조직화된 체계(the organized system of social services and institutions)이다."(Wilensky & Lebeaux, 1965: 139)라고 주장한다. 윌렌스키와 르보는 산업화가 진행될수록 보완적 모형보다 제도적 모형이 더욱 강조될 것이라고 보고 있다.

이 두 가지의 관점은 상반되는 것으로 나타나지만, 실제에 있어서 미국의 사회복지는 두 가지의 이데올로기를 결합하려고 시도해 왔으며, 사회복지에 있어서의 현재의 경향도 중간노선을 걷고 있다. 구질서가 무너지는 것을 비통해하는 사람들은 제도적 관점의 이데올로기가 개인적인 특성과 국가의 사회구조를 모르는 사이에 해치고 있다고 주장한다. 한편, 오늘날 우리가 유토피아에 도달하지 못한 것을 슬퍼하는 사람들은 잔여적 개념에 대해 우리들이 '모든 사람을 위해서 행복한 생활'을 달성하기 전에 제거되어야만 할 장애물이라고 반박하고 있다. 윌렌스키와 르보(1965: 139)에 따르면, 두 가지의 이데올로기가 모두 진공상태에 존재하는 것이 아니라, 더 넓은 사회문화적 상황의 반영이며, 산업화가 더욱 진전됨에 따라 제도적 개념이 더 우세하게 될 것 같다고 본다.

잔여적 복지국가와 제도적 복지국가의 비교는 〈표 6-1〉과 같다.

표 6-1 잔여적 복지국가와 제도적 복지국가의 비교

구분	잔여적 복지국가	제도적 복지국가
사회복지 등장	가족이나 시장과 같이 사회의 정상적인 주요 제도들이 복지욕구를 충족하지 못할 때, 즉 가족이나 시장이 실패할 때	사회의 정상적인 최일선(first line)의 기능을 함.
사회복지 욕구해결의 주된 역할	가족이나 시장	국가
국가의 복지기능	최소화	극대화
가족이나 시장의 복지기능	자연적이고 정상적인 주된 기능	극소화
사회복지급여수준	낮음	높음
수급절차	까다롭고 낙인감을 주는 자산조사를 실시한 후 급여제공	사회권으로서 보편적으로 급여제공
강조하는 이념	개인주의, 개인책임, 경쟁	집합적 사회결속
사회복지서비스 제공근거	수급자격 유무에 근거 -(도움을 받을) 자격 있는 빈민과 (도움을 받을) 자격 없는 빈민으로 구분	욕구에 근거 -사회구성원 대부분이 수혜자. 복지 수혜자와 비수혜자의 구분이 무의미
대표적 국가	미국, 일본, 한국 등	스웨덴, 노르웨이 등 스칸디나비아 국가

자료: 정민기(2023a: 122) 재인용.

또한 윌렌스키(Wilensky, 1975: 30-31)는 22개국을 복지국가로 규정하고, 그들 국가 중 9개국을 선진복지국가, 8개국을 중진복지국가, 그리고 나머지 5개국을 후진복지국가로 분류하였다. 세 가지 유형의 복지국가로 구분할 때 그가 사용하였던 기준은 극히 단순하게 1966년 당시 사회보장비가 국민 총생산에서 차지하는 비율이었다. 비율이 15% 이상이면 선진복지국가로 분류되었는데, 여기에는 오스트리아, 서독, 벨기에, 네덜란드, 프랑스, 스웨덴, 이탈리아 등 9개국이 속해 있었고, 비율이 10~15%이면 중진복지국가로 규정되었으며, 영국, 덴마크, 핀란드, 노르웨이, 뉴질랜드, 아일랜드, 캐나다 등 8개국이 여기에 소속되었다. 나머지 5개국, 예컨대, 스위스, 호주, 이스라엘, 미국 등은 비율이 10% 미만이기 때문에 후진복지국가로 분류되었다.

2 퍼니스와 틸톤

퍼니스와 틸톤(Norman Furniss & Timothy Alan Tilton)은 그들의 저서 『복지국가사례(*Case for the Welfare State: From Social Security to Social Equality*)』에서, 사회복지 욕구에 대한 정부개입의 형태에 따라 복지국가의 모형을 적극적 국가, 사회보장국가, 사회복지국가로 분류하고 있다.

『복지국가사례』
(1977)

1) 적극적 국가

적극적 국가(positive state)의 일차적 목표는 시장의 불안정과 재분배 요구로부터 자본가를 보호하는 데 있다. 이에 정책방향은 경제성장을 위한 정부와 기업의 협조를 강조하며, 국가 시장경제에 개입하여 독점을 규제하고, 지나친 사회적 불평등을 예방해야 한다. 또한 적극적 국가에서는 경제성장을 저해하는 사회복지정책은 가급적 피하며, 완전고용정책의 극소화를 비롯하여 노동조합의 지나친 임금인상 요구나 집단행동을 규제한다. 따라서, 적극적 국가에서는 빈곤층에 대한 정부의 지원은 경제성장의 저해요인으로 인식하며, 주로 사회보험을 선호한다. 이는 수급자가 보험료를 부담해야 하고, 부자와 빈자 간의 수직적 재분배보다는 노인층과 청년층, 건강한 사람과 병약한 사람 간의 수평적 재분배이기 때문에 정책적인 부담이 적기 때문이다. 적극적 국가에서 사회보험을 선호하는 이유는 근로자가 보험료를 납부해야 급여를 받을 수 있기 때문에 근로의식을 고취시킬 수 있고, 정부지출을 최소화하면서도 사회복지를 할 수 있기 때문이다.

이런 점에서 볼 때, 적극적 국가는 중산층 이상만 보호를 받을 수 있어서 이러한 국가를 복지국가라 할 수 없으며, 그리고 미국이 그 대표적인 나라로 꼽힌다.

2) 사회보장국가

사회보장국가(social security state)는 국민들에게 최저수준의 복지를 보장하는 국가를 말한다. 이에 사회보험제도 외에도 공공부조와 각종 사회복지 분야 서비스제도를 확대 실시한다. 특히, 사회보장국가는 완전한 평등을 추구하기보다는 최저수준의 생활을 보장하는 데 그친다. 이것은 개인 자신이 자발적으로 복지향상에 기여할 수 있게 하기 위한 조치이다. 대표적인 나라가 영국이다.

3) 사회복지국가

사회복지국가(social welfare state)는 광범위한 사회복지서비스를 비롯하여 평등과 정치활동 참여 등으로 모든 국민의 안녕을 보장하는 나라를 말한다. 특히, 이러한 국가에서의 정부는 노동조합과 긴밀한 협조하에 고용정책이나 임금정책을 실시하여 최하층의 요구를 우선적으로 수용하는 정책을 펴게 된다. 따라서, 사회복지국가에서는 경제정책보다는 사회정책이 우선시 되며, 국민들의 삶의 질을 저해하는 도시계획이나 재개발은 금지된다. 스웨덴이 그 대표적인 나라이다.

퍼니스와 틸톤의 복지국가모형은 〈표 6-2〉와 같다.

표 6-2 퍼니스와 틸톤의 복지국가모형

국가유형	사회복지국가	사회보장국가	적극적 국가
국가정책 목적	평등 및 화합	전체 국민의 생활안정	시장의 불안정으로부터 자본가를 보호
국가정책 방향	• 정부와 노조 간의 협력 • 완전고용정책 • 최하위 계층의 욕구를 우선적으로 고려함.	• 완전고용정책의 극대화 • 기회균등 실현 협력	• 경제성장을 위한 정부와 기업의 협력 • 완전고용정책의 극소화
사회정책 방향	• 최저수준 이상 보장 • 정부지원에 따라 사회보장 및 공공부조 프로그램의 극대화 • 권력분산 및 국민 참여 확대	• 최저수준 보장 • 기본생존수준 이하의 빈곤 퇴치 • 국민생활수준 향상 및 개선 • 사회보장제도 외에 무상서비스 필요함.	• 경제적 효율성에 기여할 수 있는 복지서비스만 실시 • 수평적 재분배 및 수익자 부담의 사회보험제도 운영 • 잔여적 복지 • 사회통제수단으로 복지정책을 채택
해당 국가	스웨덴	영국	미국

자료: 이평화 외(2025: 111).

3 티트머스

티트머스(Richard Morris Titmuss)는 1974년 그의 저서 『사회정책개론(*Social Policy: An introduction*)』에서 복지국가모형을 사회정책의 맥락에서 세 가지 유형으로 분류한다. 이는 윌렌스키와 르보의 두 유형에 산업성취수행 모형이라는 새로운 유형을 추가한 것이다. 그 내용은 다음과 같다(Titmuss, 1974: 20-21).

『사회정책개론』
(1977)

1) 잔여적 복지모형

잔여적(보완적, 보충적) 복지모형(residual welfare model)은 윌렌스키와 르보가 말한 잔여적 모형(residual model)과 같은 의미의 모형이다. 사회복지제도는 가족과 시장기구에 의해 움직이는데, 그러한 것들이 제대로 기능을 다 하지 못할 때 보완적 모형이 나타난다는 것이다. 보완적 복지모형은 일시적, 잠정적이고 가족과 시장기구가 정상적으로 움직이게 되면 작동을 중단하게 된다.

2) 산업성취-성과모형

산업성취-성과모형(industrial achievement-performance model)은 사회복지제도를 경제적 성과의 부속물로 간주한다. 사회복지(사회적 욕구)는 업적, 실적, 업무수행, 그리고 생산성에 근거해서 결정되어야 한다. 이 모형은 시녀적 모형(handmaiden model)이라고도 하는데, 이유는 이 모형이 유인, 보수, 집단충성심과 연관된 경제적 · 심리적 이론으로부터 도출되었기 때문이다.

3) 제도적 재분배 모형

제도적 재분배 모형(institutional redistributive model)에 따르면, 사회복지제도는 사회를 통합시키는 역할을 하는 통합된 제도이며, 개인의 욕구에 의해 기능하는 시장기구가 제공할 수 없는 보편주의적 서비스를 시장기구 밖에서 제공한다. 이 모형은 사회변동과 경제체제의 효과에 관한 이론 그리고 사회적 평등의 원칙에 근거하고 있다.

티트머스의 복지국가모형은 〈표 6-3〉과 같다.

표 6-3 티트머스의 복지국가모형

구분	시장과 가족의 사회복지 역할	강조 프로그램
잔여적 복지모형	시장과 가족의 역할 강조	공공부조
산업성취-성과모형	사회복지제공이 시장에서의 업적과 밀접한 관계가 있음을 강조	사회보험
제도적 재분배 모형	시장과 가족 밖에서 욕구에 따른 보편적 복지제공 강조	보편적 프로그램

자료: 김기원(2020: 132).

4 파커

파커(Julia Parker)는 『사회정책과 시민권(*Social Policy and Citizenship*)』에서 복지국가의 이념모형을 자유방임형, 자유주의형, 사회주의형으로 나누어 설명한다. 그 내용은 다음과 같다(Parker, 1975: 4-5).

『사회정책과 시민권』
(1975)

1) 자유방임형

자유방임형은 개인주의에 기초하며, 자유시장제도를 적극적으로 지지한다. 시장에 대한 국가개입은 최소화되어야 한다고 본다. 빈곤은 사회적 문제가 아닌 개인적 문제로 간주한다.

2) 자유주의형

자유주의형은 자유방임형과 같이 개인주의와 자유계약을 강조하지만, 국가의 시장에 대한 간섭은 자유방임형보다 좀 더 포괄적이다. 국가가 생활의 최저기준을 보장해야 한다고 본다.

3) 사회주의형

사회주의형은 국가가 사회복지에 적극적으로 개입하는 것을 말한다. 빈곤은 개인적 문제라기보다는 사회적 문제로 간주하고, 사회복지는 요구(need)에 의해 주어져야 한다고 본다.

5 미쉬라

『복지국가 위기』 (1984)

미쉬라(Ramesh Mishra)는 1984년 그의 저서 『복지국가 위기(*The Welfare State in Crisis: Social Thought and Social Change*)』에서 복지에 대한 국가책임의 사상과 현실적 제도와의 관련에 따라 복지국가모형을 분화적 복지국가와 통합적 복지국가로 분류하고 있다. 그는 복지국가의 모형을 개발하게 된 동기를 복지국가의 위기론에서 찾고 있다. 그의 주장에 의하면, 복지국가 위기의 해결책으로 우파에서는 자유방임주의로의 복귀를 제시했으며, 좌파에서는 자본주의의 철폐를 주장하고 있지만, 그는 이러한 위기 극복을 위한 대안을 조합주의(corporatism)에서 찾고 있다. 조합주의에 입각한 새로운 형태의 통합 복지국가(integrated welfare state)는 복지국가의 발전적인 방향의 모색이며, 혼합경제와 복지국가의 근본정신에 위배되지 않으면서 복지국가의 위기를 타개할 수 있는 진정한 대안이 될 수 있다고 주장한다(Mishra, 1984: 101-102).

1) 분화적 복지국가

분화적 복지국가(differentiated welfare state)에 이론적 배경을 제시하고 있는 학자는 베버리지와 케인스이다. 분화적 복지국가는 다음과 같다.

첫째, 경제분야에서 공급측면보다 수요측면에서 경제를 조절하고 있으며, 재정정책 및 금융정책을 통해 수요의 창조나 억제를 위해 정부 경제활동의 활성화 조치를 취하고 있다.

둘째, 사회복지 분야는 경제와 구별되는 상대적 자율성을 유지하고 있으며, 국가는 경제와 관련하여 뚜렷한 연계를 거의 갖지 않는 사회적 서비스를 제공하고 있다.

셋째, 정치 분야의 경우 분화적 복지국가는 다원주의 이론에 근거하여 움직이고 있다. 정치형태 및 사회의 의사결정과정에서 자유경쟁 또는 시장모델을 적용하고 있으며, 의회주의적 정부형태를 선호하고 있고, 완전한 시민적 자유와 정치적 자유를 보장하고 있다. 더욱이 산업 분야에서 자유로운 집단협상 방식을 선택하고 있다. 예컨대, 대표적인 분화적 복지국가는 미국과 영국을 들 수 있다.

2) 통합적 복지국가

통합적 복지국가(integrated welfare state)는 조합주의를 기반으로 성립하기 때문에 분화적 복지국가와는 두 가지 점에서 다르다.

첫째, 조합주의를 토대로 성립하고 있는 통합적 복지국가는 경제정책과 사회정책이 상호 밀접하게 관련되어 있어서 양자의 통합 필요성을 제기하고 있다. 분화적 복지국가에서 케인지-베버리지식의 접근방법은 신중한 국가개입과 제한된 사회정책의 형태를 통해서 사회·경제의 성격을 바로 잡는다는 사상에 근거하고 있지만, 조합주의자의 견해는 좀 더 포괄적이다. 전체 사회 내에서 경제정책과 사회복지정책을 조화시켜야 할 필요성을 인정하고 있다. 조합주의는 경제정책을 사회복지정책에, 사회복지정책을 경제정책에 환류

(feedback)시켜야 할 것을 인식하고 그것의 절충을 시도한다. 그렇기 때문에 분배문제는 생산문제와 분리될 수 없는 것으로 본다. 따라서, 조합주의는 분화적 복지국가와는 달리, (사회)복지정책이 가지고 있는 경제적 함의를 회피하지 않으면서 (사회)복지정책의 목표가 경제정책에 아주 명확히 반영되고 있다고 본다(Mishra, 1984: 104).

둘째, 조합주의적인 접근방법은 복지국가의 제도 속에 함축되어 있는 체계통합(system integration)과 사회통합(social integration)은 상호 관련된 것으로 본다. 체계통합은 제도들 간의 기능적 통합에 관련된 것이며, 사회통합은 집단(자본가와 노동자)들 간의 사회조화와 균형을 유지하기 위한 것과 연관된다. 경제와 사회복지 간의 이루어지는 기능적 통합(functional integration)은 비록 제도 간의 체계통합을 이룬다고 하더라도, 주요 경제집단인 자본가와 노동자 간의 동의를 얻어내지 못한다면, 효율성이 떨어질 가능성이 존재하고 있다는 점을 염두에 두어야 한다(Mishra, 1984: 104). 이것은 고도로 발전된 시장경제체제를 유지하고 있는 국가에서 높은 수준의 사회복지제도를 유지 · 운영하기 위해서는 주요 사회집단의 협력과 동의를 반드시 이끌어내야 한다는 것을 의미한다. 체계통합이든 사회통합이든 통합문제에 대한 조합주의론자(통합적 복지국가론자)들이 주장하는 이러한 체계적이며, 전체적인 접근방법은 케인스-베버리지(Keynes-Beveridge)의 복지국가의 개념에 나타나고 있는 단편적인 사회공학이나 과정적 접근과는 다른 것이다. 노동자(생산자)와 자본가(분배자) 모두 생산과 분배의 주요 상호 협력자로 간주된다. 예컨대, 오스트리아와 스웨덴에서 사용자는 사회적 목표로서 완전고용을 인식하는 한편, 노동자는 경제성장과 사회복지를 위해 임금인상의 억제와 생산성을 증가시킬 필요성을 수용한다는 것이다. 정치적 · 경제적 측면에서 끊임없는 이익의 갈등을 역설한 홉스주의자의 견해와 계급투쟁이라는 마르크스주의자의 견해와는 대조적으로, 조합주의적 견해는 사회란 거미줄과 같아서 상호의존적인 기능과 이익을 위한 협동이 필요하다. 이것을 다른 관점에서 보면, 통합적 복지국가는 케인스와는 달리, 사회와 경제에 대한 집단적 책임논리를 내포하고 있다고 말할 수 있다. 이러한 점에서 분화적 복지국가가 광범위한 자유방임주의 경제와 잔여적 복지로부터 일보 전진이었던 것처럼, 통합적 복지국가는 집단적 책임으로의 또 다른 진전으로 설명될 수 있다. 따라서, 통합적 복지국가에서는 수요뿐만 아니라, 생산자원, 투자유인 등과 같은 공급측면의 관리가 함께 고려되어야 한다(Mishra, 1984: 104-105).

그러므로 조합주의라는 용어는 여러 가지 측면에서 조직화된 경제적 이해관계 및 현대국가의 의사결정구조와 과정을 연계한 것으로 보고 있다. 그는 이런 상황에서 조합주의에 기반을 둔 통합적 복지국가의 유형을 제시하고 있으며, 그것과 유사한 구조를 가진 다원주의 또는 분화적 복지국가를 대조시키고 있다. 이러한 대조는 복지국가에 접근하고 있는 조합주의의 분명한 특징을 나타내 주고 있다(Mishra, 1984: 102).

그러므로 미쉬라의 분화적 복지국가와 통합적 복지국가의 특징은 다음과 같이 정리할 수 있다. 즉, 미쉬라의 복지국가모형은 퍼니스와 틸톤의 모형보다 진일보했다는 것을 알 수 있다. 퍼니스와 틸톤 역시 복지국가의 특성을 설명했지만, 그것을 실현시킬 수 있는 구체적인 방안이나 수단에 관한 언급은 없었다. 반면, 미쉬라는 분화적 복지국가에서 통합적 복지국가로 이행하기 위한 전제조건, 즉 실천적 방안으로서 조합주의를 제시했다는 점은 높이 평가받을 만하다. 그렇지만 미쉬라의 복지국가 모형은 선진자본주의 국가의 복지모델에 관해서만 언급하고, 후발 자본주의 국가의 복지모델에 대해서 언급이 없다는 점이 아쉬움으로 남고 있다.

미쉬라의 복지국가모형은 〈표 6-4〉와 같다.

표 6-4 미쉬라의 복지국가모형

국가형태	분화적 복지국가	통합복지국가
주창자들	케인스, 베버리지	후기 케인스주의자
유사한 국가	미국, 영국	오스트리아, 스웨덴, 서독, 네덜란드
경제 분야	• 수요측면에서의 경제조절 • 수요의 창조나 억제를 위한 정부의 경제활동 활성화조치(재정정책 및 금융정책)	• 수요측면과 공급측면(이윤, 투자, 임금수준, 인플레이션, 노동시장의 조건 등)에서의 경제조절 • 광범위한 경제문제의 조절 및 합의형성(법적 기구를 통하든 아니든 간에)
사회복지 분야	• 경제와 구별되는 상대적인 자율성 유지 • 경제와 관련하여 뚜렷한 연계를 거의 갖지 않는 국가의 사회적 서비스 제공	• 경제 및 경제정책으로부터 자율적인 영역으로 간주하지 않음. • 사회와 경제 간의 상호 의존성과 상호관련성이 제도화됨. • 사회와 경제 간의 기능적 관계 및 상충관계는 정책결정에 정보를 제공함.
정치 분야	• 이익집단 다원주의적 성격 • 정치형태 및 사회의 의사결정과정에서 자유경쟁 또는 시장모델 적용 • 산업분야에서의 자유로운 집단협상 방식을 선택 • 조직화된 집단, 정당 및 의회를 통한 분파적 이익의 추구 • 사회적 책임이 결여된 경제력 행사 • 의회주의적 정부형태 • 완전한 시민적 및 정치적 자유	• 중앙집권적 다원주의 성격 • 광범위한 경제 및 사회정책에 걸쳐 주요 이해집단의 대표와 최고조합들 간의 협상 • 경제집단의 상호의존성이 인식되어 계급협력과 사회적 합의의 형태로 제도화됨. • 주요 경제집단에 사회적 책임 존재 • 의회주의적 정부형태 • 완전한 시민적 및 정치적 자유

자료: Mishra(1984: 102-103).

6 조지와 윌딩의 4분류

『이데올로기와 사회복지』 (2013)

조지와 윌딩은 1976년 그의 저서 『이데올로기와 사회복지(*Ideology and Social Welfare*)』에서 복지국가를 정치이념의 차이에 따라 반집합주의, 소극적 집합주의, 페이비언주의, 마르크스주의 등으로 4분류하고 있다. 그 내용은 다음과 같다.

1) 반집합주의

반집합주의(anti-collectivism)에서는 자유, 개인주의 및 불평등이 기본 가치다(George & Wilding, 2013: 19-43). 이는 하이에크(Friedrich August von Hayek, 1899~1992)와 프리드먼(Milton Friedman, 1912~2006) 등과 같은 극우 자유주의 경제학자들이 주장하는 유형으로, 빈곤의 완화는 국가개입보다 자선과 잔여적 방식으로 해결되어야 한다고 보며, 중앙의 계획은 권위주의적 사회주의 국가로 귀결될 수 있다고 보면서 반대한다. 반집합주의는 19세기 영국을 지배했던 이데올로기였다. 그러나 반집합주의 이데올로기는 19세기 말경에 이르면서 점차 도전받기 시작했으며, 20세기에는 학문적으로나 정치적으로 매우 희미한 존재로 전락하고 말았다. 그렇지만 또다시 반집합주의는 이제 왕성하게 활동하고 있으며, 학문적으로나 정치적으로 커다란 영향력을 발휘하고 있다.

2) 소극적 집합주의

소극적 집합주의(reluctant collectivism)는 자본주의와 시장기능의 약점을 보완하기 위한 최소한의 정부개입을 주장한다(George & Wilding, 2013: 44-68). 따라서, 국민최저수준의 보장 개념과 이에 대한 국가의 책임을 인정한다. 소극적 집합주의자들은 제대로 규정되어 있지는 않지만, 명확한 집단을 형성하고 있다. 그들은 규제되지 않은 자유시장체제(unregulated free market system)에 대한 신뢰가 아주 강하지 않다는 점에서 반집합주의자들과 구별된다. 즉, 그들은 반집합주의자들과 달리, 정부에 의해 관리되는 경제가 필요하며, 또 그것이 좋은 결과를 가져올 수 있다고 믿는 것이다. 한편, 소극적 집합주의자들은 사적인 기업활동을 열성적으로 옹호한다는 정부의 행위를 마지못해 소극적으로(reluctantly) 인정한다는 점, 그리고 적극적인 평화주의적 정책은 받아들이지 않는다는 점에서 페이비언주의자들과 구별된다.

3) 페이비언주의

페이비언주의(fabianism) 또는 페이비언 사회주의(fabian socialism)는 빈곤이나 불평등의 해결을 위하여 자유시장 체제에서의 점진적 변화를 선호한다(George & Wilding, 2013: 69-94). 따라서, 페이비언주의의 사회주의적 이데올로기를 실현하기 위한 방식은 점진적 개량주의다. 페이비언 사회주의는 소극적 집합주의와 마르크스주의 사이의 다소 모호한 중간영역에 위치한다. 페이비언 사회주의와 다른 이데올로기를 구분할 수 있는 경계는 때로 분명하지 않으며, 그 경계가 무너지는 경우도 흔히 있다. 페이비언 사회주의는 사회주의에 대한 일련의 정치적, 이론적 가정들을 가지고 있다. 페이비언 사회주의의 이 가정들이 어떤 사람들에게는 발전된 사회민주주의(developed social democracy)로 보일 수도 있고, 또 다른 어떤 사람들에게는 마르크스주의적 사회주의(marxist socialism)로부터 단지 몇 발자국만 벗어난 것으로 보일 수도 있다. 이처럼 차이에도 불구하고, 페이비언주의를 하나로 보이게 할 수 있는 연결고리가 있는데, 그 두 가지는 첫째, 민주주의적 과정에 대한 전적인 옹호이고(total commitment to the democratic process), 둘째는 사회복지서비스에 대한 분명한 지지이다(unequivocal support for social welfare services).

4) 마르크스주의

마르크스주의(marxism)는 자본주의체제에서의 계급갈등을 가장 큰 문제로 본다(George & Wilding, 2013: 95-119). 마르크스주의자들은 자본주의는 체제 자체의 결함에 따르는 복지국가에 대한 대안으로서 급진적 정치변동을 제시하고 있다. 마르크스주의자들은 사회적 가치(social values), 국가의 본질(the nature of the state), 정부의 역할과 복지국가의 바람직성(the role of government and the desirability of the welfare state) 등과 같은 쟁점들에 대해 반집합주의자들과 완전히 반대되는 견해를 가지고 있지만, 마르크스주의와 반집합주의는 위의 쟁점들에 있어서 두 가지 공통적인 특징을 가지고 있다.

첫째, 마르크스주의자들과 반집합주의자들은 위의 쟁점들을 발전된 이론적 틀 내에서 소극적 집합주의자들이나 페이비언주의자들보다 더 광범위하게 고찰하고 있다.

둘째, 마르크스주의자들과 반집합주의자들은 복지국가를 개혁하기 위한 방안을 제시함에 있어서, 실용적인 점증주의(pragmatic incrementalism)보다는 기본적인 원칙에 근거하고 있다.

조지와 윌딩의 4분류는 〈표 6-5〉와 같다.

표 6-5 조지와 윌딩의 4분류

이데올로기	중심가치	국가역할 / 빈곤·복지개입			대표인물
		사회·국가관	정부개입	빈곤개입	
반집합주의	소극적 자유 개인주의	불평등 인정 경쟁 강조 이윤추구 인정	반대	반대	하이에크 프리드먼
소극적 집합주의	소극적 자유 개인주의 실용주의 인본주의 합리주의	자본주의는 비효율적 요소를 소유함.	찬성	찬성	베버리지 케인스
페이비언 주의	평등 적극적 자유 동포애	수정자본주의 옹호	매우 찬성	매우 찬성	웹 부부 티트머스
마르크스 주의	적극적 자유 평등 우애	자본주의는 생산수단이 일부 계층에 집중	매우 반대	매우 반대	마르크스 엥겔스

자료: 김보기 외(2022a: 185).

7 조지와 윌딩의 6분류

『복지와 이데올로기』(1994)

조지와 윌딩(Victor George & Paul Wilding)은 1994년 그의 저서 『복지와 이데올로기(*Welfare and Ideology*)』에서, 사회복지의 이데올로기 관점에 따라 6가지로 분류하고 있다. 앞서 4분법과 대조할 수 있는 부분은, 6분법에서는 사상사를 반영하여 우파 · 좌파, 새로운 사조로 3분한 다음 이를 다시 구체화한 것이라고 볼 수 있다. 또한 4분법에서 다루었던 페이비언주의를 그 진화과정에 맞춰 사회민주주의 틀 안에 삽입하고 있다. 그들은 특히 정치사상에서 원용하여 극우파, 중도노선, 중도좌파, 극좌파의 분류를 도입하였다. 따라서, 우파의 분류는 신우파와 중도노선이 있다. 즉, 조지와 윌딩은 4분법을 보다 세분화하여 6분법으로 분류하였다. 그 내용은 다음과 같다.

1) 신우파

신우파(the new right)에 대해 피츠패트릭(Tony Fitzpatrick, 2011: 130-133)과 프리덴(Michael Freeden, 2003: 87-90)은 보수주의(conservatism)로, 이근식(2009: 25)은 신자유주의(new liberalism 또는 neo liberalism)라고 칭한다.

조지와 윌딩(George & Wilding, 1994: 15-45)에 따르면, 신우파는 국가역할의 강화를 통한 사회복지정책 확대에 대해 가장 강한 적대감을 보인다. 신우파는 1970년대에 지적 · 정치적 세력으로 부상하면서, 1970년대와 1980년대에는 많은 나라에서 영향력 있는 위치를 확보했다. 어떤 의미에서 이런 움직임은 1973년 이후 세계경제를 휩쓴 경제위기의 산물이었다. 그러나 1960년대 공공복지지출의 급격한 확대와 공공정책의 성공 여부 및 그 영향에 대한 불확실성의 확산에 대한 반동이기도 했다. 신우파의 행적은 기본적으로 국가활동(state action)에 관한 고전적 자유주의(classical liberal)의 비판을 확대 · 발전시킴으로써 경제 및 사회정책상의 중요한 현안문제에 신자유주의(the new right)적인 비판을 적용한 것이었다. 그것은 확고한 이데올로기적 토대(ideological base)에 근거한 강력한 비판이었다. 또한 전통적 지식에 대한 명백한 이데올로기적 도전이었으며 복지국가의 역할에 관한 분석에서 중요하지만, 간과했던 일련의 문제들을 논의 중심으로 끌어들였다.

신우파는 복지에서 국가의 역할을 총체적으로 거부하지는 않지만, 복지국가의 이념에 대한 그들의 일반적인 태도는 모호하고 불확실하며 이해하기 어렵다.

신우파에 대한 평가에 대해 조지와 윌딩(1994: 35)은 공적인 면에 있어서, 경제적으로 쟁점이 되는 효율성 및 효과성에 대한 논의와 목표 · 산출 · 비용에 대한 예리한 문제제기라고 주장한다. 이 신우파는 다원주의제도 속에서 근본적으로 국가복지가 제공될 수 있는 방식을 모색하면서, 민간부문 및 사적 복지 공급의 중요성을 주장했다는 점을 중요한 공헌으로 들 수 있다. 그러나 조지와 윌딩(1994: 45)은 신우파가 복지국가의 역할과 복지국가정책에 대해 수많은 핵심적인 문제를 제기하였으나, 궁극적으로 신우파의 기여는 비판 이상의 것은 아니라고 주장한다. 신우파가 복지국가정책의 대안으로 제시한 것은, 20세기 후기 사회의 복잡한 문제와 욕구에 대한 해결책이 되지 못한다고 볼 수 있다. 만일 그 대안이 효과가 있다면, 신우파가 제시하는 이상사회(ideal society)에 대한 전망은 대다수 사회구성원에게 자유와 기회를 강화하기보다는 축소하는 결과를 낳을 것이라는 조지와 윌딩은 분석하고 있다.

2) 사회민주주의

사회민주주의(democratic socialism)는 사회복지정책이 정치적 권리와 시장의 힘만을 강조하는 자유시장의 한계를 극복할 수 있으며, 불평등을 완화하고 평등한 사회를 구축하면서 사회복지정책 확대를 적극적으로 지지한다(George & Wilding, 1994: 74-101). 조지와 윌딩(1994: 89)에 따르면, 사회민주주의자들이 동경하는 사회주의의 일관된 핵심 특징은 점진주의와 민주주의(gradualist and democratic nature)이다. 사회민주주의자들은 이슈에서 의견을 일치시키지는 못하지만, 그들의 이상사회인 사회민주주의는 자본주의(capitalism)보다 우월한 체제라는 기본적인 신념에는 공감하고 있다. 사회민주주의자들에게 복지국가는 자유방임적(laissez-faire) 자본주의에서 사회주의(socialism)로 이행하는 중요한 중간단계이다. 그들은 복지국가의 많은 실패에 대해 때로는 비판적이었지만, 19세기와 20세기 초반의 자유방임적 자본주의로부터 인류문명의 매우 중요한 진일보를 이룩한 것이 복지국가라고 주장한다. 사회민주주의자들은 의회적 절차 이외에는 어떤 형태로의 이행이든 실용적이며 도덕적인 이유를 내세워 지속적으로 거부함으로써 사회민주주의는 단계적이고 점진적으로 이행하는 것을 이해했다.

조지와 윌딩(1994: 80-89)에 따르면, 사회민주주의자들이 복지국가를 정당화하는 이유로는 다음과 같다.

첫째, 사회 내의 고통과 궁핍을 제거한다는 것이다. 크로슬랜드(Anthony Crosland, 2006: 148)에 따르면, 사회복지서비스의 궁극적인 목적은 사회적 평등이 아니라, 사회적 빈곤과 결핍을 구제하고 사회적 욕구를 교정하는 것이다.

둘째, 사회민주주의자들은 사회복지서비스가 경제를 촉진시키고 국가의 경제적 번영에 대한 투자가 된다고 주장한다.

셋째, 그들의 교육에 대한 지지는 그 자체가 바람직한 목적이자 더욱 평등한 사회를 창조하는 수단으로서 개개인의 사회적 배경과는 상관없이 아동의 능력을 함양하기 위하여 국가경제가 우선시되는 것이다.

넷째, 복지국가나 사회복지서비스는 사회 내의 이타주의와 사회통합(altruism and social integration)을 증대시킨다.

사회민주주의에 대한 평가와 관련하여 조지와 윌딩(1994: 99)은 사회민주주의자들이 항상 보편적 복지국가(universalist welfare state)의 가상 강력한 옹호사였다고 주장한다. 그러나 사회민주주의자들은 최근 들어 노동계급의 분열, 신우파 이론과 이데올로기의 등장, 경제적 불황, 사회적 욕구의 확대, 담세거부 운동 등이 등장함으로써 복지국가와 사회민주주의에 대한 자신들의 태도를 재고할 수밖에 없도록 강요받고 있다고 주장한다. 또한 조지와 윌딩(1994: 101)은 사회민주주주의자들이 논리적 모순에 빠져 있다고 진단한다. 즉, 목적달성을 위해 수단을 변화시키려고 한다는 것이다. 과거 사회민주주의는 민주주의적 염원보다는 평등을 강조했지만, 오늘날에는 민주주의적 신념을 강조한다. 다시 말해서 수단과 목적의 관점에서 볼 때, 이것은 과거의 사회주의와는 매우 다른 종류의 사회주의이다. 따라서, 미래의 사회주의는 과거의 사회주의보다 자본주의적 요소를 더 많이 보유할 것이라고 본다.

3) 마르크스주의

마르크스주의(marxism)는 사회복지가 자본주의를 방어하고 정당화하는 기계에 불과하다고 보면서 사회복지정책 확대를 반대한다(George & Wilding, 2003: 102-129). 조지와 윌딩(1994: 102)에 따르면, 많은 마르크스주의자들에게 있어서 '복지국가(welfare state)'라는 용어는 자본주의를 염려하는 듯한 인상을 나타내고 있으며, 복지국가의 현실적인 기능을 사회적으로 왜곡하고 있기 때문에 속임수의 한 형태라는 것이다. 즉, 마르크스주의자들에게 있어서 복지국가는 전적으로 악의에 찬 것만도 아니며, 그렇다고 자비로운 것도 아니라는 것이다. 따라서, 고프(Ian Gough, 1979: 3)는 복지국가란 현대 자본주의를 구성하는 한 형태에 지나지 않는다고 주장한다.

복지국가에 대한 태도에 있어서, 마르크스주의자들은 복지국가의 발달에 관해 복지국가가 모순적 사회구성체(contradictory social formation)라고 주장한다(George & Wilding, 1994: 102). 전후 기간부터 1970년대 중반까지 대다수의 마르크스주의자들은 복지국가가 부분적으로는 계급갈등(class conflict)의 결과로 생겨난 것이고 노동계급에 급여가 주어지는 사실에도 불구하고, 결국 복지국가가 사적 자본을 선호하는 것으로 생각하였다. 그러나 1970년대에 몇몇 마르크스주의자들은 대규모 복지급부가 자본수익성에 미치는 정기능과 역기능을 논의하기 시작하였다. 그러므로 마르크스주의자들은 항상 복지국가를 모순적인 사회체계, '선'과 '악'이 공존하는 것, 즉 노동계급의 이익을 증진시키는 동시에 제한하며, 자본주의체제를 방어하면서도 침식하고, 유용한 지지를 보내면서도 정당하게 공격한다고 생각해 왔다. 복지국가의 이러한 갈등적 특성은 마르크스주의 학파들 내에서도 항상 다양하게 논의되었을 뿐만 아니라, 어느 한 시점에서 유력한 상황에 있는 사회적 · 정치적 그리고 경제적 조건에 따라서도 각기 상의하게 논의되었다.

마르크스주의에 대한 평가에 있어서, 조지와 윌딩(1994: 128)은 마르크스주의가 많은 약점을 지녔음에도 불구하고, 그들이 주장하는 이데올로기에 있어서 가장 만족할만한 유형이라고 주장한다. 그러나 몇 가지 약점이 있는데, 그 내용은 다음과 같다.

첫째, 노동계급을 단일 세력으로 다루는 것은 노동계급 내부에 있는 이해의 갈등과 상이함을 은폐한다.

둘째, 사회의 모든 구조적 갈등이 계급의 기치 아래 포괄될 수 있다는 마르크스의 주장은, 복지국가 발달에서 성, 인종, 종교, 민족주의의 중요성을 전체적으로 과소평가한다.

셋째, 마르크스주의의 설명이 가진 타당성은 사회정책이나 공공정책이 아니라, 경제적 의미가 강하게 담긴 영역에서 실증적 근거와 논리에 의해 구체화될 수 있다.

넷째, 다른 설명들처럼 마르크스주의는 복지국가가 단 하나의 단계를 거치는 것으로 다루고 있다.

다섯째, 마르크스주의적 설명, 특히 '자본의 요구(needs of capital)' 접근방법은 정책의 목적과 기능 간을 구분하는 데 실패했다.

그러므로 마르크스주의는 복지국가의 기능을 고려할 때, 복지국가가 전적으로 자본주의에 기여했다는 것을 지나치게 강조했다. 따라서, 마르크스주의는 미래 이데올로기로 예측할 수 있는 좋은 징조를 전혀 보이지 않고 있음을 알 수 있다.

4) 중도노선

중도노선(the middle way)은 사회복지정책이 빈곤이나 불평등과 같은 자유시장체제의 모순을 해결하는 측면을 가지고 있다고 보면서 사회복지정책 확대를 제한적으로 지지한다(George & Wilding, 2013: 46-73).

5) 페미니즘

페미니즘(feminism)은 사회복지가 노동시장에서 여성이 평등한 지위를 보장받을 수 있도록 하는 데 필요한 서비스를 제공할 수 있다는 측면에서는 지지를 보내지만, 사회복지정책입안자들은 주로 남성이고 여성은 단지 정책수혜자인 남성지배적인 국가라고 비판하면서 복지국가를 제한적으로 지지한다(George & Wilding, 2013: 130-160).

6) 녹색주의

녹색주의(greenism)는 경제성장이 개인적 풍요나 공공서비스의 자원을 증가시킴으로써 사회복지를 강화하는 수단이며, 경제성장이 환경문제를 조장하여 결과적으로 비복지로 연결된다고 주장하면서 사회복지정책을 반대한다(George & Wilding, 2003: 161-188).

조지와 월딩의 6분류는 〈표 6-6〉과 같다.

표 6-6 조지와 월딩의 6분류

이데올로기	복지국가에 대한 입장	복지국가관
신우파	반대	자유시장의 걸림돌
중도노선	제한적 지지	사회안정과 질서유지
사회민주주의	열광적 지지	사회 조화, 평등한 사회실현
마르크스주의	반대	자본주의체제 강화
페미니즘	제한적 지지	여성평등지위 보장
녹색주의	반대	경제성장(환경문제) 조장

자료: 김보기 외(2022a: 193).

8 길버트

길버트(Neil Gilbert)는 1983년 그의 저서 『자본주의와 복지국가(*Capitalism and the Welfare State*)』에서 복지국가의 이데올로기를 여섯 가지 유형으로 제시하고 있다.

1) 사회적 다윈주의

사회적 다윈주의(social darwinism)는 순수한 자본주의가 인간의 완성과 문명의 진보에 기여한다고 인식한다. 복지국가에서 빈곤한 사람에게 원조를 제공하는 등 도움을 주는 행위는 인간의 궁극적인 번영이나 개화를 위협하고, 대자연의 섭리를 거역하는 활동으로 간주한다. 즉, 사회의 자연적인 진화과정을 방해하는 것으로 판단한다. 1859년 다윈(Charles Robert Darwin, 1809~1882)의 저서 『종의 기원(*On the Origin of Species*)』이 출판되면서 진화론은 단지 과학에만 국한된 주제일 수 없었다. 왜냐하면 과거에 진화가 일어났다고 믿는다면, 그 사람은 진화 역사의 연장선을 통해서 현재와 미래를 바라보는 시각에 영향을 받게 되기 때문이다. 이와 같은 진화론의 믿음을 통해 사회를 바라보고 적용하려는 시도를 '사회적 진화론' 또는 '사회적 다윈주의'라고 한다.

『자본주의와 복지국가』
(1983)

2) 마르크스주의

마르크스주의(marxism)는 이상적인 사회란 생산, 분배, 소비에 있어서 '각자의 능력에 따라 일하고 욕구에 따라 분배받는 방식'으로 조직되어야 한다고 본다. 모든 경제 문제가 공동의 급여를 제공하고자 하는 사회시장(social market)을 통해서 해결되는 복지사회를 구상하고 있지만, 사회적 다윈주의와 마찬가지로 복지국가에 대한 부정적인 시각을 갖고 있다. 여기에는 두 가지 이유가 있다.

첫째, 복지국가에서 실행하는 소규모적 개혁으로는 사회의 불평등 구조나 자본주의적 생산양식을 변화시킬 수 없다고 인식한다.

둘째, 사회적 불만이 복지국가에서 제공하는 국가의 연금이나 보조급여 등 물질적인 회유를 통하여 무마되기 때문에 사회의 근본적인 개혁이 어렵다고 인식한다.

복지국가에 대한 인식의 차이

① **사회적 다원주의자**: 자본주의를 건설하는 데 방해가 된다고 인식한다.

② **마르크스주의자**: 사회주의로 이행하는 과정의 방해물로 인식한다.

3) 고전적 자본주의

고전적 자본주의(classical capitalism)는 사회복지서비스 제공에 있어 자유방임주의보다는 정부의 역할을 한층 더 인정한다. 빈곤자에 대한 원조는 일에 대한 유인을 갖도록 하기 위해 최소한으로 이루어져야 한다. 이를 위해서는 개인이 소유한 재산이나 금전의 사용도 자신의 선호에 따라 이루어져야 하고, 개인생활에 대한 정부개입은 최소화하여야 한다.

4) 신디칼리스트 사회주의

신디칼리스트 사회주의(syndicalist socialism)는 시장경제에 있어서 사적 소유를 인정하는 정도가 매우 낮다. 산업민주주의의 원칙에 따라 조직화된 사회를 선호하는데, 그 사회 내에서의 노동자들은 생산수단에 대한 직접적인 통제를 받고 있다. 즉, 이 원칙은 노동자 경영을 중시하고, 지방분권적인 사회주의 형태를 강조한다. 이러한 경향은 영국 대처 정부의 보수적인 성향과 잘 맞아떨어지는 복지정책의 기본이 되었다.

5) 이익집단 자유주의

이익집단 자유주의(interest group liberalism)는 미국에서 복지국가의 개념을 정책에 도입하도록 만든 지배적인 세력이다. 사회조건을 개선하기 위한 인간주의적 희망과 공공의 이익을 위한 조직화된 요구를 수용하려는 실용주의적 특징을 인정한다. 자본주의 논리를 인정함과 동시에, 집단적인 경향을 더 인정하는 혼합경제체제를 인정한다.

6) 페이비언 사회주의

페이비언 사회주의(fabian socialism)는 집단주의적 이상과 개혁을 확산한다면, 사회주의적 원칙을 대중이 수용하게 될 것으로 믿고 있다. 복지국가는 개인이 지닌 특정의 욕구를 충족시키는 동시에, 전체 사회의 이해관계에도 도움이 되는 범위 내에서 모든 집단적인 개입을 포함할 수 있다고 본다. 자본주의체제가 지닌 부정적이고 해체적인 요소를 해결하는 복지자본주의의 혼합경제체제를 인정한다. 사회서비스 욕구와 혼합경제체제는 사회시장의 점진적인 확대를 통해 실용화될 수 있으며, 이러한 과정을 통해 유토피아적인 사회주의 사회건설이 가능할 것으로 인식한다.

9 에스핑-앤더슨

에스핑-앤더슨(Gøsta Esping-Andersen)은 1990년 그의 저서 『복지자본주의의 세 가지 세계(*The Three World of Welfare Capitalism*)』에서 처음으로 '복지국가 레짐(regime)'이란 용어를 사용하여 복지국가를 탈상품화(de-commodification), 계층화(stratification), 시장·가족의 역할관계 등을 기준으로 자유주의 복지국가, 보수조합주의 복지국가, 사회민주주의 복지국가 등 세 가지의 유형으로 분류하였다. 특히, 최저 급여액의 평균 근로자임금에 대한 비율, 평균 급여액의 평균 근로자임금에 대한 비율, 급여를 받을 수 있는 자격조건(기여연수), 전체 프로그램 재원에서 수급자가 지불하는 비율, 실제 수급을 받는 사람들의 비율 등 다섯

가지 변수를 가지고 탈상품화 지수를 측정하였다. 에스핑-앤더슨의 복지국가체제모형은 다음과 같다(Esping-Anderson, 1990: 26-33).

1) 자유주의 복지국가

자유주의 복지국가(liberal welfare state)는 안전망으로서 잔여적(residual) 복지를 실시하며, 매우 부분적인 욕구만을 충족하기 위해 공공부조 위주의 복지정책을 실시하고, 사회보험이나 사회서비스는 발달하지 못한 복지체제이다. 공공복지가 충족해 주지 못하는 복지욕구는 시장에서 사적 보험이나 사적 서비스를 구매하여 충족하는 시장중심적 체제이다. 자유주의적 복지국가에서는 자산조사(means test)에 의한 공공부조(public assistance)가 중심적 역할을 수행하며, 복지행정의 주된 업무는 근로능력이 없는 '(도움을 받을) 가치 있는 빈민'을 선별하여 정부의 복지급여를 제공하고, 반면 근로능력이 있는 '(도움을 받을) 가치가 없는 빈민'을 복지수혜대상에서 제외하는 데 많은 노력을 기울이고 있다. 복지급여에는 낙인과 같은 사회적 모욕이 수반된다. 미국과 캐나다 같은 국가가 자유주의적 복지국가에 속한다.

2) 보수조합주의 복지국가

보수적이고 강한 조합주의적 복지국가체제인 보수조합주의(conservative or corporalist welfare state)에서는 피보험자의 기여를 재정적 근간으로 하는 사회보험을 강조한다. 빈곤층을 위한 공공부조의 경우에도 열등처우의 원칙(principle of less eligibility)이 강조되며, 수급자들이 자립자활할 수 있도록 하는 데 초점을 맞춘다. 그러나 노동을 강조하는 근로연계복지(workfare)보다는 근로친화적(work-friendly) 또는 노동을 권장하는 복지를 시행하고 있다. 시장을 대체한 복지제공자로서의 조합주의적인 국가가 주로 신분차별의 유지를 위해 강력하게 작동하며, 복지의 재분배 효과는 극히 미미하다. 국가가 제공하는 가족서비스는 상당히 낙후되어 있으며, 국가는 가족의 복지제공능력이 고갈되었을 때만

개입한다. 이 유형에 속하는 국가로는 프랑스, 독일, 이탈리아 등이 있다.

3) 사회민주주의 복지국가

사회민주주의 복지국가(social democracy welfare state)는 복지와 노동의 결합을 중시하며, 완전고용을 강조한다. 완전고용을 적극적으로 보장하는 이유는, 복지시스템을 유지하는 데 드는 비용이 노동에 따른 소득세에서 얻어지기 때문이다. 사회민주주의 복지국가체제가 국민의 복지를 높은 수준에서 보장하는 것은 사실이지만, 동시에 노동을 강조하는 것도 사실이다. 보편주의와 탈상품화 원칙들을 신중간계급에게까지 확대 적용하며, 수혜의 질이 신중간계급의 욕구를 충족할 정도로 양호할 것과, 이러한 수혜를 노동계급들도 동등하게 누릴 것을 요구한다. 시장의 역할이 주변화되는 대신 모두가 수혜를 받고 서로 의존하며 상호 부담함으로써 보편적인 사회적 연대가 창출된다. 여기서도 시장과 가족이 복지제공 역할을 일정하게 강조하지만, 조합주의의 보조모델과 같이 가족의 수혜제공 능력이 고갈되기를 기다리는 것이 아니라, 그것들을 사회화한다. 즉, 가족에 대한 의존을 극대화하는 것이 아니라, 개인의 독립적인 능력을 극대화하고자 한다. 국가가 아동, 노인, 무능력자들에 대해 직접적인 보호의 책임을 지게 되며, 이는 한편으로 여성의 사회적 노동참여를 고무한다. 이 유형에는 스웨덴, 노르웨이, 핀란드, 덴마크 등 북유럽 국가들이 이 체제의 국가에 속한다.

에스핑-앤더슨의 복지국가체제모형은 〈표 6-7〉과 같다.

표 6-7 에스핑-앤더슨의 복지국가체제모형

구분	자유주의 복지국가	보수조합주의 복지국가	사회민주주의 복지국가
일반적 특징	자유주의적 노동윤리 강조. 시장원칙에 입각한 차별적 수혜	정부·자본·노동의 협조관계	보편주의와 사회권을 통한 최대수준의 복지 추구
탈상품화	최소화	제한적	극대화
보편주의	빈곤층 대상	제한적 수혜	보편적 복지
사회권	미약	인정	강조
포괄성(종류)	최소 범위	필요시 확대	다양화
급여수준	최저생계비	능력별 차등	중간계층
본인부담	높음	공동부담	낮음
가족책임	강함	일부 인정	미약
자산조사	엄격	가족의 복지제공능력 고갈 입증	축소
소득재분배	매우 미약	미미함	강함
전형적인 국가	미국, 캐나다, 영국, 호주	독일, 프랑스, 오스트리아	스웨덴, 덴마크, 노르웨이

자료: 이평화 외(2025: 125).

이상과 같이 복지국가의 유형화를 논함에 있어서, 가장 이상적인 복지국가의 유형화는 사회복지정책이나 제도 및 프로그램의 내용(대상, 자격, 급여수준, 재원조달방법 등)을 분석하고 그것의 효과(재분배 효과나 빈곤감소 효과 등)를 분석하여 유형화하는 것이다. 그러나 이러한 분석에 의한 유형화는 각 국가의 제도나 프로그램 내용이 각각 달라서 일률적으로 비교·분석하기가 쉽지 않다.

복지국가의 유형을 정리하면 〈표 6-8〉과 같다.

표 6-8 복지국가의 유형

<table>
<tr><th>연도</th><th>학자</th><th colspan="13">개인주의 ← 이념의 연속선 → 집합주의</th></tr>
<tr><td>1958</td><td>Wilensky & Lebeaux</td><td colspan="7">잔여적</td><td colspan="6">제도적</td></tr>
<tr><td>1974</td><td>Titmuss</td><td colspan="5">잔여적</td><td colspan="4">산업적 성취-수행</td><td colspan="4">제도적 재분배</td></tr>
<tr><td>1975</td><td>Parker</td><td colspan="5">자유방임</td><td colspan="4">자유주의</td><td colspan="4">사회주의</td></tr>
<tr><td>1976</td><td>George & Wilding</td><td colspan="3">반집합주의</td><td colspan="4">소극적 집합주의</td><td colspan="3">페이비언 사회주의</td><td colspan="3">마르크스주의</td></tr>
<tr><td>1977</td><td>Mishra</td><td colspan="5">잔여적</td><td colspan="4">제도적</td><td colspan="4">규범적(또는 사회주의)</td></tr>
<tr><td>1979</td><td>Furniss & Tilton</td><td colspan="2">보수주의</td><td colspan="4">적극적 국가</td><td colspan="2">사회보장국가</td><td colspan="3">사회복지 국가</td><td colspan="2">급진주의</td></tr>
<tr><td>1979</td><td>Room</td><td colspan="3">시장자유주의</td><td colspan="4">정치적 자유주의</td><td colspan="3">민주적 자유주의</td><td colspan="3">신마르크스주의</td></tr>
<tr><td>1979</td><td>Pinker</td><td colspan="5">고전파 경제이론</td><td colspan="4">신중상주의적 집합주의</td><td colspan="4">마르크스주의적 사회주의자</td></tr>
<tr><td rowspan="2">1989</td><td rowspan="2">Williams</td><td rowspan="2">반집합주의</td><td colspan="6">사회개혁주의</td><td colspan="2" rowspan="2">정치경제적 복지</td><td colspan="3" rowspan="2">페미니즘</td><td rowspan="2">반인종주의</td></tr>
<tr><td colspan="3">비시회적 복지 집합주의</td><td colspan="2">페이비언 사회주의</td><td>급진적 민주주의</td></tr>
<tr><td>1994</td><td>George & Wilding</td><td>신우파</td><td colspan="4">중도노선</td><td colspan="2">사회 민주주의</td><td colspan="2">마르크스 주의</td><td colspan="3">페미니즘</td><td>녹색주의</td></tr>
<tr><td>1996</td><td>Alock</td><td colspan="2">신우익</td><td colspan="4">중도노선</td><td colspan="2">사회민주주의</td><td colspan="3">마르크스주의</td><td colspan="2">신급진주의</td></tr>
</table>

자료: 김보기 외(2022a: 200).

PART

III 복지국가의 사회복지정책

NOW SELLING

CHAPTER

07

사회보장제도

CHAPTER 07
사회보장제도

1 사회보장의 개념

1) 사회보장 도입 배경

(1) 역사적 배경

사회보장이 성립하려면 빈곤을 자본주의 사회의 사회적 · 필연적 산물로 받아들인 다음 국가의 책임으로 빈곤에 대한 대책을 강구하는 것이 전제되어야 한다. 자본주의 사회의 성립기(15세기 말~1760년대)와 확립기(1760년대~1870년대)에는 빈곤이란 개인적 노력 부족과 태만이 몰고 온 것이자 '자연의 형벌'이라고 여겨 왔으므로, 빈곤은 개인의 책임이라고 인식되었다. 따라서, 이런 인식하에서는 빈곤에 대한 국가적 대책이 실시될 가능성이 없었다. 그러나 서양의 선진자본주의 국가들은 1873년 경제공황으로 20여 년 동안 만성불황에 시달리며 수많은 실업자들이 발생하였다. 이러한 상황에서 실업을 면했던 노동자들도 실업자가 될 수 있다는 두려움 때문에 저임금과 열악한 노동조건에 놓이게 되었다. 이러한 상황에서 빈곤자들이 계속 증가하면서 실업은 '사회의 질병'으로 여겨지게 되었다. 이에 빈곤은 점차 사회의 책임이라고 인식하는 경향이 대두되기 시작했으며, 국가는 빈곤에 관한 책임을 추궁당하게 되었다. 즉, 빈곤대책은 국가의 책임으로 부상했으며, 이는 사회보장이 출발하는 시작점이 되었다(이평화 외, 2025: 42).

1880년대 독일을 시작으로 '사회보험'제도가 생겨났고, 1891년 최초의 '공공부조'가 덴마크에서 탄생하였으며, 1926년에는 '가족수당'이 뉴질랜드에서 지급되기 시작하였다. 이러한 제도들은 노동자들에 대한 대책인 사회보험과 가족수당, 빈곤자 대책인 공공부조, 그리고 사회사업 등으로 나뉘어 진행되었다. 그러다 1929년에 발생한 세계 대공황부터 제2차 세계대전 전후로 국민 모두의 생활을 균등하게 지키는 사회보장 쪽으로 발전하게 되었다. '사회보장(social security)'이란 용어는 1935년 미국의 뉴딜정책이 「사회보장법(Social Security Act)」을 채택하면서 영어식으로 처음으로 사용되었다. 이보다 앞서 러시아 혁명 이듬해인 1918년에 소비에트 정부는 「노동자사회보장규칙」이라는 법률을 공포하였는데, 사회보장 용어 사용의 최초로 기록된다(김진구, 2022: 14-15).

(2) 케인스와 사회보장

자본주의 사회에서는 개인과 그 가족이 능력껏 경제활동에 종사하여 이를 통해 얻은 소득, 즉 경제적 자원을 가지고 생활하는 것이 일반적이었다. 그런데 산업혁명 이후 시장경제가 본격적으로 발전하면서 불평등과 빈곤의 심화, 산업재해, 실업, 퇴직 등 개인의 힘으로는 어쩔 수 없는 사회문제와 사회적 위험(social risk)이 발생하면서 기본적인 생계유지를 못하는 사람들이 상당수 생겨나게 되었다. 18~19세기의 자유방임주의에서는 이들에 대한 국가개입이 제한적이었다. 그러나 자유경쟁 시장이 가져오는 심각한 사회문제와 사회적 위험에 대해 국가와 사회가 공동으로 대처해야 한다는 인식이 확산되면서 20세기 이후 복지국가가 형성되기 시작했다. 이러한 복지국가의 이념을 실현하기 위한 핵심적인 제도로서 사회보장제도가 생성되었다.

사회보장제도는 시장경제에서 이루어진 소득분배에 대해 국가가 세금 또는 보험료를 징수하고, 이를 다시 필요로 하는 사람들에게 분배하는 것이다. 즉, 시장경제의 일차적 분배에 대해 국가가 개입하여 강제적으로 재분배하는 역할을 한다. 따라서, 시장경제에 대해 국가개입을 반대하던 자유주의 이념이 지배하던 18~19세기에는 사회보장제도가 발달하기에 여건이 충분하지 못하였다. 그러나 20세기 초에 발생한 대공황과 대량실업 등 자본주의의 체제적 불안정성이 증대되면서 자유시장에 대한 국가개입의 필요성을 역설하는 케인스 경제이론이 등장하기에 이르렀다. 제2차 세계대전 이후 사회보장제도가 크게 발전한 것은 이와 같은 케인스이론에 힘입은 바가 크다.

케인스의 경제이론은 자본주의의 구조를 그대로 유지하면서 자본주의에서 나타날 수 있는 독점과 부당경쟁, 노동에 불합리적인 모순들을 정부가 개입해 완화시키자는 것이었다. 이를 '수정자본주의(revised capitalism)'라고 한다. 케인스는 시장원칙에 의해 수요와 공급이 자동으로 조절된다는 애덤 스미스(Adam Smith)의 경제이론을 반박했다. 케인스는 그의 저서 『고용 · 이자 및 화폐의 일반이론』(1936)에서, 실업은 유효수요의 부족으로 발생한다고 보고, 실업자를 줄이기 위해서는 정부의 적극적인 공공지출을 통한 유효수요를 늘려야 한다고 주장하였다.

(3) 우리나라의 사회보장제도

우리나라는 1960년 제4차 개정 헌법에서 처음으로 '국가의 사회보장에 관한 노력'을 규정하였고, 1962년 제3공화국 헌법이 "모든 국민은 인간으로서의 존엄과 가치를 가지며 이를 위하여 국가는 국민의 기본적 인권을 최대한으로 보장할 의무를 진다."라고 규정함에 따라 1963년 11월 법률 제1437호로 전문 7개조의 「사회보장에 관한 법률」을 제정하였다. 그러나 이는 지나치게 추상적인 원칙만을 규정하였다는 주장에 따라 폐지되고, 1995년 「사회보장기본법」이 제정되었다. 이 법률은 사회보장에 관한 국가 · 지방자치단체 · 가정 및 개인의 책무를 규정하고, 모든 국민이 사회보장급여를 받을 수 있음을 선언하며, 사회보장 전달체계의 구축 및 전문인력의 양성에 관하여 규정하였다.

사회보험은 1964년에 시행된 산업재해보상보험(**산재보험**)을 비롯하여 건강보험(**구 의료보험**, 1977), 국민연금(1988), 고용보험(1995), 노인장기요양보험(2008) 등

5대 사회보험이 실시되고 있으며, 이외에도 공무원연금(1960)과 국방부군인연금, 사립학교교직원연금 등이 추가로 실시되고 있다.

공공부조에 있어서는 1961년 「생활보호법」을 제정하여 생활보호제도를 실시해 오다가 이를 대체한 '국민기초생활보장제도'가 2000년 10월부터 실시되고 있다. 국민기초생활보장제도는 빈곤계층에 대해 국가가 생계 · 주거 · 교육 · 의료 등 기본적인 생활을 보장하는 것으로, 최저생계비에 소득이 미달하는 대상자에게 그 미달 금액을 국가가 지원해 주는 것이다.

2) 사회보장의 정의

사회보장(social security)에서 'security'의 어원은 라틴어로 '*SE*=without, *CURA*=care'라고 한다. 즉, without care는 케어가 없다는 의미인데, 여기에서 care는 우리말로 '돌봄, 배려'의 의미가 아니라, 오히려 원뜻인 '고민, 걱정'이라는 의미이다. 따라서, security는 '고민, 걱정이 없는 것'을 뜻한다(김승훈 외, 2024: 184). 사람이 인간인 이상 '고민이 없는 상태'란 있을 수 없는 것이라고 생각되지만, 사회보장의 경우에는 거기에 '사회'라는 말이 붙어 있다. 다시 말해서 '사회적인(또는 사회적인 원인으로부터 발생하는) 고민이 없는 상태'를 실현하는 것이 사회보장의 목적이 되는 것이다. 인간의 고민에는 실연과 같이 기본적으로는 거의 개인과 개인과의 관계에 관련된 것에서부터 국가의 제도나 사회경제적인 상황에서 비롯되는 것까지 다양하다. 실연과 같이 개인적인 문제는 인간인 이상 없어지기 어렵지만, 사회적인 원인에 의해 비롯되는 문제는 그것이 될 수 있는 한 발생하지 않도록 하는 것은 불가능한 일만은 아니다. 그것이 '사회적 고민'을 없애는 것이라는 의미를 지닌 사회보장이라는 말에 본래 담긴 의미였다고 볼 수 있다(오세영, 2021: 330).

사회보장(social security)은 국민이 안정적인 삶을 영위하는 데 위험이 되는 요소(빈곤이나 질병, 생활불안 등)에 대해 국가적인 부담 또는 보험방법에 의하여 행하는 사회안전망을 가리킨다. 다시 말해서 사회보장은 국민이 안정적인 삶을 영위하는 데 위험이 되는 요소, 이른바 빈곤이나 질병, 생활불안 등에 대해 국가적인 부담 또는 보험방법에 의하여 행하는 사회안전망을 말한다. 사회보장은 자본주의가 필연적으로 야기할 수밖에 없는 빈곤 등의 문제에 대해 국가가 이를 보증함으로써 자본주의 국가를 유지하고 안정을 도모하기 위한 것이다.

미국은 1935년 「사회보장법(Ae Social Security Act)」을 제정하였다. 「사회보장법」은 1929년 대공황으로 궁핍해진 미국인의 삶을 회복하기 위한 종합적이고도 포괄적인 사회보장을 규정한 법률이다. 이 법은 '사회보장'이라는 용어를 세계 최초로 사용한 법률이다. 이 법의 전문에는 사회보장의 목적과 사회보장을 구성하는 제도를 규정하고 있다. 물론 미국의 사회보장이 세계 최초의 사회보장제도는 아니다. 독일은 이미 1880년대 사회입법을 통해 사회보험(건강보험, 연금, 산재보험)을 시행했고, 영국도 1911년에 국민보험(건강보험과 실업보험)을 도입하였다.

> 사회보장법은 전반적인 복지(general welfare)의 증진을 위해, 연방정부가 관장하는 노령급여제도와 주 정부가 관장하는 노인, 시각장애인, 요보호아동, 장애아동을 위한 복지, 모자복지, 공중보건 및 실업보상법의 관리운영을 지원하며, 사회보장청의 신설과 재정조달 및 기타 목적을 추진하기 위한 법이다.

이 전문은 사회보장의 목적이 전반적인 복지의 증진에 있다는 것을 밝히고 있다. 전반적인 복지는 사회복지와 같은 의미이다. 따라서, 사회보장의 목적은 사회복지의 증진이고, 사회보장은 연방정부가 관장하는 사회보장연금(노령급여)과 주 정부가 관장하는 실업보험, 공공부조, 사회복지서비스(노인복지, 아동복지, 장애인복지, 모자복지 등) 및 공중보건 등으로 구성된다. 사회보장연금과 실업보험이 사회보험이라는 점을 감안하면, 미국의 사회보장은 사회보험, 공공부조, 사회복지서비스, 공중보건으로 구성되어 있음을 알 수 있는데, 공중보건을 제외하면 우리나라 사회보장의 구성과 같다.

미국 사회보장제도의 주무부처인 사회보장청(the Social Security Administration,

SSA)은 사회보장을 다음과 같이 정의하였다.

> 사회보장은 생계능력의 중단 또는 상실에 처한 사람과 결혼, 출생, 사망과 같은 특별한 지출이 필요한 사람의 소득을 보장하는 법정 프로그램이다. 사회보장은 이외에도 가족수당과 보건의료를 포함한다.

여기서 말하는 생계능력의 중단 또는 감소는 노령, 장애, 사망, 질병, 출산, 산업재해, 실업 등과 같은 사회적 위험으로 인한 소득의 중단 또는 감소를 말한다. 소득의 중단은 소득이 일시적 또는 영구적으로 없어지는 상태를, 소득의 감소는 질병치료나 출산 및 기타의 이유로 추가적인 지출이 늘어 실질적으로 소득이 줄어드는 것을 뜻한다. 그리고 사회보장청은 사회보장을 소득유지 프로그램(income maintenance programs)과 직접 서비스(direct services)로 구분했다. 소득유지 프로그램은 소득상실의 일정 부분을 보전하는 현금급여이고, 직접서비스는 진료서비스나 재활서비스와 같은 현물급여다.

국제노동기구(ILO)는 사회보장을 다음과 같이 정의하였다(ILO, 2001b).

> 사회보장은 사회가 고령, 실업, 질병, 장애, 재해, 출산, 생계수단의 상실을 당한 개인과 가구에게 보건의료를 제공하고 소득을 보장해 주는 것이다. 사회보장은 인간의 기본적인 권리이다. 사회보장은 건강보험, 연금, 실업급여, 조세로 재정을 조달하는 사회급여를 포함한다.

ILO의 사회보장 정의는 사회보장의 대상이 고령, 실업, 질병, 장애, 재해, 출산, 생계수단의 상실을 당한 개인과 가구라는 것과 사회보장이 인간의 기본권이라는 사실을 강조한다. 사회보장을 건강보험, 연금, 실업급여, 조세로 재정을 조달하는 사회급여(공공부조)로 한정시킨 것은 사회보장의 포괄범위를 좁게 본 것이다.

「사회보장기본법」 제3조 제1호에 따르면, "사회보장이란 출산, 양육, 실업, 노령, 장애, 질병, 빈곤 및 사망 등의 사회적 위험으로부터 모든 국민을 보호하고 국민 삶의 질을 향상시키는 데 필요한 소득·서비스를 보장하는 사회보험, 공공부조, 사회서비스를 말한다."라고 정의하고 있다. 또 '사회보장의 아버지'로 불리는 「베버리지 보고서」에 따르면, 사회보장은 실업·질병 또는 재해에 의하여 수입이 중단된 경우의 대처, 노령에 의한 퇴직이나 본인 이외의 사망에 의한 부양 상실의 대비, 출생·사망·결혼 등과 관련된 특별한 지출을 감당하기 위한 소득보장을 의미한다. 베버리지는 사회보장을 빈곤과 결부시켜 '궁핍의 퇴치'라고 말했으며, 이는 국민소득의 재분배로 실현할 수 있으며, 이를 통한 일정 소득의 보장은 결국 국민생활의 최저보장을 의미하는 것이라고 했다.

3) 사회보장의 중요성

최근 들어 사회보장이나 이와 관련된 용어를 사용하는 경우가 많아지고 있다. 오늘날 대부분의 국가는 어떤 형태이든 사회보장제도를 갖추고 있다. 또한 많은 국가에서 사회보장은 헌법에 보장된 권리에 속하고 있다. 그리고 현대에 들어서 사회보장은 거의 모든 국가에서 중요한 논쟁거리가 되고 있다. 왜냐하면 현대사회에서 사회보장은 개인과 가족과 국가에 더욱더 중요한 역할을 하고 있기 때문이다. 사실 복지국가에서 핵심적인 프로그램은 사회보장 프로그램인 경우가 많다. 이러한 이유로 사회보장은 중요하다(노병일, 2020: 13-14).

『사회안전이해』
(2018)

밀러(Jane Millar) 등이 2004년 편집한 『사회안전이해(*Understanding Social Security: Issues for Policy and Practice*)』에서 제시된 사회보장이 중요한 이유는 다음과 같다.

첫째, 사회보장은 국민 전체에서 중요한 부분을 차지하고 있기 때문이다. 무엇보다도 사회보장은 규모가 크다. 예를 들어, 미국에서 사회보장은 중요한데, 그 이유들 중의 하나는 사회보장의 규모가 매우 크기 때문이다.

둘째, 사회보장은 정부지출에서 규모가 가장 큰 영역이기 때문이다. 또한 사회보장은 정부가 경제적 목적과 사회적 목적을 추구하기 위한 수단이 되기 때문이다.

셋째, 생계를 유지하기 위해 사회보장에 의존하는 사람의 수가 많기 때문이다. 실제로 사람들 중에는, 자기 소득의 전부 또는 일부를 사회보장에서 얻고 있는 사람이 매우 많다. 사실상 사회보장제도에서는 모든 나이에 속하는 사람들에게 급여를 제공하고 있다. 따라서, 개인의 경제적 측면과 관련해서 사회보장은 매우 중요하다.

넷째, 사회보장은 소득을 재분배하기 위한 가장 중요한 도구의 하나이기 때문이다.

다섯째, 사회보장에서 제공하는 급여는 사람들의 생활방식에 영향을 미칠 수 있기 때문이다. 실제로 사회보장급여는 일자리, 저축, 퇴직, 가족의 구성과 관련해 사람들이 내리는 결정에 영향을 미칠 수 있다.

그러므로 사회보장제도가 발달한 것은, 20세기에 사회정책 영역에서 가장 중요하게 이룬 업적에 속하고 있다. 그리고 사회보장은 앞으로도 계속해서 중요한 위치를 차지할 것으로 보인다. 특히, 앞으로 전체 인구층에서 노인이 차지하는 비율이 높아지고 고용이 더 불안정해짐에 따라 현대사회에서 사회보장은 더욱더 중요해질 것으로 보인다.

4) 사회보장의 목적

사회보장이 추구하는 목적은 시대와 국가와 대상자에 따라 차이가 나는 경우가 많다. 또한 사회보장의 목적이 분명하게 겉으로 드러나지 않는 경우도 많다. 그리고 때에 따라서는, 사회보장이 추구하는 하위 목적들이 서로 모순되는 경우도 있다(Ditch, 1999). 특히, 학자나 기관에 따라 사회보장의 목적으로 강조하는 측면에서 차이가 난다. 그러나 대부분의 학자나 기관이 사회보장과 관련해 공통적으로 제시하는 목적은, 사회적 위험에 대해 미리 대비함으로써 사회구성원이 최저생활을 유지하고, 결과적으로 사회구성원이 안정된 생활을 하게 하는 것이다(김진구, 2023: 39).

사회보장에서 인식할 필요성은 다음과 같다(Walker, 2004).

첫째, 잘 발달된 사회보장제도에서는 여러 가지 목적을 추구하고 있다.

둘째, 특정한 한 가지 목적을 추구하기 위해 취한 방안은 다른 목적에도 영향을 미칠 수 있다.

사회보장의 정의와 이에 따른 사회보장의 범위가 변하는 것과 마찬가지로, 사회보장의 목적도 끊임없이 변할 것으로 보인다. 어느 때에는 사회보장의 목적이 서서히 변해서 거의 인식하지 못할 수 있다. 이것은 사회보장정책을 자연스럽게 서서히 실시할 경우에 그렇다. 그러나 어느 때에는 사회보장의 목적이 매우 크게 변할 수 있다. 이것은 사회보장의 급여체계를 전체적으로 다시 검토할 경우나, 또는 새로운 정부가 들어섰을 경우에 특히 그렇다. 향후 사회보장의 목적은 여러 측면을 고려하는 방향으로 나아갈 것으로 보인다.

5) 사회보장의 주체와 대상

(1) 사회보장의 주체

우리나라 헌법 제34조 제2항에 "국가는 사회보장 · 사회복지의 증진에 노력할 의무를 진다."라고 규정되어 있고, 「사회보장기본법」에는 사회보장에 대한 국가 및 지방자치단체의 책임에 관해 규정하고 있어서 사회보장의 주체는 국가와 지방자치단체가 된다.

(2) 사회보장의 대상

사회보장의 발달사적으로 볼 때, 처음 사회보험제도가 도입되었을 때에는 그 대상이 근로자와 그 가족이었다. 그 후 점차적으로 대상범위를 넓혀 오늘날 사회보장의 대상은 모든 국민이 된다. 우리나라의 헌법 제34조 제1항에는 "모든 국민은 인간다운 생활을 할 권리를 가진다."라고 규정되어 있어 사회보장의 대상이 전체 국민임을 명확하게 명시하고 있다. 그리고 국내에 거주하는 외국인에게 사회보장제도를 적용할 때에는 「사회보장기본법」 제8조에 따라 상호주의의 원칙에 따른다.

한편, 모든 국민은 사회보장의 대상이 되어 사회보장 관계 법령에서 정하는 바에 따라 사회보장급여를 받을 권리를 가질 수 있으나, 그에 따른 책임도 또한 준수해야 한다.

6) 유사용어와의 상관성

(1) 사회복지

일반적으로 사회보장을 협의의 관점에서 보면, 사회보험과 공공부조를 의미한다. 즉, 협의의 사회보장은 금전적이고 물질적인 소득보장에 주로 초점을 맞춘다. 사회보장을 협의의 개념인 사회보험과 공공부조로만 볼 경우, 사회보장은 '사회적 위험으로부터 모든 국민을 보호하기 위해 국가가 금전적이고 물질적인 소득보장을 제공해 주는 제도적 장치'라고 정의할 수 있다. 그러나 우리나라 「사회보장기본법」에서는 사회보장을 광의의 개념으로 보고 있다. 동법 제3조 제1호에는 사회보장을 "출산, 양육, 실업, 노령, 장애, 질병, 빈곤 및 사망 등의 사회적 위험으로부터 모든 국민을 보호하고 국민 삶의 질을 향상시키는 데 필요한 소득·서비스를 보장하는 사회보험, 공공부조, 사회서비스"로 규정함으로써 금전적이고 물질적인 소득보장뿐 아니라, 비금전적인 사회서비스를 포함하고 있다. 특히, 사회서비스의 경우 "국가·지방자치단체 및 민간부문의 도움이 필요한 모든 국민에게 복지, 보건의료, 교육, 고용, 주거, 문화, 환경 등의 분야에서 인간다운 생활을 보장하고 상담, 재활, 돌봄, 정보제공, 관련 시설 이용, 역량개발, 사회참여 지원 등을 통하여 국민의 삶의 질이 향상되도록 지원하는 제도"라고 광범위하게 규정하고 있다. 또한 국가나 지방자치단체와 함께 민간도 주체로 언급하고 있어 사회보장의 개념을 매우 넓게 정의하고 있다. 즉, 협의의 개념은 사회보험과 공공부조를 말하며, 광의의 개념은 여기에 사회서비스를 추가한다.

한편, 사회복지를 협의의 관점에서 보면, 사회적·경제적 약자나 보호를 필요로 하는 사람을 위한 사회적 · 정책적 제도를 말한다. 즉, 「사회보장기본법」 제3조 제4호에서 규정하고 있는 상담, 재활, 돌봄, 시설 이용 등의 사회서비스가 여기에 속한다. 그러나 광의의 관점에서 사회복지란 사회보험과 공공부조를 통한 금전적이고 물질적인 소득보장뿐 아니라, 비금전적인 전문적 사회서비스 프로그램을 모두 포함한다. 즉, 협의의 사회복지가 사회서비스를 말한다면, 광의의 사회복지는 여기에 사회보험과 공공부조를 추가한다. 이렇게 되면 광의의 사회보장은 광의의 사회복지와 같은 개념이 된다. 사실 사회보장과 사회복지는 대상자들에게 사회적 차원의 보호와 구제를 그 목표로 하는 점에 있어서는 같은 의미가 있다. 그러나 우리나라의 헌법 제34조 제2항에는 "국가는 사회보장 · 사회복지의 증진에 노력할 의무를 진다."라고 규정함으로써 사회보장과 사회복지를 구분해 놓았다. 그런데 「사회보장기본법」이 사회보장의 범위를 '사회보험, 공공부조, 사회서비스'로 규정해 놓았기 때문에 헌법에서 말하는 사회복지는 어디에 포함되어야 할 것인지 의문이 생기기도 한다. 하지만 사회복지의 개념 자체가 확장성을 가지고 있는 사회성 짙은 용어로 간주한다면 이러한 개념 차이를 충분히 이해할 수 있다.

사회보장과 사회복지의 범위에 대해 사회보장의 범위를 사회보험과 공공부조의 소득보장으로 제한해서 보고, 사회복지의 범위는 사회보장과 사회서비스로 넓게 보는 것이 옳다고 주장하는 국내 학자들의 견해들이 다수 있다. 또한 「베버리지 보고서」에서도 사회보장은 사회보험, 공공부조, 민간보험을 포함하고 있고, 사회복지는 아동수당, 보편주의 보건서비스, 재활서비스 및 완전고용을 포함하고 있어 사회보장보다 사회복지를 더 넓게 보고 있다. 즉, 사회보장이 소극적으로 사회적 위험으로부터 개인을 보호하는 데 목적이 있다면, 사회복지는 보다 더 포괄적으로 공동체의 복지를 지향한다는 것이다. 반면, 사회보장을 사회복지보다 상위개념으로 보고 좀 더 포괄적으로 이해하는 견해도 있다. 이 경우, 사회복지의 범위는 소득보장을 제외한 전문적 사회서비스에 국한된다(박진화, 2020a: 19-21).

결국 사회보장과 사회복지의 관계는 어느 것을 상위 또는 하위의 개념으로 볼 것인가에 따라 달라진다. 즉, 사회보장을 사회복지의 하위개념으로 보는 경우, 사회보장은 협의의 개념으로서 사회보험과 공공부조에 국한하고, 반면 사회복지를 사회보장의 하위개념으로 볼 경우, 사회복지는 협의의 개념으로서 사회서비스만을 의미하게 된다. 어느 관점을 채택하든 무방하다고 할 수 있으나, 우리나라 「사회보장기본법」의 기준으로 본다면 사회보장을 사회복지보다 포괄적인 개념으로 보고 있다고 할 수 있다. 즉, 사회복지는 사회보장제도의 실현과정에 사용되는 서비스의 한 영역으로 간주된다. 따라서, 사회보장과 사회복지의 관계는 광의의 개념인 사회보장제도 안에서 소득보장에 중점을 두는 사회보장과 전문적 서비스에 중점을 두는 사회복지로 이루어져 있다.

(2) 사회안전망

최근에는 '사회안전망(social safety nets)'이라는 용어가 국제통화기금(International Monetary Fund)과 세계은행(World Bank)을 중심으로 사용되고 있다. 사회안전망은 구조조정을 위한 개혁조치가 사회적 취약계층에 미치는 역효과를 최소화하기 위한 정책적 조치(주로 단기적인 사회복지정책)라는 의미이다(Chu & Gupta, 1998).

IMF와 세계은행은 원활한 시장경제의 작동과 개발도상국 및 후진국에 대한 경제적 원조를 목적으로 하는 대표적 국제금융기구인데, 1970년대 후반부터 재정지원을 받은 개발도상국들에게 제시한 구조조정 프로그램들, 즉 국가재정지출의 축소, 자본시장의 개방, 노동시장의 유연화, 국영기업의 민영화 등이 실업자의 양산과 빈곤의 심화 등 부정적 결과가 나타나자, 양대 국제금융기구에 포진한 신자유주의 경제학자들은 이를 해결하기 위한 사회보장정책들을 모색하기 시작했다. 이 과정에서 이들은 사회보장이라는 용어보다는 사회안전망이라는 용어를 더 선호하여 사용하였다. 우리나라에서는 1997년 외환위기 당시 IMF 및 세계은행으로부터 구제금융의 조건으로 사회안전망 확충을 요구받으면서 사회안전망이란 용어가 본격적으로 논의되고 사용되기 시작했으며, 2012년 개정된 「사회보장기본법」에서는 사회보장과 별도로 '평생사회안전망'이라는 용어를 도입하였다.

한편, 유럽의 경우, 사회보장이라는 용어 대신 다른 용어로 '사회적 보호(social protection)'라는 용어를 사용하는 경향이 있다(Abel-Smith, 2009). 이 사회적 보호는 사회보장보다 더 넓은 의미를 지니는 식으로 사용되고 있다. 즉, 사회적 보호에는 법령에 의해 도입되지 않은 민간제도도 포함되기 때문이다. 일부 국가의 경우, 사회보장이라는 용어를 좀 더 좁은 의미로 사용하고 있다. 예를 들어, 영국은 법령에 따라 제공되는 현금급여만을 사회보장으로 보고 있으며, 사회서비스라는 용어가 사회보장, 의료, 교육, 주택, 사회사업 및 사회복지와 관련된 급여를 가리키는 말로 사용된다. 미국에서 사회보장이라는 용어는 연방정부 수준의 사회보험제도를 의미하는 용어로 사용되고 있다. 즉, 미국에서의 사회보장은 노령 · 유족 · 장애보험(Old Age, Survivors, Disability Insurance, OASDI, 1935년 최초 실시)을 가리키는 말로 사용되고 있어 주 정부 수준에서 제공하는 급여와 구분되고 있으며, 공공부조와도 구분되는 용어로 사용되고 있다. 그리고 유럽에서 공공부조라고 부르지만, 미국에서는 '복지(welfare)'라고 부르고 있다.

2 사회보장의 기능

사회보장제도는 국민들의 삶의 질을 향상시키고 사회문제를 해결하기도 하지만, 때로는 사회적 문제를 유발시키거나, 국민들의 경제적 부담을 가중시키기도 한다. 이러한 사회보장의 기능(목적)을 순기능과 역기능으로 구분하여 살펴보기로 한다(박진화, 2020a: 54-62 ; 현외성, 2018: 53-64 ; 강희갑 외, 2017: 19-21).

1) 사회보장의 순기능

사회보장의 순기능은 다음과 같다.

(1) 기본생활보장의 기능

사회보장의 기능 중 가장 핵심적인 기능은 기본생활보장의 기능이다. 자본주의 이전의 농경시대에는 대가족제도가 기본생활보장 기능을 담당했기 때문에 국가는 가족이 책임질 수 없는 빈곤한 사람들에 한해서 공공부조를 실시하였다. 그러나 자본주의 이후의 산업사회에서는 산재, 실업, 퇴직, 질병 등 개인의 힘으로 해결할 수 없는 사회적 위험과 각종 사회문제들이 증가하게 되었다. 이에 대응하기 위해 국가는 사회보험과 공공부조 및 사회복지서비스의 다양한 사회보장제도들을 제정하여 실시함으로써 모든 국민의 기본생활을 보장하고 있다.

국민에 대한 국가의 사회보장 의무는 국민의 생존권적 기본권(최초 도입 바이마르 헌법)을 국가가 보장하는 것이다. 생존권적 기본권은 국민이 인간다운 생활을 할 수 있는 기본생활을 보장받을 권리를 말하는 것으로 헌법에 의해 보장된다. 우리나라 헌법 제10조에는 기본권 보장에 대한 의무조항이 명시되어 있고, 제31~36조에 사회보장을 받을 권리를 명시하고 있다. 특히, 제34조 제1항에는 "모든 국민은 인간다운 생활을 할 권리를 가진다."라고 명시하고 있어 생존권에 대한 국가의 보장의무를 나타내고 있다.

「사회보장기본법」 제3조 제1호에는 사회보장에 대해 "출산, 양육, 실업, 노령, 장애, 질병, 빈곤 및 사망 등의 사회적 위험으로부터 모든 국민을 보호하고 국민 삶의 질을 향상시키는 데 필요한 소득·서비스를 보장하는 사회보험, 공공부조, 사회서비스를 말한다."라고 되어 있어 사회보장이 국민의 기본생활을 보장하는 기능을 수행하고 있다는 것을 명시하고 있다. 그리고 동법 제2조에는 사회보장이 "모든 국민이 다양한 사회적 위험으로부터 벗어나 행복하고 인간다운 생활을 향유할 수 있도록 자립을 지원하며, 사회참여·자아실현에 필요한 제도와 여건을 조성하여 사회통합과 행복한 복지사회를 실현하는 것을 기본 이념으로 한다."라고 규정되어 있다(강종수, 2025: 329). 따라서, 오늘날 복지국가는 사회보장을 통해 국민이 인간다운 생활을 향유할 수 있는 수준의 기본 생활을 보장하고 있다.

(2) 소득재분배 기능

① 의의

자본주의 경제체제하에서 시장기능에 의해 이루어진 소득분배는 현저하게 불평등한 것이 일반적이다. 이러한 소득의 불평등을 완화하기 위해서 국가는 각종의 정책적 조치를 취하게 되는데, 이를 소득재분배라고 한다. 즉, 시장경제에서 이루어진 일차적 소득분배에 대해 국가가 세금(보험료)을 징수하여 강제적으로 재분배하는 것이다. 소득재분배는 주로 발달된 사회보장제도나 누진과세제 등을 통해 개인이나 소득계층 간의 격차를 시정하고 축소화하는 정책적 조지를 말한다. 따라서, 소득재분배는 복지국가의 기본 이념인 평등사상에 기초한다.

② 소득재분배 형태

소득재분배는 수직적 재분배, 수평적 재분배, 세대 간 재분배의 다양한 형태가 있다.

첫째, **수직적 재분배**는 계층 간 재분배로, 고소득층과 저소득층 간에 이루어지는 재분배이다. 사회보장에 있어 기여와 급여가 비례적으로만 되어 있다면, 수직적 재분배는 일어나지 않겠지만, 실제로는 완전한 비례관계가 아니기 때문에 수직적 재분배의 효과가 생긴다. 먼저, 공공부조의 경우에는 기여를 하지 않고 국가의 세금(주로 고소득층이 누진적으로 부담)으로 급여를 받기 때문에 수직적 재분배 효과가 가장 크다고 할 수 있다. 그리고 사회보험에서는 국민연금의 경우, 기여는 소득에 비례하지만, 연금급여 부문에서 균등부분과 소득비례부분으로 나누어져 있어서 수직적 재분배는 균등부분에 의해 이루어진다. 또한 건강보험의 경우도 기여는 소득에 비례하지만, 급여(진료비)는 기여에 관계가 없기 때문에 수직적 재분배 효과가 나타난다. 그러나 사회보험의 수직적 재분배 효과에는 한계가 있다. 왜냐하면 소득비례제를 채택하여 소득이 많을수록 더 많은 보험료를 부담하지만, 누진적 소득세에 비하면 그 효과가 적고, 또한 보험료에 상한액(일정 소득 이상은 동일한 보험료 부과)을 적용하고 있기 때문이다.

둘째, **수평적 재분배**는 계층 내 재분배로, 동일 계층 간에 이루어지는 재분배이다. 수평적 재분배의 예는 건강보험의 경우 건강한 사람으로부터 질병에 걸린 사람으로, 고용보험의 경우 실직하지 않은 사람으로부터 실직한 사람에게로, 산재보험의 경우 산재를 당하지 않은 사람으로부터 산재를 당한 사람으로 수평적 재분배가 이루어진다.

셋째, **세대 간 재분배**는 젊은 세대와 노령세대, 현재 세대와 미래 세대 간에 이루어지는 재분배이다. 국민연금의 운영방식이 축적된 기금에 의하여 지급하는 적립방식이 아닌 현재 일하고 있는 세대의 기여금으로 운영되는 부과방식(pay-as-you-go system)일 경우에 세대 간 재분배 효과가 일어난다. 또한 기초연금도 65세 이상의 노인은 전혀 부담하지 않고 근로세대가 부담하는 세금으로 일정액의 급여를 받는다는 점에서 세대 간 소득재분배 효과가 발생한다. 즉, 세대 간 재분배는 현재의 근로세대가 비용(보험료)을 부담해서 노령계층을 부양하는 경우이다.

(3) 경제적 기능

사회보장제도는 경기안정 기능, 경제안정화 기능, 자본축적 기능 등의 경제적 기능을 수행한다.

첫째, **경기안정 기능**은 경기가 상승하면 그것이 과열되지 않도록 막아주고, 경기가 하락하면 더 이상 하락하지 않도록 막아주는 것을 말한다. 특히, 실업급여와 공공부조의 사회보장 지출은 경기변동과 상반되는 방향으로 움직임으로써 적극적으로 자동안정장치 기능을 수행한다. 즉, 실업급여와 공공부조의 급여지출은 경기 호황일 때에는 그 수요가 감소하여 줄여 줌으로써 경기가 과열되는 것을 방지하는 역할을 수행하고, 반대로 경기가 불황일 때에는 그 수요가 증대하여 유효수요를 증대시킴으로써 경기침체를 방지하는 역할을 한다.

둘째, **경제안정화 기능**은 사회보장제도가 경제구조의 개편 또는 산업구조의 변화에 대응한 사회적 안정장치의 역할을 수행하는 것을 말한다. 즉, 직업창출, 직업교육훈련, 직업알선 등을 통해 노동력이 산업구조 변화에 적응할 수 있도록 지원하는 역할을 한다.

셋째, **자본축적의 기능**은 사회보장제도 중 재정운영 방식이 적립방식인 공적연금의 경우에는 기여금이 적립됨으로써 기여와 급여 간에 시간적 격차가 발생해 자본이 축적되는 것을 말한다. 축적된 적립금은 규모가 크기 때문에 경제발전 및 경기안정을 위한 자금으로 유용하게 활용할 수 있다.

(4) 사회공동체 형성 기능

퍼니스와 틸톤(Funiss & Tilton, 1979)은 복지국가가 지향하는 가치로 평등, 자유, 민주주의, 공동체 의식(결속, 연대), 안정성, 경제적 효율성을 들고 있다. 현대 복지국가의 기본 이념은 사회적 평등을 기초로 하고 있다. 그렇다고 해서 자본주의의 본질인 자유가 도외시될 수는 없다. 자유와 평등의 가치는 적절하게 조화되도록 해야 한다. 즉, 자유민주주의를 바탕으로 하면서 복지국가를 건설하는 것이 곧 국민의 생존권을 보장하는 길이다.

자유라는 터전 위에서 실질적인 평등을 실현하기 위해서는 사회구성원 간의 연대 내지 결속을 이끌어 낼 수 있는 사회공동체를 형성하여야 한다. 사회구성원들의 극단적 빈부격차는 구성원들의 공동체 의식을 말살시킨다. 사회보장은 이러한 극단적 빈부격차를 해소함으로써 복지국가가 지향하는 사회적 평등 및 통합의 가치를 실현할 수 있다. 따라서, 실질적 평등에 기초하는 복지국가를 건설하기 위한 사회보장은 사회구성원이 서로 연대하여 결속하는 사회공동체를 형성하는 기능을 수행한다.

2) 사회보장의 역기능

사회보장은 국가와 사회에 부정적인 기능, 즉 역기능을 나타내기도 한다.

역기능에 대해 살펴보면 다음과 같다.

첫째, 조세부담이 증가된다.

사회보장의 재원은 상당부분 국민의 세금으로 충당된다. 따라서, 사회보장의 확대는 국민의 조세부담 증가로 이어진다. 국민의 조세부담을 측정하는 지표는 조세부담률인데, 이는 국내총생산액(Gross Domestic Product, GDP)에서 조세(국세와 지방세)가 차지하는 비중을 말한다. 조세와 사회보장기여금이 차지하는 비중을 의미하는 것으로는 국민부담률이 있다. 국민부담률은 국내총생산액에서 조세와 사회보장기여금이 차지하는 비중을 말한다.

둘째, 수혜자의 노동의욕을 감소시킨다.

사회보장급여는 노동하지 않아도 얻어지는 일종의 이전소득(transfer income)으로, 수급자의 노동윤리를 손상시키고 노동의욕을 저하시키며, 결과적으로 생산성을 낮추고, 경제성장에 부정적인 영향을 미칠 수도 있다.

셋째, 개인의 저축을 감소시킬 수도 있다.

국민연금과 같은 사회보험식 공적연금은 노령이라는 장래의 시점에서 누리게 될 미래의 자산으로 인식되어 미래를 대비한 자발적 저축을 감소시키는 대체효과를 나타낼 수도 있다. 그러나 이와 반대되는 의견도 있다. 즉, 공적연금제도가 도입된 이후 연금제도에 대한 의미가 확산되어 자발적 저축으로 개인연금과 같은 사적연금제도가 오히려 발달되었다.

넷째, 경제성장에 필요한 투자자원을 감소시킬 수 있다.

사회보장은 생산적이라기보다는 소비적인 것으로 간주되어 정부가 사회보장지출을 증가시키면, 상대적으로 경제분야에 지출 가능한 자원의 양이 줄어들기 때문에 경제가 위축된다고 주장하기도 한다.

다섯째, 복지의존성(welfare dependency)이 생긴다.

복지의존은 장기간 동안 복지혜택에 의존하며 생활하는 현상으로, 오랫동안 스스로 자립하지 못하고 자기책임 정신이 손상되어 빈곤문제가 악화되는 것을 말한다. 이를 '복지함정(welfare trap)'이라고도 한다.

3 사회보장의 형태

사회보장은 어떤 형태나 형식으로 사회적 위험을 해결하려고 하는가? 다시 말해서 사회보장은 어떻게 구성되어 있는가? 사회보장의 형태 역시 역사적으로 진전·변화되어 왔다. 처음에는 사회적 위험을 해소하기 위하여 국가사회적으로 제공할 수 있는 급여형태는 주로 현금 중심이었고, 가능한 한 현금으로 환원할 수 있는 급여로 제공되었다. 그다음으로는 보건의료의 중요성을 인정하면서부터 보건의료급여가 중요한 급여로 부가되었다. 현금과 보건의료로 해결할 수 없는 심리사회적 문제나 위험이 발생함으로써 또는 존재함으로써 다시금 사회복지서비스 또는 사회서비스가 새롭게 사회보장의 급여체계에 첨가되었던 것이다.

다른 측면에서는 사회적 위험에 처한 인구집단을 위한 사회보장 대응방식 역시 각국의 정치적·경제적 상황과 여건에 따라 다르게 진행되었다. 한 국가에서는 공공부조방식으로 다른 국가는 사회보험방식으로 시작되어 일정한 역사적 시점에서는 이 두 가지 제도가 수렴되고 혼합되는 모습을 나타냈다. 일반적으로 사회보장의 내용은 다음과 같다(이성기 외, 2020: 38-81 ; 현외성, 2018: 19-20).

1) 사회보험

사회보험은 사회구성원들이 일상생활에서 직면하는 사회적 위험을 보험방식으로 대처하여, 주로 소득과 건강을 보장하기 위해 국가가 강제보험 형식으로 시행하는 보험을 말한다. 사회보험의 시행 주체는 국가이며, 그 대상은 국민이다. 국민인 사용자와 노동자, 경우에 따라서는 국가가 일부 부담하는 보험료를 정기적으로 납입하고 미리 예정하여 만들어진 사회적 위험에 대응한 정형화된 보험사고에 국민이 직면하였을 때 보험급여를 제공받는 형식이다.

따라서, 사회보험은 임금근로자를 주된 대상으로 하면서 정기적으로 보험료를 갹출할 수 있는 인구집단을 대상으로 하면서 일반 민간보험 원칙을 적용하는 특징을 가진다.

일반적으로 사회보험은 연금보험, 산재보험, 건강보험, 실업보험(고용보험) 등이 주류이고, 농민보험, (노인)장기요양보험, 선원보험 등이 있다.

2) 공공부조

공공부조는 스스로가 생활유지능력이 없거나, 어려운 사람들을 대상으로 국가가 인간다운 생활을 영위하도록 돕는 제도이다. 공공부조의 대상은 주로 자본주의 사회에서 근로능력이 없고 자산을 갖지 못한 사회적 취약계층이며, 이들은 국가에서 설정해 놓은 인간다운 생활을 영위하기 위해 필요한 최소한의 생활수준(최저생계비 등) 이하의 저소득 또는 절대 빈곤층이 그 핵심을 이룬다.

공공부조는 국가에서 국민에게 받는 세금을 재원으로 운영되며, 현금급여에서부터 건강, 사회복지 및 사회서비스급여 등이 포함된다. 공공부조는 국가에서 설정해 놓은 일정 수준 이하의 소득과 자산을 가진 경우에 자산조사를 거쳐 급여대상자로 선정한다.

사회보험과 공공부조의 비교는 〈표 7-1〉과 같다.

표 7-1 사회보험과 공공부조의 비교

구분	사회보험	공공부조
목적	산업재해·노령·실업 등에 따른 미래사회의 불안에 대처생활	생활무능력자의 최저생활보장
대상	보험료 부담 능력이 있는 국민	생활무능력자
비용부담	수혜자 국민, 국가, 기업	국가 전액 부담
종류	국민건강보험, 노인장기요양보험, 국민연금, 고용보험, 산업재해보상보험	생활보호, 의료보호, 재해구호
특징	강제 가입이 원칙, 능력별 부담, 비영리 보험으로 상호부조적 성격이 강함.	소득재분배 효과가 크지만, 국가의 재정부담이 크고, 근로의욕을 상실시킬 우려가 있음.

자료: 김보기 외(2022a: 335).

3) 사회수당

사회수당은 사회보험과 공공부조를 통해 특정한 사회적 사고에 대응하기 어려운 경우에 일정한 조건을 기반으로 현금급여를 제공하는 사회보장의 한 형태이다. 사회수당은 급여대상자로부터 보험료를 받지 않고 국가예산을 통해 현금급여를 제공하는 점에서 공공부조의 성격을 지니고 있으나, 자산조사도 없기 때문에 사회보험적 특성도 지닌다. 하지만 사회수당 급여대상자는 공공부조 대상자와 같이 빈곤대상자가 아니라 하더라도, 일정 부분 제한적인 자산조사는 고려되며, 경우에 따라서는 특별한 사회적 가치에 따라 제공되는 사회통합적 의미를 가지는 급여이기도 하다. 아동수당, 노령수당, 장애인수당, 가족수당과 같은 수당 등 다양한 사회수당이 존재한다.

4) 사회복지서비스

사회보장의 한 형태로서 사회복지서비스는 현금이나 현금으로 환원할 수 있는 경제적 급여 이외에 제공되는 급여이다. 주로 인적(human)인 대인(interpersonal) 활동이나 노력을 통해서 제공되는 급여로서의 특성을 지닌다. 사회구성원들이 생활상 직면하게 되는 심리사회적인 문제나 가족 및 인간관계로 말미암은 사회적 사고문제에 대응하는 급여인데, 이는 특별히 서비스급여라고 표현되는 급여이다.

사회복지서비스는 통상 사회복지(social welfare) 또는 사회사업(social work)이라는 전문적인(professional) 노력을 통하여 제공되는 급여를 말한다. 따라서, 사회복지서비스급여 역시 대상자로부터 서비스급여 접수(intake) 후 상담과 조사를 거쳐 급여가 제공되는 특징이 있어서 일종의 선별적 급여인 동시에, 국가예산을 통하여 제공되는 사회보장제도의 일종이다.

5) 사회서비스

사회서비스는 사회복지서비스를 포함한 더 넓은 범위의 서비스급여를 의미한다. 주로 보건의료 교육, 고용, 주거, 문화, 환경 등의 분야에서 사회구성원으로 하여금 인간다운 생활을 보장하고, 상담, 재활, 돌봄, 정보의 제공, 관련 시설의 이용, 역량개발, 사회참여 지원 등을 통하여 삶의 질이 향상되도록 지원하는 사회보장제도를 말한다.

복잡하고 다원화된 현대사회에서 일상생활상 겪게 되는 다양한 사회적 위험에 대응하여 사회보험, 공공부조, 사회복지서비스를 넘어 한층 복잡한 전문 서비스급여를 사회구성원들이 필요로 하는 것이 전제되어 있다. 따라서, 사회서비스급여 역시 사회복지서비스와 같은 특징을 지니고 있으며, 급여용이 보다 다양하다.

4 사회보장제도의 문제점

현대사회에서 사회보장은 중요한 역할을 하고 있다. 그러나 현대사회의 사회보장제도는 많은 비판을 받고 있다. 이런 비판에 제대로 다루지 못할 경우, 사회구성원은 사회보장제도에 대해 덜 지지할 수 있다. 그리고 이런 비판을 제대로 다루지 못할 경우, 사회보장제도의 존재 자체에 의문을 가지는 상황에 이를 수도 있다(Midgley & Tracy, 1996). 따라서, 현대의 사회보장제도의 문제점을 파악해 대처할 필요가 있다. 현대에 들어 사회보장제도에서 문제가 발생하는 배경과 문제점을 정리하면 다음과 같다.

1) 발생 배경

1950년대와 1960년대에 사회보장제도를 확대한 이유는, 사회보장제도에 대해 정치적으로 폭넓게 의견이 일치하였기 때문이었다. 이 당시에 거의 모든 정당은 사회보장제도를 확대하는 것에 대해 동의하고 있었다. 그런데 사회보장제도의 확대와 관련해 이렇게 정치적으로 의견이 일치한 것은, 당시에 경제가 크게 발달한 것과 밀접하게 관련되고 있었다. 즉, 선진국에서 제2차 세계대전 이후에 사회보장제도에 대해 긍정적으로 인식한 것이 1970년대에 들어서 비판을 받게 된 배경에는, 이념적 측면보다는 물질적 측면이 더 크게 자리잡고 있었다. 왜냐하면 사회보장제도를 확대하는 것에 대해 크게 의문을 가지게 된 계기는, 세계 경제가 어려움을 겪게 만든 오일 쇼크기 때문이다(George & Miller, 1995).

1970년대 이후 전 세계와 일부 지역에서 재정적 위기를 몇 차례 겪어 왔다. 이런 상황은 고용영역, 소득영역, 의료영역에서 크게 영향을 미쳤다. 그 결과, 이런 영역과 관련된 사회보장제도에서 문제가 발생하게 되었다. 이에 따라, 여러 국가에서는 이런 문제에 대해 대처해 오고 있다(Gongcheng & Scholz, 2019).

2) 문제점

사회보장과 관련된 여러 학자와 기관은 사회보장제도가 가지는 문제점을 오래전부터 제시해 왔다. 그동안 일부 학자와 기관이 현대 사회보장제도의 문제점으로 정리한 것을 몇 가지 살펴보면 다음과 같다.

(1) 밋글리와 트레이시

밋글리와 트레이시(James Midgley & Martin B. Tracy)는 1996년 그들의 저서 『사회안전에 대한 도전들(*Challenges to Social Security: An International Exploration*)』에서, 사회보장제도에 대한 비판의 주요한 내용을 다음과 같이 정리한다.

① 사회보장은 정부의 재정에 부정적으로 영향을 미치고 있다.

② 사회보장은 노인의 이익을 대변하는 역할을 하고 있다.
③ 사회보장은 효율적이지 않게 운영되고 있고, 이에 따라 사회보장에는 낭비적 요소가 많다.
④ 사회보장은 경제성장에 부정적으로 영향을 미치고 있다.
⑤ 사회보장은 공적으로 도와줄 필요가 거의 없는 사람들에게 자원을 재분배하고 있다.

(2) 아벨-스미스

일부 학자와 전문가의 경우, 1970년대 초기 이후에 선진국에서 경제성장이 더디어진 이유들 가운데 하나는, 사회보장제도에서 비용을 많이 지불한 것이라고 주장해 왔다. 아벨-스미스(Brian Abel-Smith)는 1994년 그의 저서 『사회안전(*Social security: Government program*)』에서, 이런 주장을 다음과 같은 세 가지 형태로 구분하고 있다.

① 실업급여의 수준이 높기 때문에 유급 일자리에서 일하려는 동기가 줄어든다는 주장이 있다.
② 사회보장과 관련된 세금과 기여금(보험료)을 납부하여야 하기 때문에 근로자는 임금을 더 요구하고 물가는 오르고 정부의 재정은 적자가 더 난다는 주장이 있다.
③ 사람들이 사회보장급여를 받을 수 있는 권리를 가지기 때문에 사람들이 저축할 가능성이 낮아진다는 주장이 있다. 그리고 이런 주장에 따르면, 저축할 가능성이 낮아지기 때문에 투자를 더 적게 하게 되고, 그 결과로 경제가 성장하는 비율이 더 낮아지게 된다.

(3) 국제노동기구

현대의 사회보장제도는 보수주의자와 진보주의자 모두에게서 비판이 있는데, 국제노동기구는 이런 비판의 중요한 부분을 다음과 같이 정리한다(International Labor Organization, 1984).

첫째, 보수주의자의 경우, 사회보장 때문에 다음과 같은 상황이 나타났고, 그 결과로 경제위기가 발생하였다고 주장하고 있다.

① 저축이 줄어든다.
② 투자가 줄어든다.
③ 물가가 오른다.
④ 실업률이 높아진다.
⑤ 일하려는 의욕이 줄어든다.

둘째, 진보주의자의 경우, 사회보장은 다음과 문제를 가진다고 비판하고 있다.

① 빈곤문제를 해결하지 못한다.
② 여성에 대한 차별을 없애지 못한다.
③ 동일한 욕구를 가진 사람을 똑같이 취급하지 못한다.

(4) 영국의 사례연구

영국의 맥락에서 사회보장제도는 다음과 같은 문제가 있다고 비판을 받은 바 있다(Evans & Piachaud, 1996).

① 사회보장과 관련해 현재 필요한 지출과 미래에 필요한 비용 사이에 균형을 이루기 어렵다.
② 현재의 사회보장에서는 빈곤층이 아닌 사람에게 급여를 제공하고 있고, 이에 따라 사회보장에 낭비하는 측면이 나타나고 있다.
③ 사회보장에서 급여를 잘 제공하기 때문에 일하려는 의욕과 저축하려는 의욕이 줄어들고 있다. 결국 이것은 경제가 발달하는 데 부정적으로 영향을 미치고 있다.
④ 사회보장 때문에 경제영역에서 행동이 변할 뿐만 아니라, 사회관계도 변하고 있다. 예를 들어, 사회보장에서 제공하는 급여가 너무 관대하거나, 급여를 너무 쉽게 이용할 수 있기 때문에 다음과 같은 현상이 나타나고 있다.

- 미혼모가 늘어난다.

- 이혼하는 사례가 많아진다.
- 젊은 노숙인이 생긴다. 이와 관련하여 사회보장은 '공짜로 받아먹는 사회'를 만든다고 영국의 사회보장부 장관은 공식적으로 비판한 바 있다.

앞에서 설명한 내용에 근거할 경우, 일반적으로 현대 사회보장제도에서 크게 주목하는 문제점을 다음과 같다.

첫째, 사회보장은 근로의욕을 줄이고 있다.

둘째, 사회보장은 경제발전에 부정적으로 작용하고 있다.

셋째, 사회보장은 재정을 악화시키고 있다.

5 코로나19 이후 사회보장정책의 방향과 과제

코로나19 충격은 일차적으로 보건의료 위기를 초래하였으며, 이후에 경제위기로 확대되었으며, 정치적 · 사회적 논쟁으로 연계되고 있다. 코로나19 발생 이후 많은 국가에서 의료시스템의 붕괴, 공포와 생존 본능에서 비롯된 갈등과 차별, 이동 제한 · 격리 · 폐쇄, 경기 하락과 실업 등 전 세계적으로 정세(situation)의 격변과 재편(reshaping)을 경험하고 있다.

코로나19 이후 사회보장정책의 방향성은 다음과 같다(정홍원 외, 2020: 181-183).

2020년 한국정부는 코로나19 위기에 직면한 세계 주요 국가와 비슷하게 취약계층에 대한 긴급지원과 복지정책의 확대를 강조했다. 그러나 사회정책 패러다임의 근본적 전환과 복지제도와 예산의 전면적 확대 없이 코로나19 위기를 극복할 수 없다. 복지국가의 효과성과 지속가능성을 높이기 위해서는 무엇보다도 적극적인 재정전략과 조세정의에 입각한 조세개혁이 필수적이다.

코로나19 위기에서 한국사회는 복지 사각지대가 광범위하게 존재하며, 복지 소외계층의 삶이 개인문제가 아니라, 사회문제라는 사실을 분명하게 보여 주었다. 긴급재난지원금 논쟁에서 볼 수 있듯이, 한국의 제한적 사회보장제도는 많은 한계를 가지고 있으며, 소극적인 잔여적 복지제도가 제대로 작동하지 않고 있음을 보여 주었다. 또한 자산조사를 통해 빈곤층만 지원하는 선별적 복지제도에 대한 중산층의 광범위한 불만이 표출되었다. 이처럼 현재의 제한적 사회보장제도와 불확실하고 한시적인 재난지원금은 모든 국민을 코로나19 위기뿐 아니라, 점점 불안해지는 사회적 위험에 대응하는 사회보호체제로서 역할을 제대로 수행하지 못하고 있다. 만약 사회보장제도가 질병, 실업, 은퇴, 산재 등 전통적 사회적 위험에 대한 국민의 안전을 보장하지 못한다면, 정치공동체의 소속감과 민주주의에 대한 신뢰는 근본적인 회의에 직면하게 될 것이다.

긴급재난지원금은 코로나19 위기로 인해 발생한 생계악화와 소비위축으로 인해 급격한 타격을 받은 국민을 지원하기 위한 일시적 현금지원정책이다. 재난기본소득과 관련된 기본소득, 기본주택 논의가 확산되고 있지만, 근본적인 복지개혁의 핵심과제는 보편적 사회보장 패러다임의 강화이다. 특히, 비정규직, 종속 노동자, 플랫폼 노동자가 사회보장제도에서 배제되거나 차별을 받지 않아야 한다. 경제적 지구화와 기술진보에 따른 고용불안과 소득감소에 대응하는 보편적 사회보장제도 없이는 사회적 연대와 사회통합을 제대로 이룰 수 없다. 보편적 사회보장 패러다임의 전환을 위한 7가지 핵심과제는 다음과 같다(정홍원 외, 2020: 184-187).

① 보편주의 원칙 실현과 사회보장 사각지대 해소
② 사회복지 재정 확대, 조세제도 개혁
③ 공교육 강화, 저소득층 자녀 교육지원 확대
④ 건강보험 보장성 강화 및 개인 의료비 부담 축소
⑤ 좋은 일자리 확대와 개인 역량 강화
⑥ 여성친화정책
⑦ 기본소득, 보편수당

CHAPTER

08

사회보험

CHAPTER 08

사회보험

사회보험(social insurance)은 국민이 미래에 직면할 수 있는 사회적 위험에 대비하여, 국가나 국민의 건강과 생활보전을 목적으로 보험방식에 의하여 사전에 대비하는 제도를 말한다. 즉, 실업이나 질병, 상해, 노령, 사망 등의 여러 가지 상황으로 인해 일시적 또는 영구적으로 일을 할 수 없게 되면 소득이 중단되거나 상실될 수 있다. 이와 같이 국민이 미래에 직면할 수 있는 사회적 위험에 대비하여 국가나 국민의 건강과 생활보전을 목적으로 보험방식에 의하여 사전에 대비하는 제도를 사회보험이라고 한다. 사회보험은 일반적인 민간보험과 마찬가지로 가입자의 기여금을 재원으로 하여 가입자에게 발생하는 위험을 분산하는 보험원리를 이용하고 있지만, 영리를 목적으로 하지 않으며 가입이 의무적이라는 점에서 민간보험과 성격이 다르다.

세계 최초로 사회보험제도를 실시한 국가는 독일이다. 독일을 통일한 프로이센의 비스마르크(Otto Eduard Leopold von Bismarck, 1815~1898)는 1883년 건강보험을 시작으로 1884년 「산업재해보험법」, 1889년 노령폐질연금을 제정하였다(김승훈 외, 2024: 198).

우리나라는 현재 「사회보장기본법」에 사회보험의 법적 근거를 두고 있다. 제3조 제2항에 따르면 사회보험을 "국민에게 발생하는 사회적 위험을 보험방식으로 대처함으로써 국민의 건강과 소득을 보장하는 제도"라고 정의하고 있다. 현재 우리나라는 산재보험, 고용보험, 국민연금, 사학연금, 공무원연금, 군인연금, 건강보험, 노인장기요양보험 등 8대 사회보험이 운영되고 있으며, 산재보험, 고용보험, 국민연금, 건강보험을 가리켜 4대 사회보험이라고 한다.

1 국민연금

1) 국민연금의 개념

국민연금(national pension)은 가입자가 퇴직 등으로 소득원을 잃을 경우, 일정한 소득을 보장하는 제도로서, 1988년부터 시행된 사회보험정책이다. 이 제도는 국민들이 노령에 도달하여 소득이 상실되었을 때를 대비한 장기소득보장정책이다. 기본적으로, 본 제도는 18세 이상 60세 미만 국민이 일정 기간 가입을 하게 되고, 수급연령은 2013년부터 5년 단위로 1세씩 연장하여 2033년에는 65세부터 혜택을 받게 되며, 10년 이상 가입할 경우 연금을 수급받게 된다.

본 제도의 중요한 원칙은 다음과 같다.

첫째, 직장가입자의 경우, 근로자와 사용자가 각각 반씩 보험료를 부담하고, 지역가입자의 경우는 모두 본인이 부담하여 재원을 마련하는 혼자부담의 원칙이 있다.

둘째, 가입을 기피하는 사람이 많을수록 노후빈곤층이 확대되고, 이것이 사회문제가 될 경우 국가는 조세를 통해 해결해야 되는데, 이는 궁극적으로 성실하게 노후를 준비한 사람이 그렇지 못한 사람까지 책임을 지게 되는 이중부담이 발생한다는 점에서 소득활동을 하는 사람은 모두 의무적으로 가입해야 하는 강제성의 원칙이 있다.

셋째, 고소득계층에서 저소득계층으로 소득이 분배되는 세대 내 소득재분배 기능과 미래세대가 현재의 노인세대를 지원하는 세대 간 소득재분배 기능이 있는 소득재분배의 원칙이 있다.

넷째, 물가가 오르더라도, 실질가치가 보장되는 물가연동의 원칙 등이 그것이다.

산업화 이전의 사회에서도 인간은 질병 · 노령 · 장애 · 빈곤 등과 같은 문제를 겪어 왔다. 그러나 이 시기의 위험은 사회구조적인 차원의 문제라기보다는 개인적인 문제로 여겨졌다. 이에 따라, 문제의 해결 역시 사회구조적인 대안보다는 개인이나 가족의 책임 아래에서 이루어졌다.

그러나 산업사회로 넘어오면서 환경오염, 산업재해, 실직 등과 같이 개인의 힘만으로는 해결하기 어려운 각종 사회적 위험이 부각되었다. 부양공동체 역할을 수행해 오던 대가족제도가 해체됨에 따라, 개인 차원에서 다루어지던 다양한 문제들이 국가개입 필요성이 요구되는 사회적 문제로 대두되기 시작했다.

이러한 다양한 사회적 위험으로부터 모든 국민을 보호하여 빈곤을 해소하고 국민생활의 질을 향상시키기 위해 국가는 제도적 장치를 마련하였는데, 이것이 바로 사회보장제도이다. 우리나라에서 시행되고 있는 대표적인 사회보장제도는 국민연금, 건강보험, 산재보험, 고용보험, 노인장기요양보험 등과 같은 사회보험제도, 기초생활보장과 의료보장을 주목적으로 하는 공공부조제도인 국민기초생활보장제도, 그리고 노인·부녀자·아동·장애인 등을 대상으로 제공되는 다양한 사회복지서비스 등이 있다. 우리나라의 사회보장제도는 1970년대까지만 해도 구호사업과 구빈정책 위주였으나, 1970년대 후반에 도입된 의료보험과 1988년 실시된 국민연금제도를 통해 그 외연을 확장할 수 있었다.

그 후 적용대상을 단계적으로 확대한 결과, 전 국민을 대상으로 하는 제도로 정착되었다. 그러나 보험원칙을 중시하는 제도에 내재된 특성 때문에 발생하는 넓은 사각지대, 낮은 소득대체율 및 장기 재정 불안정은 국민연금제도의 문제점으로 지적되고 있다. 2014년 도입된 기초연금제도에도 불구하고, 현 노인계층의 높은 빈곤율, 2015년 하반기에 실시된 공무원연금 개혁과정에서의 논란 및 국민연금 소득대체율의 적정성에 대한 관심이 크게 증가함에 따라 노후소득보장을 위한 공적·사적 연금제도를 종합적으로 진단하고 보완할 필요성이 증가하였다.

다양한 사회보장제도 중에서 국민연금은 보험원리에 따라 운영되는 대표적인 사회보험제도라고 할 수 있다. 즉, 가입자, 사용자로부터 정률의 보험료를 받고, 이를 재원으로 사회적 위험에 노출되어 소득이 중단되거나, 상실될 가능성이 있는 사람들에게 다양한 급여를 제공하는 제도이다. 국민연금제도를 통해 제공되는 급여에는 노령으로 인한 근로소득상실을 보전하기 위한 노령연금, 주 소득자의 사망에 따른 소득상실을 보전하기 위한 유족연금, 질병 또는 사고로 인한 장기근로능력 상실에 따른 소득상실을 보전하기 위한 장애연금 등이 있으며, 이러한 급여를 지급함으로써 국민의 생활안정과 복지증진을 도모하고 있다.

국민연금의 특징은 다음과 같다(국민연금공단 홈페이지, 2025).

첫째, 모든 국민이 가입대상으로 강제성이 있다.

둘째, 소득재분배로 사회통합에 기여한다.

셋째, 국가가 망하지 않는 한 연금은 반드시 수령한다.

넷째, 노령연금 이외에도 장애·유족연금 등 다양한 혜택이 포함되어 있다.

다섯째, 물가연동으로 그만큼 연금액에도 차이가 발생한다.

2) 국민연금의 역사

1960년대 추진된 경제개발계획으로 산업화, 도시화, 핵가족화, 노령화가 빠른 속도로 진행되고, 이로 인해 발생된 사회문제의 해결방안으로 1973년 「국민복지연금법」이 제정·공포되었다. 그러나 1973년 발생한 오일 쇼크의 영향에 의한 경제불황으로 1974년 1월부터 시행 예정이었던 국민연금제도가 무기한 연기되었다. 이후 제6차 경제사회발전 5개년 계획이 실행되고 이 기간에 경제가 다시 발전하여 국민부담능력이 크게 향상됨으로써, 국민연금제도 실시를 위한 모든 여건이 성숙되기에 이르렀다.

노동시장 확대와 계속적인 출생률 저하 등으로 국민연금제도에 대한 필요성이 증가되면서, 1986년부터 종전의 국민복지연금제도를 수정·보완하여 1988년 1월부터 국민연금제도를 시행하였다. 이러한 국민연금제도는 기금운용 등 효율적 관리운영을 위해 1987년 9월에 독립기관으로 국민연금공단을 설립하였으며, 우선적으로 10인 이상 사업장에 근무하는 18세 이상 60세 미만의 근로자 및 사업주를 대상으로 실시하였다.

국민연금제도는 1988년 1월부터 상대적으로 관리가 용이한 10인 이상 사업장의 '18세 이상~60세 미만' 근로자 및 사업주를 우선 대상으로 시행하였다. 이후 적용대상 확대라는 일관된 정책목표하에 포괄되는 가입자 수를 늘려 왔다. 1992년 1월 1일 상시근로자 5~9명 사업장의 근로자와 사용자를 가입대상으로 포괄한 것을 기점으로, 1995년 7월 1일 농어촌 지역(군 지역)으로 제도가 확대되었다. 1995년 8월 4일부터는 상시근로자 5명 이상 사업장의 외국인 근로자 및 사용자에게도 제도를 확대 적용하였다. 이후 1999년 4월 1일부터 도시지역으로 확대 적용됨으로써 비로소 '전 국민 연금시대'가 열리게 되었다. 2003년 7월 1일부터는 5인 미만의 영세사업장, 근로자 1인 이상 법인, 전문직종 사업장을 포괄함은 물론, 임시 일용직과 시간제 근로자의 가입자격을 보다 완화함으로써 명실상부한 보편적 노후소득보장제도로 거듭나게 되었다.

이후 2006년 1월 1일 사업장 적용범위 확대를 완료하고 근로자 1인 이상 사업장 전체에서 실시하였다. 2015년 12월 23일에는 전 국민을 대상으로 하는 노후준비 서비스를 시행하였다.

「국민연금법」 개정안이 2025년 4월 2일 국회를 통과하여 2026년 1월 1일부터 시행될 예정이다. 국민연금의 개혁은 1988년, 2007년에 이어 세 번째인데, 그 내용은 '내는 돈'인 보험료율을 8년간 단계적으로 현행 9%에서 13%로 올리고, '받는 돈'인 소득대체율은 현행 41.5%에서 43%로 올리도록 되어 있다. 따라서, 이번 연금개혁으로 노후소득보장 강화와 함께 국민연금 기금은 소진시점이 최대 15년 늘어나 2071년까지 보다 안정적으로 운영될 것으로 예상된다.

3) 국민연금의 급여

국민연금은 나이가 들거나 장애 또는 사망으로 인해 소득이 감소할 경우

일정한 급여를 지급하여 소득을 보장하는 사회보험으로서 지급받게 되는데, 급여의 종류는 노령연금(분할연금), 장애연금, 유족연금, 반환일시금(이상 「국민연금법」 제49조), 사망일시금 등이 있다.

국민연금 급여의 종류는 〈표 8-1〉과 같다.

표 8-1 국민연금 급여의 종류

연금 급여(매월 지급) 일시금 급여		노령연금 노후 소득보장을 위한 급여	
노령연금	• 노후 소득보장을 위한 급여 • 국민연금의 기초가 되는 급여	반환일시금	연금을 받지 못하거나 더 이상 가입할 수 없는 경우, 청산적 성격으로 지급하는 급여
장애연금	장애로 인한 소득감소에 대비한 급여	사망일시금	유족연금 또는 반환일시금을 받지 못할 경우 장제부조적·보상적 성격으로 지급하는 급여
유족연금	가입자(였던 자) 또는 수급권자의 사망으로 인한 유족의 생계 보호를 위한 급여		

자료: 국민연금공단(홈페이지, 2025) 재구성.

국민연금 연금수급자 수급금액은 〈표 8-2〉과 같다.

표 8-2 연도별 급여지급 현황

(2024년 9월말 기준, 단위: 백만 원)

구분	2020	2021	2022	2023
계	5,388,022	5,864,373	6,424,917	6,626,552
노령연금	4,468,126	4,894,452	5,396,729	5,543,769
장애연금	78,079	77,726	76,718	75,716
유족연금	841,817	892,195	951,470	1,007,167

자료: 국민연금공단(홈페이지, 2025).

4) 국민연금의 대상

기본적으로 국내에 거주하는 18세 이상 60세 미만의 국민으로서 「공무원연금법」·「군인연금법」·「사립학교교직원연금법」의 적용을 받지 않는 자를 가입대상으로 한다.

국민연금의 가입 유형과 대상은 〈표 8-3〉과 같다.

표 8-3 국민연금의 가입 유형과 대상

가입 유형	가입대상
사업장가입자 (법 제8조)	• 국민연금에 가입된 사업장의 18세 이상 60세 미만의 사용자 및 근로자로서 국민연금에 가입된 자 • 1인 이상의 근로자를 사용하는 사업장 또는 주한외국기관으로서 1인 이상의 대한민국 국민인 근로자를 사용하는 사업장에서 근무하는 18세 이상 60세 미만의 사용자와 근로자는 당연히 사업장가입자가 됨.
지역가입자 (법 제9조)	국내에 거주하는 18세 이상 60세 미만의 국민으로서 사업장가입자가 아닌 사람은 당연히 지역가입자가 됨. 다만, 다른 공적연금에서 퇴직연금(일시금), 장애연금을 받는 퇴직연금 등 수급권자, 「국민기초생활 보장법」에 의한 수급자 중 생계급여 또는 의료급여 또는 보장시설 수급자, 소득활동에 종사하지 않는 사업장가입자 등의 배우자 및 보험료를 납부한 사실이 없고 소득활동에 종사하지 않는 27세 미만인 자는 지역가입자가 될 수 없음.
임의가입자 (법 제10조)	사업장가입자와 지역가입자가 될 수 없는 사람도 60세 이전에 본인의 희망에 의해 가입신청을 하면 임의가입자가 될 수 있음. 즉, 다른 공적연금에서 퇴직연금(일시금), 장애연금을 받는 퇴직연금 등 수급권자, 「국민기초생활 보장법」에 의한 수급자 중 생계급여 또는 의료급여 또는 보장시설 수급자, 소득활동에 종사하지 않는 사업장가입자 등의 배우자 및 보험료를 납부한 사실이 없고 소득활동에 종사하지 않는 27세 미만인 자는 가입을 희망하는 경우 임의가입자가 될 수 있음.
임의계속가입자 (법 제13조)	납부한 국민연금보험료가 있는 가입자 또는 가입자였던 자로서 60세에 달한 자가 가입기간이 부족하여 연금을 받지 못하거나 가입기간을 연장하여 더 많은 연금을 받기를 원할 경우는 65세에 달할 때까지 신청에 의하여 임의계속 가입자가 될 수 있음.

국민연금 가입자 수는 〈표 8-4〉와 같다.

표 8-4 국민연금 가입자 수(2024)

(단위: 명)

	계	사업장가입자	지역가입자	임의가입자	임의계속가입자
계	21,984,003	14,675,745	6,513,108	315,926	479,224
남자	11,900,491	8,348,290	3,349,041	57,895	145,265
여자	10,083,512	6,327,455	3,164,067	258,031	333,959

자료: 국민연금공단(홈페이지, 2025).

2 국민건강보험

1) 국민건강보험의 개념

(1) 국민건강보험의 정의

국민건강보험(national health insurance)은 질병이나 부상으로 인해 발생한 고액의 진료비로 가계에 과도한 부담이 되는 것을 방지하기 위하여, 국민들이 평소에 보험료를 내고 보험자인 국민건강보험공단이 이를 관리·운영하다가 필요 시 보험급여를 제공함으로써, 국민 상호 간 위험을 분담하고 필요한 의료서비스를 받을 수 있도록 하는 사회보장제도이다.

국민건강보험은 사회보험기술을 기초로 하여 질병, 부상, 출산, 사망 등의 사고에 의한 의료를 제공하고 질병의 비용과 건강보호를 집단적으로 부담하는 일을 사회에 위탁함으로써 모든 사람에게 의료혜택을 주어 건강하고 문화적인 생활을 영위하도록 하는 것을 말한다. 즉, 국민건강보험은 사회보험의 기술을 기초로 하여 모든 사람이 건강보험에 강제로 가입하도록 하여 피보험자에게 질병, 부상 등의 사고가 발생한 경우에 요양 또는 요양비를 제공하는 방법이다. 국가가 개입하여 국민건강과 생활의 안정을 도모하고 국민의 의료비용을 사회연대성 원리에 따라 공동체적으로 해결한다.

국민건강보험의 특성은 다음과 같다(양철수 외, 2019: 206).

첫째, 보험가입 및 보험료 납부의 의무가 있다. 보험가입을 기피할 수 있도록 제도화될 경우, 질병위험이 큰 사람만 보험에 가입하여 국민 상호 간 위험분담 및 의료비 공동해결이라는 건강보험제도의 목적을 실현할 수 없기 때문에 일정한 법적 요건이 충족되면 본인의 의사와 관계없이 건강보험 가입이 강제되며, 보험료 납부의무가 부여된다.

둘째, 부담능력에 따른 보험료를 부과한다. 민간보험은 보장의 범위, 질병위험의 정도, 계약의 내용 등에 따라 보험료를 부담하는 데 비해서, 사회보험 방식으로 운영되는 국민건강보험은 사회적 연대를 기초로 의료비문제를 해결하는 것을 목적으로 하므로 소득수준 등 보험료부담능력에 따라 보험료를 부과한다.

셋째, 균등한 보장을 한다. 민간보험은 보험료수준과 계약내용에 따라 개인별로 다르게 보장되지만, 사회보험인 국민건강보험은 보험료 부담수준과 관계없이 관계법령에 의하여 균등하게 보험급여가 이루어진다.

2) 국민건강보험의 역사

우리나라 의료보험제도는 1963년 「의료보험법」의 제정으로 처음 시작되었으나, 1976년까지는 몇 군데에서 시범사업으로 시행한 정도에 그쳤다. 1970년대 중반 사회·경제적 상황이 의료보험을 전면적으로 확대 실시할 필요성을 강화시킴으로써 1976년 기존의 「의료보험법」을 전면 개정하여 실시하기에 이르렀다. 1990년대 중반부터 의료보험제도 통합에 대한 논의가 시작되면서, 조합주의 중심의 의료보험체계를 전국 단일체계로 통합하는 것이 조합 간의 재정 불평등과 의료보험료 재분배 효과를 증진할 수 있고, 운영의 효율성을 기할 수 있다는 취지 아래, 1998년에 「국민의료보험법」을 제정하여 1차적으로 공무원 및 사립학교교직원 의료보험과 「의료보험법」 체계 내에 있던 지역의료보험을 통합하고 기존 「의료보험법」 체계하에 있던 직장의료보험은 그대로 남아있게 되었다. 이후 1999년 다시 「국민건강보험법」을 제정하여 2000년 7월부터 시행함으로써 국민의료보험관리공단과 직장의료보험조합(139개)이 통합되어 국민건강보험공단으로 출범(의료보험 완전통합)하였다. 2001년 7월 5인 미만 사업장 근로자의 직장가입자 편입이 가능해졌다. 2003년 7월 직장재정과 지역재정의 통합으로 실질적인 건강보험의 통합이 이루어졌다. 2011년 1월 4대 사회보험(건강보험, 국민연금, 고용보험, 산재보험)의 징수 통합이 실시되었다. 2013년 8월 중증질환의 재난적 의료비 지원사업이 실시되었으며, 2015년 1월 간호 · 간병 통합서비스에 대해 보험급여가 적용되었다.

3) 국민건강보험의 대상

(1) 지역가입자

① 신생아 출생 시
② 국적취득자
③ 직장가입의 자격을 상실했을 때
④ 수급권자에서 제외되었을 때
⑤ 국가(독립)유공자가 지역가입자적용을 신청할 때

그 외
① 외국인 및 재외국민 취득요건
- 외국인 등록한(아래 적용대상자) 자 또는 국내거소 신고한 자
- 「주민등록법」 제6조 제1항 제3호에 따라 재외국민 주민등록을 필한 재외국민

② 「주민등록법」에 따른 거주불명등록자
- 거주불명등록 이후 공단에 신청한 날

(2) 직장가입자

① 1개월 이상 근로하면서, 월 8일 이상 근로한 사람

- 1개월 이상 근로 : 최초 근로(고용)일로부터 1개월 되는 날까지 근로하거나, 그 날 이후까지 근로한 경우
- 월 8일 이상 근로 : 최초 근로(고용)일로부터 1개월 되는 날까지 8일 이상 근로하거나 연속하여 근로할 경우, 익월 초일부터 말일까지 근로일수가 8일 이상인 경우

연도별 가입자 현황은 〈표 8-5〉와 같다.

표 8-5 연도별 가입자 현황

구분	2020	2021	2022	2023
계	22,107,028	22,347,586	22,497,819	22,384,787
사업장가입자	14,320,025	14,580,825	14,785,761	14,812,062
지역가입자	6,898,118	6,827,009	6,845,744	6,714,114
임의가입자	362,328	396,632	365,487	324,601
임의계속가입자	526,557	543,120	500,827	534,010

자료: 국민건강보험공단(홈페이지, 2025).

건강보험 대상자 중 피부양자는 직장가입자에게 주로 생계를 의존하는 사람으로서, 소득 및 재산이 보건복지부령으로 정하는 기준 이하에 해당하는 사람을 말하며, 직장가입자의 배우자, 직장가입자의 직계존속(배우자의 직계존속 포함), 직장가입자의 직계비속(배우자의 직계비속 포함)과 그 배우자, 직장가입자의 형제·자매를 일부 포함한다(국민건강보험공단 홈페이지, 2025).

건강보험 적용대상 및 인구는 〈표 8-6〉과 같다.

표 8-6 적용대상 및 인구

(단위: 천 명, %)

분류	적용인구	비율
계	51,417	100.0
직장가입자	19,902	38.7
피부양자	19,389	31.9
지역가입자	15,126	29.4

자료: 국민건강보험공단(홈페이지, 2025).

3 산업재해보상보험

1) 산업재해보상보험의 개념

산업재해보상보험(industrial accident compensation insurance)은 산업사회의 고유한 문제인 업무상 부상과 질병, 장해 또는 사망으로 인한 소득상실을 보전함과 동시에, 요양서비스와 재활서비스를 충분히 제공하여 성공적인 직업복귀를 도모하는 제도이다. 산업재해보상보험(약칭 산재보험)은 대부분의 국가에서 의료보장제도와 함께 가장 오래된 사회보장제도로 우리나라에서도 사회보험 중에서 가장 먼저 도입된 제도이다. 「산재보험법」 제1조에 의하면, "이 법은 산재보험 사업을 시행하여 근로자의 업무상의 재해를 신속하고 공정하게 보상하며, 재해근로자의 재활 및 사회 복귀를 촉진하기 위하여 이에 필요한 보험시설을 설치 · 운영하고, 재해 예방과 그 밖에 근로자의 복지증진을 위한 사업을 시행하여 근로자 보호에 이바지하는 것을 목적으로 한다."고 규정되어 있다.

산업재해보상보험제도는 사업장 단위로 적용되는 정부 주도의 강제보험으로, 보험제도를 통해 근로자 및 그 유족을 보호하고, 사업주 간의 위험을 분산하는 기능을 가진다. 또한 국민연금, 국민건강보험 등 근로자와 사업주가 보험료를 각각 절반씩 부담하는 다른 사회보험과 달리, 사업주가 보험료를 전액 부담함으로써 보험료의 납부자와 수혜자가 다르다는 특징을 가진다. 따라서, 산재보험의 보험자는 정부(근로복지공단)가 되고, 가입자는 사업주, 수급자는 업무상의 재해근로자가 된다(박진규, 2020: 189-190).

산업재해보상보험제도의 특성은 다음과 같다(박주현, 2021: 363).

첫째, 근로자의 업무상 재해에 대하여 사용자에게는 고의 · 과실의 유무를 불문하는 무과실책임주의이다.

둘째, 보험사업에 소요되는 재원인 보험료는 원칙적으로 사업주가 전액 부담한다.

셋째, 산재보험급여는 재해발생에 따른 손해 전체를 보상하는 것이 아니라, 평균임금을 기초로 하는 정률보상방식으로 행한다.

넷째, 자진신고 및 자진납부를 원칙으로 하고 있다.

다섯째, 재해보상과 관련되는 이의신청을 신속히 하기 위하여 심사 및 재심사청구제도를 운영한다.

여섯째, 다른 사회보험과는 달리 산재보험은 사업장 중심의 관리가 이루어진다.

2) 산업재해보상보험의 역사

산업재해보상보험제도가 도입되기 이전에는 「근로기준법」에 의해 산업재해의 개별 사용주 책임제도가 있었다. 산업재해보상보험제도는 1963년 「산업재해보상보험법」이 제정되면서 1964년부터 시행되었다. 1995년부터 산재보험업무를 노동부에서 근로복지공단으로 이관하였고, 1999년 법 개정을 통해 2000년부터 중소기업 사업주, 1인 이상 사업장까지 산재보험 적용이 확대되었다. 2007년 산업재해보상보험의 전부개정을 통해 산재근로자에 대한 의료 · 재활서비스를 확충하고 산재근로자 및 의료기관의 요양관리 합리화를 꾀하였고, 2012년에는 유족보상연금 수급자격자 범위의 남자 배우자 연령조항을 삭제하여 성별 형평성을 도모하였다(김승훈 외, 2024: 199).

산업재해보상보험 적용대상자 확대 연혁을 살펴보면, 1964년 산업재해보상보험 도입 시에는 500인 이상 근로자를 사용하는 광업 및 제조업에 적용하였고, 1989년 「근로기준법」 적용을 받는 모든 사업 또는 사업장으로 확대하였다. 1994년 5인 이상 사업장으로 적용대상을 확대하고 2000년부터는 1인 이상 근로자를 사용하는 전 사업으로 확대하였다. 그러나 여전히 「근로기준법」의 적용을 받지 않는 특수형태 근로자는 적용대상에서 제외되어 있었는데, 2008년 4개 특수형태 근로자(골프장 캐디, 학습지 교사, 레미콘 기사, 보험설계사 등)까지 적용대상을 확대하고, 2011년부터는 특수형태 근로자에 업무상 재해 발생 가능성이 높은 택배업 및 퀵서비스 종사자를 포함시켰다. 2016년에는 대출 모집인, 신용카드 모집인, 대리운전 업무하는 사람들을 추가로 인정하였다.

3) 산업재해보상보험의 급여

(1) 업무상 재해의 인정 기준

근로자가 업무상 사고 또는 업무상 질병 어느 하나에 해당하는 사유로 부상·질병 또는 장해가 발생하거나 사망하면 업무상의 재해로 본다. 다만, 업무와 재해 사이에 상당인과관계가 없는 경우에는 그러하지 아니하다(「산업재해보상보험법」 제37조).

업무상 사고란 근로자가 근로계약에 따른 업무나 그에 따르는 행위를 하던 중 발생한 사고, 사업주가 제공한 시설물 등을 이용하던 중 그 시설물 등의 결함이나 관리소홀로 발생한 사고, 사업주가 제공한 교통수단이나 그에 준하는 교통수단을 이용하는 등 사업주의 지배관리하에서 출퇴근 중 발생한 사고, 사업주가 주관하거나 사업주의 지시에 따라 참여한 행사나 행사준비 중에 발생한 사고, 휴게시간 중 사업주의 지배관리하에 있다고 볼 수 있는 행위로 발생한 사고, 그 밖에 업무와 관련하여 발생한 사고를 말한다.

업무상 질병은 업무수행과정에서 물리적 인자, 화학물질, 분진, 병원체, 신체에 부담을 주는 업무 등 근로자의 건강에 장해를 일으킬 수 있는 요인을 취급하거나, 그에 노출되어 발생한 질병, 업무상 부상이 원인이 되어 발생한 질병, 그 밖에 업무와 관련하여 발생한 질병을 말한다.

근로자의 고의·자해행위, 범죄행위 또는 그것이 원인이 되어 발생한 부상·질병·장해 또는 사망은 업무상의 재해로 보지 아니한다. 다만, 그 부상·질병·장해 또는 사망이 정상적인 인식능력 등이 뚜렷하게 저하된 상태에서 한 행위로 발생한 경우로서, 대통령령으로 정하는 사유가 있으면 업무상의 재해로 본다. 업무상 재해의 구체적인 인정 기준은 대통령령으로 정한다.

(2) 급여의 종류

산재보험에서 업무상의 재해를 입은 근로자에게 제공하는 급여는 적용사업장에 종사하는 경우에 한하여 요양급여, 휴업급여, 장해급여, 간병급여, 유족급여, 상병보상연금, 장의비, 직업재활급여가 있다(「산업재해보상보험법」 第36條).

요양급여는 근로자가 업무상의 사유로 부상을 당하거나 질병에 걸린 경우에 그 근로자에게 지급한다.

휴업급여는 업무상 사유로 부상을 당하거나 질병에 걸린 근로자에게 요양으로 취업하지 못한 기간에 대하여 지급하되, 1일당 지급액은 평균임금의 100분의 70에 상당하는 금액으로 한다. 다만, 취업하지 못한 기간이 3일 이내이면 지급하지 아니한다.

장해급여는 근로자가 업무상의 사유로 부상을 당하거나 질병에 걸려 치유된 후 신체 등에 장해가 있는 경우에 그 근로자에게 지급한다.

간병급여는 요양급여를 받은 자 중 치유 후 의학적으로 상시 또는 수시로 간병이 필요하여 실제로 간병을 받는 자에게 지급한다.

유족급여는 근로자가 업무상의 사유로 사망한 경우에 유족에게 지급한다.

요양급여를 받는 근로자가 요양을 시작한 지 2년이 지난 날 이후에 특정한 요건에 모두에 해당하는 상태가 계속되면, 휴업급여 대신 상병보상연금을 그 근로자에게 지급한다. 장의비는 근로자가 업무상의 사유로 사망한 경우에 지급하되, 평균임금의 120일분에 상당하는 금액을 그 장제를 지낸 유족에게 지급한다. 다만, 장제를 지낼 유족이 없거나 그 밖에 부득이한 사유로 유족이 아닌 자가 장제를 지낸 경우에는 평균임금의 120일분에 상당하는 금액의 범위에서 실제 드는 비용을 그 장제를 지낸 자에게 지급한다.

직업재활급여는 두 가지가 있는데, 하나는 장해급여 또는 진폐보상연금을 받은 자나 장해급여를 받을 것이 명백한 자로서, 대통령령으로 정하는 자(장해급여자) 중 취업을 위하여 직업훈련이 필요한 자(훈련대상자)에 대하여 시행하는 직업훈련에 드는 비용 및 직업훈련수당을 말한다. 다른 하나는 업무상의 재해가 발생할 당시의 사업에 복귀한 장해급여자에 대하여 사업주가 고용을 유지하거나, 직장적응훈련 또는 재활운동을 시행하는 경우에 각각 지급하는 직장복귀지원금, 직장적응훈련비 및 재활운동비를 말한다.

4) 산업재해보상보험의 대상

(1) 업무상 재해

업무상 재해란 업무상 사고, 업무상 질병, 출퇴근 재해 등의 사유로 부상, 질병, 장해를 당하거나 사망하는 것을 의미한다.

업무상 사고는 근로자가 근로계약에 따른 업무나 행위를 하던 중 발생한 사고, 사업주가 제공한 시설물의 결함이나 관리소홀로 발생한 사고, 사업주가 주관하거나 사업주 지시에 따라 참여한 행사나 행사준비 중 발생한 사고, 휴게시간 중 사업주 지배 관리하에 있다고 볼 수 있는 행위로 발생한 사고 등을 의미한다.

업무상 질병은 업무수행과정에서 물리적 인자, 화학물질, 분진, 병원체, 신체에 부담을 주는 업무 등 근로자의 건강에 장해를 일으킬 수 있는 요인을 취급하거나, 그에 노출되어 발생한 질병, 업무상 부상이 원인이 되어 발생한 질병 등을 의미한다.

출퇴근 재해는 통상의 출퇴근재해 도입 이전에는 노동자가 회사차나 회사에서 제공한 차량을 이용하던 중 발생한 사고만 산업재해보상이 가능하였으나, 2016년 9월 29일 이후 통상적인 경로와 방법(대중교통과 자가용, 도보 등)을 이용하여 출퇴근하는 중 발생하는 사고('통상의 출퇴근재해')도 산업재해보상이 가능하도록 하는 '통상의 출퇴근재해 산업재해보상제도'가 도입되었다. 이는 사업주가 제공한 교통수단이나 그에 준하는 교통수단을 이용하는 등 출퇴근 중 발생한 사고, 그 밖에 통상적 경로와 방법으로 출퇴근하는 중 발생한 사고를 의미한다. 단, 근로자의 고의·자해행위나 범죄행위 또는 그것이 원인이 되어 발생한 재해는 업무상 재해로 보지 않는다(「산업재해보상보험법」 제37조).

통상의 출퇴근재해 신청 및 보상범위

출퇴근재해 보상제도라고 해서 달리 적용되는 것은 아니다. 사고로 인하여 4일 이상의 요양이 필요한 경우에는 "요양급여신청서"와 "출퇴근재해 발생신고서"를 근로복지공단에 제출하면 된다. 일반적인 산업재해보상과 동일하게 치료에 소요되는 요양급여, 생활보장을 위한 휴업급여 등이 지급될 뿐만 아니라, 자동차보험에는 없는 장해·유족연금, 합병증 관리, 재요양, 재활 서비스 등의 다양한 서비스를 제공한다.

또한 통상의 출퇴근재해는 개별 사업장의 산재보험료율 및 재해율에 영향을 미치지 않으며 산업재해조사표 제출의무도 없으므로 통상의 출퇴근재해 발생 시 부담 없이 산재신청이 가능하다.

출퇴근 시 자가용 및 버스 등 대중교통 이용 중 발생한 사고를 산재로 처리하더라도, 위자료 및 대물보상은 자동차보험으로 청구 가능하며, 동일한 사고로 자동차보험사 등으로부터 산재보험급여와 유사한 손해배상 수령 시 산재보험급여의 지급이 제한될 수 있으므로, 합의금 또는 다른 배상을 수령하였을 경우 공단에 문의하여야 한다. 단, 산재보험급여와 자동차보험의 자기신체사고보험(임의가입) 보상금은 중복보상이 가능하다.

(2) 보험가입자

근로자를 사용하는 모든 사업 또는 사업장의 사업주는 당연히 산업재해보상보험의 가입자가 된다. 다만, 위험률, 규모에 따라 적용 제외 사업을 정하고 있는데, 이들 사업의 사업주는 공단의 승인을 얻어 산업재해보상보험에 가입할 수 있다. 적용 제외 사업으로는 공무원연금법, 군인연금법, 선원법, 어선원 및 어선재해보상보험법, 사립학교교직원연금법에 따라 재해보상이 되는 사업, 총공사금액 2천만 원 미만이거나 연면적이 100제곱미터 이하인 건축물의 건축 공사, 연면적 200제곱미터 이하인 건축물 대수선 공사를 하는 주택건설업자, 공사업자, 정보통신공사업자, 소방시설업자, 문화재수리 업자, 가구내 고용활동, 상시근로자 수 1인 미만인 사업, 농업, 임업, 어업, 수렵업 중 법인이 아닌 자의 사업으로 상시근로자 수 5명 미만인 사업이 있다. 적용 제외 사업의 사업주가 가입을 하면 이를 '임의가입자'라고 한다.

당연가입자, 임의가입자 외에 특례가입자를 정하고 있으며, 특례가입자에는 국외사업, 해외파견자, 현장실습생, 중소기업 사업주, 특수형태근로자, 국민기초생활보장 수급자 등이 있다.

4 고용보험

1) 고용보험의 개념

고용보험(employment insurance)은 근로자가 실직하였을 경우, 실직근로자의 생활안정을 위해 일정 기간 실업급여를 지급하는 전통적 의미의 실업보험사업과 적극적 노동시장정책인 취업알선을 통한 재취업 촉진과 직업안정 및 고용구조 개선을 위한 고용안정사업, 직업생활 동안 근로자의 직무수행능력을 체계적으로 개발·향상시키기 위한 직업능력개발사업 등을 하나의 체계 내에서 상호 연계하여 실시하는 사회보험제도이다. 즉, 고용보험은 실직자에 대한 생계지원인 소극적·사후적 사회보장제도는 물론, 재취업 촉진과 실업의 예방 및 고용안정, 노동시장의 구조개편, 직업훈련의 강화를 위한 적극적·사전적 차원의 종합적인 인력정책의 수단이라고 할 수 있는 것이다(박차상 외, 2020: 195).

2) 고용보험의 역사

고용보험제도는 1993년 12월 「고용보험법」이 제정되고, 1995년 7월부터 30인 이상 사업장을 대상으로 한 실업급여사업과 70인 이상 사업장 대상의 고용안정사업 및 직업능력 개발 사업으로 시작하였다. 이후 외환위기 등 경제난을 겪으면서 빠른 속도로 적용범위가 확대되어 1998년 10월부터는 일부 업종을 제외하고 근로자 1인 이상 고용한 전사업장에 확대 적용되었다. 전국민연금, 전국민의료보험이 제도 도입 이후 12~13년이 걸린 것에 비하면 도입 4

년 만에 전체 근로자를 대상으로 하는 고용보험이 마련된 셈이다. 국민연금이나 건강보험이 근로자뿐만 아니라, 전체 국민을 대상으로 하는 데 비해, 고용보험은 근로자들을 대상으로 하는 것이기 때문에 빠른 확대가 가능하기도 하였고, 노동시장 성장에 비해 고용보험 도입이 늦었던 것도 빠른 확대를 가능하게 했던 이유이다. 1998년 1인 이상 상시 근로자 사업장 확대 이후, 2004년부터는 일용근로자 및 시간제근로자(월 60시간, 주 15시간 이상)까지 고용보험 적용 근로자 범위를 확대하였다. 2012년부터는 자영업에게도 고용보험을 적용하였고, 두루누리 사회보험 지원사업의 사회보험료 지원을 통해 영세사업장의 저소득 근로자들 대상 고용보험 적용의 실효성을 강화하였다.

적용대상 확대 이외에도 2001년부터 고용보험을 통해 모성보호급여를 지급하기 시작했고, 2011년부터는 육아기 근로시간 단축제도를 실시하였다. 2016년부터는 실업기간 국민연금 가입기간 지원제도인 실업크레딧 제도를 도입하였다.

3) 고용보험의 급여

고용보험 급여의 종류는 고용안정사업과 직업능력개발사업 그리고 실업급여 등 크게 세 가지로 나누어진다.

(1) 고용안정사업

고용안정사업은 개별적인 보호와 시설지원의 형태로 이루어진다. 개별적인 보호로는 고용조정지원과 지역고용의 촉진, 고령자고용촉진, 건설업고용촉진 등이 있으며, 시설지원은 고용촉진시설에 대한 지원의 형태로 이루어진다. 이 밖에 일반적인 고용증진사업으로 고용정보의 제공 및 직업지도가 이루어진다.

(2) 직업능력개발사업

첫째, 직업능력개발 훈련지원으로서 피보험자 등에 대한 직업능력개발의 지원에는 수강장려금의 지원과 실업자재취직훈련이 있다.

둘째, 건설근로자에 대한 직업능력개발지원이 있다.

(3) 실업급여

실업급여의 종류로는 구직급여와 취업촉진수당이 있다. 취업촉진수당으로는 조기 재취직수당, 직업능력개발수당, 광역구직활동비, 이주비 등이 있다. 구직급여는 기본적인 생활보장을 위한 급여이다. 취업촉진수당은 재취업을 위해서 필요한 실제 비용에 대한 지원금으로서의 성격을 갖고 있다.

4) 고용보험의 대상

(1) 적용대상 사업장

고용보험은 근로자를 사용하는 모든 사업 또는 사업장에 적용한다. 고용보험은 적용대상에 따라 일반적인 당연적용사업과 임의가입사업으로 구분한다.

① 당연적용사업장

근로자를 고용하는 모든 사업 또는 사업장의 사업주는 원칙적으로 고용보험의 당연가입대상이다. 다만, 사업장의 규모 등을 고려하여 일부 사업장은 고용보험 당연가입대상에서 제외하고 있다.

② 임의가입사업장

사업의 규모 등으로 고용보험업의 당연가입대상사업이 아닌 사업의 경우, 근로복지공단의 승인을 얻어 보험에 가입할 수 있다. 이 경우, 사업주는 근로자(적용 제외 근로자 제외) 과반수 이상의 동의를 얻은 사실을 증명하는 서류(고용보험 가입신청서)를 첨부하여야 한다.

(2) 보험가입자

① 피보험자와 고용보험의 가입방식

「고용보험법」의 적용을 받는 보험가입자는 사업주와 근로자이다. 그러나 실제로 다양한 보험급여를 받는 자는 피보험자이다. 피보험자라 함은 당연가입자, 임의가입자, 의제가입자, 일괄적용대상 사업의 규정에 따라 보험에 가입하거나 가입된 것으로 보는 근로자를 말하고, 피보험자는 「고용보험법」이 적용되는 사업에 고용된 날에 피보험자격을 취득한다.

② 당연가입자

「고용보험법」의 적용대상이 되는 사업의 사업주와 근로자는 당연히 보험가입자가 된다.

③ 임의가입자

사업주가 근로자 과반수의 동의 및 근로복지공단의 승인을 얻어 그 사업의 사업주와 근로자가 보험에 가입하는 것을 임의가입자라고 한다.

④ 의제가입

고용보험의 당연가입자가 되는 적용사업이 사업규모의 변동 등으로 인하여 당연가입의 범위에 속하지 아니하게 된 때에는 그 사업주 및 근로자는 그 해당하게 된 날부터 임의가입한 것으로 본다. 그리고 당연가입이 되는 사업의 사업주가 당해 사업 중에 피보험자인 근로자를 고용하지 않은 때에는 그 날부터 1년의 범위 안에서 피보험자인 근로자를 고용하지 아니한 기간 동안에도 보험에 가입한 것으로 본다. 이러한 경우를 '의제가입'이라 부른다.

5 장기요양보험

1) 장기요양보험의 개념

장기요양보호는 만성적인 신체적 · 정신적 장애로 인해 일상생활 유지가 곤란한 노인에게 장기간 동안의 사회적 서비스 및 의료적 서비스를 제공하는 것을 말한다. 즉, 고령이나 노인성 질병 등으로 인하여 6개월 이상 동안 혼자서 일상생활을 수행하기 어려운 노인 등에게 신체활동 또는 가사 지원 등의 장기요양급여를 사회적 연대원리에 의해 제공하는 사회보험제도이다(양철수 외, 2019: 205-206).

노인장기요양보험(aged person longtermcare insurance)은 치매, 중풍 등으로 거동이 불편한 65세 이상 노인 또는 65세 미만이나 노인성질환을 가진 사람들을 요양시설에 모시거나 집으로 찾아가 돌보는 사회보험정책으로서, 2008년부터 시행되었다. 즉, 고령화사회로 급속하게 진행함에 따라 요양보호가 필요한 노인의 생활자립을 지원함으로써 가족의 부담을 줄여 주고, 늘어나는 노인요양비와 의료비문제에 적절하게 대처하고자 도입된 사회보장제도인 것이다.

현대국가는 그 내용이나 정도에 차이가 있으나, 모두 복지국가를 표방하고 있다. 대부분의 국가에서는 경제발전과 보건의료의 발달로 인한 평균수명의 연장, 자녀에 대한 가치관의 변화, 보육 및 교육문제 등으로 출산율이 급격히 저하되어 인구구조의 급속한 고령화문제에 직면하고 있다. 이러한 사회변화에 따른 새로운 복지수요를 충족하기 위한 것이 장기요양보장제도이다. 즉, 노화 등에 따라 거동이 불편한 사람에 대하여 신체활동이나 일상가사활동을 지속적으로 지원해 주는 문제가 사회적 이슈로 부각되었기 때문이다. 특히, 고령화의 진전과 함께 핵가족화, 여성의 경제활동참여가 증가하면서 종래 가족의 부담으로 인식되던 장기요양문제가 이제 더 이상 개인이나 가계의 부담으로 머물지 않고, 이에 대한 사회적 · 국가적 책무가 강조되고 있다. 이와 같은 사회환경의 변화와 이에 대처하기 위하여 이미 선진 각국에서는 사회보험방식 및 조세방식으로 그 재원을 마련하여 장기요양보장제도를 도입하여 운영하고 있다.

장기요양보험제도의 목적은 고령이나 노인성 질병 등의 사유로 일상생활을 혼자서 수행하기 어려운 노인 등에게 신체활동 또는 가사활동 지원 등의 장기요양급여를 제공하여, 노후의 건강증진 및 생활안정을 도모하고, 그 가족의 부담을 덜어줌으로써 국민의 삶의 질을 향상하도록 함을 목적으로 시행하는 사회보험제도이다.

우리나라 노인장기요양보험제도는 건강보험제도와는 별개의 제도로 도입 · 운영되고 있는 한편, 제도운영의 효율성을 도모하기 위하여 보험자 및 관리운영기관을 국민건강보험공단으로 일원화하고 있다. 또한 국고지원이 가미된 사회보험방식을 채택하고 있고, 수급대상자에는 65세 미만의 장애인이 제외되어 노인을 중심으로 운영되고 있다.

장기요양보험제도의 주요 특징은 다음과 같다(이평화 외, 2025: 359).

첫째, 건강보험제도와 별도 운영한다.

장기요양보험제도를 건강보험제도와 분리 운영하는 경우, 노인 등에 대한 요양 필요성의 부각이 비교적 용이하여 새로운 제도도입에 용이하며, 건강보험재정에 구속되지 않아 장기요양급여 운영, 장기요양제도의 특성을 살릴 수 있도록 「국민건강보험법」과는 별도로 「노인장기요양보험법」을 제정하였다.

둘째, 사회보험방식을 기본으로 한 국고 지원 부가방식을 채택하고 있다.

우리나라 장기요양보장제도는 사회보험방식을 근간으로 일부는 공공부조방식을 가미한 형태로 설계 · 운영되고 있다.

셋째, 보험자 및 관리운영기관의 일원화를 이루고 있다.

우리나라 장기요양보험제도는 이를 관리 · 운영할 기관을 별도로 설치하지 않고 「국민건강보험법」에 의하여 설립된 기존의 국민건강보험공단을 관리운영기관으로 하고 있다. 이는 도입과 정착을 원활하게 하기 위하여 건강보험과 독립적인 형태로 설계하되, 그 운영에 있어서는 효율성 제고를 위하여 별도로 관리운영기관을 설치하지 않고, 국민건강보험공단이 이를 함께 수행하도록 한 것이다.

넷째, 노인 중심의 급여체계이다.

우리나라 장기요양보험제도는 65세 이상의 노인 또는 65세 미만의 자로서 치매 · 뇌혈관성 질환 등 노인성 질병을 가진 자 중 6개월 이상 혼자서 일상생활을 수행하기 어렵다고 인정되는 자를 그 수급대상자로 하고 있다. 여기에는 65세 미만자의 노인성 질병이 없는 일반적인 장애인은 제외되고 있다.

2) 장기요양보험의 역사

2000년 이후 인구고령화 속도가 빠르게 증가하면서 치매 · 중풍 등으로 의료서비스보다는 장기요양이 필요한 노인들의 수도 많아짐에 따라 이들을 돌봐야 하는 가족들의 부담도 커졌다. 국민의 정부는 2001년 대통령 경축사에서 노인요양보장세도 도입을 제안하였고, 2002년 16대 대통령선거 공약사항에 포함되었다. 이에 따라, 2003년부터 노인장기요양보험제도 도입을 준비하였고, 2005년부터 2008년까지 3년간의 시범사업을 거쳐 2008년 7월부터 시행되었다. 2010년 장기요양기관의 장에게 장기요양급여 제공자료 기록 · 관리 의무를 부여하였고, 장기요양등급 3등급으로 시작했던 노인장기요양보험은 2014년부터 5등급체계로 개편되었다. 2017년부터는 정부가 장기요양요원의 처우개선, 복지증진을 위해 적극적으로 노력하도록 장기요양기본계획에 '장기요양요원의 처우에 관한 사항'을 포함시켰다. 2018년부터는 인지기능 저하로 일상생활에 어려움이 있으나, 신체기능이 양호하여 노인장기요양 등급판정을 받기 어려운 치매환자를 위해 선정기준이 완화된 장기요양 '인지지원등급'을 신설하여 신체기능이 양호한 치매환자도 장기요양 대상자가 될 수 있도록 등급체계를 개편하였다(류연규, 2021: 266).

3) 장기요양보험의 급여

장기요양급여의 종류는 다음과 같다(「노인장기요양보험법」 제23조 ; 국민건강보험공단, 홈페이지, 2025).

(1) 재가급여

① **방문요양** : 장기요양요원이 수급자의 가정 등을 방문하여 신체활동 및 가사활동 등을 지원하는 장기요양급여

② **방문목욕** : 장기요양요원이 목욕설비를 갖춘 장비를 이용하여 수급자의 가정 등을 방문하여 목욕을 제공하는 장기요양급여

③ **방문간호** : 장기요양요원인 간호사 등이 의사, 한의사 또는 치과의사의 지시서(이하 '방문간호지시서'라고 한다)에 따라 수급자의 가정 등을 방문하여 간호, 진료의 보조, 요양에 관한 상담 또는 구강위생 등을 제공하는 장기요양급여

④ **주 · 야간보호** : 수급자를 하루 중 일정한 시간 동안 장기요양기관에 보호하여 신체활동 지원 및 심신기능의 유지 · 향상을 위한 교육 · 훈련 등을 제공하는 장기요양급여

⑤ **단기보호** : 수급자를 보건복지부령으로 정하는 범위 안에서 일정 기간 동안 장기요양기관에 보호하여 신체활동 지원 및 심신기능의 유지 · 향상을 위한 교육 · 훈련 등을 제공하는 장기요양급여

⑥ **기타 재가급여** : 수급자의 일상생활 · 신체활동 지원 및 인지기능의 유지 · 향상에 필요한 용구를 제공하거나, 가정방문하여 재활에 관한 지원 등을 제공하는 장기요양급여로서 대통령령으로 정하는 것

(2) 시설급여

① 노인요양시설

장기간 입소한 수급자에게 신체활동 지원 및 심신기능의 유지 · 향상을 위

한 교육·훈련 등을 제공하는 장기요양급여(입소정원 : 10명 이상)

② 노인요양공동생활가정

장기간 입소한 수급자에게 가정과 같은 주거여건에서 신체활동 지원 및 심신기능의 유지 향상을 위한 교육·훈련 등을 제공하는 장기요양급여(입소정원 : 5~9명)

(3) 특별현금급여

① 가족요양비 : 법 제24조에 따라 지급하는 가족장기요양급여
② 특례요양비 : 법 제25조에 따라 지급하는 특례장기요양급여
③ 요양병원간병비 : 법 제26조에 따라 지급하는 요양병원장기요양급여

장기요양급여 이용절차는 [그림 8-1]과 같다.

그림 8-1 장기요양급여 이용절차

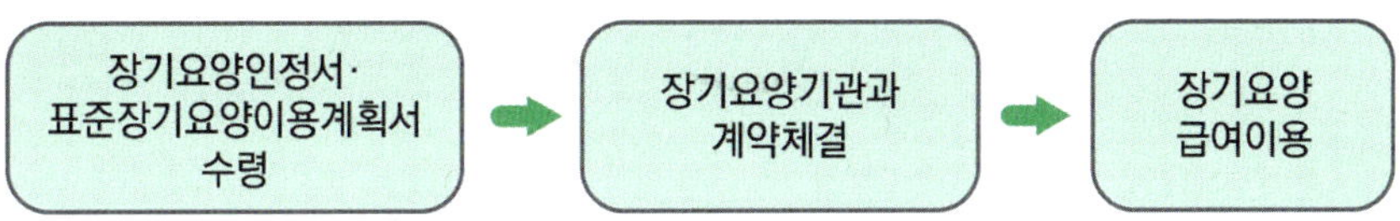

자료: 국민건강보험공단(홈페이지, 2025).

4) 장기요양보험의 대상

장기요양보험제도는 65세 이상의 노인 또는 65세 미만의 자로서, 치매·뇌혈관성 질환 등 노인성 질병을 가진 자 중 6개월 이상 혼자서 일상생활을 수행하기 어렵다고 인정되는 자를 그 수급대상자로 하고 있다. 여기에는 65세 미만자의 노인성 질병이 없는 일반적인 장애인은 제외되고 있다(국민건강보험공단 홈페이지, 2025).

건강보험 가입자는 장기요양보험 가입자가 된다(법 제7조 제3항). 이는 건강보

험의 적용에서와 같이 법률상 가입이 강제되어 있다. 또한 공공부조의 영역에 속하는 의료급여 수급권자의 경우, 건강보험과 장기요양보험의 가입자에서는 제외되지만, 국가 및 지방자치단체의 부담으로 장기요양보험의 적용대상으로 하고 있다(법 제12조).

장기요양보험 가입자 및 그 피부양자나 의료급여 수급권자 누구나 장기요양급여를 받을 수 있는 것은 아니다. 일정한 절차에 따라 장기요양급여를 받을 수 있는 권리(수급권)가 부여되는데, 이를 '장기요양 인정'이라고 한다.

장기요양 인정절차는 먼저 공단에 장기요양 인정신청으로부터 출발하여 공단직원의 방문에 의한 인정조사와 등급판정위원회의 등급판정, 그리고 장기요양 인정서와 표준장기요양이용계획서의 작성 및 송부로 이루어진다.

장기요양 인정의 신청자격은 장기요양보험 가입자 및 그 피부양자 또는 의료급여수급권자 중 65세 이상의 노인 또는 65세 미만인 자로서, 노인성 질병인 치매, 뇌혈관성 질환, 파킨슨병 등 대통령령으로 정하는 질병을 가진 자에게 있다.

장기요양 인정 및 이용절차는 [그림 8-2]와 같다.

그림 8-2 장기요양 인정 및 이용절차

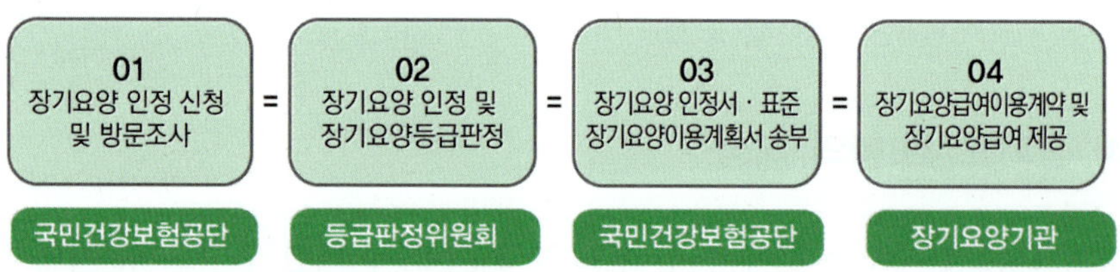

자료: 국민건강보험공단(홈페이지, 2025).

장기요양 인정의 신청은 노인장기요양보험운영센터(전국 공단지사)에서 본인 또는 대리인이 할 수 있으며, 신청방법은 공단 방문, 우편, 팩스, 인터넷 등을 이용한다.

장기요양 인정신청의 종류는 〈표 8-7〉과 같다.

표 8-7 장기요양 인정신청의 종류

종류	신청 사유	신청 시기	제출 서류
인정신청	처음으로 장기요양 인정신청을 하는 경우	신청자격을 가진 자가 장기요양급여를 받고자 하는 경우	• 장기요양 인정신청서 • 의사소견서
갱신신청	장기요양 인정 유효기간 종료가 예정된 경우	유효기간 종료 90일 전부터 30일 전	• 장기요양 인정 갱신신청서 • 의사소견서
등급변경 신청	장기요양급여를 받고 있는 동안 신체적·정신적 상태의 변화가 있는 경우	변경사유 발생 시	• 장기요양등급변경신청서 • 의사소견서
급여종류·내용변경 신청	급여종류·내용변경을 희망하는 경우	급여종류·내용변경 사유 발생 시	• 장기요양 급여종류·내용 변경신청서 • 사실확인서(제출 필요시)
이의신청	통보받은 장기요양 인정등급에 이의가 있을 경우	처분이 있은 날로부터 90일 이내	• 이의신청서 • 사실 입증서류

자료: 국민건강보험공단(홈페이지, 2025).

CHAPTER

09

공공부조

CHAPTER 09

공공부조

공공부조정책(public assistance policy)은 생활유지능력이 없는 복지기본선 이하의 저소득층 등 선별층에게 보험료 납부를 전제하지 않고, 현금급여 또는 현물급여 등을 제공하여 최저생활을 보장하고 자립을 지원하는 정책을 의미한다. 원래는 '공적부조'로 명명했으나, 1995년 제정된 「사회보장기본법」에 따라 '공공부조'로 변경되었다.

우리나라에서 공공부조정책의 대표적인 제도는 국민기초생활보장제도라고 할 수 있다. 국민기초생활보장제도의 추진체계는 중앙정부인 보건복지부가 지방자치단체에 지원 및 지시하는 체계이다.

1 국민기초생활보장제도

1) 국민기초생활보장제도의 개념

국민기초생활보장제도(national basic livelihood security act)는 빈곤층을 대상으로 국민의 최저생활을 보장해 주는 제도를 말한다. 기초보장제도라고도 하며, 1999년 9월 보건복지부 주관으로 실시되었다. 이 제도는 개별가구의 소득이 국가가 정한 일정 기준선에 미달하는 빈곤층을 대상으로 생계, 의료, 주거, 교육 등 기초적인 생활을 영위할 수 있도록 현금 또는 현물을 지원하는 복지제도를 지칭한다.

국민기초생활보장제도는 1997년 말 외환위기로 인해 실업과 빈곤문제가 심각했던 상황에서, 빈곤층의 인간다운 삶을 보장하기 위해 시민단체들의 청원과 여야 국회의원들의 공동발의로 1999년 9월 7일 제정되었고, 2000년 10월 1일 시행되었다. 이 제도는 빈곤층에 대한 소득보장을 '사회권'의 하나로 규정하였으며, 근로능력 유무와 무관하게 모든 빈곤층에게 소득보장을 하도록 규정하였으며, 자활사업을 통해 근로연계복지(workfare)를 실시하고 있다는 점에서 한국 사회보장제도에서 매우 상징적인 의미를 갖고 있다.

국민기초생활보장제도는 공공부조제도이며, 그것은 다음의 세 가지 특징을 갖고 있다.

첫째, 보험료 납부 등의 기여(contribution)를 전제하지 않고, 정부가 일반조세를 통해 그 비용을 부담하는 복지제도이다.

둘째, 자산조사(means-test)를 통해 지원대상을 엄격하게 선정하는 잔여적 복지제도이다.

셋째, 빈곤층의 모든 자구적 노력을 전제로 최종적으로 도움을 호소할 수 있는 복지제도이다. 이 점에서 국민기초생활보장제도는 빈곤층이 호소할 수 있는 최후의 사회안전망이라 불리기도 한다.

2) 국민기초생활보장제도의 역사

1997년 외환위기로 실직자와 노숙자가 증가하고 빈곤계층의 생활안정을 위하여 기본적인 최저생활보장제도에 대한 요구가 높아졌다. 1998년 45개 시민단체 연대회의가 구성되어 입법 청원을 하였으며, 여당과 야당, 정부 등 전 국민적 합의를 바탕으로 1999년 9월 7일 「국민기초생활 보장법」을 제정하고, 2000년 10월 1일부터 이 제도가 시행되었다. 「국민기초생활 보장법」이 제정된 9월 7일은 '사회복지의 날'로 기념하고 있다.

2000년 시행 이후 2003년 소득 기준과 재산 기준의 구분을 소득인정액 기준으로 통합하였고, 2007년 부양의무자 범위를 2촌 이내 직계 혈족에서 1촌 이내 직계혈족으로 축소시켜 대상자 선정기준을 완화하였다. 2011년에는 수급자의 가구별 특성을 감안하여 관련 기관의 고용지원서비스를 연계할 수 있도록 하고, 수급자의 취업활동으로 인하여 해당 가구에 필요하게 된 아동·노인 등에 대한 사회서비스를 지원하며, 자산형성지원서비스를 실시하였다.

2015년부터는 맞춤형 급여체계 개편을 하여 급여의 종류별로 수급대상 선정기준을 달리 정하였고, 최저생계비 대신 최저보장수준을 대상자 선정기준으로 정하였다. 최저보장수준은 기준 중위소득을 기준으로 정해진다.

3) 국민기초생활보장제도의 급여

국민기초생활보장제도의 급여는 다음과 같다.

(1) 생계급여(일반생계급여)

현금급여기준은 최저생계비에서 현물로 지급되는 의료비, 교육비 및 타법 지원액을 감한 금액으로 소득이 없는 수급자가 받을 수 있는 최고액의 현금급여수준을 말한다.

가구별 생계급여액 = 생계급여 선정기준액 − 가구의 소득인정액

생계급여액은 수급자의 생계를 유지하기 위해 일상생활에 기본적으로 필요한 의복비, 음식물비 및 연료비 등이 포함된 금액이다. 이는 생계급여 선정기준에서 가구의 소득인정액을 차감한 금액으로 기준 중위소득의 32%(2025년 기준)에 해당한다. 생계급여는 금전을 지급하는 것이 원칙이며, 매월 20일에 정기적으로 금융회사 등의 수급자 명의의 지정된 계좌에 입금된다.

(2) 의료급여

의료급여는 수급자에게 질병, 부상, 출산 등의 상황에서 필요한 의료서비스 부담금 일부를 지원한다. 즉, 의료급여는 질병·부상·출산 등으로 도움이 필요한 기초생활보장 수급자에게 지급된다. 예컨대, 진찰·검사, 약제·치료재료의 지급, 처치·수술과 그 밖의 치료, 예방·재활, 입원, 간호, 이송과 그 밖의 의료목적 달성을 위한 조치 등이 이에 해당한다.

(3) 주거급여

주거급여는 수급자에게 주거안정에 필요한 임차료, 유지수선비 등을 지급하는 것으로, 기준임대료를 상한으로 수급자의 실제 임차료를 지원한다. 즉, 주거급여는 주거안정이 필요한 기초생활보장 수급자에게 지급된다. 주거급여의 최저보장수준은 임차급여의 경우에 기준임대료로 하고, 수선유지급여의 경우 경보수, 중보수, 대보수 등 보수범위별 수선비용을 기준금액으로 한다.

(4) 교육급여

교육급여는 고등학생의 경우, 교과서대, 수업료·입학금(학교장이 고지한 금액 전부), 초·중학생의 경우 부교재비(66천 원/인·105천 원/인), 중·고등학생 학용품비(57천 원/인)을 지원한다. 즉, 교육급여는 학교나 시설에 입학해 입학금, 수업료, 학용품비, 그 밖의 수급품 등이 필요한 기초생활보장 수급자에게 지급된다. 이는 초등학교·공민학교, 중학교·고등공민학교, 고등학교·고등기술학교, 특수학교, 각종 학교(초등학교·공민학교·중학교·고등공민학교·고등학교·고등기술학교와 비슷한 학교), 학교 형태의 평생교육시설(고등학교 졸업 이하의 학력이 인정되는 시설로 지정한 시설만 해당) 중 어느 하나에 해당하는 학교 또는 시설에 입학 또는 재학하는 사람에게 지급된다.

(5) 해산급여

해산급여는 출산 영아 1인당 60만 원을 지급한다. 단, 생계급여, 의료급여,

주거급여 수급자에게만 지원한다. 즉, 해산급여는 생계급여, 주거급여 및 의료급여 중 하나 이상의 급여를 받는 수급자 중 조산을 했거나 분만하기 전후로 조치와 보호가 필요한 기초생활보장 수급자에게 지급된다. 해산에 필요한 금품을 지급받으려는 사람은 해산급여지급신청서(전자문서로 된 신청서 포함)를 거주지를 관할하는 특별자치시장·특별자치도지사·시장·군수·구청장에게 제출하면 된다.

(6) 장제급여

장제급여는 사망자 1구당 75만 원을 지급한다. 단, 생계급여, 의료급여, 주거급여 수급자에게만 지원한다. 즉, 장제급여는 생계급여, 주거급여 및 의료급여 중 하나 이상의 급여를 받는 수급자가 사망해 사체의 검안·운반·화장 또는 매장, 그 밖의 장제조치가 필요한 경우에 지급된다. 특별자치시장·특별자치도지사·시장·군수·구청장은 단독가구주의 사망 등 불가피한 경우, 장제를 실시할 수 있는 사람을 지정해 장제급여를 지급할 수 있다.

(7) 자활급여

수급권자의 자활을 돕기 위해 자활에 필요한 금품의 지급 또는 대여, 자활에 필요한 근로능력의 향상 및 기능습득의 지원, 취업알선 등 정보의 제공, 자활을 위한 근로기회의 제공, 자활에 필요한 시설 및 장비의 대여, 창업교육, 기능훈련 및 기술·경영 지도 등 창업지원, 자활에 필요한 자산형성 지원, 그 밖에 자활을 위한 각종 지원 등과 같은 명목으로 지급된다.

국민기초생활보장제도 급여의 기본 원칙은 다음과 같다.

최저생활보장의 원칙은 생활이 어려운 자에게 생계·주거·의료·교육·자활 등 필요한 급여를 행하여 이들의 최저생활을 보장한다는 것이다.

보충급여의 원칙은 생계급여 수급자의 최저보장수준은 생계급여액과 수급자 가구의 소득인정액을 합한 수준이 생계급여 선정기준 이상이 되도록 지원한다는 것이다.

자립지원의 원칙은 근로능력이 있는 생계급여 수급자에게 자활사업에 참여할 것을 조건으로 생계급여를 지급한다는 것이다.

개별성의 원칙은 급여수준을 정함에 있어서 수급권자의 개별적 특수 상황을 최대한 반영한다는 것이다.

가족부양 우선의 원칙은 급여신청자가 부양의무자에 의하여 부양될 수 있는 경우에는 기초생활보장 급여에 우선하여 부양의무자에 의한 보호가 먼저 행해져야 한다는 것이다.

타 급여 우선의 원칙은 급여신청자가 다른 법령에 의하여 보호를 받을 수 있는 경우에는 기초생활보장 급여에 우선하여 다른 법령에 의한 보호가 먼저 행해져야 한다는 것이다.

4) 국민기초생활보장제도의 대상

국민기초생활보장제도의 대상은 수급권자 가구의 소득인정액이 가구별 최저생계비 이하인 경우, 또는 부양의무자가 없거나, 부양의무자가 있어도 부양능력이 없거나, 또는 부양을 받을 수 없는 경우를 말한다. 그 내용은 다음과 같다.

- 부양의무자 기준 적용: 생계급여, 의료급여, 주거급여 수급자
- 교육급여 수급자는 부양의무자 제도 미적용
- 부양의무자의 범위: 수급 신청자와 부모, 아들, 딸, 며느리, 사위
- 배우자가 사망한 사위, 며느리, 계부, 계모는 수급권자의 부양의무자가 아님

2024년도 급여종류별 수급자 선정기준은 다음과 같다.

표 9-1 수급자 선정기준(2024)

(단위: 원)

가구	기준중위소득	생계급여기준 (중위소득32%)	의료급여기준 (중위소득40%)	주거급여기준 (중위소득48%)	교육급여기준 (중위소득50%)
1인	2,228,445	713,102	891,378	1,069,654	1,114,223
2인	3,682,609	1,178,435	1,473,044	1,767,652	1,841,305
3인	4,714,657	1,508,690	1,885,863	2,263,035	2,357,329
4인	5,729,913	1,833,572	2,291,965	2,750,358	2,864,957

* 상기 기준보다 수급권자 가구의 소득이 낮을 때 신청 가능
* 실제 소득이 아닌 소득인정액을 기준으로 함.

자료: 보건복지부(홈페이지, 2025).

2 의료급여

1) 의료급여의 개념

의료급여제도(medical care assistance)는 생활이 어려운 사람에게 의료급여를 함으로써 국민보건의 향상과 사회복지의 증진에 이바지함을 목적으로 한다(「의료급여법」 제1조). 의료급여제도는 국민건강보험과 함께 우리나라 의료보장제도의 한 축이면서 국민기초생활보장제도의 의료급여를 제도화한 것이다.

의료급여는 수급권자의 질병 · 부상 · 출산 등에 대해 진찰 · 검사, 약제 · 치료재료의 지급, 처치 · 수술과 그 밖의 치료, 예방 · 재활, 입원, 간호, 이송 등의 의료서비스를 제공하는 급여이다. 의료급여는 생활유지능력이 없거나 생활이 어려운 저소득 국민의 의료문제를 국가가 보장하는 공공부조제도로서, 국민건강보험과 함께 국민의료보장의 중요한 수단이 된다. 의료급여는 별도의 법률인 「의료급여법」에 따른다. 기존의 「의료보호법」이 「의료급여법」으로

개정됨에 따라 국민기초생활보장 수급자는 「의료급여법」에 의해 의료보장을 받게 되었다.

헌법 제36조 제3항에서 "모든 국민은 보건에 관하여 국가의 보호를 받는다."라고 규정하고 있어서 국가는 국민의 건강한 권리를 보장할 의무가 있다. 이에 국가는 의료와 보건에 관한 관련 법을 제정하고, 보건의료정책을 시행하고 있다. 사회복지와 관련된 의료정책은 일반적으로 의료를 공급하는 의사·약사·한의사 등 의료관계자와 병·의원 등과 같은 의료기관이 있으며, 보건소 또는 보건진료소 등과 같은 모든 의료기관과 관련된 보건의료행정체계 그리고 의과대학 등의 의료교육기관과 국민건강보험 등과 같은 의료보험 시스템이 있다.

이러한 의료체계구조 속에서 공공부조정책의 하나인 의료급여정책은 일반적인 사회복지나 의료보험과 관련지어 '의료보장(medical security)'이라는 용어가 사용되고 있으나, 영국·미국 등의 문헌에서는 '의료보호(medicare)'라는 표현이 자주 사용되고 있다.

의료급여는 의료비의 보장과 의료 그 자체 및 건강의 보장이라는 두 가지 견해로 크게 나눌 수 있는데, 의료비는 질병이나 부상과 관련하여 과도하게 지출될 수 있기 때문에 근로능력의 상실 등을 초래하고, 결국 생활이 빈곤해지는 악순환을 겪어야 한다(박차상 외, 2020: 251-252).

2) 의료급여의 역사

「의료급여법」의 역사를 거슬러 올라가면 「생활보호법」의 규정으로 포함되어 있던 것이 시행령이 마련되지 않아 시행되지 못하다가, 1979년부터 「의료보호법」의 제정과 함께 시행되었다. 의료보호제도가 빈곤층 대상의 의료보장제도 역할을 수행하였으나, 진료지역이 정해져 있고 진료기관이 제한되는 등 건강보험에 비해 제약이 많았다.

「의료보호법」은 「국민기초생활보장법」 제정과 더불어 2001년 「의료급여법」으로 명칭과 내용이 전부 개정되어 시행되고 있다. 「의료급여법」으로 전부 개정하면서 의료급여 수급기간 제한을 폐지하였고, 예방 · 재활에 대하여도 의료급여를 실시하였다. 2003년부터는 본인부담보상금제도를 실시하였고, 2004년에는 2종 의료급여 수급권자의 본인부담비율을 20%에서 15%로 인하하였다. 만성질환 및 희귀난치성 질환자에 대한 차상위 의료급여특례제도를 실시하였고, 의료급여 본인부담상한제를 실시하였다. 2005년에는 국내에 입양된 18세 미만 아동에 대해 1종 의료급여를 실시하였고, 2011년에는 의료급여 수급권자에 대한 사례관리를 하였다. 시 · 도 · 시 · 군 · 구에 의료급여관리사를 두고 의료급여 사업단을 설치 · 운영하도록 하였다. 2013년에는 수급권자 인정절차를 명확히 규정하여 수급자 외에 이재민, 5 · 18민주화운동 관련자 등이 의료급여 수급권자가 되려면 시장 · 군수 · 구청장에게 수급권자 인정신청을 하도록 하였다(류연규, 2021: 295).

3) 의료급여의 대상

(1) 「국민기초생활보장법」에 의한 수급권자

부양의무자가 없거나 부양의무자가 있어도 부양능력이 없거나 또는 부양을 받을 수 없는 자로서, 소득인정액이 선정기준 이하인 사람

(2) 「의료급여법」에 의한 수급권자 : 행려환자

(3) 타법에 의한 수급권자

① 「재해구호법」에 따른 이재민으로서, 보건복지부장관이 의료급여가 필요하다고 인정한 사람

② 「의사상자 등 예우 및 지원에 관한 법률」에 따라 의료급여를 받는 사람

③ 「입양특례법」에 따라 국내에 입양된 18세 미만의 입양아동

4) 의료급여의 급여

(1) 급여내용

진찰 · 검사, 약제 · 치료재료 지급, 처치 · 수술, 예방 · 재활, 입원, 간호, 이송 등(「의료급여법」 제7조)

(2) 급여범위 및 급여비용

건강보험과 유사(정신과 입원, 혈액투석, 식대 수가체계 상이)

(3) 급여절차

3단계

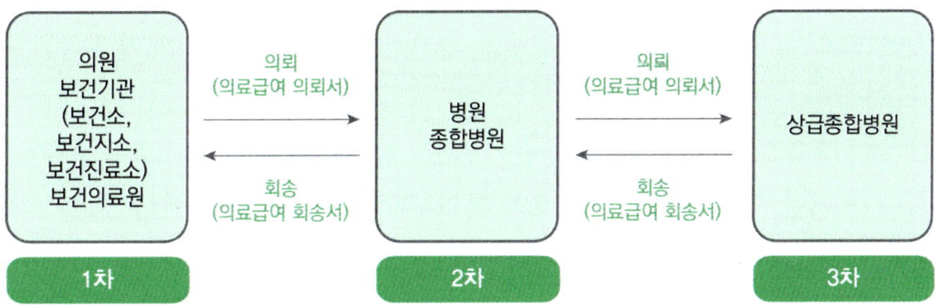

의료기관 중복방문, 약물오남용 등으로 건강상의 위해가 발생할 위험이 높은 수급권자 및 급여상한일수 초과자는 선택의료급여기관을 지정 · 이용하게 하고 있다.

수급권자가 의료기관 등을 이용한 경우, 본인이 부담해야 하는 금액은 〈표 9-2〉와 같다.

표 9-2 수급권자가 의료기관 등을 이용한 경우, 본인이 부담해야 하는 금액

구분		1차 (의원)	2차 (병원, 종합병원)	3차 (상급 종합병원)	약국	PET등
1종	입원	없음	없음	없음	-	없음
	외래	1,000원	1,500원	2,000원	500원	5%
2종	입원	10%	10%	10%	-	10%
	외래	1,000원	15%	15%	500원	15%

- 의료급여 수급권자는 1종 수급권자와 2종 수급권자로 구분
  - 1종 수급권자 : 근로무능력가구, 결핵질환자, 희귀질환자, 중증난치질환자 및 중증질환자(암환자, 중증화상환자만 해당)로서, 산정특례 등록한 사람
  - 2종 수급권자 : 기초생활보장가구 중 1종 수급대상이 아닌 가구
- 약국의 본인부담금은 처방조제의 경우, 500원, 직접조제의 경우 900원이다.
- 경증질환으로 대형병원(종합병원 이상급 기관)에 내원하여 진료를 받은 뒤, 원외처방으로 발생한 약제비의 본인부담은 급여비용 총액의 3%를 부담

3 기초연금

1) 기초연금의 개념

기초연금(basic pension)제도는 국민연금에 가입하지 못했거나, 가입기간이 짧아 충분한 연금을 받지 못하는 생활이 어려운 노인에게 정기적·안정적인 소득기반을 제공하여 생활안정을 지원하는 노후소득보장제도이다. 즉, 어르신들의 안정된 노후생활을 돕기 위해 1988년부터 국민연금제도가 시행되었지만, 제도가 시행된 지 오래되지 않아 가입하지 못하거나, 가입기간이 짧아 충분한 연금을 받지 못하는 노인들이 많아 「기초연금법」에 근거하여 노인의 소득안정을 위한 제도이다. 국민연금의 최대 개선과제는 재정안정화와 사각지대 해소이다. 전 국민의 국민연금시대라고 하지만, 2006년 기준 납부 예외자가 42%에 이르고, 미래의 전체 노인인구 57%가 잠재적 사각지대에 속할 것으로 예상된다. 이러한 사각지대 해소를 위하여 경로연금, 효도연금 등을 지급해오고 공공부조 확대를 기해왔으나, 그 실효성은 극히 미미하였다. 이런 국민연금 사각지대에 대한 본격적인 해소방안으로 등장한 것이 기초연금이다.

「기초연금법」 제1조에서는 "노인에게 기초연금을 지급하여 안정적인 소득기반을 제공함으로써 노인의 생활안정을 지원하고 복지를 증진함을 목적으로 한다."고 규정되어 있다. 과거 「기초노령연금법」에서는 생활이 어려운 노인을 대상으로 한 선별적 공공부조로 명시하였으나, 「기초연금법」에서는 '생활이 어려운'이라는 용어가 생략됨으로써 보편적 사회보장제도로서의 발전 가능성을 열어 놓았다. 즉, 기초연금은 중하위소득 70% 노인에게 지급하기 때문에 소득인정액 심사를 하는 선별석 요소를 포함하고 있지만, 선별적 제도라기보다는 데모그란트적 급여성격을 가진 준보편적 제도에 가깝다고 할 수 있다. 특히, 기초연금에서 나타난 연금과 임시적 공공부조 사이의 애매모호한 정체성은 연금이라는 정체성으로 정리되었다고 평가되고 있다. 따라서, 기초연금은 세대 간 이전(부양)을 담당하는 준보편적 무갹출 연금으로서, 세대 간 계약(intergenerational contract)에 의해 노인 시민들에게 권리로 주어지는 급여의 성격을 갖는다(박진화, 2020a: 279-280).

그러므로 기초연금제도는 65세 이상의 전체 노인 중 가구의 소득인정액이 선정기준액 이하인 노인에게 매달 일정액의 연금을 지급하는 제도를 말한다. 평생 국가의 발전과 자녀들 양육에 헌신하느라 자신의 노후를 대비할 겨를이 없었던 노인들의 생활안정에 도움을 주도록 마련된 제도이다.

2) 기초연금의 역사

기초연금제도는 2007년 4월 제정 공포된 「기초노령연금법」을 제정하고, 2008년 1월부터 시행해 왔다. 기초연금은 도입과정에서 대상, 급여액, 국민연금과의 형평성 등의 문제로 많은 이해 갈등을 겪었으나, 최종적으로 연금안이 조정되어 2014년 5월 국회를 통과하였으며, 7월 1일부터 시행되었다. 이 제도는 노후소득을 보장하고 생활안정을 지원하기 위해 도입된 제도로, 기존의 기초노령연금을 확대 개편해 나온 정책이다.

1988년 1월부터 도입된 국민연금은 급격한 고령화에 따른 기금 안정화를 위한 목적으로 급여수준 축소를 내용으로 하는 두 차례의 제도개혁이 이루어졌다. 1998년 12월의 1차 개혁에서는 소득대체율을 70%에서 60%로 낮췄고, 2007년 7월의 2차 개혁에서는 다시 60%에서 50%로 축소하고, 2028년까지 단계적으로 인하하여 최종적으로 40%가 되도록 하였다. 이 과정에서 현세대 노령층 빈곤완화에 기여하고, 국민연금의 사각지대 해소에 기여하는 목적으로 기초노령연금제도가 도입되어 2008년 7월부터 실시되었다(소득중하위 10% 이하의 노인). 이로써 노후보장체제가 국민연금과 기초노령연금의 이원체제가 되었다. 기초노령연금의 급여수준은 제도 도입 당시 국민연금 A값의 5%(약 9만 원)를 지급하고, 국민연금의 소득대체율이 40%가 되는 2028년까지 단계적으로 A값의 10%가 되도록 하였다.

2012년 18대 대선이 치러지는 과정에서 당시 여당의 박근혜 대통령 후보는 모든 노인에게 기초연금 20만 원 지급이라는 보편제 공약을 내걸었다. 당선 후 세대 이해를 대변하는 대표자와 노동자 및 사용자 이해를 대표하는 위원들로 구성된 국민행복연금위원회가 구성(2012년 3~7월)되어 2013년 9월 25일 기초연금법 정부안이 발표되고, 국회와 정부로 구성된 여·야·정협의체는 수차례 논의를 거쳐 2014년 5월 2일 「기초연금법」이 국회에서 통과되어 제정되었다(2014년 7월 1일 시행). 기존의 기초노령연금이 폐지되고 새로이 제정된 기초연금은 보편적으로 모든 노인에게 20만 원을 지급하겠다는 당초 공약인 보편지급과는 달리, 소득 중하위 70% 이하의 65세 이상 노인을 대상으로 국민연금 A급여(가입기간에 비례)에 따라 차등지급하되, 국민연금이 30만 원 이하인 노인에게는 A급여와 관계없이 기초연금 20만 원을 지급하도록 했다. 이로써 2014년 6월 기초노령연금으로 99,100원을 받던 노인은 2014년 7월부터 기초연금으로 20만 원을 받게 됨으로써 수령액이 2배로 오르게 되었다.

제도 도입 시 기준연금액은 20만 원으로 설정하고, 매년 물가상승률을 반영하여 인상하도록 하였다. 하지만 우리나라의 노인빈곤율과 노인자살률은 모두 OECD 국가 중 1위이며, 노인의 생활실태는 여전히 어려운 것으로 나타났다. 이에 정부는 현세대 노인들의 빈곤을 완화하고 안정적인 노후소득보장을 강화하고자 기초연금의 기준연금액을 30만 원으로 인상하기로 계획하고, 단계적으로 2018년 9월부터 25만 원으로 올린 후 2021년에는 하위 70% 30만 원으로 인상하였다.

3) 기초연금의 급여

2019년 4월부터 기초연금 수급자 가운데 65세 이상 소득 하위 20%의 기초연금이 월 최대 30만 원으로 인상되었다. 다만, 최대 30만 원의 기초연금액은 국민연금 수령액과 배우자 기초연금 수급 여부, 소득인정액 수준 등에 따라 일부 줄어들 수 있다. 정부는 기초연금 지급액을 '2020년 하위 40% 30만 원 → 2021년 하위 70% 30만 원'으로 확대하였다. 한편, 2022년 1월 1일부터 기초연금 지급대상자 선정기준금액이 단독가구 기준 2018년 131만 원에서 2019

년 137만 원, 2020년 148만 원, 2021년 169만 원, 2022년 180만 원으로 상향조정되고 있다. 부부가구도 2018년 209.6만 원, 2019년 219.2만 원, 2020년 236.8만 원, 2021년 270.4만 원, 2022년 288만 원으로 상향 조정되었다.

한편, 2025년부터 기초연금 지급대상자 선정기준액은 단독가구 기준은 2,280,000원이며, 부부가구는 3,648,000원이다. 단독가구의 경우, 2025년 1월부터 12월까지 1년간 기준연금액 월 최대 342,510원(부부가구, 549,600원)을 지급한다. 다만, 소득수준이 상대적으로 높아 소득역전방지 감액이 적용되거나, 부부 모두 기초연금을 수령할 경우에 감액될 수 있다(보건복지부 홈페이지, 2025).

4) 기초연금의 대상

기초연금은 조세를 기반으로 정부재정지출에 의해 지급되고, 국민연금 가입 여부와 상관없이 모든 65세 이상 노인이 대상이다. 따라서, 조세를 기반으로 하는 기초연금은 사회보험방식의 기존 국민연금과 함께 노인소득보장의 양대 축이라고 할 수 있다. 2008년부터 시행된 기초연금은 궁극적으로 '1인 1연금' 형태로 미래의 가족구조 변화에 대응하여 대한민국 국민이면 누구나 노후에 필요한 최소한의 소득을 보장받도록 하는 것이다. 다만, 공무원연금, 사립학교교직원연금, 군인연금, 별정우체국연금 수급권자 및 그 배우자는 원칙적으로 기초연금 수급대상에서 제외된다.

CHAPTER

10

사회서비스

CHAPTER 10

사회서비스

사회서비스는 사회보험, 공공부조와 더불어 사회복지정책 영역의 핵심을 이루고 있는 것으로 「사회보장기본법」 제3조 제4항에서는 사회서비스의 구체적 실천영역을 의미하는 사회복지서비스란 “국가, 지방자치단체 및 민간부문의 도움이 필요한 모든 국민에게 상담, 재활, 직업의 소개 및 지도, 사회복지시설의 이용 등을 제공하여 정상적인 사회생활이 가능하도록 하는 제도”로 정의되어 있다. 또한 「사회복지사업법」의 제2조 제6항에서는 “‘사회복지서비스’란 국가, 지방자치단체 및 민간부문의 도움을 필요로 하는 모든 국민에게 상담, 재활, 직업 소개 및 지도, 사회복지시설의 이용 등을 제공하여 정상적인 사회생활이 가능하도록 제도적으로 지원하는 것을 말한다.”라고 규정되어 있다. 그 내용은 다음과 같다.

1 노인복지정책

1) 노인복지정책의 개념

(1) 노인문제의 사회문제화

오늘날 인구고령화는 인류 최초의 경험으로서 이제는 사회가 노인의 가치에 대한 깊은 성찰을 하지 않으면 안 되는 시점에 와 있다. 하지만 현대사회는 노동력이 저하되는 노인들에 대해 부정적인 인식과 그들에게 불리한 제도를 가지고 있다. 현대사회로 오면서 핵가족화를 비롯한 가족기능의 변화는 노인을 가정 내에서 모시는 것을 더 이상 어렵게 만들었고, 노인에 대한 정부의 획기적 대책도 마련되지 않는 시점에서 노인문제는 심각하게 방치되어 왔다고 할 수 있다. 2024년 12월 23일 우리나라도 초고령사회(super-aged society)에 진입함에 따라 노인문제가 갈수록 심각해져 가고 있다. 따라서, 노인문제에 대한 대처방안은 급박한 시점에 이르렀다고 볼 수 있다. 한국사회가 당면하고 있는 심각한 노인문제의 핵심을 해결할 필요성이 절실한 입장이다.

노인문제는 노령에게 수반되는 신체적, 경제적, 사회적 생활상의 곤란을 말한다. 노년기에 접어들면서 노동가능시기에 충분한 노후에 대해 준비를 하지 못함으로써 은퇴 또는 퇴직 후 경제적으로 자립하지 못하고, 적절한 건강유지와 영양공급의 부족으로 건강이 악화되며, 다양한 여가활동이나 사회관계를 유지하지 않아 사회관계 단절이나 소외 등을 느끼는 등 의지할 곳이 없어 어려운 생활을 하게 되는 인구층이 많아진다. 이러한 곤란은 인간으로서의 사회생활의 기본적인 욕구가 충족되지 않은 상태를 의미한다.

노인문제는 노인들이 인간다운 삶을 유지하는 데에 필요한 재화나 서비스에 대한 욕구 및 이와 관련된 권리를 자기 자신이나 가족의 노력만으로는 충족시키지 못하여 불만족스러운 상태가 지속되는 현상을 일컫는 것으로, 신체적인 문제로부터 심리적 · 사회적인 문제, 경제적인 문제 등에 이르기까지 매우 복합적인 문제들을 포괄한다. 또한 노인문제는 대다수의 노인에게 공통적으로 나타나는 어려운 문제로, 노인 자신이나 가족의 힘으로 해결할 수 없는 문제를 말한다. 따라서, 노인문제는 개인이나 가족의 문제만이 아닌 사회적인 문제이다. 다시 말해서 노인문제는 노인 개인이나 그 가족의 결함 또는 문제에서 비롯된 것이 아니라, 사회구조의 전반적인 변화에 적절하게 대처하지 못함으로써 나타나는 사회제도와 사회구조에 대한 부적응에서 비롯되는 사회문제라고 할 수 있다.

노인문제를 사회문제로 보아야 할 이유들을 다음 몇 가지 차원으로 말할 수 있다(김보기 외, 2022c: 404).

첫째, 인구통계학적 차원이다. 과거 높은 사망률에서도 인류사회가 현재까지 존속할 수 있었던 원인에 대하여 인구통계학적 측면을 살펴보면, 높은 사망률(mortality rate)은 그에 비해 높은 출생률(birth rate)로 대체되어 나타났기 때문이다. 여기에는 평균수명의 노인문제와 노인부양비율 변화에 따른 구조적 인구문제가 있다.

둘째, 역할상실에 따른 심리적 · 사회적 문제이다. 핵가족화에 의한 역할상실이 사회문제로서 노인문제의 전체 이유로 될 수는 없다. 왜냐하면 현대화 과정에서 전통적인 생산방식에서는 가급적 대단위 가족으로 구성되는 것이 유리했다. 그러나 현대화에 따른 전 분야, 즉 사회 · 기술 · 과학 등에 걸쳐 찾아온 변화는 앞선 세대의 기술과 지식 등이 다음 세대에서는 활용되지 못하게 되었을 뿐만 아니라, 같은 세대 사이에서도 오늘날에는 더 이상 통용되지 못하는 상황으로까지 도달하게 되었다. 따라서, 노인들은 사회적 역할을 상실하기에 이르렀다.

셋째, 건강 악화에 따른 노인문제이다. 노인의 건강 악화는 연령이 높아질수록 노후생활에 치명적인 어려움을 초래할 수 있다. 특히, 고령 노인의 건강 악화는 노인이나 가족들에게 커다란 부담감을 줄 수 있으므로 삶의 질에 있어서도 필연적으로 문제가 된다.

(2) 노인복지의 정의

노인복지(elderly welfare)란 아동, 장애인, 여성 등과 마찬가지로 인생에 있어서, 노년기라는 특정한 생애주기에 있는 인간이 처할 수 있는 생활상의 문제에서 발생하는 노인문제에 대응한 조직적인 활동이다. 또한 노인복지는 주로 공적이고 사회적인 차원에서 노인의 일상생활상에서 겪을 수 있는 문제나 욕구를 해결해 나가는 과정을 포괄적으로 의미한다. 그런 의미에서 민간이나 개인에 의해서 일회적이고 비조직적인 활동으로 이루어지는 영역은 노인복지로 지칭하기는 어렵다. 그러나 민간영역에서도 비영리적이고 공익적인 차원에서 노인들을 대상으로 필요한 자원과 서비스를 제공하는 활동들이 조직적으로 이루어질 수 있다고 보면, 노인복지를 어느 특정 주체의 활동이라는 식으로 제한하는 것도 타당하지 않다. 따라서, 노인복지의 개념은 한마디로 간파하기 어려운 개념이다. 그럼에도 불구하고, 이는 노인복지정책론 전반에 토대가 되는 핵심적인 틀을 제공하는 개념이기도 하다(김영철 외, 2024c: 12).

노인복지시설
(예담요양원, 경기 파주)

(3) 노인복지정책의 정의

노인복지정책은 그 형태와 수준, 실행방식 등 모든 것이 학자에 따라 다양하게 표현된다. 노인복지정책은 노인복지와 정책이 합성된 개념으로 먼저 노인복지의 개념을 살펴보면 노인복지는 노인이 복리적 상태를 유지하도록 하는 사회적 활동으로 사회복지실천의 한 분야이다. 즉, 노인이 인간다운 생활을 영위하면서 자기가 속한 가족과 사회에 적응하고 통합될 수 있도록 필요한 자원과 서비스를 제공하는 데 관련된 공적 및 사적 차원에서의 조직적 모든 활동이라고 정의할 수 있다. 또한 노인복지는 모든 노인이 최저수준 이상의 생활을 유지하고, 사회적 욕구충족과 생활상의 문제를 예방 해결하며, 노후생활에 대한 적응과 사회통합을 이루는 데 필요한 급여와 서비스를 제공하는 공공과 민간부문의 조직적이고 전문적인 모든 활동으로 정의할 수 있다.

『노인복지론』
(김영철 외, 2024c 출판)

노인복지는 좁게는 그 내상이 퇴직, 실업, 질병 등 모든 여건으로 인하여 스스로 인간다운 생활을 영위하기 어려운 노인과 그 가족을 대상으로 공공부조, 생활지원 등 구체적 보호나 지원을 위한 서비스 제공이지만, 넓게는 노령화과정에 있는 또는 노후생활을 준비하는 모든 연령집단까지도 포함하는 노인의 생활상의 안정, 의료보장, 직업보장, 주택, 교육, 오락 등 욕구를 충족시키는 모든 사회적 서비스 제공과 실천활동을 포함하는 사회적 정책의 전체라고 할 수 있다. 따라서, 노인복지정책은 모든 노인이 최저수준 이상의 생활을 유지하고, 사회적 욕구충족과 생활상의 문제를 예방하고 해결하며, 노후생활에 대한 적응과 사회통합을 이루는 데 필요한 급여와 서비스를 제공하기 위한 정부나 공공기관의 원칙과 계획으로 정의한다(양정하 외, 2020: 185-186).

그러므로 노인복지정책이란 노인복지를 증진시키려는 사회적 · 국가적 노력 자체에 강조점을 둔 개념이다. 즉, 노인복지의 주체에 관심을 가진 개념으로서 사회문제이기 때문에 노인문제를 해결하고 예방하려는 노력의 일환으로 정책이란 개념을 사용하고 있는 것이고, 그 구체적인 내용이 노인복지라고 할 수 있다. 여기서 정책이란 일련의 행동지침을 의미하므로 노인복지의 구체적인 행동의 지속적인 측면을 강화하고 있다.

2) 노인복지정책의 내용

노인복지정책의 내용은 다음과 같다.

(1) 소득보장

노년기의 경제적 문제는 누구에게나 오는 노화과정 속에서 노동력의 상실, 노동기회의 부족, 강제적인 퇴직제도 등으로 인한 소득상실로 발생하게 된다. 따라서, 각 국가는 노년기의 빈곤을 사회적 위험으로 보고 사회적으로 노후소득보장에 대한 대책을 마련하고 있다. 노후소득보장이란 노년기에 갖게 되는 노령, 퇴직 등으로 인한 소득상실의 위험에 대비한 사회적 차원의 대책으로써, 노인이 빈곤에서 벗어나 인간다운 삶을 유지할 수 있도록 최소한의 소득을 확보해 주는 활동이다(김영철 외, 2024c: 171).

노인의 적절한 경제적 수입은 최소한의 계속적 생존을 가능하게 할 뿐만 아니라, 여가의 문제, 사회적 · 심리적 고립과 소외의 문제 등에도 크게 기여할 수 있으며, 나아가 노인의 자존심을 유지시켜 줌으로써, 성공적 노화의 삶을 가능하게 한다. 노인 가운데는 생물학적 노화와 사회적 제약 등으로 수입이 절감되거나 단절되어 최소한의 경제적 수입을 확보하지 못하는 사람들이 많다. 이러한 노인에 대해 현대국가는 사회의 연대책임정신을 발휘하여 최저한의 수입을 보장해 주는 소득보장제도를 마련하고 있다(김보기 외, 2022c: 416-417).

일반적으로 소득보장정책은 일정 생활수준을 유지할 수 있도록 소득을 보장하는 정책을 말한다. 실업 · 질병 · 재해에 의해 수입이 중단될 때, 또는 노령에 의한 퇴직이나 부양자의 사망 등에 의해 수입이 상실될 때, 출생 · 사망 등에 수반하는 지출이 발생할 때, 일정 생활수준을 유지할 수 있도록 소득을 보장해 주는 정책이다. 그 실행방안은 다음과 같다(박종란 외, 2020: 100-101).

첫째, 저소득자에 대하여 보충성의 원리에 입각하여 최저생활수준을 보장하는 공공부조가 있다. 즉, 공공부조는 자산조사에 기준으로 하여 보호 · 적용하는 선별주의를 취하는 데 대하여, 사회보험의 수급에는 자산조사가 아닌 보편주의 원칙에 입각하고 있다.

둘째, 정형적 급부를 행하는 사회수당(사회부조)이 있다. 사회부조인 아동수당과 자산조사가 없는 무갹출제도가 도입되어 보험의 부조화라고 하는 새로운 움직임이 나타나고 있다.

셋째, 갹출원칙을 기초로 생활안정을 위해 보험사고 발생 시 일정한 급부를 행하는 사회보험이 있다. 사회보험의 급부수준을 둘러싸고 최저보장의 생활유지가 논의되고 있다.

소득보장의 최저선은 무기여의 공공부조제도로 이루어지며, 보장수준은 최저생활비에 입각한 법적 규제형태로 이루어지는데, 이는 국가책임이다. 소득보장의 적정선은 사회보험형태, 무기여로 귀속적 욕구에 따른 수당형태, 법적 규제형태로 이루어지며, 보장수준은 사회경제 조건과 국가와 가족의 역할에 따른 사회적 합의에 의해 결정되고, 책임은 사회공동책임이다. 최저 소득보장 수준의 설정은 「생활보호법」에 따라 산정된 최저생활비로 책정되며, 적정 소득보장수준의 설정은 각 대상자 소득수준에 따라 상대적으로 허용한다.

최근 정부는 노인과 근로능력이 떨어지는 취약계층에 대해서, 중증장애인에 대한 부양의무자 기준 적용 제외, 수급자 · 부양의무자 재산기준 완화 등 소득지원대책을 확대하고 있다.

노후소득보장제도는 현금급여의 지급방식인가 아닌가에 따라 직접적 소득보장제도와 간접적 소득보장제도로 구분할 수 있다. 우리나라에서 실시되고 있는 직접적인 소득보장제도로는 공적연금제도, 기초연금제도 등이 있으며, 공적연금제도는 전 국민을 대상으로 실시된 '국민연금'이 그 대표적인 제도라고 할 수 있다. 이외에 특수직연금으로 공무원연금, 군인연금, 사립학교교직원연금 등이 일찍부터 시행되고 있다. 간접적인 소득보장제도로는 경로우대, 고용증진, 생업지원, 세제감면제도 등이 있다.

(2) 의료보장

노인들에게 건강은 삶의 질과 밀접하게 연결된 중요한 자원이다. 노화와 관련된 신체적 · 인지적 기능저하와 만성질환으로 인해 노인들은 다른 연령집단에 비해 더 많은 의료비를 지출하게 된다. 그뿐만 아니라, 건강상의 문제로 독립적인 생활이 어려운 노인이 증가하는 것은, 이들에 대한 가족의 부양부담을 증가시키게 된다. 노령기의 질병이나 장애로 인한 기능 제한은 노인뿐만 아니라, 가족 전체의 삶의 질에 변화를 초래하고 많은 영향을 미치게 된다. 특히, 노인성 질환인 치매나 뇌졸중 같은 질환을 겪고 있는 노인과 그 가족들은 대부분 장기간에 걸친 간병과 수발, 환자의 인지기능 손상으로 인한 가족관계의 어려움, 비용과 재정적 문제 등으로 인해 노인과 가족 전체에 여러 가지 복합적인 가족문제를 겪기 때문이다(김한식 외, 2019: 94). 따라서, 노인의 의료서비스 이용에 대한 정책적 보장은 소득보장과 함께 고령사회의 중요한 정책 영역이다(김영철 외, 2024c: 228).

노인이 되면 신체적 · 정신적 기능이 쇠퇴하기 때문에 질병발생률이 높을 뿐 아니라, 이로 인하여 의료비도 증가하고 있으며, 고령화 속도 또한 빠르게 진행되기 때문에 노인의 의료보장이 필요하다. 사회계층 간 의료수혜의 불평등이 심화되고, 의료이용도의 소득계층별, 지역별, 성별, 직업별, 연령별 차이가 사회적 불만의 한 원인으로 대두되며, 보건의료서비스가 의 · 식 · 주 다음 제4의 기본적 수요로 인식됨에 따라 의료보장제도의 필요성이 나날이 높아지고 있다(이평화 외, 2025: 382).

의료보장은 국민 개개인이 신체적 · 정신적으로 건강한 생활을 유지할 수 있도록 국가가 개입하여 보장해 주는 제도로서 사회적 권리로 인정된다. 의료보장은 국가사회의 경제적 발전정도에 따라 보장 대상과 수준에 차이가 있지만, 대부분의 국가는 핵심적 사회보장의 프로그램으로 제도화되어 있다. 의료보장 프로그램은 임금노동자의 건강보호를 위하여 시작되었으나, 20세기 중반부터 노인인구의 증가와 퇴직 후의 건강관리문제가 노인문제의 일환으로 대두됨에 따라 선진 산업사회에서부터 노인을 위한 의료보장 프로그램들이 제도화되었다(고명석 외, 2023: 120).

의료보장제도는 국민의 건강권을 보호하기 위하여 요구되는 필요한 보건의료서비스를 국가나 사회가 제도적으로 제공하는 것을 말하며, 건강보험, 의료급여, 산재보험을 포괄하고 있다. 따라서, 이 제도는 상대적으로 과다한 재정의 부담을 경감시킬 수 있으며, 국민의 주인의식과 참여의식을 조장할 수 있다(건강보험심사평가원 홈페이지, 2025).

그러므로 노인의료보장은 노화에 따른 신체적 기능쇠퇴와 질병으로 인한 건강상의 문제를 해결하기 위해 국가 차원에서 건강보호에 필요한 의료서비스를 제공함으로써 노인의 삶의 질을 향상시키고자 하는 사회적 노력을 의미한다.

(3) 주거보장

노년기는 사회활동이 줄어들고 일상생활에 있어 대부분의 시간을 주택과 주거지역 내에서 보내기 때문에 주거의 형태와 질의 위치는, 노인의 독립성, 안정성, 프라이버시, 사회적 관계 및 활동에의 참여, 노인복지서비스의 접근

등에 영향을 미치며, 나아가서는 노인생활의 전반적 만족도를 향상시킬 수 있는 중요한 요인으로 작용하고 있다.

노인복지주택
(실버주택, 경기 수원)

주거보장이란 개인 자신의 독립성을 유지하면서 안전하고 안락한 일상생활을 유지할 수 있는 공간을 확보하고 유지할 수 있도록 주거의 건설과 공급, 그리고 이에 관련된 서비스를 통하여 지원하여 주는 모든 사회적 노력을 의미한다. 노인은 나이가 들어감에 따라 신체적 기능 저하와 질환의 관리 및 일상생활을 보조할 수 있는 주거환경의 조성이 필요하다. 따라서, 적절한 주거환경은 심리적 만족감과 건강을 유지해 주는 사회복지 측면에서도 매우 중요하다(고명석 외, 2023: 91).

인간의 삶에서 주거는 어떠한 의미가 있는가? 사람이 살아가기 위해서 예로부터 의식주의 해결을 최우선에 두었듯이, 주거(housing)는 인간다운 문화적 생활 이전에 최소한의 생계를 유지하기 위해 반드시 필요한 인간의 가장 기본적 필요이자 욕구의 하나이다. 주거는 인간에게 가장 필수적인 생활환경이며, 삶의 질을 결정하는 중요한 요인으로 작용한다. 노년기는 사회활동이 줄어들고 일상생활에 있어 대부분의 시간을 주택과 주거지역 내에서 보내기 때문에, 주거의 형태와 질의 위치는 노인의 독립성, 안정성, 프라이버시, 사회적 관계 및 활동에의 참여, 노인복지 서비스의 접근 등에 영향을 미치며, 나아가서는 노인생활의 전반적 만족도를 향상시킬 수 있는 중요한 요인으로 작용하고 있다. 노인은 나이가 들어감에 따라 신체적 기능 저하와 질환의 관리 및 일상생활을 보조할 수 있는 주거환경의 조성이 필요하다. 즉, 적절한 주거환경은 심리적 만족감과 건강을 유지해 주는 사회복지 측면에서도 매우 중요하다(노길희, 2024: 89).

일반적으로 인간이 살고 있는 장소의 것을 '주거'라 하고, 주거를 다시 '주택'과 '주택 이외'로 분류하고 있다. 여기서 주택이란 한 채의 건물에서도 집합주택으로서도 상관이 없지만, 한 개의 세대가 독립하여 생활을 영위할 수 있는 건물을 말한다. '주택 이외'의 주거는 기숙사, 병원, 학교, 공장, 여관 등에서 '산다'라는 것을 목적으로 만들어지는 것이 아니라, 건물에 인간이 살고 있는 경우를 말한다. 이렇게 정의할 경우, 결국 '주거'는 '주택'의 상위개념이라고 할 수 있다. 따라서, 주거와 주택은 인간의 생활을 영위하는 공간이다. 주거생활이라면 거주할 주택의 크기와 구조, 설비시설의 편의성은 물론, 주변 환경의 쾌적성, 교통의 편리성도 살펴야 한다. 또한 가족과 친구, 이웃 또는 사회적 서비스체계가 잘 갖추어져 있는가 등을 함께 고려해야 한다. 사회적으로 평균수명의 증가, 저출산으로 인한 인구고령화, 노인단독가구의 증가는 노인주거시설의 확충이라는 시급한 과제를 안겨준다.

고령화시대의 노인을 위한 주거정책은 노인이 적절한 주거공간에 거주하며 필요한 생활 관련 서비스를 제공받을 수 있도록 하는 것에 초점이 맞추어져야 한다. 따라서, 노인이 보다 독립적이고 자율적이며 심리적으로 안정된 주거생활을 영위할 수 있도록 경제적 특성에서 큰 편차를 보이는 노인층의 주거수요에 부응할 수 있는 소득에 따른 노인주거공급 프로그램 개발과 정부 지원체계를 재정비해야 한다(임정문 외, 2020a: 127).

우리나라에서 노인을 위한 주거보장정책은 노인부양을 장려하기 위해 부모를 모시는 자녀에 대해 소득세 공제, 양도소득세 면제, 주택자금 할증 지원, 무주택 노부모 부양자에 대한 주택우선권 부여 등을 지원하고 있으며, 국민기초생활보장 수급권자를 대상으로 주거급여를 지급하고 있다. 그리고 국민기초생활보장 수급권자 위주의 양로원, 노인공동생활가정과 중산층을 위한 노인복지주택의 노인주거복지시설이 있다(정민기 외, 2023: 437).

그러므로 주거보장이란 개인 자신의 독립성을 유지하면서 안전하고 안락한 일상생활을 유지할 수 있는 공간을 확보하고 유지할 수 있도록 주거의 건설과 공급, 그리고 이에 관련된 서비스를 통하여 지원하여 주는 모든 사회적 노력을 의미한다.

3) 노인복지정책의 개선방안

노인복지정책의 개선방안은 다음과 같다.

(1) 노인에 대한 인식 전환

한국사회에서 노인은 존경의 대상이었으나, 산업화·도시화·핵가족화가 진전되면서 점차 노인에 대한 지위가 하락하여 노인을 사회적 생산능력이 떨어지고 의존성이 높은, 즉 '젊은 세대의 짐'으로 여기는 부정적 시각이 늘어나고 있다. 이러한 시각 때문에 노인은 더욱 고독하고 소외감마저 느끼고 있다. 인간은 누구나 나이가 들면 노인이 될 수밖에 없고, 노인이 되어 간다는 것은 신체적·생리적·정신적으로 매우 불편하고 불안전한 상태에서 살아가야 한다는 것을 의미한다. 따라서, 노인문제의 해결을 위해서는 노인에 대한 인식 전환이 요구된다. 이를 위해서는 아동에서부터 청소년, 성인에 이르기까지 노인에 대한 교육 및 프로그램이 필요하다. 이런 교육 및 프로그램을 통해 세대 간 분리를 막고 세대 간 통합을 통하여 노인들의 소외, 고독 등을 감소시킬 수 있으며, 더불어 세대 간 교류는 노인의 고용, 건강, 고독사, 자살 등과 관련된 문제를 해결하는 밑거름이 될 수 있다. 또한 노인문제의 원인은 개인이나 가족의 결함보다는 사회의 변화 또는 사회의 구조나 제도의 결함에 있다는 것이 확실하다. 그럼에도 불구하고, 국가의 노인문제 해결노력은 아직도 노인 개인과 가족의 노력에 의존하는 데 치우쳐 있다. 노인문제를 보다 근본적으로 해결하기 위해서는 국가의 정책입안자나 정책결정자가 이러한 시각에서 속히 탈피해야 한다.

(2) 노인에 대한 부정적 인식 제거

현대사회에서 노인의 지위는 크게 낮아지고 있다. 이런 현상은 여러 형태의 노인문제를 유발하는 근본적인 원인이 되고 있다. 따라서, 노인문제를 해결하기 위해서는, 노인을 존중하고 노인이 이바지한 점을 인정하는 사회 분위기를 형성할 필요가 있다. 노인 중에는 육체적으로나 정신적으로나 건강한 노인이 많고 고학력과 경제적 여유를 가진 노인도 많다. 그러므로 노인은 모두 가난하고 병들고 역할이 없는 비생산적 인구라든가 의존적 복지수혜대상자로만 여기는 사회의 시각은 바뀌어야 할 것이다. 노년기는 가난과 질병, 소외와 고독의 시대만을 의미하는 것이 아니라, 본인의 준비 노력에 따라 인생의 모험과 도전의 시기가 될 수 있다. 비록 신체적으로는 노쇠과정에 있지만, 지적, 정서적, 인격적, 영적 성장과정에 있음을 인식하고 보다 적극적이고 창조적인 삶을 살아가는 생활태도를 정립해야 한다.

(3) 국가와 민간의 상호 보완관계 정립

사회복지는 원론적으로 사회구성원의 복지를 사회구성원 전체가 연대책임을 진다는 원칙에 의거하고 있다. 현대사회에서의 연대책임은 구성원이 조세로 연대책임을 분담하는 방법을 취하고 있다. 현대사회에서의 사회복지의 1치적 주체는 개인과 가족이라기보다는 국가이다. 따라서, 국가구성원의 기본적이고 공통적인 욕구에 대하여는 국가가 주도적으로 먼저 대응하고 민간은 국가의 노력과 역할을 보완하고 보충하는 역할을 해야 하고 공통적이고 기본적인 욕구를 넘어선 수준 높고 다양한 욕구에 대해서는 민간이 주도적 역할을 하고 국가가 이를 보완 또는 후원하는 노력을 해야 한다. 국가가 국민의 모든 욕구와 문제의 해결에 대하여 보완적 역할의 위치에 머물러 있으려는 태도로는 사회복지는 향상될 수 없을 것이다. 노인복지의 경우, 소득문제와 의료비용지급과 치료문제 등은 국가가 주도적으로 제도적으로 보장해야 하고, 일상생활상의 편의와 심리사회적 문제의 해결을 위해서는 가족의 역할을 보완해 주는 것이 바람직하다.

2 청소년복지정책

1) 청소년복지정책의 개념

(1) 청소년문제의 사회문제화

청소년기는 자아정체감을 확립하는 과정으로 인간발달의 필수적 시기이다. 이는 인간의 발달에도 비약적으로 성장하는 가장 중요한 시기이기도 하다. 이러한 성장과정에서 성장통이 발생할 수 있다. 청소년에게는 그 나름의 욕구와 욕망이 있다. 그러나 이를 분출하는 것을 미성숙의 증표인 양 여기는 현재의 사회에서는 청소년들이 고유한 정체성을 갖고 있음을 부정한다. 또 청소년 문화는 종종 잘못된 욕구와 욕망의 분화구로 묘사되기도 한다. 청소년은 감성적으로 예민하고, 아직은 자제력이 부족한 시기이기 때문에 어떠한 유혹이나 비행에 쉽게 빠져들 수 있다. 청소년문제에 대한 이해는 여기에서부터 시작한다. 그것은 바로 청소년이 쉽게 중독될 수 있는 유혹 또는 일탈로서의 비행을 이해하는 것이다(김보기 외, 2022a: 426).

청소년문제가 어느 사회를 막론하고 심각한 문제로 인식되는 것은, 현재의 청소년이 미래사회의 주역으로서 장차 국가의 장래를 결정할 주요한 자원이기 때문이다. 오늘날 청소년들은 사회와 가정의 환경이 급격하게 변화함에 따라 더욱 심각한 문제들을 경험하고 있다. 특히, 가족의 변화에 따른 갈등문제는 성장기에 있는 청소년들에게 지대한 영향을 미치고 있다. 전통적으로 가족이 담당해 온 역할을 이제 더 이상 가정 내에서 기대할 수 없게 됨에 따라 청소년에 대한 보호와 양육 그리고 교육기능의 위기가 초래되었고, 이에 따른 사회적 책임의 필요성도 증가하고 있다(이태희 외, 2024: 41).

청소년문제는 사회문제의 하나로서 청소년이라는 특수한 인구집단과 관련된 문제로, 그 심각성과 해결의 긴급성은 더 말할 나위 없이 중요하다. 청소년문제는 사회구조적 요인과 개인의 주변적 환경 그리고 개인의 성향이 상호

작용을 일으켜 발생하는 문제로 보아야 할 것이다.

그러므로 청소년에 대한 왜곡된 이해는 청소년들에게서 발생하는 여러 문제에 대해 근원적인 오해를 하고 있기 때문에, 필연적인 부작용을 야기한다. 따라서, 청소년문제를 이해하기 위해서는 청소년의 관점에, 청소년의 고유한 주체성을 인정하되, 그들이 성장하는 단계에서 발생하는 문제들에 초점을 맞추어야 한다.

(2) 청소년복지의 정의

청소년에 대한 개념은 그 시대의 사회적·문화적·가치적·정치적·경제적 배경에 영향을 받으며, 생물학적·심리학적·문화적·인류학적·사회학적·정치경제적 관점 등에 따라 다양하게 정의될 수 있다. 그렇지만 일반적으로 청소년은 생애주기에서 아동기를 넘어섰지만, 성인기에는 도달하지 않은 아동과 성인의 중간에 놓인 연령대의 사람들을 말한다.

청소년복지(youth welfare)는 '청소년'과 '복지'의 합성어로 청소년을 대상으로 하는 사회복지학(social welfare)의 한 분야를 말한다. 청소년복지가 복지의 한 분야로 중요한 의미를 가질 수 있는 것은, 청소년기의 특성이 아동기나 성인기에 나타나는 특성과 다르며, 청소년문제가 가족문제를 넘어 사회문제와 연결되어 있기 때문이다. 따라서, 이러한 청소년문제를 예방·해결하기 위해서는 청소년의 욕구와 문제를 올바르게 이해하고 그에 따른 대책을 마련해야 한다(오봉욱 외, 2024: 32).

청소년복지는 사회복지의 한 분야로서, 청소년의 복지증진을 목적으로 하는 사회적·국가적 접근으로 정의할 수 있다. 사회복지의 한 영역으로서 청소년복지는 기본적으로 사회복지의 가치와 이념, 지식, 기술 등의 방법을 공통적으로 적용하고 있으나, 청소년이라는 특정 계층에 초점을 맞춤으로써 다른 분야와 차별성을 갖는다. 청소년복지가 다른 사회복지와 차별화되는 독립된 영역이다. 청소년에 대한 접근은 다른 접근들과 구별되어야 한다는 데에는 상당부분 공감대가 형성되어 있지만, 청소년복지가 독자적인 영역을 구축하지 못한 상황에서는 앞으로 청소년복지의 기초로서 체계적인 정립이 필요하다. 특히, 청소년들이 차지하는 위치와 역할의 중요성, 청소년에 대한 사회적 책임에 대한 인식이 부각되면서 현대사회에서 청소년들이 처해 있는 상황적 특성도 고려해야 할 것이다.

(3) 청소년복지정책의 정의

청소년정책은 청소년을 대상으로 하는 국가와 지방자치단체의 행동지침이자 청소년의 삶의 질 보장을 위한 일련의 계획과 절차로서 청소년에게 발생하는 다양한 문제를 해결하기 위한 사회정책이다. 청소년정책의 개념은 국내·외적으로 다양하게 정의되고 있고, 청소년 관련 정책, 청소년복지정책, 청소년육성정책으로 혼동되게 사용되고 있다. 하지만 대부분의 청소년복지정책은 청소년의 문제를 해결하고 이들의 욕구를 충족시키는 것과 청소년의 참여를 강조하고 있다. 청소년정책의 범주는 청소년 개념과 청소년정책의 정의에 따라 크게 광의의 범주와 협의의 범주로 구분할 수 있다. 우선, 광의의 범주에서 살펴보면, 국가정책상 여성가족부가 진행하는 청소년복지정책을 말한다. 여기서 중요한 점은 국가의 청소년정책에 대한 총괄적인 기능이다(이세형, 2020: 230).

청소년복지정책은 국가가 만 9세에서 24세의 청소년층을 대상으로 그들의 기본적인 욕구를 충족시키기 위하여 청소년 자신은 물론 그들의 가족까지 원조하고 사회적 환경을 조성함으로써 삶의 질을 개선시키도록 하는 사회적 서비스와 프로그램'이라 할 수 있다. 청소년복지정책에서 바라보는 청소년은 보편적이고, 발달적 측면에서 청소년 '육성', 비행이나 문제청소년으로부터의 '보호'에 초점이 맞추어져 있다. 즉, 기존의 청소년복지는 육성·발달·보호 차원에서의 청소년 개인의 문제나 정책적 지원을 강조하고 있다.

향후 청소년은 아동기의 연장에서 가정을 바탕으로 한 보호와 함께 자아정체성을 확립하는 데 필요한 사회적 참여의 기회로 확장되어야 하고, 아울러 청소년 후기에 직면하게 될 생애과정에서의 경제사회적 자립에 중점을 둔 정책 또한 고려되어야 한다(김도영 외, 2020: 81-82).

2) 청소년복지정책의 내용

청소년복지정책은 다음과 같다(김보기 외, 2022a: 434-435).

(1) 청소년상담

청소년상담은 정신적 · 정서적 불안과 부적응문제를 가지고 있는 위기청소년에게 상담을 제공하는 서비스를 의미한다. 이를 위해 청소년상담 관련 정책연구, 부모교육, 비행청소년 등을 위한 상담서비스 등을 제공하고, 이를 통해 청소년의 고민해결과 자아정체성을 확립하는 것이다.

(2) 청소년보호

청소년보호는 유해업소, 성폭력을 포함한 신체폭력, 청소년 성매매 등 청소년에게 해로운 환경을 차단하여 이를 통해 청소년을 보호하는 서비스를 의미한다. 특히, 가출청소년을 쉼터 등에 보호하고, 이들에게 가정, 학교 등으로 복귀할 수 있는 프로그램을 주입시키는 것도 중요하다.

(3) 청소년교육서비스

청소년교육서비스는 시 · 도지사 또는 시 · 군 · 구청장이 비행 · 일탈을 저지른 청소년, 일상생활에 적응하지 못하여 가정 또는 학교 외부의 교육적 도움이 필요한 청소년 등에 대하여 청소년 본인, 해당 청소년의 보호자, 청소년이 취학하고 있는 학교장의 신청에 따라 교육적 선도를 실시하는 서비스를 의미한다. 이 경우, 해당 청소년의 보호자 또는 학교장이 선도를 신청할 때에는 청소년 본인의 동의를 받아야 한다. 한편, 중앙정부 및 지방자치단체는 선도대상 청소년을 개인별로 전담하여 지도하는 선도후견인을 지정할 수 있다.

(4) 청소년건강보장서비스

청소년건강보장서비스는 중앙정부 및 지방자치단체가 청소년의 건강증진 및 체력향상을 위한 질병예방, 건강교육 등의 필요한 시책을 수립하고 시행하는 서비스를 의미한다. 특히, 중앙정부와 지방자치단체는 건강진단 결과를 분석한 후 전문기관에 의뢰하여 피드백 구조를 형성할 수 있다.

3) 청소년복지정책의 개선방안

청소년문제를 해결하기 위해서는 문제해결의 주체, 대상 청소년의 특성을 파악하여 종합적, 체계적, 전문적으로 대처해야 한다. 문제해결의 주체는 국가, 학교, 지역사회의 민간단체, 가정 등으로 구분할 수 있고, 대상 청소년은 가정, 교육, 경제수준 등을 변수로 범주화하는 것이 타당하다. 즉, 정상적인 가정에서 생활하는 청소년과 결손가정의 청소년 또는 시설 수용 청소년 등으로 구체화하여 개별화된 접근방법이 필요하다. 또한 학교청소년과 학교 밖 청소년, 근로청소년 등으로 구별하고, 경제적으로는 상류층, 중간층, 하류층 등의 청소년에 대한 개별적 고려를 할 필요가 있다. 따라서, 청소년문제는 문제의 원인과 형성과정을 총체적으로 파악하여 문제해결 주체의 능력과 규모에 따라 개입할 수 있는 범주를 선택하고, 그 대상이 되는 청소년들의 가정적 배경, 교육상황과 수준, 경제적 수준 등을 고려하여 적절한 대책을 마련해야 할 것이다.

청소년문제를 해결하기 위한 구체적 방안은 다음과 같다(김보기 외, 2022a: 435-437).

첫째, 가정에서의 문제해결이다.

무엇보다 청소년들의 자살을 예방하기 위해서는 가족구성원 간의 친밀한 정서적 유대관계가 형성되어야 하며, 상호원활한 의사소통이 이루어져야 하고, 심리적으로 지지해 줄 수 있는 지원체계가 형성되어야 한다. 또한 부모나 가족구성원들이 청소년들을 과잉보호하거나 무관심하지 않아야 하며, 그들에게 생명의 존엄성을 고취시켜주어야 한다. 더불어 가족의 화목하고 모범적인 생활을 통해 청소년이 스스로 안정을 찾고 가족의 한 일원임을 인식할 수 있도록 도와주어야 한다.

둘째, 학교에서의 문제해결이다.

청소년들은 하루의 대부분을 학교에서 보낸다고 해도 과언이 아니다. 학교생활이 행복해지면 상대적으로 청소년들에게 심리적 안정감을 주어 청소년문제를 약화시킬 수가 있다. 문제해결을 위한 구체적 방법을 살펴보면, 인성교육을 강화해야 한다. 청소년문제의 가장 큰 원인은 인성교육의 부재라고 할 수 있다. 창의적인 교육이 필요하다. 창의성 교육을 통해 학생들에게 자신들의 잠재능력을 찾아내고 그 능력을 개발해 낼 수 있는 다양한 교육을 시킬 필요가 있다. 입시 및 성적 위주의 교육을 지양해야 한다. 이 학교에서 스트레스를 받지 않을 수 있도록 하는 환경을 조성해 줄 필요가 있다. 입시 위주 및 성적 위주의 교육은 학생들에게 엄청난 스트레스를 주고 있으며, 이러한 스트레스로 인해 학교폭력이 유발되고 있는 것도 사실이다. 학교교육의 정상화가 이루어져야 한다. 그리고 가장 중요한 것은, 이러한 교육을 하는 주체가 교사이기 때문에 교사의 권한을 강화해 주고 교사가 자신의 능력을 최대한 발휘하여 학교폭력 예방교육을 할 수 있도록 학교 분위기가 조성되어야 할 것이다. 따라서, 교사의 역할은 학생의 문제를 조기에 발견하고 감지하여 면담 및 생활지도 등을 통해 사전조치를 취하고, 학생에 대한 이해, 학교폭력 상황 발생 시 문제해결 능력을 강화하고, 지속적인 연수를 통해 학교폭력 유형에 효과적으로 대응하도록 하는 것이다.

셋째, 사회환경적 문제해결방식이다.

유해환경에 대한 정화캠페인이 전개되어야 할 필요가 있다. 사법적 노력도 중요하지만, 주부클럽연합회, 대한어머니회, YMCA, YWCA, 청소년단체 등 각종 사회단체와 연계하여 시민운동 차원에서 유해환경, 즉 불량 만화가게, 불량 비디오가게, 청소년 출입금지된 유흥업소 등을 추방해야 한다. 예컨대, 불량 도서와 불량 만화가게 추방 캠페인, 불량 출판물 고발센터 운영, 음란퇴폐 출판물 추방을 위한 어머니 · 교사 · 지역사회 인사 등의 모니터링제도의 운영이 필요하다.

넷째, 다차원적이고 통합적인 접근방안이다.

청소년이 겪는 문제를 유발하는 요인들은 복잡하고 또한 청소년문제들은 서로 연관되는 경우가 많다. 예를 들어, 인터넷 중독으로 인한 청소년 성문제는 청소년 유해환경 개선을 통해 두 가지 문제를 동시에 해결할 수 있고, 그로 인한 비행, 범죄행위까지도 완화할 수 있다. 따라서, 청소년이 가진 욕구를 충족시키기 위해서는 청소년과 관련된 전문가들과 정책결정자들은 다차원적이고 통합적인 접근방식을 취할 필요가 있다.

3 장애인복지정책

1) 장애인복지정책의 개념

(1) 장애인문제의 사회문제화

현대사회는 인구가 고령화되고 계속해서 건강상태가 좋지 않은 사람의 수가 증가하기 때문에, 장애상태에 놓이는 사람의 비율이 높아지고 있다. 실제로 장애인의 수는 빠르게 증가하고 있다. 그리고 앞으로 인간의 수명과 기술이 더 빠르게 발달할 것으로 예상됨에 따라 장애상태에 있는 사람의 숫자는 계속해서 증가할 가능성이 크다. 즉, 전체 인구 중에서 장애인이 차지하는 비율은 계속해서 증가할 것으로 본다. 하지만 장애에 대한 대책은 모순으로 가득하다. 다시 말해서 장애에 대해서 기본적으로 그 권리를 인정하고 있지만, 차별은 여전히 존재하고 있다. 인간의 삶이 장애와 밀접하게 관련되어 있음에도 불구하고, 장애인은 사회에서 차별을 받는 경우가 많다. 이런 차별은 무의식적이면서도 한편으로는 의식적으로 발생할 수도 있다. 그 결과, 현대사회에서 장애인의 여건은 크게 개선되고 있지만, 가장 취약한 집단에 속해 있다는 사실을 부인하기 어렵다(김용환 외, 2024: 46).

장애는 개인의 질환과 정서적인 상황, 사회적 태도 및 법체계들을 포함하는 환경적 요인들과 개개인의 인구사회학적 특성들이 영향을 주어 사회활동의 제한 및 참여의 제한을 가져온다. 즉, 장애인은 편견과 차별, 낙인으로 인해 삶의 다양한 영역에서 배제의 문제를 겪고 있다. 장애인으로서의 어려움보다 일상생활에서의 격리나 주변 사람으로부터 소외, 영구적인 낙인으로 인해 더 많은 어려움을 견뎌내야 하는 실정이다.

오늘날 장애는 더 이상 개인의 문제로 이해되지 않으며, 손상이 있는 개인들이 사회에 참여하는 데 직면하는 사회적 장애라는 관점에서 이해되고 있다(Giddens, 2021: 463). 따라서, 현대사회에서 장애인문제는 중요한 사회문제가 되고 있다.

장애인문제를 사회문제로 인식하고, 이를 해결하기 위해 사회적 합의를 이끌어내는 데는 매우 어려운 점이 있다. 즉, 기본적으로 장애인을 규정하는 것이 간단하지 않기 때문이다. 또한 부족한 재정문제가 있다. 그러니 시실 그 어느 것보다 우선적으로 지적해야 할 이유는, 다름 아니라 장애에 대한 비장애인들의 보편적 관점에 문제가 있다고 볼 수 있다. 비장애인, 다시 말해서 장애가 눈에 띄지 않은 사람들을 위해 그들이 만든 사회이기 때문에, 거기에 맞는 범주에 들지 못하는 사람은 홀대는 물론 차별받으며 심지어는 적대시하는 경향까지 보이고 있는 세계적으로 어디에서나 확인할 수 있는 장애인에 대한 인식이며, 대우 또한 그러하다고 할 수 있다(오정화 외, 2022: 14-15).

장애인은 국민의 사람으로서 인권이 존중되어야 하며, 인간다운 생활을 권리가 있다. 다시 말해서 장애인은 건강하고 문화적인 생활을 누릴 동등한 자격이 있다는 말이다. 그렇지만 사회현실은 장애인의 권리인 인간의 기본권을 제한하고 있으며, 불평등과 차별이 존재하고 있는 실정이다. 이에 따라, 장애인이 당면한 문제는 사회문제가 되고 있는데, 장애인은 일반시민과 똑같은 인격체로 대우받으며, 인권과 인간의 존엄성, 인간다운 삶을 보장받아야 한다.

(2) 장애인복지의 정의

장애인복지는 심신의 결함으로 인하여 가정생활, 사회생활에 곤란을 가지게 되는 것을 국가나 민간사회복지기관에서 장애인이 모든 생활에 곤란을 느끼지 않도록 의료적 · 교육적 · 직업적 · 심리적 · 사회적 문제에 걸쳐 원조하는 제도적 · 정책적 서비스의 조직적 활동과 노력을 말한다. 또한 장애인복지는 생리학상의 문제를 개인의 불행으로 돌리는 일반 사회인의 편견이나, 약자를 더욱 불리하게 하는 경쟁사회의 구조에 대하여 장애인이 생활의 위기를 대처해 나가도록 예방적, 사회 치료적으로 개인하는 시책과 실천행동을 의미한다(오정화 외, 2022: 12).

장애인복지는 장애인이 신체적 · 정신적 · 사회적 장애를 가진 상태라 하더라도, 인간생명의 존중과 가치가 인정되고 장애인 스스로가 최선의 노력으로 만족한 생활을 해 나가는 것을 이상으로 하며, 이를 위하여 인간 전면 발달의 최적화된 기회를 보장하는 것을 의미한다.

현실적으로 우리 사회에서 장애인복지는 사회복지학의 핵심적인 분야이다. 특히, 장애인에 대한 편견과 차별이 심한 우리나라에서는 사회복지에서 최우선으로 관심을 가져야 할 분야이기도 하다. 장애인복지가 이루어진다 함은, 장애인의 완전한 사회통합이 이루어지는 것을 의미하는데, 아직도 우리 사회에서는 장애인에 대한 사회적 배제가 심각하다. 최근 서구 복지사회에서는 장애인을 능력이 부족한 사람이 아니라, '다른 재능을 가진 사람'이라는 의미로 받아들이는 추세이다. 장애인이 사회에서 불편함을 느끼고 자유롭지 못한 것은, 사회가 그들의 재능을 충분히 발휘할 수 있도록 조건을 만들어 주지 않았기 때문이라는 것이다.

장애인복지의 궁극적 목표는 모든 장애인이 존재해 있는 사회에 평등한 인간으로서 완전한 참여를 이루는 사회통합이다. 즉, 장애인복지가 추구하는 사회통합은 인간성의 회복이며, 사회일원으로서의 권리와 의무에로의 복귀로 지금까지 상실되어 왔던 인간적 삶의 회복이다. 장애인의 사회통합은 장애인이 평등의 기초 위에서 사회의 부분이 되어 장애인이 속한 사회적 · 문화적 모든 활동에 참여하는 것으로 장애인복지의 궁극적 목표는 장애인의 '완전한 참여와 평등'을 달성하는 것이다(이평화 외, 2025: 370-371).

(3) 장애인복지정책의 정의

장애인복지정책은 지체장애, 지적장애 등 심신의 손상으로 인해 사회적 생활이 곤란한 장애인에게 각종 복지서비스를 제공하여 물리적 장애와 사회적 편견 등을 제거하면서, 장애인이 비장애인과 동등한 삶의 기회를 누릴 수 있도록 하는 공공부문과 민간부문의 총체적인 정책이다(김보기 외, 2022a: 440).

2) 장애인복지정책의 내용

장애인복지는 재활의 개념으로 이루어지는 것으로, 장애인의 손상된 능력 회복뿐만 아니라, 잔존능력을 개발하는 것이다. 따라서, 장애인복지는 장애인의 사회복귀뿐만 아니라, 장애인이 계속적으로 직업을 가지고 경제적으로 자립하는 것을 목표로 하고 있다. 그 내용은 다음과 같다(박차상 외, 2020: 329-333).

(1) 소득보장정책

장애인에 대한 소득보장정책은 장애인들이 일상생활을 영위함에 있어서 필요한 소득을 보충시켜 주는 것이다.

① 직접적 소득보장정책

첫째, 사회보험 중 국민연금제도는 특수직역에 종사하지 않는 일반 국민들이 가입기간 중에 산업재해가 아닌 다른 이유로 장애를 입은 경우에 지급되는 급여로, 장애일시보상금과 장애연금 두 종류가 있다.

둘째, 공공부조의 경우, 장애인을 위한 공공부조로는 생활보호제도와 장애수당 그리고 장애인 자립자금 대여 등이 있다.

② 간접적 소득보장정책

첫째, 세금감면으로 소득세, 상속세, 자동차 특별소비세, 자동차세 등에 대한 세금감면이나 면세가 있다.

둘째, 세금감면으로 전화요금, 철도 및 도시철도요금, 항공요금, 주차료, 이동통신요금, 고속도로통행료 할인이 있으며, 고궁, 박물관, 공원 등 공공시설 이용요금 면제 및 TV 수신료 면제 혜택이 있다.

(2) 의료복지정책

장애인 의료보장제도는 사회보험제도인 의료보험과 공공부조제도인 의료보호제도, 저소득장애인에 대한 의료비 지원과 보장구 무료교부사업 등이 있다.

첫째, 의료보험제도는 장애인 본인 또는 가구원이 일정률의 보험료를 납부하고, 의료서비스 이용 시 현물 또는 현금으로 급여를 받는 제도이다.

둘째, 의료보호제도는 국민기초생활보장 수급자로 책정된 장애인에 한하여 의료보호 혜택을 받을 수 있다.

셋째, 장애인 의료비지원제도는 생활이 어려운 저소득장애인의 의료비를 지원함으로써 생계안정을 도모하고 의료보장의 실현을 위한 것이다.

넷째, 보장구 무료교부제도는 1982년부터 생활이 어려운 저소득장애인에게 보장구의 제조, 구매, 수리, 검진 및 적응훈련비를 지원함으로써 이들의 신체적 기능을 보완하고 생활능력을 향상시켜 장애인의 자활·자립을 도모하는 데 목적을 두고 있다.

(3) 고용정책

장애인복지의 궁극적 목표는 모든 장애인은 자기능력을 최대한으로 개발하여 적성에 맞는 직업을 가지고 사회적·경제적 활동에 참여하여 자립을 도모하는 것이다. 여기에는 고용보장과 직업재활(직업훈련)을 들 수 있다.

첫째, 고용보장의 경우, 일반사업장에서 비장애인과 같이 고용되는 일반 고용정책과 그렇지 못한 장애인을 대상으로 하는 보호고용정책으로 나누어 볼 수 있다. 일반고용의 경우, 정부는 1990년 「장애인고용촉진 등에 관한 법률」을 제정하여 상시근로자 300인 이상을 고용하고 있는 사업장에서는 고용인원의 2% 이상을 장애인으로 고용할 것을 의무화하였으며, 불이행 시에는 의무고용인원에 미달하는 인원수만큼 고용부담금을 납부하도록 하였다. 보호고용의 경우, 일반 기업체에 취업하기 어려운 중증장애인을 위한 보호고용제도는 1986년 장애인복지시설의 자립작업장 설치운영계획에 의해 본격화되었으며, 장애인근로시설과 장애인수용시설에 주로 부설되어 있는 보호작업장이 있다.

둘째, 직업훈련의 경우, 장애인 고용을 촉진하기 위해서 가장 필요한 정책으로는 장애인에 대한 교육, 훈련 및 자격제도가 있다. 장애인에 대한 직업훈련은 국가와 지방자치단체의 고용촉진훈련과정, 일반 직업훈련원, 특수학교, 장애인복지시설, 장애인전문 직업훈련원 등에서 실시하고 있다.

(4) 생활환경정책

장애인의 생활환경정책으로 장애인의 이동권과 건물접근권 및 정보통신권을 들 수 있다. 이동권 및 건물접근권의 경우, 정부는 1997년 「장애인, 노인, 임산부 등의 편의증진 보장에 관한 법률」을 제성·공포하여 장애인 등이 생활을 영위함에 있어서 다른 사람의 도움 없이 안전하고 편리하게 시설 및 설비를 이용하고 정보에 접근하도록 보장하고 있다.

장애인 정보통신권은 1995년 정부가 발표한 「정보화촉진기본계획」에서 장애인을 위한 정보 시스템 개발 및 정보이용 혜택을 부여하는 것도 선언적 차원에서 밝히고 있다. 장애인과 관련된 정보복지를 보면, 컴퓨터 통신 이용요금 50% 청각장애인을 위한 단말기 보급과 재활정보센터 운영을 들 수 있다.

(5) 재가복지 서비스

정부에서는 장애인이 집에서 생활하면서 치료와 교육, 직업훈련서비스 등을 받을 수 있도록 통원 가능한 이용시설을 설치, 운영하는 것을 지원하고 있다. 현재 장애인종합복지관 및 복지관 부설로 설치된 재가복지봉사센터와 주간 및 단기보호시설 등이 있다. 그리고 가정에서 보호하기 어려운 장애인을 지역사회의 소규모 주거시설에서 생활지도교사의 도움을 받아 사회적 자립을 수행하는 그룹 홈이 운영되고 있다.

3) 장애인복지정책의 개선방안

「장애인복지론」
(김영철 외, 2022b)

분야별 개선방안은 다음과 같다(김영철 외, 2022b: 50-56).

(1) 보건의료 및 건강 지원

장애인의 보건의료 및 건강특성을 살펴본 결과, 장애유형에 따라 건강과 질환상태, 입원과 외래진료, 건강관리 등의 양상이 다르다는 점이 특징이라 할 수 있어 기본적으로는 장애특성에 맞는 맞춤형 접근이 필요하다. 예를 들어, 정기적 진료나 진료받는 목적에 있어서 신체 외부와 내부 장애, 정신적 장애 간에 차이가 있어 재활을 목적으로 하는 경우와 건강유지와 관리를 목적으로 하는 등 차이가 있으므로 장애특성을 고려한 보건의료 및 건강관리 방안을 고려하여야 한다.

건강검진과 관련해서는 일반 국민의 건강검진 수진율이 증가하는 반면, 장애인의 수진율이 낮은 점은 개선을 필요로 하며, 원하는 때 병원에 가지 못하는 이유에 있어서도 교통편의나 경제적 어려움, 의사소통의 어려움을 고려하여 적절한 지원이 필요하다. 이동이 어려운 뇌병변장애인의 경우에는 방문검진과 진료를 확충하고, 발달장애나 청각장애인의 경우에는 의사소통을 도와줄 도우미를 배치하거나, 치과진료와 같은 비용의 어려움 때문에 적절한 치료를 받지 못하는 경우에는 비용지원을 통해 검진기회를 늘려야 할 것이다.

장애인의 경우, 만성질환인 고혈압과 당뇨병 유병률은 일반 국민에 비해 높은 편이므로 이들 질환을 예방하고 조기에 발견하여 관리하기 위한 대책이 필요하며, 장애인의 특성상 추락을 비롯한 각종 사고 경험률도 높아 안전관리와 함께 사고를 예방할 수 있는 시설의 확충과 개선도 요구되고 있다. 또한 많은 장애인들이 재활전문병원과 방문진료의 필요성을 지적하고 있는데, 장애특성을 고려한 맞춤형 진료가 가능하도록 전문병원이나 방문진료 서비스를 확충할 필요가 있다.

재활치료(발달재활) 서비스는 바우처제도를 통해 그동안 지원대상이 지속적으로 확충되면서 장애아동 가족의 경제적 부담은 다소 줄어든 것으로 나타났고, 제도에 대한 사회적 인식도 제고되었으므로 앞으로는 재활서비스 인력양성을 포함한 재활서비스의 체계화에 노력을 집중할 필요가 있다.

건강관리 측면에서 장애인이 주로 활동하는 주택가 공원 등 근린시설에 대한 운동시설과 편의시설을 확대할 필요가 있고, 건강관리에 대한 정보부족을 해소하기 위한 보다 적극적인 교육과 홍보가 필요하다. 또한 비장애인에 비해 스트레스 경험률과 자살생각률이 매우 높은 편이므로 이들의 스트레스 예방이나 우울증 해소를 위한 심리적 지원체계의 마련이 필요하다.

(2) 장애인 보조기구 지원

장애인 보조기구 사용 현황 및 수요, 장애인 보조기구 구입 지원제도 수혜여부, 장애인 보조기구 제도개선방안 등 다양한 항목에 걸친 조사 결과 등을 종합해 볼 때, 정책적 시사점은 다음과 같다.

첫째, 장애인의 열악한 경제상태를 고려할 때, 장애인 보조기구의 보급 확대와 관련하여 가장 중요한 역할을 담당해야 할 공적 급여사업 중에서 지급대상 품목과 지급액 측면에서 가장 핵심적인 지위를 점하고 있는 건강보험을 중심으로 다양한 공적 급여 간 역할을 분담하여 장애인 보조기구 공급을 지속적으로 확대해야 할 것이다.

둘째, 장애인 보조기구 지원제도와 관련한 개선사항 항목에서 나타난 결과를 볼 때, 장애인 보조기구 구입여건을 개선하기 위해서는 권역별 장애인 보조기구센터를 중심으로 장애인복지관, 장애인단체, 자립생활센터 등 파편적으로 구성된 장애인 보조기구 전달체계를 네트워크에 기반한 장애인 보조기구 상담, 평가, 교육, 구입 지원 및 사후 관리 등의 통합적 서비스 제공이 가능한 전달체계로의 개편과 함께 건강보험(의료급여) 등 공적 급여의 지원수준을 더욱 확대해야 할 필요가 있다.

셋째, 일상생활에서 많이 사용하고 있는 정보통신기기 사용률로 파악해 본 장애인의 정보화 수준 역시 비장애인과 현격히 차이가 있음을 확인할 수 있다. 가장 보편적인 정보통신기기인 스마트폰의 경우, 사용률이 급증하고 있으나, 여전히 비장애인과 상당한 격차를 보이고 있고, 기능의 복잡함으로 인한 사용상의 어려움 및 비용부담으로 인해 정보통신기기를 활용하지 못하고 있는 장애인도 적지 않다는 점에서, 모바일 기기 중심의 정보화 교육, 기기 보급 및 사용료 감면 등 장애인의 정보 격차 해소를 위한 다양한 정책적 노력이 지속되어야 할 것이다.

(3) 취업 및 창업 등 직업활동 지원

국가에서 장애인 직업재활을 위해 가장 먼저 해야 할 일에 대해서는 '직업능력개발', 취업정보 제공, 장애인에 대한 인식개선 활동, 임금보조 등의 항목이 꼽히고 있다. 장애유형별로는 지적장애의 경우, '직업능력개발'과 '장애인에 대한 인식개선 활동' 등을 우선적으로 지원할 필요가 있고, 지체장애는 취업정보 제공, 직업능력개발, 임금보조 등을 국가가 장애인 직업재활을 위해 먼저 해야 할 주요 과제로 꼽히고 있으며, 관련 정부정책도 장애특성에 따라 전문적으로 수립되어야 한다.

(4) 사회 및 문화여가활동 지원

장애인의 사회생활은 대부분 장애인 혼자서 외출할 수 있으나, 전체 장애인의 15% 정도의 장애인은 혼자서 외출할 수 없는 정도로 중증이거나, 누군가의 돌봄과 지원이 필요한 것으로 판단된다. 외출 목적이 주로 통학, 통근 등이 다수이나, 특정 장애인(심장, 신장) 등 장애인은 병원방문 목적이 주요 목적으로 나타났다.

외출도우미가 필요한 경우, 지체 · 뇌병변 장애인의 경우 휠체어 사용 등으로 인해 대중교통수단의 이용의 어려움, 이동의 불편을 도와줄 도우미가 필요하고, 시청각 · 언어장애인의 경우에는 의사소통이나 길 안내 등이 필요하며,

자폐성장애인과 지적장애인은 외출 시 보호자의 역할을 담당할 외출도우미가 필요한 것으로 나타났다. 이는 장애유형별로 외출 시 도움의 방식을 차별화할 것으로 의미하고 있다.

장애인의 문화여가생활과 관련하여, 문화예술적인 감수성과 민감성이 개인의 경쟁력뿐만 아니라, 국가경쟁력이 되고 있는 상황에서, 우리 사회의 가장 문화소외계층에 해당되는 장애인에게 맞는 문화복지 서비스 확대는 시급한 과제라고 생각된다.

(5) 주거

장애인의 집의 소유형태를 보면, 일부 장애유형의 주거 불안정이 우려된다. 뇌전증장애, 정신장애 및 안면장애는 자가 또는 전세의 비율이 낮고 월세의 비율이 상당히 높은 것으로 나타났다. 또한 월세 금액도 전반적으로 높아져서 장애인의 주거비 부담이 상당히 커졌다. 이에 따라, 장애인을 위한 주거복지사업에서는 무엇보다도 대상자를 확대하기 위한 예산 확보가 중요하다고 할 수 있다. 특히, 공공(국민)임대, 기존주택 전세임대사업이나 저소득층 월세 지원 시 만족도가 높다는 점을 고려하여 이들 정책의 지원대상자를 확대하려는 노력이 필요하다. 공공임대주택은 장애인의 주거비 부담을 완화시킬 수 있을 뿐 아니라, 주거의 질을 높이는 데 크게 기여할 수 있다.

그러므로 장애를 인식하는 문제는 장애인 개개인에게 있는 것이 아니라, 국가와 사회구성원이 함께 장애인문제를 인식하고 사회복지서비스 제공을 위한 환경개선을 어떻게 만들어 낼 것인가에서부터 출발해야 하며, 공동체적 맥락에서 장애인이 보편적인 사회적 역할을 수행하기 위한 서비스전달체계의 구축이 필요하다. 이는 장애인문제 해결의 장이 중앙정부를 비롯한 지역사회에 있고, 장애의 환경개선을 위해서는 이를 지원하는 다양한 형태의 서비스전달체계를 갖추고 있어야 함을 뜻한다. 또한 장애인이 삶의 과정에서 자신의 의사로 선택권과 자기결정권을 가지고 사회생활을 영위할 권리가 있음을 인정해야 한다. 따라서, 장애인들이 사회문제 해결의 차원에서 사회에 자발적으로 참여하여 능력에 걸맞은 역할을 수행할 수 있도록 제도적으로 뒷받침되어야 하며, 사회적 약자로서 사회구성원들로부터 보호받아야 한다.

PART

IV 복지국가의 미래

NOW SELLING

CHAPTER

11

복지국가의 위기와 재편

CHAPTER 11

복지국가의 위기와 재편

1 복지국가 위기

복지국가 위기론은 당초부터 복지국가를 부정해 온 이데올로기로부터 꾸준히 제기되어 왔다. 왜냐하면 마르크스주의나 고전적 자유주의 또는 신(Neo)자유주의는 복지와 시장 또는 평등과 효율이 양립할 수 있다고 여기지 않기 때문이다.

1) 복지국가 위기의 배경

1973년의 유가폭등을 불러온 오일 쇼크(oil shock)는 제2차 세계대전 이후 30년간 지속되어 온 복지국가의 안정체제를 뒤흔드는 결정적인 계기가 되었다. 오일 쇼크 이후 경제성장률은 떨어지고, 물가는 빠르게 상승했으며, 실업률도 상승하였다. 이러한 경제혼란은 국가-자본-노동 간의 화해적 정치구조에 치명적인 균열을 가져왔다. 이러한 균열의 결과, 영국에서는 1979년 노동당 정부가 실각하고 대처의 보수당 정부가 들어섰으며, 미국은 1980년 민주당 정부가 실각하고 레이건의 공화당 정부가 수립되었다(김보기 외, 2022a: 47).

이로써 진보정당들은 제2의 정당으로 물러나고 1977년 제2차 오일 쇼크 이후 영국과 미국의 복지국가는 재편기에 접어든다. 즉, 보수회귀의 흐름은 하나의 사회운동이며, 정치세력인 신우파의 신보수주의가 등장하게 된다. 그들은 국가의 경제개입과 복지개입을 모두 비판하고, 복지국가의 해체를 통해 자유시장체제를 확고히 하려는 이데올로기적 공세를 전개했다. 보수세력이 새로운 정권을 잡은 구미 각국은 대대적으로 복지예산을 삭감하고, 복지국가의 구조를 축소하기 시작하였다. 그러나 보수정권에 의한 복지삭감은 복지비 지출의 증가율을 둔화시켰을 뿐, 복지비의 절대액을 감축시키지는 못했다. 그 결과, 1970년대 오일 쇼크와 보수정권에 의한 복지삭감이 있었지만, 복지비의 증가율은 경제성장률보다 크게 앞섰다(박경일, 2020: 106).

복지국가 위기의 배경을 정리하면 다음과 같다(박경일, 2020: 106-1017).

① **경제성장에 유해**: 사람을 나태하게 하여 자본축적을 저해한다.

② **노동자의 교섭력을 강하게 하여 국제수지에 악영향**: 임금인상, 물가등귀를 가져온다.

③ **정부개입과 혼합경제는 시장기구의 우수한 기능을 망가뜨린다.**: 경쟁기능이나 투자요인을 저해한다.

④ 관료주의화와 전체주의를 초래한다.

⑤ **도덕적 타락과 허무적인 생활**: 약물남용이나 미혼모의 증대 등이다.

⑥ **사이비 민주주의**: 국가독점 자본주의의 분장형태이다.

2) 복지국가 위기의 원인

복지국가에 대하여는 그동안 끊임없는 비판이 제기되어 왔다. 심지어 1950년대와 1960년대의 고도성장에 따른 복지 호황기에도 복지제도에 대하여 양측으로부터 공격이 있어 왔다. 보수주의자들은 서유럽 여러 나라의 복지정책이 너무 빨리 그리고 너무 과도하게 진전되고 있다고 지적하면서 민간복지(private welfare)와 저소득층 등에 대한 선택적 혜택(selective benefit)에 의할 것을 주장하였다. 한편, 복지문제에 대하여 적극적 입장인 사회민주주의자들(Social Democrats)과 페이비언(Fabian)들은 복지혜택의 수준을 높이고 대상을 확대하여야 한다고 주장하였다. 그러나 이 시기에는 양측의 비판이 그리 심각한 것은 아니었고, 복지의 삭감 또는 복지국가의 위기에 관한 논의는 별로 없었다(인경석, 2000: 51).

그러나 1980년대에 들어와 일부에서 복지국가의 위기론을 제기하고 있다. 이들이 제기되는 내용은 다음과 같다(강종수, 2025: 250-251 ; 박주현, 2021: 332-334 ; 김성이, 2006: 255-259 ; 인경석, 2000: 51-53).

(1) 신우파 접근방법

① 정부의 위기

복지국가의 황금기에 대규모로 팽창한 정부부문은 그 자체가 거대한 관료기구가 됨으로써 유연성과 효율성을 상실하고 말았다. 또한 복지서비스에 대한 정부의 독점성은 경쟁원리의 부재로 말미암아 합리성과 효율성을 추구할 수 있는 내·외부의 자극이 부재한 상태에서 계속 관료조직을 비대하게 만들었다. 이러한 비효율성과 경직성은 적재적소에 적당량의 재원을 투입하는 것을 어렵게 만들었고, 서비스 영역에 따라 과잉과 과소 문제를 일으켰으며, 정부의 지출과 비교하여 효과는 상대적으로 미흡한 문제점을 노출했다. 또한 복지국가의 팽창은 경제와 정부의 과부담으로 나타났다. 경제가 호황일 때는 이것이 은폐될 수 있는 문제였지만, 경제가 침체하고 스태그플레이션(stagflation)이 나타나자 복지국가를 위한 재정의 팽창과 정부의 다양한 개입활동은 경제와 국가 시스템 전반에 큰 부담으로 작용한다.

② 경제적 위기

경제적 문제(economic problems)를 초래하게 된 가장 큰 요인은, 1973년의 석유 위기(oil crisis)로 인한 세계경제의 침체였다. 1970년대 중반 이래로 대부분의 선진 산업국들은 경제성장률은 낮아지고, 실업률이 높아지며, 투자율이 낮아지게 되었다. 그 결과, 1970년대와 1980년대 초의 선진자본주의 국가들의 경제상태는 매우 악화되었으며, 이는 1950년대와 1960년대의 획기적 경제성장과는 대조적인 현상이었다. 베이컨(Bacon)과 엘티스(Eltis) 등 일부 학자들은 사회복지 분야에 정부의 지출증대로 인하여 민간의 산업투자재원을 잠식

(crowding out)하게 되어 투자율이 낮아지고 생산성이 낮아지게 된다고 주장하나, 반면에 조지와 윌딩 등 다른 학자들은 사회복지 분야 지출로 이미 좋지 않은 경제상태를 좀 더 악화시켰을지 모르나, 오히려 사회적 지출로 생산성 향상에 도움이 되는 경우도 있다는 반론을 제기하였다.

③ 재정의 위기

프랑스를 제외한 복지국가 대부분은 심각할 정도의 국가부채를 안고 있었고, 대표적인 복지국가로 불리던 영국은 정부 재무잔고가 특히 심각한 상황에 있었다. 주목할 점은, 대부분 복지국가에서 이러한 재정 적자 누적의 원인으로 국방비와 함께 과잉 팽창한 사회복지비를 제시하였다는 점이다. 하지만 복지국가의 정치구조는 정부의 복지지출 삭감을 통한 재정의 적자해소를 어렵게 했다. 정치적으로 복지혜택 감소에 대한 국민의 저항이 있었으며, 선거민주주의는 이러한 상황에서 취약성을 드러내곤 했다. 또한 경제적으로 침체국면에 들었기 때문에 세수입 증대를 통한 균형재정도 어려운 처지였다. 결국 여러 국가는 사회복지 예산 마련을 위해 적자재정을 편성할 수밖에 없었으며, 이는 재정위기의 악순환 고리를 만들었다.

④ 정당성의 위기

정당성의 위기는 재정의 위기와 함께 지적되는 복지국가의 대표적 위기이다. 이 정당성의 위기는 복지국가가 의회주의와 복지정책을 통해 자본주의의 폐해를 없애고, 사회적 정의를 달성할 수 있다는 믿음의 상실을 의미한다. 이러한 정당성의 위기는 복지국가에 대한 여론의 악화, 사민당과 노동당 등 좌파 정당에 대한 지지 감소, 그리고 조세에 대한 저항으로 나타났다. 물론 여론의 악화는 경기침체, 복지프로그램의 오용과 남용, 경제적 풍요과정에서의 사회적 결속력의 약화 등 다양한 요인에서 비롯된 것으로 볼 수 있다. 하지만 여론의 상당부분은 정부의 사회복지 지출확대에 대한 비판에 모였다고 할 수 있다. 여론의 악화는 좌파 정당에 대한 지지의 하락으로 나타났다. 1975년에서 1982년 사이 영국, 미국, 서독에서 우파 정당이 집권하게 되고, 사회민주주의 정당이 오랫동안 강력한 영향력을 행사해 왔던 덴마크, 노르웨이, 스웨덴에서도 좌파 정당이 선거에서 패배하였다. 그리고 여론의 악화는 세금 증가에 대한 저항으로 나타났다. 경기침체기에 조세부담에 대한 저항으로 나타난 것이다.

⑤ 정부 복지조직의 비효율성

정부 차원의 위기는 통치 불가능성(ungovernability)으로 정부의 과부하, 정부 규모의 확대, 정부의 실패로서 그 내용은 다음과 같다.

첫째, 정부의 과부하는 복지국가가 정치적 참여와 사회적 권리를 광범위하게 인정함으로써 정부가 감당할 수 없는 기대와 권리청원의 인플레이션을 초래하여 정부의 과부하를 야기한다는 것이다.

둘째, 정부 규모의 확대로 복지국가는 무절제하고 탐욕스러운 개인들이 자신의 이익을 실현하기 위한 투기의 장이 되고, 이러한 시민의 요구를 처리하기 위해 정부활동을 대폭 확장시키고, 모든 집단이 자신의 이익을 위해 정치권력을 사적으로 이용하고 낭비적인 조직들을 만들게 되었다.

셋째, 정부의 실패는 정부의 계획 능력의 한계, 전문적 지식 및 정보의 결여, 재정적 한계. 관료제의 경직성으로 인해 사회적 자원을 낭비하게 되고, 자원의 효율적 배분은 실패하고, 복지서비스의 수혜자의 요구의 질과 양의 변화에 융통성 있게 대응하지 못하는 비효과적인 결과를 가져왔다.

국가부문의 과대성장으로 인한 비효율, 경직성, 과부담은 큰 문제로 다가왔다. 복지국가의 황금기에 대규모로 팽창한 국가부문은 그 자체가 거대한 관료 기구가 됨으로써 유연성과 효율성을 상실했고, 복지서비스에 대한 독점성과 경쟁 원리의 부재는 합리성과 효율성을 추구할 수 있는 내·외부자극을 정부에 주지 못함으로써 관료조직의 비대화를 초래했다. 이러한 비효율성과 경직성은 적재적소에 적정량의 재원을 투입하는 것을 어렵게 했고 서비스 영역에 따라 과잉, 과소 문제를 야기했으며, 정부지출에 비해 효과는 상대적으로 미흡했다. 복지국가 비판자들은 정부의 과다 지출이 민간부문의 투자 감소, 생산부문의 노동력 감소 등 경제를 둔화시키는 방향으로 적용했다고 복지정책을 비판하게 되었다.

⑥ 사회적 · 문화적인 위기

사회적 · 문화적 위기로서 사회통합의 이완현상이 시작되었다. 이는 복지국가의 중요한 전제인 사회적 연대가 파괴되는 것을 의미한다. 사회통합의 이완현상은 크게 아노미(anomie)와 에고이즘(egoism, 이기주의)이 확대되는 것, 즉 규범적 불안정과 사회적 유대의 약화가 증가하는 것으로 설명된다. 대표적 예로서, 이혼율과 자살률의 증가를 들 수 있다. 물론 이혼율과 자살률 증가 등의 현상이 반드시 위기인 것은 아니며, 하나의 사회적 · 문화적 변화로서 이해할 수도 있으나, 여기서는 복지국가의 여러 프로그램이 이러한 현상을 조장한다는 측면에서, 그리고 새로운 변화에 적절히 대응하지 못한다는 측면에서 문제가 제기되었다.

(2) 신마르크스주의 접근방법

신마르크스주의자들은 복지국가 위기를 자본주의체제 내에 있는 기본적인 모순의 심화와 연관시키면서, 복지국가들이 위기 상황에 빠진 것은 자본주의 국가가 가지는 필연적 상황으로 이해한다. 독점자본주의 단계에 있는 복지국가는 자본 축적과 분배 정당화라는 상충되는 기능을 수행해 왔다. 즉, 국가는 복지국가의 경제적 기반인 자본의 축적과 발전을 지속적으로 가능하게 하는 모든 조건을 조성해야 하며, 다른 한편으로는 축적과정에서 소외와 고통을 당하는 노동자를 비롯한 국민들의 불만과 다양한 요구를 충족시켜 복지국가로서의 분배의 정당성을 유지해야 했다. 그러나 모순된 두 기능을 국가가 완수하지 못했다. 이것은 본질적으로 자본주의 국가체제의 한계에 기인한다며 책임을 자본주의체제에서 찾고 있다.

(3) 사회민주주의 접근방법

복지국가의 위기가 복지국가 자체의 근본적 결함이라고 하기보다는 복지국가의 외부적 충격과 복지국가 발전과정에서의 시행착오로 발생하는 일시적 현상으로 국제사회의 변화과정의 산물이라고 본다. 즉, 1970년대의 경제적 위기가 복지국가의 운영에 어려움을 야기한 요인이라고 주장한다. 국가정책을 통해 노동의 탈상품화와 노동자의 단결이 증진되고 계급 동맹이 가능하게 하는 데 있어서 정부의 지출은 불가피하게 상승하지만, 국제적인 경제위기로 인해 재정을 동원하는 데 정치적 저항을 받게 되면서 복지국가 위기가 발생한 것이라고 주장한다.

복지국가 위기는 정치행정 능력의 문제에서 야기된 것으로, 내부적으로 복지국가체제 자체보다는 프로그램의 운영 방법상의 오류에서 발생한 것이다. 즉, 효과성이나 효율성을 떨어뜨리는 운영과정상의 문제이며, 특히 중앙집권적 형태와 관료제를 그 주요 원인으로 지적한다. 이에 대한 대안으로 시장보다는 프로그램의 분권화 및 민영화를 통해 효율성을 기하면 위기해소는 가능하다.

결국 사회민주주의는 정부의 역할을 여전히 강조하며, 복지의 분배와 탈상품화, 노동의 연대 강화를 통한 재분배를 통해 복지국가의 위기를 극복하고자 하는 것이다.

3) 복지국가 위기의 관점

『사회정책의 충격』
(1984)

조지와 윌딩(Victor George & Paul Wilding)은 1984년 그들의 저서 『사회정책의 충격(*The Impact of Social Policy*)』에서, 복지자본주의(welfare capitalism)에 있어서의 심각한 위기를 규명하고 있는 여러 가지 이론들에 대해 3가지 유형을 제시하고 있다. 즉, 그것은 신보수주의자들(neo-conservatives)과 그 밖의 사람들에 의해 주창된 '정부과부담(the load in government)' 이론, 주로 마르크스주의자(marxist)에 의해 주장되고 있는 '국가모순(the state contradiction)', 그리고 그 위기를 현행 정치권 내에서는 해결할 수 없는 상황이라기보다는 적절한 정부활동에 의해서 해결될 수 있는 문제들의 복합체로서 보는 실용주의자들(the pragmatists)이 있다. 그 내용은 다음과 같다.

(1) 정부과부담

정부과부담(government loaded) 이론은 신우파, 즉 신보수주의자들이 주장하는 복지국가 위기론에 속한다. 복지국가 위기론의 가장 큰 이유는 복지비용의 증대와 재정 적자(mega-deficits)를 들 수 있고, 복지비의 지출증가는 경제발전이나 경제회복의 장애요소로 인식되는 것은 정책관련자(stakeholder)는 물론 학계에서도 지배적인 현상이다. 즉, 지나친 복지비용의 지출로 정부의 재정위기가 닥쳐왔고, 이것이 필연적으로 복지국가의 종말로 이어진다는 견해들이 있다. 신보수주의자들은 기본적으로 개인활동에 대한 정부개입의 증대로 정부부담이 증가하고 정부실패가 야기된다고 보고 있다. 따라서, 복지국가의 위기는 당연할 뿐만 아니라, 불가피한 것으로 인식한다(김보기 외, 2022a: 216).

신보수주의자들은 복지자본주의의 정치적 문제의 근원을 '정부과부담'으로 파악한다. 그들은 다양한 이유로 국가를 권리와 의무에서 과부담을 지고(overloaded) 있는 것으로 보고, 복지자본주의의 정당성과 정치적 안정에 위협을 가하는 것으로 간주하고 있다. 조지와 윌딩은 정부과부담 원인에 대해 세 가지를 제시한다(George & Wilding, 1984, 231-232).

첫째, 경쟁적 민주주의(competitive democracy)이다. 경쟁(Schumpeter, 2008: 482)은 여러 가지 면에서 과부담을 유도한다. 과도한 부담이 정부의 경쟁적인 민주주의 기능을 배당할 때에는 정당과 이익집단이 각 정당의 공약에서 그들의 지지를 획득하고, 더 많은 이익을 가져오도록 자극할 것이다. 따라서, 경쟁적 민주주의는 복지비용의 팽창을 가져온다.

둘째, 경제성장을 보장하기 위해 그 경제를 운영할 수 있을 것 같은 방법이었다. 그러한 성장은 정부가 모든 것을 떠맡고 제공할 수 있다는 신념을 조장함으로써 과부담을 가져 왔고, 그것은 새로운 정부활동에 있어서의 재원조달을 비교적 어려움 없이 행하게 했다. 이는 신보수주의자의 관점에서 케인스주의(keynesianism)였다. 그러나 그러한 신념은 두 가지의 중요하지만, 암시적인 가정에 좌우된다. 즉, 정부의 경제정책은 경제적 합리성과 상충될 수 있는 정치적 요구로부터 분리되어야 한다는 것과, 노동조합과 고용인의 행동으로 인해 약화되지 않는다는 것이다. 민주주의는 책임에 지나친 부담을 지웠는데, 그것은 어려움을 겪지 않고서도 개혁과 적응을 가능하게 하는 행정적인 수준이 아니라, 정치경제적 질서는 그 질서의 존속이 의존하게 되는 역할을 유지할 수 없게 하는 보다 중요한 체제수준에 이르기까지 부담을 지웠다.

셋째, 경제침체는 과부담을 촉진시킨다. 경제성장이 완만할 경우에는 정부가 무언가를 해야 한다는 압력을 받게 된다. 정부는 그 경제를 능숙하게 조절할 수 있다는 능력을 과시해 왔다. 즉, 어려움에 처한 산업과 지역을 구제하고, 임금과 가격을 통제하며, 실업자를 위한 프로그램을 제공하고, 그 경제의 성장점을 촉진시킴으로써 그 정부는 재난을 회피하게끔 압력을 받고 있다. 재정분배에 대한 정치적 해결책이 없을 경우에는 정부에 대한 새로운 요구가 있게 되고, 그러한 제안이 어려움을 겪지 않고서는 더 이상 재원조달을 하지 못하게 된다.

정부과부담 이론은 복지국가의 위기를 자본주의 경제체제에 대한 국가개입으로 인한 국가의 팽창과 과부담이 결국 국가의 실패(state failure)를 초래했다고 주장한다. 하이에크(Hayek, 2013: 153)는 현대 복지국가의 속성들, 예컨대 중앙정부에 의한 경제계획, 기업의 사회화, 누진세에 의한 소득과 부의 분배, 사회서비스에 대한 과도한 국가지출 등으로 인해 개인들은 정치적 예속의 길을 걷게 될 것이라고 주장한다.

복지국가의 위기에 대한 신자유주의자들의 타개책은 시장의 우월성을 강조하고 최소한의 국가로 복귀하는 것이다. 하이에크(Hayek, 2013: 153)는 인간사회의 기본 속성이 정교하게 과학적으로 고안된 것이 아니라, 수백 년 동안 진화되어 온 것이기 때문에 그 복잡하게 분산된 사회제도의 정보를 가장 효율적으로 운용하기 위한 '자발적 질서(spontaneous order)'로서의 시장이라는 메커니즘에 의존하지 않을 수 없다고 주장한다. 프리드먼(Friedman, 2002: 2-3)은 국가의 역할이 법과 질서를 유지하고 사적 계약의 실효성과 경쟁적 시장기제를 보장하는 데 그쳐야 한다고 주장한다. 요컨대, 국가가 계속 전능한 신이 되고자 할 것이 아니라, 과감하게 사회경제적 자유방임주의로 돌아가야 한다고 하는 것이다. 그러나 이러한 주장이 복지자본주의 사회에서 성장과 복지의 상충성을 날카롭게 지적하고 있지만, 전반적으로는 불충분하고 선별적인 근거를 바탕으로 과장된 일반화를 하는 경향이 있다.

김태성 외(2019: 288-302)는 정부과부담 이론과 그 비판에 대해 다음과 같이 주장한다.

첫째, 정부과부담으로 인해 산업생산부문의 위축을 가져온다. 즉, 복지국가의 확대로, 공공부문에서 지출증가는 그 사회의 경제성장을 이끌어가는 산업생산부문(특히, 제조업)에 투입할 수 있는 인력과 자본을 줄어들게 하여 경제성장을 위축시킨다는 것이다. 그러나 공공부문의 지나친 확대는 생산부문의 위축에 영향을 미치지만, 근본적이고 직접적인 원인은 아니라는 것이다.

둘째, 정부과부담은 노동력 공급의 감소를 초래한다. 이는 복지국가의 많은 프로그램 수혜자나, 그러한 프로그램을 위해 세금을 내는 비수혜자 둘 다 근로할 동기가 약해지고 노동공급이 줄어든다는 것이다. 즉, 사회복지서비스의 증가로 수혜자나 납세자의 근로동기가 약화되어 결국 국민총생산의 둔화를 가져와 성장률이 낮아진다는 것이다. 그러나 복지국가 프로그램들은 국민들의 교육(기술), 건강수준을 높이고 경제안정도 이룰 수 있기 때문에 경제성장에 주는 긍정적 효과를 감안한다면, 이러한 프로그램으로 인한 노동력 감소는 경제성장에 주는 부정적 효과를 무시할 수 있는 것이다. 따라서, 복지국가의 확대는 경제성장에 큰 피해를 준다는 주장은 근거가 미약하다.

셋째, 정부과부담은 저축과 투자의 감소로 이어진다. 즉, 국가 전체의 자본축적이 적게 이루어져서 결국 근로자들의 생산성 향상이 이루어지기 어려워 결국 경제성장이 위축된다는 것이다. 다시 말해서 한 나라의 경제가 지속적인 성장을 이루기 위해서는 생산에 필요한 인적·물적 자원들에 대한 투자가 이루어져 단위당 생산성이 높아야 한다. 이러한 투자가 이루어지기 위해서는 자본축적이 있어야 하는데, 이를 위해서는 국가 전체의 저축이 증가되어야 한다. 그러나 복지국가 프로그램들이 국가의 총체적 저축량을 감소시켜 결과적으로 GNP 성장률을 감소시킨다는 주장은 무리이다. 그리고 불확실한 복지국가 프로그램들의 저축감소에 대한 효과를 고려할 때, 이러한 문제 때문에 복지국가 프로그램의 확대를 비판하는 것은 지나치다는 것이다. 저축량의 감소로 인한 자본축적의 위축을 해결하기 위해서는 투자액에 대한 세금 면제, 중산층의 저축 유인을 위한 제도, 단순히 정부예산의 흑자 운용 등의 금융, 재정정책으로 가능하다고 볼 수 있다.

(2) 국가모순론

국가모순론(state contradiction theories)은 마르크스주의자들이 주장하는 복지국가의 위기 이론이다. 즉, 마르크스주의자들은 복지국가 위기를 고도로 발전된 자본주의체제가 가지는 기본적인 모순의 필연적 결과로 보고 있다. 즉, 전후의 복지국가는 빈곤자와 노동계급의 사회문제 해결에 성공적이지도 못하였으며, 바람직하지도 않았다고 본다. 복지는 건강한 사람과 교육받은 사람들의 요구에만 부응하였으며, 많은 노동계급, 여성, 소수 인종, 한계 계층에게는 억압적이고 오점을 남기는 것이었다. 복지는 자본주의체제를 유지하는 데 기능하는 것이었다(김보기 외, 2022a: 219).

마르크스주의자들은 신보수주의자들과 복지국가 위기론에 있어서 두 가지 점에 있어서 일치를 보인다(George & Wilding, 1984, 236). 즉, 마르크스주의자들은 정부의 과중된 부담과 수지를 맞추는 데에 어려움을 주는 복지지출(welfare expenditure)의 증액, 재정상의 위기(fiscal crisis)와 정당성의 광범위한 위기(broader crisis of legitimation)에서다. 또한 이들의 차이점은 위기의 원인과 가능한 해결방안에 대한 분석에 있다. 마르크스주의자들은 위기의 원인을 경제체제의 하나인 자본주의의 고유한 모순에 근거하는 것으로 본다. 그들은 경쟁적인 정책에 의해 야기된 과다한 기대와 난점들은 단지 자본주의의 정치, 경제, 사회체계에 있어서 근본적인 혼란의 증세로 파악한다.

1960년대 복지국가의 전성기에 신마르크스주의자들은 복지의 본질이 사회통제의 수단이며 노동계급을 회유하는 수단이라는 급진적 비판을 하였으나, 1970년대 말 우파가 득세하자 오히려 복지국가가 집단적 사회계획을 통해 노동계급의 생활향상에 기여했다는 옹호론을 펼쳤다. 신마르크스주의자들은 복지국가를 단지 세련된 자본주의로 보며, 복지국가의 위기 또한 자본주의 자체의 근본적 모순에서 비롯되었다고 본다. 노동자를 위한 복지제도와 자본가를 위한 생산성 추구가 국가개입에 의해 함께 보장된다는 모순이 바로 그것이다. 오코너(James O'Connor)의 경우, 복지국가의 기능을 자본가의 경제적 기능을 보장하는 '축적'과 사회통합을 추구하는 정치경제적 기능인 '정당화' 두 가지로 보고 이 두 기능의 갈등을 조절하기 위해 국가가 더 많은 개입과 재정적 부담을 안게 된다고 보았다(임정문 외, 2020b: 366).

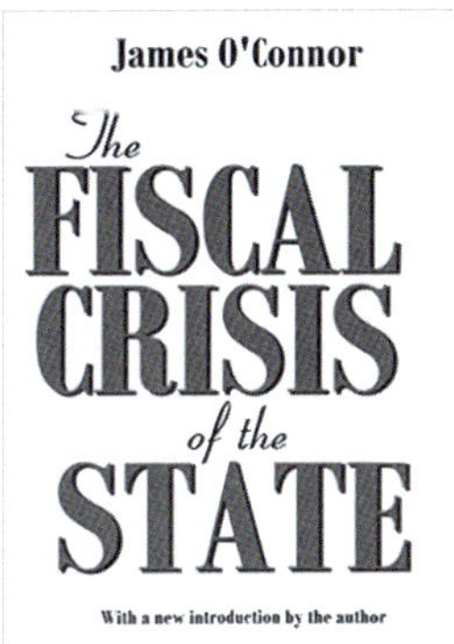

『국가재정상의 위기』
(2017)

오코너는 그의 저서 『국가재정상의 위기(*The Fiscal Crisis of the State*)』에 따르면, 복지자본주의 사회(welfare capitalist societies)에서는 생존을 보장하는 데 필요한 서비스를 마련하기 위한 자금을 세금으로 징수할 수 없다는 것이다. 그의 주장에 의하면, 자본주의란 근본적으로 불안정한 경제체제이다. 끊임없는 조정이 없다면, 자본주의의 호경기와 불경기(booma and slumps)는 노동계층이 자본주의의 철폐를 부르짖도록 하기 쉽다. 즉, 국가는 원조를 행해야 하며, '자본축적과 합법성(accumulation and legitimation)'이라는 기본적이고도 때로는 서로 상충하는 기능을 충족시키려고 노력해야만 한다. 다시 말해서 국가는 사적 자본(private capital)이 적정한 이윤을 남길 수 있는 환경을 조성하거나 유지하려고 노력해야 한다. 동시에, 국가는 사회적인 조화를 조성, 유지하는 데도 힘써야 한다. 국가가 사적 자본을 지지하는 데 전력을 다한다면 그 국가는 정당성을 상실하게 되고, 국가가 의존하고 있는 국가에 대한 충성과 지지력이 약화될 것이다. 반면에, 국가가 자본을 지원해야 할 필요성을 무시한다면 국가권력이 의존하고 있는 자원이 고갈되는 위험에 처하게 된다(O'Connor, 2017: 1). 그러므로 오코너는 자본주의 본질 때문에 자본주의 국가는 경제체제가 그 자체의 생존을 위해 요구하는 것을 제공하지 못한다는 것이다.

마르크스주의자들은 복지자본주의의 정당성의 위기(legitimation crisis)를 그 반대파들에게 고유한 모순이라는 말로 설명하고 있다(George & Wilding, 1984, 241). 그들은 자본주의가 비록 성장단계나 전쟁, 케인스식 경제운영기술에 의해 서로 다른 시기에 일시적인 안정을 가져오긴 하지만, 하나의 경제체계로서는 원래 불안정한 것으로 보고 있다. 자본주의적 가치들이 이끌어내는 정치제도의 한 종류이지만, 종국적으로는 자본주의의 자본축적 욕구와 정당성 사이의 충돌을 강조하고 악화시키는 하나의 체계인 민주주의에 의해 그와 같은 경제적 불안정이 증대된다. 성장과 복지국가정책들은 한 세대 동안 근본적인 모순점들을 감출 수 있었으나, 경기침체가 그 모순점들을 여실히 드러내었다. 다른 집단들도 복지자본주의의 모순점을 강조한다(George & Wilding, 1984: 243). 즉, 우익 사상가들(right-wing thinkers) 역시 복지지출에 의해 자본주의 경제에 행해진 손상을 강조하는바, 그것은 복지국가정책들이 시장경제의 갈등들을 조화시키기보다는 오히려, 이전에는 비인격적인 세력들에 의해 해결되었던 쟁점들을 정치화 시키고 성장률을 저하시킴으로써 그 갈등들을 첨예화시킨다는 것이다.

그러나 이러한 마르크스주의자들에 대해 반론도 존재한다. 즉, 복지자본주의의 내재적 갈등과 모순점(inherent conflicts and contradictions)들에 대해 덜 구속적인 비판들이 있다. 골드도프(Goldthorpe, 1980: 194)에 따르면, 사회학자들은 시장경제를 그것이 운영되고 있는 사회에 대해 지속적인 탈안정화하는 영향(destabilizing effect)을 미치는 것으로 보는 경향이 있다. 또한 골드도프(1980: 195)는 우익파들(the right)이 인플레이션(inflation)에 대해 경쟁적인 정당정책들에 의해 야기된 과도한 기대들의 산물이며 불공평한 케인스주의의 산물이라고 간주했던 것에 반해서, 인플레이션을 단순히 '분배갈등의 금전적 표현(the monetary expression of distributional conflict)'이라고 간주한다. 조지와 월딩(1984: 242)은 골드도프와 같은 이들, 즉 비마르크스주의자 논평가들(non-Marxis commentators)들은 오코너와 같은 학자와는 다른데, 그 이유는 그들이 기술한 모순의 원인에 관한 분석과 해결에 있어서의 시각에서 다르기 때문이라고 주장한다. 즉, 마르크스주의자들은 모순의 원인이 체계의 바로 그 본질에 내재하는 것이므로 오직 자본주의를 없애거나 초월함으로써 모순점이 해결된다는 견해를 갖고 있다. 그 밖의 논평가들은 근본적 변화에 의지하지 않고서도 개혁하고 수정할 수 있다고 보고 있다는 것이다.

(3) 실용주의자들

복지국가의 위기론에 있어 중도적 입장을 가진 학자들은 대체로 사회민주주의의 실용주의적 관점을 택한다. 사회민주주의는 복지국가의 황금기 내내 사상적 근간이 되어 왔으며, 복지국가를 뒷받침하는 혼합경제의 이론적 입장을 옹호하였다(임정문 외, 2020b: 367).

실용주의자들(the pragmatists)은 복지국가의 위기론에 있어서 중도적 입장에 있는 학자들을 말하는데, 대체로 사회민주주의의 실용주의적 관점을 택하고 있다. 김태성 외(2019: 310)에 따르면, 실용주의적 관점에서 제기되고 있는 복지국가의 위기는 복지국가가 발전하는 과정에서 나타난 상황변화와 시행착오로 인한 일시적인 현상이므로 기존 복지국가체제 내에서 해결될 수 있다. 먼저, 실용주의적 관점은 복지국가의 위기를 기본적으로 1970년대에 악화된 경제상황 때문이라고 본다. 그러나 그들에게 있어서 경제상황을 악화시킨 것은 신자유주의자들이 주장하는 것처럼 복지국가가 아니라, 외부적인 환경의 변화, 즉 1973년의 오일 쇼크로 인한 전반적인 세계경제의 침체이다. 이들의 주장은 경제상황이 호전되면 복지국가의 위기는 사라진다는 것이다.

실용주의자로 기술하는 집단은 세 가지 중요한 측면에서 정당성의 위기(legitimacy crisis)에 관한 나머지 두 이론가 집단과는 다르다(George & Wilding, 1984: 242).

첫째, 실용주의자들은 위기를 자본주의의 모순이나 민주주의 활동에 근거하는 것이라고 보지 않는다. 다시 말해서 그들은 그 위기를 체계적인 것으로 보지 않고, 많은 추세(trends), 시행착오(errors), 사태발전(developments)의 결과로 간주하고 있다.

둘째, 그들은 '위기(crisis)'에 대해서 말하고 있긴 하지만, 그 문제를 현재의 경제 및 사회제도 안에서 해결할 수 없는 문제로 보지는 않는다. 확실히 신념의 정도에 따라 다르지만, 그들은 그 문제를 해결하거나 완화하는 방법이 있을 것이라고 믿고 있다. 실용주의자들은 정당성의 위기보다 정당성의 문제들을 다루고 있다고 보는 것이 훨씬 더 정확할 것이다.

셋째, 정치적으로 실용주의자들을 분류하는 것은 훨씬 더 어렵다. 과부담이론가(overload theorists)들은 정치 스펙트럼의 우익(the right of the political spectrum)에 속하는 경향이 있고, 국가모순이론가(the state contradiction theorists)들은 마르크스주의자들이며, 실용주의자들은 다소 애매한 중립적 입장(muddy middle ground)에 있다. 실용주의자들은 정당성의 위기(the legitimation crisis)에 대해서, 로즈(Richard Rose, 1978: 207)는 현재 다수의 서구 국가의 지도자들이 직면하고 있는 중요한 도전은 경제적 어려움에도 아랑곳없이 정치적 권위를 유지하는 것이라고 주장한다. 또한 클라인(Klein, 1980: 29)은 스웨덴과 독일과 같은 가장 성공적인 복지국가는 엄밀하게는 최상의 성장기록을 가진 그러한 나라에서 발전되는 경향이 있다는 점을 강조하고 있다.

조지와 윌딩(1984: 246)은 실용주의자들의 정책이 두 가지 면에서 실패하고 있다고 진단한다.

첫째, 실용주의자들은 민주적 자본주의(democratic capitalism)를 유지하기 위한 철학을 만들어내는 데 실패함으로써 정부 권위의 정당성(the legitimacy of government authority)을 약화시키게 되는 결과를 강조하고 있다. 개인의 욕구(private need)에 대한 공적 책임성이라는 새로운 역동적 집합주의의 윤리(new dynamic collectivist ethic of public responsibility)는 나타나지 않고 있다. 따라서, 정부의 대규모 복지프로그램을 위한 확고한 이론적 기반이 없다. 그것은 확고한 사회 목적의 표현이라기보다는 오히려 반사적이고 특수적이다(reactive and ad hoc).

둘째, 복지자본주의의 위임을 표현하고 그것을 정당화시키는 철학은 없다. 오히려 약화시킬 수 있는 철학적 갈등(conflicts of philosophy)이 있다. 매킨토시(Mackintosh, 1978: 267)는 복지국가가 위기에 기여해 온 태도들을 배양시켰다고 시사했다.

그러나 실용주의자들은 복지자본주의의 문제들이 심각하고 고질적이지만, 해결 가능하다고 생각한다(George & Wilding, 1984: 246). 왜냐하면 그들은 그 문제들이 체제의 본성(the very nature of the system)에 내재된 것이 아니고 과부담론자 또는 국가모순론자들이 생각하는 것보다도 정부가 더 많은 자율행동(autonomous action) 능력을 갖고 있는 것으로 생각하기 때문이다. 로즈(Rose, 1978: 208)는 실용주의자의 견지를 취하고 있다. 즉, 실용주의자들은 정치적 파멸은 피할 수 있고 정부는 단지 장래의 지출에 제동을 걸 필요가 있다고 주장한다. 즉, 말하기는 쉬우나 행하기는 매우 어렵지만, 그러나 가능하다는 것이다. 다시 말해서 통치불가능성(ungovernability) 문제의 심각성을 평가하면서, 최대의 위험은 폭력이나 정부의 극적인 붕괴가 아니라, 시민 무관심의 확대라는 주장이다. 그것도 똑같이 심각한 도전일 수 있지만, 만일 그것이 위기의 본질이라면 정부는 자구책을 쓸 수 있는 시간적 여유를 갖게 된다는 뜻이다.

실용주의자들의 관점은 엄밀한 의미에서 복지국가 위기론이라고 할 수 없다. 그것은 성장과 복지, 축적과 정당화가 근본적으로 모순된다는 사실을 인정하지 않으려 한다. 물론 성장과 복지, 축적과 정당화가 근본적으로 모순된다고 할지라도, 이로부터 언제 어디서나 복지국가를 유지할 수 없을 정도로 상충된다는 주장으로 나아갈 필요는 없다. 왜냐하면, 그 상충성의 정도는 시기와 조건에 따라 다를 수 있기 때문이다. 하지만 실제로 그 상충성의 정도는 국제 시장에서의 경쟁이 상대적으로 느슨했고, 국내 수요 역시 지속적 팽창

추세에 있었던 1950~1960년대에 비해 1970년대 이후 훨씬 첨예해진 것을 부인해서는 안 될 것이다.

그러므로 복지국가 위기에 대한 이데올로기적 관점에 따라 그 처방은 다를 수 있으나, 기본적으로 복지국가를 지향한다는 점에서는 공통된 의견이다. 또한 복지국가 위기에 대한 우려가 깊을수록 오히려 복지국가 활성화에 기여한다는 점이다. 결국 복지국가 위기를 극복하는 방법은 국민적 연대감으로부터 나온다.

2 복지국가의 재편

1960년대까지 세계적 자본주의의 호황과 노조와의 합의 정치구도하에서 안정적으로 팽창하던 서구 복지국가들은 1970년대 중반에 이르러 경제위기를 맞으면서 복지국가제도에 변화를 가져왔다.

전후 선진자본주의 국가들의 정치경제 질서는 수요의 창출이 고용을 창출한다는 케인스주의의 '유효수요'이론에 그 바탕을 두어 각 국가들은 경제적 호황을 맞게 되었다. 하지만 1970년대에 들어오면서 오일 쇼크(oil shock, 1973)로 인한 경제적 공황상태에 직면하면서 케인스주의식의 경제정책으로는 해소할 수 없는 국면을 맞게 되었다. 스태그플레이션이 지속됨으로써 실업, 물가 상승, 경제성장의 둔화가 현실적으로 나타났다. 또한 대량공급 · 대량소비 구조의 생산방식은 소비자의 욕구변화와 국제시장에서의 경쟁력 심화로 비효율적으로 되었다. 즉, 모더니즘(modernism) 시대에서 포스트모더니즘(postmodernism) 시대로 이행을 요구받게 되었다. 소비자들의 기호와 욕구는 다양해졌으며, 시장은 다품종 소량생산체제로 전환되고 있었고, 국가의 보호를 받던 생산체계는 세계적 무역장벽의 해소로 경쟁력이 약화되었다.

케인스 경제이론의 무력화로 신자유주의의 통화주의가 영향력을 가지면서 시장역할이 강화되는 시대가 되었다. 자본과 시장의 헤게모니(hegemony)가 강화되면서 우파 정당 역시 적극적으로 자유시장의 확대와 국가의 역할축소라는 자유시장 경제정책 노선을 선명히 하게 되어 1980년대 서구 국가의 권력은 우파 정당의 손에 들어가게 되었다. 이러한 시대적 전환에 따라 복지국가는 재편을 요구받게 되었다.

복지국가의 발전이 정치, 경제, 사회의 여러 가지 측면에서 위기를 맞게 되었다. 복지국가 이데올로기는 국가위기를 타개하기 위해 원인과 해결방법을 달리하여 복지국가의 재편을 가져오게 되었다. 그 내용은 다음과 같다.

1) 에스핑-앤더슨의 주장

에스핑-앤더슨(1999)은 1999년 그의 저서 『탈산업화 경제의 사회적 기반(*Social Foundations of Postindustrial Economies*)』에서, 현재 복지국가의 재편의 세 가지 경로를 제시하고 있다.

『탈산업화 경제의 사회적 기반』 (1999)

(1) 신자유주의 방식

신자유주의 방식은 주로 미국, 영국, 뉴질랜드, 캐나다, 호주 등 앵글로색슨 국가들이 채택하고 있다.

첫째, 이들은 노동시장을 탈규제하는 조치를 단행하였다. 미국은 최저임금을 평균임금의 38% 수준으로 낮추었고 사회보험 급여대상자를 70%에서 33% 수준으로 급감시켰다. 영국에서는 노동조합의 파업권 제한, 단체협약의 포괄범위 제한, 채용 및 해고에서의 제한 완화 등의 조치들이 강화되었다.

둘째, 노동시장을 유연화하는 조치가 취해졌다. 미국은 비정규직 노동자의 비중이 OECD 국가 중 가장 높은 수준이다. 이는 앵글로색슨 유형 국가들의 공통적인 현상이다.

셋째, 저임금 일자리를 확대하였다. 이들 국가들은 고용증가율이 OECD 국가들의 2배 수준이다. 그러나 대부분 저임금의 서비스 직종에 편중되어 있다. 미국의 경우, 미숙련 노동자는 전일제로 근무해도 빈곤선 이하의 수입만을 얻는 저임금의 불안정한 고용이 증가하였다. 이렇듯 신자유주의의 방식은 빈곤과 임금 불평등이 확대되는 문제가 있다. 이 나라들에는 근로빈곤층(working poor)이 만연해 있으며, 임금 불평등은 가장 높은 수준이다.

(2) 노동감축

노동감축 방식은 영국을 제외한 유럽 국가들이 주로 채택하고 있다.

첫째, 이들은 조기퇴직을 권장하는 조치를 강구하였다. 적은 일자리의 질을 유지하기 위해 고연령 노동자들의 조기퇴직과 실업급여, 장애연금 및 노령연금 수급을 유도하였다. 이로 인해 사회보험의 재정부담이 커지기도 하였다.

둘째, 여성고용을 억제하였다. 남성 생계부양자(male-bread winner) 위주로 일자리를 공급하기 위해 부부합산과세 등 2인 이상 소득자가 있는 가구에 중과세하는 여성고용 억제책을 운영하였다.

셋째, 기존 노동자를 보호하기 위해 노동시장 규제조치를 유지한다. 이들 나라는 노동조합의 권한, 단체협약, 최저임금제, 실업보험, 채용 및 해고에 대한 규제 면에서 노동시장 규제가 엄격하다. 내부 노동시장에서의 남성 생계부양자들의 고용을 보장하고 가족구성원들은 이들의 수입이나 복지국가 프로그램의 혜택으로 생활하도록 유지하려는 전략의 일환이다. 이처럼 대륙유럽 국가들은 가족주의적 이전 국가(familialistic transfer state)라고 불리기도 한다. 여기에는 사회보험 위주로 정규직 노동자 중심의 사회복지제도가 발달하고, 보육정책 등 보편적인 사회적 서비스 발전에 한계가 있었던 점도 영향을 주었다. 그러나 이 방식은 정규직 노동자를 보호하기 때문에 노동시장의 경직화를 낳는 문제점이 있다. 정규직 노동자를 보호하기 위한 노동시장 규제가 엄격하게 적용되어 정규직 노동자들의 1차 노동시장이 경직화되어 있기 때문에 진입이 쉽지 않다. 또 외부 노동시장이 형성되지 못한다. 노동시장 규제가 엄격하기 때문에 저임금과 비정규직 위주의 서비스업이 발달하지 못하는 역효과가 발생하고 나아가 구조적 실업이 상존한다. 정규직 노동자들이 점차 고연령화되는 반면, 청년계층의 실업률이 특히 높다.

(3) 고용확대

고용확대방식은 스웨덴, 덴마크, 노르웨이 등 스칸디나비아 국가들이 주로 채택하고 있다.

첫째, 사회서비스를 민간부문에서 제공하지 않고 공공부문에서 창출해 좋은 일자리를 제공한다.

둘째, 여성고용을 확대한다. 고용에 있어서 남녀평등의 증진을 추구하여 좋은 일자리를 제공한다. 여성고용의 확대는 주로 공공부문의 사회서비스 직종에 집중된다. 이를 위해 공보육, 유급산전후휴가, 육아휴직제도 등이 광범위하게 도입되어 있다.

셋째, 노동시장 규제를 유지한다. 이들 나라의 비정규직은 대부분 자발적인 단시간근로자(파트타이머)들이다. 비정규직 보호조치를 통해 고용형태에 따른 차별을 엄격하게 금지하고 있다.

셋째, 실직자 대상 사회서비스를 확대한다. 직업훈련, 고용정보제공 등 적극적 노동시장정책이 발달하였다. 실직자들에 대해서는 고용서비스 제공과 생계보장을 연계하고 있다.

이들 국가에서는 고용형태에 따른 차별을 금지하고 있다. 이에 따라, 공공부문에 종사하는 여성들은 파트타임에 종사하고 있지만, 자발적인 선택인 경우가 많다. 그러나 노동시장의 유연화를 방지해 노동시장 통합성을 유지하는 대신 재정압박을 초래할 수 있다.

2) 피어슨의 주장

피어슨(Paul Pierson)은 2001년 그의 논문 「영구적 긴축에 대처하기: 부유한 민주주의에서 복지국가 구조조정(Coping with Permanent Austerity: Welfare State Restructuring in Affluent Democracies)」에서, 복지국가의 재편방향을 제시하고 있다.

(1) 비용억제

우선, 공통적으로 비용억제(cost-containment) 전략을 사용하고 있다. 비용억제 전략이란 재정지출 부담과 조세저항 등을 고려하여 복지국가 프로그램의 비용을 줄이려는 전략이다. 대부분의 나라에서 긴축재정을 위한 노력을 벌이고 있다. 여기에는 유럽통화연합(EMU)의 재정 적자를 GDP의 3% 미만으로 제한하는 조치가 크게 영향을 주었다.

(2) 재상품화

미국과 영국 등에서는 재상품화(recommodification) 전략을 주로 사용하고 있다. 재상품화 전략이란 노동자에게 제공되는 사회적 임금을 삭감하거나 수혜자격을 강화해 사회복지제도에 대한 의존성을 줄이고, 노동시장에서의 임금에 대한 의존도를 높이려는 전략이다. 부양아동가족부조(Aid for Families with Dependent Children, AFDC)제도를 대체해 수급기간을 제한한 미국의 빈곤가정 일시적 지원(Temporary Assistance to Needy Families, TANF)제도가 대표적이다.

(3) 다양한 재조정

다양한 재조정(recalibration) 전략이 사용되고 있다. 재조정 전략은 상황의 변화에 맞추어 복지제도의 제도적 설계를 수정하는 방식이다. 여기에는 사회민주주의 국가들이 주로 사용하는 합리화(rationalization)와 대륙유럽국가들의 최신화(updating) 전략이 있다. 여기서 합리화란 복지제도의 본래 취지와 목적을 효율적으로 달성하기 위해 프로그램을 수정하는 전략을 말한다. 스웨덴의 질병수당 개혁이 여기에 해당한다. 질병수당이 남용되어 무단결근자가 증가하는 등 근로의욕이 저하되고 생산성이 떨어졌다는 지적에 대해 대기기간을 설정하는 등 자격요건을 강화하고 근로감독 및 감시를 강화하였다. 최신화란 가족구조의 변화, 생애주기, 노동시장구조, 인구구조의 변화 등 새로운 복지수요에 부응하기 위해 프로그램을 변경하는 전략을 말한다.

각 국가는 여성의 경제활동 참여가 증가하자 공보육 확대, 산전·산후 휴가제도 도입, 유급 육아휴직 도입, 유연근로시간제 도입 등 여성 친화적 고용조치를 시행하고 있다. 과거에는 배제되었던 집단에 대해서도 새롭게 고려하고 있는데, 연금액 계산 때 돌봄노동의 가치를 인정하는 조치가 대표적이다. 평균수명이 증가해 노인문제가 심화되자 장기요양보험제도 등 새로운 노인복지 시책이 도입되고 있다. 의료기술이 발전하면서 의료비 부담을 절감하기 위해 의료보험의 적용영역을 확대하고 본인부담금을 완화하는 조치를 확대하기도 한다.

CHAPTER

12

복지국가의 전망과 과제

CHAPTER 12

복지국가의 전망과 과제

1 복지국가의 전망

1) 전망에 대한 논의

복지국가들은 21세기에도 여전히 복지국가로서 존재하거나, 적어도 복지국가의 성격을 유지할 수 있는지에 대한 의문점이 있을 수 있다. 현재 시점에서 이러한 질문에 답하는 것은 매우 어렵다. 왜냐하면 적어도 1990년대를 통하여 신자유주의(neoliberalism)적 세계화가 주된 흐름이었음에도 그 내부에는 유럽에서 좌파 정권의 재집권, 비정부기구(NGO) 및 비영리기구(NPO)를 중심으로 전 지구적 차원의 반세계화움직임 등이 세계화에 대한 제동 기제로 작용할 수 있기 때문이다. 또한 세계화 경향에 내재된 문제, 즉 불평등과 빈곤의 심화, 생태계 파괴 등 반공동체적 혹은 반연대적 문제를 신자유주의의 사상적 기반 아래에서는 결코 해결하기 힘들고, 다시 복지국가의 주요 원리에 인류가 의존할 수밖에 없다는 전망도 가능한 불확실성의 시대에 살고 있다(박주현, 2018: 268).

복지국가의 전망에 대하여는 다양한 논의들이 있다. 대표적인 주장들은 다음과 같다.

기든스(Giddens, 2017: 237)에 따르면, 2008년 이후 유럽 민족국가들의 부채위기와 확산되는 정부 총수입 감소는 공공연하게 국가복지를 비난하고, 복지수혜를 '얻어내려는 자들(scroungers, 훔치는 자들, 우려내려는 자들)'을 악마화하며, 공적 복지제공에 비해 사적 복지제공을 특권하고, 국가개입을 끌어내리는 것을 적극적으로 촉진하는 틀을 만들어 왔다고 주장한다.

리스터(Lister, 2011: 63-84)는 "우리가 '책임의 시대(age of responsibility)'에 들어섰다."라고 주장한다. 그에 따르면, 사회정책은 사회에서 가장 가난한 사람들에게 '책임감 있는(responsible)' 시민들로서 의무를 느끼고 다하도록 고무하기 위해 더 없이 사용된다.

테일러 구비와 스토커(Taylor-Gooby & Stoker, 2011: 4-15)는 이와 반대로, "우리는 복지국가의 변화에 대한 저항이 가장 약하고 영국과 같은 국가들이 신성 새로운 방향, '미국보다 낮은 개입수준으로 국가를 끌어내리는 그런 전례 없는 역사적인 순간을 목도하는 중 인지도 모른다."라고 주장한다.

이렇듯 복지국가의 장래에 대한 전망은 엇갈리고 있다.

2 복지국가의 환경변화

현재의 복지국가는 황금기와는 다른 환경에 처해 있다. 복지국가는 이에 대한 대처에 심혈을 기울이고 있다. 환경변화의 대표적 사례로는 경제의 세계화, 경제여건의 악화, 탈산업화, 인구사회학적 구조의 변화, 복지서비스 비용증가 등을 들 수 있다(심상용 외, 2021: 144-149 ; 주성수, 2017: 176-179).

1) 세계화 현상

경제의 세계화 현상이 확대되고 있다. 경제의 세계화란 자본이동의 자유화, 자유무역의 확대 등 상품과 자본의 국제적 이동이 확대되는 현상을 말한다.

그런데 경제의 세계화가 복지국가에 끼치는 영향에 대해서는 견해가 엇갈린다. 세계화 자체, 특히 세계화가 담론적 지배력을 공고히 해 갈수록 빈곤과 불평등 같은 복지지출을 자극하는 요인들이 늘어나리라는 전망도 복지국가에 대한 공세의 수위를 부담스럽게 만든다(고세훈, 2003: 31).

'바닥으로 질주(race to the bottom)'의 개념은 주로 '세계화(globalization) 이후의 세계'를 묘사하는 데 주로 사용된다. 빠르게 격화되어 온 세계적 경쟁상황에서 대다수 국가는 초국적 기업을 유치하거나 이탈을 방지하기 위해 법인세 인하, 노동기준과 환경기준의 완화를 경쟁적으로 추진함으로써 결국 개발도상국과 선진국 가릴 것 없이 평균적인 노동조건과 환경기준, 복지에 필수적인 정부의 재정능력 모두가 동반 하락하는 현실을 경험하고 있다. 요컨대, 개별 국가들의 '위(top)를 향한 경주'는 전 세계적인 '바닥(bottom)으로 질주' 현상을 낳는 역설이 진행되는 것이다. 이 가설에 따르면, 외국자본을 유치하기 위해 정부는 기업활동에 친화적인 제도를 도입해야 하기 때문에 과도한 노동규제(근로자 보호, 최저임금제), 높은 노동비용(사회보험 부담금과 기업복지), 고세율(높은 법인세) 등을 완화하려고 한다. 이처럼 사회정책이 전반적으로 하향 조정되는 사회적 덤핑(social dumping)이 불가피하고, 노동시장 유연화, 실업, 소득불평등, 빈곤이 확대된다. 그러나 캐슬(Castles, 2008: 14)에 따르면, 이러한 '질주' 현상도, '폭발적인 지출증가' 현상도 전혀 위기설이 가정하는 만큼 규모로 일어나지 않고 있다.

보상 가설(compensatory hypothesis)은 노동이 생의 주된 활동이라는 생각을 바탕으로 여가를 노동의 무료함이나 지나친 자극에 처한 보상심리로 이해하려는 가설을 말한다. 보상 가설에 따르면, 세계화로 인해 금융·통화정책에 대한 국가의 경제적 통제능력이 약해지면 경제적 불안정성이 심화되어 기업의 도산, 노동시장 불안정, 실업 증가, 소득불평등 확대 등의 부작용이 발생한다. 이로 인해 급증하는 사회적 욕구 충족과 자본축적에 필요한 정치적 안정을 위한 보상 차원에서 사회지출의 확대를 꾀할 수밖에 없다.

클럽수렴가설(convergence clubs hypothesis)에 따르면, 복지국가의 변화는 탈산업화, 인구사회학적 변화 같은 내적인 근본적인 원인에 의한 것이지 경제의 세계화의 영향은 직접적이지 않다. 각 국가는 기존 국가정책의 특징에 따라 재상품화(recommodification), 비용절감(cost containment), 재조정(recalibration) 등 서로 다른 유형으로 경제의 세계화에 대처하고 있다.

2) 경제여건의 악화

경제여건이 악화되고 있다. 과거에는 고도성장에 힘입어 실업이 감소하고 제조업 중심의 양질의 일자리가 증가해 완전고용과 소득증가를 추구할 수 있었다. 그러나 최근에는 경제의 저성장과 성장의 질 악화로 인해 실업 확대, 불평등, 빈곤, 비정규 일자리의 증가를 낳아 국가의 사회복지정책에 대한 수요를 증가시키는 반면, 경제여건의 악화로 조세수입의 증가가 이루어지지 않아 정부의 정책능력은 제한되고 있다.

최근에는 자본주의 경제가 성숙되어 저성장이 보편적인 현상으로 자리 잡고 있다. 투자 확대에도 불구하고, 과거와 같은 두드러진 경제성장률의 증가는 나타나지는 않는다. 자본주의 고도성장의 결과, 자본집중도가 증가해 총투자자본의 규모 자체가 거대하기 때문에 추가적인 자본투입에도 불구하고, 자본수익률과 이윤율의 한계증가량이 지속적으로 하락하는 경향이 고착화되고 있기 때문이다. 이에 따라, 자본주의 경제는 경제성숙단계에 도달해 양적 경제성장이 한계에 직면하였다. 예를 들어, 과거 포드주의 양적 경제성장모델에서는 노동과 자본 등 생산요소가 투입되면 고도성장이 가능하였다.

나아가, 성장의 질이 악화되어 경제가 성장해도 소득불평등이 증가하는 현상이 발견되고 있다. 과거와는 달리, 성장의 고용유발효과가 감소하여 일자리 없는 성장이 현실이 되있고, 서비스업의 확대와 제조업에서의 기술편향적 진보로 인해 전통적인 일자리의 감소와 일자리 양극화 현상이 두드러지기 때문이다. 이에 따라, 경제가 성장해도 상응하는 만큼 소득이 증가하지 않는다. 과거에는 경제가 성장하면 소득불평등과 빈곤이 감소했지만, 이제는 경제성장이 소득불평등과 빈곤 확대를 초래하는 현상(the great U-turn)이 발견되고 있다.

이와 관련하여 최근에는 혁신 요인과 소득기반 확충 요인의 경제성장에 대한 기여도가 주목되고 있다. 표준적인 대량생산에 대한 대량소비가 불가능해진 포스트-포드주의의 환경 아래에서는 자본, 노동 등 외부적인 생산요소의 추가투입이 총생산 증가에 기여하는 비중은 줄어들고, 오히려 내부적 요인의 비중이 증가하기 때문이다

혁신 요인과 소득기반 확충 요인은 21세기 들어 가시화되고 있는 제4차 산업혁명(Industry 4.0)시대의 사이버생산시스템(Cyber Production System, CPS)에서 더욱 주목되고 있다. 혁신 요인과 관련하여 사이버생산시스템을 운영하는 근로자의 새로운 숙련체계로서의 인적자본 확충은 산업경쟁력의 성패를 좌우한다. 근로자의 숙련은 사물인터넷(IoT)과 빅데이터 기술에 대한 연구개발투자가 산업생산으로 연결되는 가치사슬 형성을 촉진하기 때문이다. 나아가, 국민적인 소득기반 확충은 새로운 장기적 성장동력으로 제시된다. 소득기반 확충은 수요기반을 확장할 뿐 아니라, 사회적 투자의 의미가 있다. 경제 선순환을 촉진해 기업의 기술개발투자를 증진하고, 나아가 노동력 숙련에 대한 투자와 장기근속을 가능하게 해 노동생산성을 향상하는 등 장기적 효과를 발생시키기 때문이다. 소득기반 확충을 위해서는 노동시장정책과 복지정책 등 소득불평등 완화와 빈곤 해소를 위한 국가의 적극적인 정책 노력이 필요하다.

3) 탈산업화의 확대

탈산업화가 확대되고 있다. 탈산업화란 생산성이 높고 고임금인 제조업의 비중(고용 비중이나 총생산에 기여하는 비율)이 줄어드는 대신, 생산성이 낮고 임금 편차가 심하고 저임금과 불안전한 일자리가 많은 서비스업의 비중이 커지는 현상을 말한다.

서비스업 고용인구는 1960년대 40%대에서 1990년대에는 60%대로 늘어났다. 이와 같은 현상은 국가경제의 생산성 저하, 노동시장의 유연성 확대와 노동소득의 양극화 심화, 조세 기반의 침식과 재정 적자 등으로 나타난다. 서비스업의 확대는 일부 고숙련 · 고생산성의 서비스업(사업서비스업 등)보다는 미숙

련 · 저생산성의 서비스업(개인서비스업 등)을 확대시켜 생산성 저하로 이어진다. 생산성 증가율은 1960년대에는 4% 수준이었지만, 1990년대에는 1.5%로 감소하였다. 서비스업 부문은 비정규직 등 불안정한 일자리가 많고, 일부 고임금 부문을 제외하고는 저임금 직종이 많으며, 임금편차도 심해 노동소득이 양극화된다. 서비스부문이 확대되면, 저생산성으로 인한 이윤창출 부진으로 법인소득세의 원천이 줄어들고 저임금으로 인해 개인소득세도 감소한다. 서비스업 확대는 전체적으로 국가의 조세기반을 침식해 재정 적자 확대의 요인이 될 수 있다.

4) 저출산 · 고령화 등 인구구조의 변화

인구사회학적 변화가 일어나고 있다. 이로 인해 생산활동인구가 줄어드는 반면, 사회복지의 수요는 늘고 있다. 인구사회학적 변화는 인구고령화, 출산율 감소, 여성가구주 가구의 증가를 말한다. 특히, 인구고령화는 지출팽창의 강력한 동인을 제공할 것으로 예상되기 때문에 각국 정부의 중요한 관심사가 되고 있다(Castles, 2008: 15). 인구고령화는 단순히 말하면, 아이가 줄고 사람들이 오래 살게 되어 생긴 결과이다. 사회적으로 정당성을 갖는 고령정책은 우선 고령화 비용을 고령층과 청년층에게 공평하게 할당할 필요가 있다. 이 점은 특별히 논쟁적이지 않다. 그러나 '죽음이 민주적이지 않기(death is not democracy)' 때문에 훨씬 더 첨예한 공평성(equity)문제에 맞닥뜨리게 된다. 즉, 부자는 빈자보다 훨씬 더 오래 살기 때문에 이는 각각의 퇴직세대 안에서 커다란 불평등을 낳는다(Esping-Andersen, 2009: 146-147).

사회복지제도는 이와 같은 변화의 원인은 아니다. 그러나 인구사회학적 요인은 사회복지의 수요를 증가시키는 변화이기 때문에 중요한 의미를 갖고 있다. 저출산 · 고령화는 출산과 직간접적으로 관련된 정책의 확대와 노인빈곤이나 각종 노인문제에 대한 개입이 필요함을 의미한다. 여성가구주 가구가 증가하면, 여성빈곤을 극복하기 위한 소득보장정책과 일-가정 양립정책의 수요를 증가시킨다.

가족구조가 더욱 핵가족화나 1인 가구로 변화되는 추세는 인구고령화 속도만큼이나 급진적이다. 가족구성에서 한 쪽 부모만이 주소득원이 되는 강한 추세와 함께 가족의 수가 점차 줄어들면서 복지서비스의 절대적인 요구가 늘어나며, 복지국가의 재정부담을 크게 압박한다. 가족 가운데 노인 단독가구와 아동의 빈곤, 청소년의 교육과 고용 지원 등 복지서비스 요구가 새로운 유형으로 바뀌가고 있다. 핵가족화는 가구중심의 지원체계가 개인중심의 지원체계로의 전환을 의미하며, 이 개인 중심 체계는 '수평적 형평성(동일상황에 대한 동일한 대우)'에 비추어 볼 때, 엄청난 비용부담을 가중시킨다.

그러므로 환경변화에 따른 실업, 소득불평등, 빈곤 확대 때문에 사회복지에 대한 수요가 증가하고 있지만, 복지국가는 이미 최대로 성숙되어 있고 경제적 여건도 악화되어 복지 확대에 어려움을 겪고 있다. 따라서, 최근 복지국가들의 동향은 기존 복지 프로그램들을 합리적으로 조정함으로써 변화된 경제상황에 적응하고 복지욕구 확대에 대응하고 있다.

3 복지국가 위기론의 허구성

복지국가의 미래는 복지국가의 위기에 대한 반론에서부터 시작되어야 한다. 복지국가 위기론은 대처리즘(Thatcherism)과 레이거노믹스(Reaganomics)에 의해 충분히 그 논거를 제공하였다. 하지만 대처 총리의 복지지출은 과거 노동당 정부의 소위 '영국병' 당시와 크게 다르지 않으며, 그 후 블레어 노동당 정부 역시 '제3의 길'을 주창했지만, 같은 길을 걸어왔다. 레이거노믹스 역시 존슨 대통령 당시 막대한 베트남 전비와 1973년 오일 쇼크의 비상상황을 감안하다면, 역대 미국 행정부의 복지지출은 증가하고 있다. 이러한 사실에서 케인스의 적극적 복지국가정책은 21세기에도 유지 · 발전되고 있다. 따라서,

복지국가의 전망은 과거 복지국가 위기론의 허구성을 밝히는 데서 시작되어야 한다.

캐슬(Francis G. Castles)은 2004년 그의 저서 『복지국가의 미래: 위기 신화와 위기 현실(*The Future of the Welfare State: Crisis Myths and Crisis Realities*)』에서, 복지국가의 몰락에 관한 주장들의 구성과 논점에 대해 1990년대의 위기예측들은 분명 그 이전의 주장들과 많은 공통점을 가지고 있는 듯하다고 주장한다. 그러한 예측들이 '허구'일 수 있다는 사실을 지적한다. 그 내용은 다음과 같다(Castles, 2008: 12-13).

『복지국가의 미래』 (2004)

첫째, 예측이라는 것은 어떤 면에서 보면 실제보다 과장되기도 한다. 위기예측은 하나의 요소가 너무나 중요해서 모든 다른 상반된 경향들을 압도해 버릴 것이라고 강력하게 주장한다. 세계시장에서 경쟁해야 하기 때문에 사회적 지출에 대한 민주적 요구를 무시할 수 있다거나, 인구고령화가 긴축재정과 공공지출 사이의 균형을 완전히 바꿔버릴 수 있다는 것이다. 선험적으로 볼 때, 그러한 주장은 민주적인 선진자본주의 사회의 정책결정과정의 복잡성을 암묵적으로 무시하고 있기 때문에 좋은 사회과학적 주장이 아닐 뿐 아니라, 현실적으로 가능해 보이지도 않는다.

둘째, 그러한 예측들은 모든 나라들에 차별 없이 적용되는 경향이 있다는 사실이다. 말하자면, 예상되는 위기들이 각 나라의 경제적·사회적·정치적 상황의 차이와 종전의 사회정책 전개과정의 차이에도 불구하고, 모든 나라들에게 유사한 영향을 줄 것으로 보고 있다는 것이다. 그러나 이 점 또한 거의 그럴 수 있는 성질이 아니다. 세계화이론을 신봉하는 논자들은 대폭적인 복지국가 후퇴현상은 통합의 정도가 더욱 커가는 세계경제에서 어느 정도 보편적인 성향을 띠는 것으로 보고 있지만, 사실상 어떤 나라는 다른 나라들에 비해 세계경제에 훨씬 많이 노출되어 있기도 하며, 또 어떤 나라들은 다른 나라들에 비해 훨씬 더 작은 복지국가에서 출발할 수도 있는 것이다. 어떤 나라는 이미 바닥에 이르고 있기 때문에 '바닥으로 질주'할 필요가 없는 나라들도 있을 수 있으며, 또 다른 나라는 처음부터 그러한 경쟁을 시작할 요인을 똑같이 가지고 있지 않을 수도 있다. 인구고령화와 그로 인한 부담의 경우에도 확실히 유사한 논리가 적용될 수 있을 것이다. OECD의 주요 선진국들은 매우 다른 인구구조를 가지고 있으며, 급부조건 면에서도 매우 다른 연금제도들을 가지고 있다. 이들 중 몇몇 나라들은 고령지출 면에서 사실상 위기적 상황에 놓여 있기도 하나, 이 나라들이 당면한 문제의 차원은 전혀 유사해 보이지 않는다.

셋째, 복지국가의 존립 가능성에 관한 이 모든 위기설은 공통적으로 지극히 불충분한 경험적 자료를 가지고 그들의 주장을 보편화인가 아닌가 하는 것이 아니라, 실제로 그러하다는 점이다. 1970년대 대부분의 서구 국가들에서 공공지출은 급격하게 증가하고 있었으며, 1980년대 대부분의 이들 나라에서는 실업은 증가하고 경제성장은 침체하는 딜레마에 빠져 있었다. 또한 1980년대 이래 세계적으로 자본이동이 급격하게 증가하고 있었으며, 서구사회의 인구통계적 구조도 급격하게 변하고 있었던 것 또한 의심할 바 없는 사실이다. 그러나 문제는 이 모든 설명들이 사회적 추세만 보고 그것이 복지국가에 주는 의미를 충분한 증거도 없이 추정해 내고 있다는 점이다. 사회정책의 전개가 가져온 부정적 결과들이 모든 나라, 모든 사례에 실제로 적용된다는 증거를 충분히 제시하지도 않으며, 대부분의 경우 실증을 위해 제공되는 자료도 그 성질상 체계적인 것이라기보다는 부분적인 것에 지나지 않는다.

4 복지국가의 향후 체제

1800년대 후반의 사회보험 도입을 시작으로 등장한 복지국가는 제2차 세계대전 이후 기틀을 완성했고, 이후 황금기를 구가하였다. 그러나 1970년대 중반에 극심한 경제위기 속에서 이른바 복지국가의 위기가 시작되었고, 현재에 이르기까지 다양한 방식의 재편과 조정이 이루어지고 있다.

세계화나 탈산업화 또는 다른 어떤 이유로 인해서 복지국가가 크게 축소되거나 붕괴될 것으로 보았던 이론들의 예측은 아직까지는 실현되고 있지 않다. 특히, 서구의 복지국가들이 세계화의 파고를 이기지 못하고 가장 낮은 수준의 복지국가로 수렴하게 될 것이라는 극단적인 형태의 세계화론의 주장은 복지유형에 따라 다양한 변화가 발생하고 있는 현재의 복지국가 현실과 전혀 맞지 않고 있다.

이러한 결과가 초래된 것은, 복지국가의 급속한 축소를 예견하는 견해들이 복지정치의 역할을 적절하게 고려하지 않은 데서 연유한다. 자신들이 강조하는 요인들과 복지국가의 변화 사이의 관계에만 초점을 맞출 경우, 이론적으로는 복지국가가 쇠퇴 내지는 수렴의 과정을 밟고 있는 것으로 보일 수 있을 것이다. 그렇지만 현실적으로는 복지국가의 미래와 관련하여 영향을 미치는 요인들은 매우 다양하며, 그것들의 영향력은 때때로 상이한 방향으로 복지국가를 이끌고 갈 수도 있다.

복지국가가 어떠한 방향으로 변화·발전해 나갈 것인지 예측하는 것은 매우 어려운 일이다. 한 가지 분명한 것은, 복지국가를 둘러싼 경제적·정치적·사회적·문화적 맥락이 그 어느 때보다도 급격하게 변화하고 있다는 점이다. 1970년대 이후 시작된 경제적 세계화의 진전, 기술 발전, 탈산업화 등 후기산업사회로의 전환, 인구구조 및 가족형태의 급격한 변화 등 복지국가를 둘러싼 환경이 급변하기 시작했고, 이러한 외적 압력들은 점점 강해지고 있다. 또한 4차 산업혁명의 진전 등 보다 근본적인 변화들이 우리를 기다리고 있다. 이러한 상황 속에서 변화하는 환경과 정합성을 지닌, 지속가능성이 큰 복지국가를 만들어 나가기 위한 노력이 무엇보다 중요하다(최원규, 2021: 282).

향후 복지국가의 변화는 거시 사회적 변화들에 의한 압력들과 그에 대한 복지국가 지지세력들의 대응의 상호작용 결과이며, 복지정치를 통해 만들어지는 것이다. 이런 점에서 복지국가의 미래는 일방적인 소멸이나 수렴의 관점에서가 아니라, 상이한 요소들의 상호작용에 따른 재구성의 관점에서 그려 볼 필요가 있을 것이다.

복지국가의 체제 변화에 대한 대표적인 견해는 다음과 같다.

1) 케인스주의 복지국가의 부활

사회서비스의 비중확대를 중심으로 한 복지국가의 재구성으로 인해서 국가개입주의는 점차 약화될 것으로 예상된다. 그렇다면 이것은 기존의 케인스주의 복지국가가 쇠퇴 내지는 소멸하고 새로운 형태의 복지국가가 등장하게 된다는 것을 의미하는 것일까? 제솝(Bob Jessop)이 말하는 케인스주의 일국 복지국가(Keynsian Welfare National State, KNWS)에 대한 슘페터주의 탈일국 근로강조체제(Schumpeterian Workerfare Postnational Regime, SWPR)라든가 길버트(Gilbert, 2004: 44-46)가 주장하는 능력개발국가(조력국가, enabling state)가 그 대안이 될 것인가? 이 질문에 대한 대답은 복합적이다.

케인스주의 복지국가는 사회보험 중심이었다는 점에서 사회서비스의 확대는 케인스주의 복지국가의 구성원리를 훼손하는 것으로 볼 수 있다. 또한 사회서비스의 확대는 장기적으로 사회보장제도의 상업화 경향을 가속화시킨다는 점에서 케인스주의 복지국가의 이상적인 형태와는 거리가 있는 것으로 보인다. 나아가, 사회보험에서 사회서비스로 사회보장제도의 무게 중심이 옮겨가게 되면, 시민생활에 대한 국가개입방식에도 변화가 발생하게 된다. 케인스주의 복지국가는 주로 노동능력의 훼손이나 결여라는 사회적 위험에 대한 보장을 중심으로 사회보장 프로그램을 구성하였으며, 그러한 사회적 위험의 발생에 대해서 사회보험급여의 제공을 통해 직접적으로 개입하였다. 완전고용을 위한 적극적 노동시장정책 역시 시장과 시민의 경제생활에 대한 국가의 직접적인 개입노력을 보여 주는 것이다. 이에 반하여, 사회서비스의 확대는 급여제공자로서의 국가의 역할을 약화시키며, 장기적으로는 재정의 제공자로서의 국가의 역할도 감소시키게 된다. 이에 따라, 국가개입방식은 보다 간접적인 형태를 띠게 되고, 시민생활에 대한 국가개입 정도가 줄어들게 될 것이다. 이와 같이 사회서비스의 확대는 케인스주의 복지국가의 근간을 뒤흔드는 방향으로 작용하며, 사회서비스 비중확대를 중심으로 한 복지국가의 재구성은 케인스주의 복지국가의 쇠퇴를 가져올 수도 있을 것이다.

반면에, 제솝이나 길버트 또는 신자유주의 세계화론이 주장하는 것처럼 가까운 장래에 케인스주의 복지국가가 종말을 맞지는 않을 것 같다. 그 근거로는 다음과 같은 것들을 들 수 있다.

첫째, 이제까지 지속적으로 강조해 왔던 대로, 적어도 단기적으로는 대부분의 서구 국가들에서 복지지출 수준은 정체하거나 커다란 변화를 겪지 않을 것이다. 이와 같이 복지지출 수준에 커다란 변화가 없다는 것은 국가개입 정도가 어느 정도는 일정하게 유지된다는 것을 의미한다.

둘째, 사회서비스의 비중증대가 지속된다고 하더라도, 복지국가가 기존의 사회보험 중심으로부터 사회서비스 중심으로 변모할 수는 없을 것이다. 복지국가 변모의 방향이 새롭게 등장한 다양한 복지욕구의 충족가능성 향상에 놓여 있기는 하지만, 사회서비스는 사회보험에 비해 더 많은 국가의 재정부담을 동반하기 때문에 그 비중확대에는 일정 정도의 한계가 있기 때문이다. 자본주의 시장경제를 전제로 하고 있는 이상, 시장의 원칙을 비교적 충실하게 반영하는 사회보험은 사회보장제도 가운데서 언제나 가장 높은 비중을 차지할 수밖에 없다. 이와 같이 '사회보험 중심 복지국가'에서 '사회서비스 중심 복지국가'로의 이행가능성이 희박하다는 점에서 사회서비스 부문의 확대는 기존 케인스주의 복지국가의 근본적인 재편이 아니라, 복지재정의 부분적인 재배치에 그치는 것이라고 할 수 있다.

셋째, 사회서비스의 비중확대를 중심으로 한 복지국가의 재구성은 케인스주의 복지국가의 기본 이념을 강화하는 방향으로 작용하기도 한다. 예를 들어, 사회보험은 기여를 할 수 있는 시민들에게는 급여를 제공하지만 적절한 기여를 할 수 없는 여러 십난의 시민들에게는 급여를 제대로 제공하지 않는다. 반면에, 사회서비스는 기여의 여부와 관계없이 충족되어야 할 욕구를 지닌 시민 누구라도 제공받을 수 있으며, 이런 점에서 사회서비스 부문의 확대는 케인스주의 복지국가의 지주 가운데 하나인 보편주의의 확대와 연관되는 것이다.

넷째, 사회서비스의 확대는 복지전달체계의 종사자들을 증가시키며, 이로 인해서 케인스주의 복지국가의 한 축인 완전고용정책이 강화되는 결과가 산출된다. 전통적인 완전고용정책이 국가주도적인 것이었던 반면에, 사회서비스의 확대에 따른 고용확대는 민간주도적이라는 차이가 있기는 하지만, 양자가 노동시장에 대해 미치는 영향은 비슷한 것이다. 이와 함께, 사회서비스의 확대는 근로 우호적인 환경을 만들어냄으로써 케인스주의 복지국가의 적극적 노동시장정책과 비슷한 효과를 낳기도 한다.

이런 점들을 모두 고려한다면, 케인스주의 복지국가는 부분적으로 쇠퇴를 경험하겠지만, 중단기적으로는 여전히 건재할 것이다. 상업화되어 가는 사회서비스 부문이 확대되고 국가개입주의가 약화되는 현재의 경향이 지속된다면, 케인스주의 복지국가는 장기적으로 쇠퇴할 것이지만, 그것의 해체를 이야기하는 것은 아직은 시기상조인 것이다.

이제까지 서구의 복지국가는, 전체 사회보장지출 가운데서 노령연금이 차지하는 비중이 압도적으로 높다는 데서 알 수 있듯이, 시민들의 평생의 노고에 대한 보상에 초점을 맞추고 있었다. 퇴직 후의 소득보장은 노후생활이 불안했던 시대의 노동자들의 최대 요구사항이었을 뿐 아니라, 국가와 기업 모두가 적극적으로든지 소극적으로든지 수용할 수밖에 없었던 사항이었던 것이다. 또한 노령연금(기초연금)의 비중이 높다는 것은, 그만큼 복지국가가 표준적 욕구를 전제로 하고 있다는 것을 의미한다. 즉, 과거의 소득에 따라 차별적으로 지급되는 노령연금은 모든 개인들이 퇴직 후 또는 노령기에 비슷한 욕구를 가지고 있음을 전제로 하며, 질병이나 건강상태 또는 장기간병의 필요성 등과 같은 개인에 따라 특수하게 발생하는 욕구는 고려하지 않는 것이다. 이런 점에서 이제까지의 케인스주의 복지국가는 그 지향점이 과거(의 노동에 대한 보상)와 표준적 욕구충족에 있었던 것이다.

사회서비스, 특히 아동양육서비스의 비중확대를 중심으로 사회보장 프로그램이 재편된다고 하는 것은, 케인스주의 복지국가의 지향점을 변화시키는 것이다. 우선, 아동양육서비스는 한편으로는 가구구조의 변화에 따른 사회적 요구에 따른 것이면서도 다른 한편으로는 미래(의 노동력)에 대한 보장과 투자의 성격이 있다. 복지국가의 지향점이 '과거'로부터 '미래'로 바뀌는 것이다. 또한 아동양육서비스나 후기 고령자 장기간병서비스는 모든 개인들이 잠재적인 수혜자이기는 하지만, 실제로는 개인에 따라 그에 대한 욕구가 다르며, 이런 점에서 복지국가의 지향점은 표준화된 욕구로부터 개별화된 욕구로 옮겨 간다고 할 수 있다. 표준화된 욕구부분(노령연금)을 줄이고 그 대신 개별화된 욕구부분(사회서비스)을 늘림으로써 복지국가는 진정한 의미의 공평성의 확보에 한 발 더 나아갈 수 있을 것이다.

그러므로 코로나19 이후 신자유주의에 대한 대체로서 케인스주의는 그 자체가 가지는 적극적 복지와 국가개입사상으로 인해 새로운 평가와 아울러 새로운 방향 모색이 진행될 것으로 보인다.

2) 복지국가 이데올로기의 재구성

복지국가의 변화정도와 방향은 거시 사회적 요인들과 복지국가를 지지하는 사회세력들의 상대적 영향력에 달려 있다. 사회적 거시요인들의 압박이 모든 국가들에서 거의 비슷한 정도로 가해지고 있다면, 각 복지국가들의 변화의 정도는 사회세력들의 영향력의 정도에 달려 있다. 이러한 사회세력들의 영향력의 정도는 복지유형과 깊은 상관관계를 갖고 있는 것이다. 따라서, 사회서비스의 비중을 높이는 것을 포함하는 넓은 의미에서의 복지국가의 재구성과정도 각 복지유형별로 다른 모습으로 나타날 것으로 예상된다. 여기에서는 복지유형별로 복지국가 재구성의 정도와 전망, 그리고 그 과정에서의 문제점들을 논의하고자 한다.

(1) 사회민주주의

사회민주주의 유형의 복지국가들은 다른 국가들에 비해서 사회보장제도 가운데서 차지하는 보편급여의 비중이 높다. 보편급여는 생활상의 욕구가 있는 모든 시민들에게 제공되는 것으로서, 북유럽 국가들에서는 아동수당, 의료서비스, 아동양육서비스 및 기타 사회서비스의 형태를 지니고 있다. 반면에, 이 국가들은 사회보험의 비중은 상대적으로 낮다. 이런 점에서 이 유형의 국가들은 사회서비스 중심의 사회보장체제를 어느 정도 구축하고 있는 것이다.

이와 함께 사회민주주의 유형의 복지국가에서는 이미 여성들의 노동시장 참여율이 남성에 육박할 만큼 높아져 있다. 여성들의 경우, 비록 남성들에 비해서 비정규직에 종사하는 비율이 높기는 하지만, 여성노동의 사회화가 충분히 진전되어 있다. 또한 양육의 사회화와 기타 각종 사회서비스 역시 크게 발달되어 있기 때문에 사회민주주의 유형의 복지국가들은 최신화의 압력에 대응하기 쉽도록 잘 준비되어 있다고 할 수 있다(Esping-Andersen, 2002: 13-14).

다만, 이 유형의 국가들은 복지지출 수준이 매우 높아서 정부의 재정부담이 큰 반면에, 기존의 복지수준을 지지하고자 하는 사회세력들의 영향력이 크기 때문에 복지국가의 합리화를 촉진하는 것이 시급한 과제가 된다. 이 국가들에서는 노동조합이 보다 거시적인 관점에서 복지문제에 접근하고 있기 때문에 합리화 과정에서 커다란 저항은 없을 것이다.

(2) 신자유주의

신자유주의 유형의 복지국가들은 이와는 반대의 모습을 지니고 있다.

첫째, 사회보장제도 가운데서 사회보험이 압도적인 비중을 차지하고 있고 사회서비스, 특히 양육서비스는 별로 발달되어 있지 않다.

둘째, 과도하게 성장해 있는 사회보험을 유지하려는 이해관계가 광범위하고 복잡하게 발전되어 있으며, 복지국가를 지지하는 중요한 사회세력인 노동조합이 사회 전체의 견지에서 아니라, 노동계급의 이해관점에서 복지정책에 접근하고 있다. 그 결과, 이 유형의 국가들은 복지수준의 삭감이 거의 이루어질 수 없는 가운데 합리화 조치가 수용되기도 어렵게 되어 있으며, 이로 인해서 고부담→고용둔화와 실업증가→경제침체의 악순환이 반복되고 있다.

신자유주의 유형의 복지국가에서는 여성의 노동시장 참여율이 낮고, 사회서비스로서의 양육서비스의 발달이 지체되어 있다. 이것은 이 국가들에서 가족주의 이데올로기가 여전히 강력하게 남아 있기 때문이기도 하고, 복지국가가 주부수당의 제공 등을 통하여 주부를 가족의 틀 속에 붙잡아 두었기 때문이기도 하다(Esping-Andersen, 2002: 16-17). 어쨌든 여성의 노동시장 참여율이 낮기 때문에 신자유주의 유형의 복지국가에서는 고용창출을 통한 경제성장 촉진의 길이 크게 막혀 있다. 이와 같은 요인들이 복합적으로 작용하여 보수주의 유형의 복지국가들은 복지국가 최신화의 측면에서 가장 뒤떨어져 있을 뿐 아니라, 앞으로도 최신화 과정을 밟아 나가는 데 커다란 어려움이 있을 것이다.

신자유주의 유형의 복지국가는 복지국가에 대한 사회적 지지세력이 미약하기 때문에 복지수준 하락의 압력이 복지정치에 거의 그대로 전달될 가능성이 높다. 이로 인해서 사회불평등의 증가와 같은 문제가 발생하지만, 다른 한편으로는 보수주의 유형의 국가에 비해서 복지국가의 재구성을 용이하게 추신할 수 있는 조건을 갖고 있다. 이 유형의 국가들에서는 이제까지는 주로 비용절감의 차원에서 합리화에 초점이 두어져 왔고, 이러한 합리화 과정은 커다란 사회적 저항 없이 진행되어 왔다.

문제는 최신화, 특히 아동양육서비스의 확대에 있다. 신자유주의 유형의 국가들은 사회민주주의 유형과 마찬가지로 전통적으로 여성의 노동시장 참여를 장려해 왔으며, 최근 들어서는 노동시장의 불안정과 상대적 빈곤의 증대로 인해서 주부의 노동시장 참여율이 크게 높아졌다. 그 결과, 아동양육서비스에 대한 사회적 수요가 높아지고 있지만, 이에 대한 대처방식은 사회민주주의 유형과 다르다.

후자에서는 사회서비스의 확대를 통하여 이러한 새로운 욕구에 대응해 왔지만, 신자유주의 유형에서는 정부가 복지지출의 증대를 꺼리는 데다가 복지프로그램의 신설을 요구하는 사회세력이 미약하기 때문에 사회 프로그램의 확대를 통해서가 아니라, 시장에서의 보육서비스의 공급증대를 통해 대응하고 있는 것이다. 이와 같이 복지국가를 지지하는 사회세력이 미약한 신자유주의 복지국가들에서는 새로운 복지욕구에 대해서 시장을 통해 해결하는 방식을 채택해 왔으며, 이에 따라 복지국가의 최신화가 지체되고 있다.

3) 환경문제와 지역 중심적 대처

지속 가능한 발전복지국가체제는 지속적인 경제성장을 전제로 한 체제였다. 그러나 경제성장과정에서 자원의 고갈과 폐기물의 대량 양산 등의 문제가 심각해져서 이대로 방치하면 성장 그 자체도 불가능하다는 것이 이미 일반적인 견해가 되어 있다. 따라서, 복지국가는 사회가 앞으로도 지속적으로 성장할 수 있는 범위 내에서 성장할 수 있도록 성장의 속도를 늦추지 않으면 안 된다는 사실을 인정하고 있다. 이것이 곧 지속 가능한 발전(sustainable development)의 사상이다.

세계화의 경향은 한편으로는 어떤 문제에 대하여 지역 차원에서 대처하는 경향을 동시에 보이고 있다. 생활단위인 지역사회를 모든 문제의 해결단위로 보는 경향인 것이다. 어떤 사회변화가 한 지역 내에서 특정의 인구층에게 불리한 영향을 주는 것에 대한 인식도 점차 확산되고 있다 예를 들어 '자동차화(전동화, motorization)'의 문제가 그 대표적인 것이다. 대규모의 슈퍼마켓이 자동차를 이용해야만 접근 가능한 지역에 위치하게 되고, 사람들이 그곳을 더 많이 이용함으로써 지역에 위치한 소규모의 식료품점이나 잡화점의 수가 점차 줄어들어서 자동차를 이용할 수 없는 장애인이나 고령자 등에게 있어서는 물품구매의 접근성을 악화시키는 문제이다. '식품사막(food desert)'이라는 말은 이러한 배경에서 생겨났다.

이러한 경향은 지역공동체적 발상을 촉진하는데, 그것이 복지국가정책과 때때로 마찰을 일으키기도 한다. 환경을 중시하는 많은 도시들이 식료를 가능한 한 자신의 지역에서 확보하는 것에 초점을 두는 도시계획을 서두르고 있다.

지속적인 성장을 통하여 완전고용을 유지하는 것이 복지국가의 전제이지만, 환경문제의 제약으로 말미암아 그 성장의 속도를 늦추지 않을 수 없는 상황이 복지국가의 딜레마이다. 환경문제에 대처하는 과정에서 더욱 현저해진 지역 중심적 문제해결 경향은 주목할 만하다. 지역의 책임을 강화하는 이러한 경향은 국가책임의 약화, 즉 복지국가의 후퇴로 간주되기도 한다. 그러나 국민의 삶의 질, 사회복지의 질이 어느 정도인가 하는 문제는 그것을 확보하기 위한 국가재정의 투입에 의해서가 아니라, 그 사회 자체의 질에 의해 크게 영향을 받는다는 사실을 간과해서는 안 된다. 코펜하겐(Copenhagen)에서는 버스에서 노인이나 장애인이 타고 내릴 때, 주위의 건강한 사람이 부축한다는 것이 상식화되어 있다. 이러한 지역공동체적 시스템과 장애인의 외출을 돕기 위하여 복지기관의 직원을 파견하는 시스템을 비교해 볼 수 있다. 후자는 많은 자원을 장애인 외출을 보장하기 위해서 투입하지만, 장애인의 삶의 질이 전자에 비해 높다고는 볼 수 없는 것이다. 이러한 사례는 사회복지의 질이 지역공동체적인 생활양식, 바꾸어 말하자면 복지문화의 성숙 정도에 따라서 크게 좌우된다는 사실을 일깨워 준다. 따라서, 복지국가체제가 지역공동체적 생활질서가 정착되고 복지문화가 더욱 성숙될 수 있도록 지원하는 것은, 재정부담 없이 사회복지의 질을 유지하는 하나의 대안이 될 수 있다.

5 복지국가의 과제

오늘날 복지국가는 어떤 식으로든 다양한 방면에서 위기를 겪고 있다. 완전고용, 경제성장, 그리고 사회지출 증가의 장기적인 그리고 예외적으로 성공적인 결합은 해체되고 있는 듯하다. 완전고용과 공공지출의 증가는 확실히 물가상승을 촉진시켜 왔고, 물가상승은 다시 실업의 증가와 경제침체를 촉진시켜 왔다. 복지국가의 성과가 그 약속과는 거리가 멀다는 것 또한 분명하다. 이는 좌파나 우파 모두의 주장에서 절대 빠지지 않는 논점이다. 그러나 마찬가지로 좌파와 우파의 해결책도 어떠한 설득력도 가지지 못하고 있다. 좌파는 아직도 설득력 있는 '사회주의 이론'을 만들어내지 못하고 있다. 단순히 혁명과 사회주의를 주장하는 것만으로는 복지국가 건설에 별로 도움이 되지 못한다. 우파 역시 그 처방은 실제로 시도되었던 대처 총리의 신자유주의 정부 하에서도 최초의 약속을 제대로 실현하지 못한 것으로 보인다. 즉, 대처리즘하에서도 복지지출은 줄어들지 않았다. 따라서, 혼합경제와 복지국가를 향한 좌우익의 비판에도 불구하고, 그 자리를 어떤 것이 대신할 것인지는 전혀 분명하지 않다.

복지국가는 좌파가 비판하는 것만큼 자본주의자들의 번영을 위한 보조적 역할을 하지 않았고, 또한 우파가 비판하는 것만큼 시장경제의 자율성을 유지하면서 경제적·사회적 불평등을 시정하는 데 목적이 있으므로 공공부문에 대한 적절한 개입은 필요한 것이다. 그렇다고 이것이 복지국가가 안고 있는 문제점을 무시하는 것은 결코 아니다. 복지국가의 문제점은 반드시 인정되고 개선되어야 한다. 분야별 각 방면의 전망은 다음과 같다.

1) 정치적 과제

(1) 복지행정의 분권화와 지역화

1970년대 초부터 복지국가는 사회서비스에 있어서 사적이고 비민주적인 정책결정과정, 소비자 편의와 공적 불만에 대한 비효율적 대응, 그리고 직업적 전문가에 대한 지나친 의존 때문에 관료국가라는 비판을 받았다. 이것은 사회서비스의 관리 및 조직에서의 국민참여의 요구를 초래했다. 이러한 요구는 사회민주주의의 정신과 실천에 부합되는 것이었다. 지방정부의 일상적 과정을 통한 관리로서는 적절한 민주적 통제를 보장할 수 없다. 서비스의 실질적 운영과 조직화 그리고 발전에 있어서 실질적 및 잠재적 사용자와 다른 시민들의 참여가 요구된다. 그 결과는 서비스 행정의 분권화와 지역화로 나타난다.

(2) 복지행정의 민영화와 효율화

이와 관련된 또 하나의 과제는 공공부문의 사회복지를 민간부문으로 이양하는 '민영화(privatization)'의 전략이다. 민영화 전략에는 두 가지가 있다. 하나는 자유경쟁의 시장기제의 우월성을 강조하여 거의 모든 사회복지서비스나 재화는 민간부문에서 제공하여야 하며, 공공 역할은 극히 일부분으로 제한되어야 한다는 입장이다. 다른 하나는 '복지혼합(welfare mix)' 또는 '복지다원주의(welfare pluralism)'의 입장으로 사회복지의 재화와 서비스는 공공부문과 민간부문에서 적절한 역할분담을 통해 제공되어야 한다는 입장이다(김태성 외, 2019: 427-428).

그러나 복지혼합의 관점은 이론과 현실의 양면에서 문제를 드러낸다. 오늘날 가장 민영화가 확대된 영국과 미국에서도 그 나라의 사회복지서비스와 재화의 대부분은 여전히 공공부문의 재원으로 제공되고 있다는 사실이 이러한 주장을 뒷받침한다. 따라서, 여기서는 복지다원주의 입장에서 사회복지의 재화나 서비스의 공공부문과 민간부문의 역할분담이 사회복지의 주요 영역인 소득보장, 건강, 교육, 주택, 개별적 사회서비스의 다섯 가지 영역에서 어떻게 이루어지는 것이 적절한지를 서술하기로 한다.

① 소득보장

오늘날 복지국가들이 대상으로 하는 여러 가지 사회복지 영역들 중에 재원의 절반 이상을 사용하는 영역이 소득보장이고, 소득보장은 대부분 공공부문에서 이루어진다. 그 이유는 소득보장이 공공재적 성격이 강해 민간부문에서 국민들의 소득보장을 이루는 데는 한계가 있기 때문이다. 특히, 한 나라의 국민들에게 인간답게 살 수 있는 최소한의 소득보장을 해 주는 것은 민간부문에서 이루어질 수 없는 외부효과가 크기 때문에도 소득보장은 공공부문에서 이루어져야 한다.

반면에, 최소한의 소득보장 이상의 소득보장 정책영역에서는 소득보장이 갖는 공공재적 성격이 약해지기 때문에 이를 반드시 공공부문에서 제공할 필요가 없고 민간부문과의 다양한 혼합의 유형이 바람직하다. 이러한 유형에서는 국가가 사용자에게 세제상의 혜택을 주어 다양한 기업복지의 차원에서 소득보장을 이루게 할 수 있고 개별적 공평성의 가치를 높일 수 있다. 또한 일반 국민들에게 직접 세제혜택을 주어 가족 내의 또는 가족 간의 소득이전을 권장하여 소득보장을 이룰 수도 있다.

② 건강서비스

건강 역시 소득보장처럼 공공재적 성격이 강하다. 특히, 산업사회에서 필요로 하는 건강한 노동력의 지속적 공급이라는 측면에서 민간부문에서 이루어질 수 없는 외부효과가 매우 크다는 점이다. 또한 이러한 서비스가 민간부문에서 제공되어 일반 소비자들이 선택하게 될 때 필요로 하는 정보가 다른 것들에 비해 많고 복잡하기 때문에 이러한 불완전한 정보에서 발생하는 문제가 심각해질 수도 있기 때문에도 공공부문에서 주도해야 할 필요성이 높다.

반면에, 건강에 관련된 모든 서비스를 공공부문에서 제공할 필요는 없다. 왜냐하면 건강서비스는 예방, 치료, 요양으로 크게 나눈다면 예방과 치료는 공공부문에서 제공하고 요양은 민간부문, 특히 가족이 제공하는 것이 효율적이다. 오늘날 복지국가들이 갖고 있는 가장 큰 문제점의 하나가 노인장기요양도 국가가 제공함으로써 발생하는 건강서비스에 대한 정부재원의 한계이다. 또한 예방과 치료서비스도 국가가 주도하되, 반드시 순수 공공부문의 형태(즉, 서비스 조정자, 지출자, 제공자가 국가인 형태)로 할 필요는 없고, 국가는 서비스의 조정자와 지출자의 역할만 하고, 서비스의 제공자는 민간부문에서 이루어지는 것이 바람직하다. 이로써 서비스 제공자들 사이의 경쟁을 높일 수 있고, 소비자들의 선택의 폭을 넓힐 수 있다.

③ 교육

교육도 건강처럼 산업사회에서 필요로 하는 훈련된 노동력의 공급이라는 측면에서 공공재적 성격이 강하고 또한 외부효과도 크기 때문에 공공부문이 주로 담당한다. 특히, 교육서비스 중에 고등학교까지의 기본 교육은 공공재적 성격이 강하므로 국가가 주도할 필요성이 높다. 하지만 대학 이상과 고등교육은 공공재적 성격이 약하므로 공공부문에서 담당할 필요성도 약해진다. 또한 기본 교육도 소비자 선택의 폭, 경쟁, 개별적 공평성의 측면에서 서비스 조정자와 지출은 정부에서 하고, 서비스의 제공은 민간부문에서 하는 것도 바람직하다.

④ 주택

주택은 위의 세 가지 서비스보다 공공재적 성격이 약하고 외부효과도 상대적으로 적기 때문에 공공부문에서 이러한 서비스를 주도할 필요성은 약하다. 실제로 복지국가에서도 이 영역에서의 공공부문의 역할은 위의 세 가지 영역보다 훨씬 약하다. 이 영역에서 공공부문과 민간부문의 혼합유형은 정부에 의한 공공주택의 제공, 민간부문 서비스 제공자에의 보조, 주택수당과 같은 소비자에의 직접보조, 소비자에 대한 세제혜택 등의 방법이 있는데, 이 가운데 소비자에게의 직접보조와 세제혜택의 방법이 민간부문 서비스 제공자들의 경쟁을 유발시키고, 소비자 선택의 폭을 넓힐 수 있는 장점이 있다.

개별적 사회서비스는 이상의 네 가지 영역보다도 공공재적 성격이 약하므로 공공부문에서 이러한 서비스를 제공할 필요성이 가장 약하다. 이러한 서비스는 복지국가들에서도 전통적으로 민간부문의 역할이 크다. 특히, 국가가 재정지원을 해도 서비스의 운영은 민간부문에서 하는 경향이 크다. 이런 경우, 경쟁과 소비자 선택의 문제를 고려하여 민간부문에서 보조(grants), 증서(voucher), 상환(reimbursement) 등의 방법이 바람직하다. 또한 이러한 서비스는 가족 내에서 또 가족 간에 이루어지는 것이 효율적이기 때문에 정부로부터 가족에 대한 세제혜택을 통해 이러한 서비스가 가족 간에 이루어지도록 유도하는 것이 바람직하다.

2) 경제적 과제

(1) 경제정책과 사회정책의 연계

경제정책과 사회정책은 연계되어야 한다. 경제성장은 그 자체로서 경제적·사회적 불평등을 감소시키지 않는다. 성장 없이 불평등을 줄이는 것은 가능하더라도 매우 어렵다. 따라서, 어떤 경제정책도 사회적 의미를 지니며, 마찬가지로 사회정책도 경제가 어떻게 움직이느냐에 의존한다. 이처럼 경제정책은 사회정책보다도 평등과 불평등에 많은 영향을 미친다. 오늘날 가장 현저한 불평등은 특정한 경제정책의 산물인 취업자와 실업자 간의 불평등이다. 경제정책은 항시 사회정책의 방향을 규정하였다. 그 결과, 일정한 경제목표에 맞추어 사회서비스는 확대되거나 감소되었다. 두 정책 목표 간의 관계는 더욱 부합되어야 할 때가 되었다.

이것은 고용정책에서 특히 드러난다. 1945~70년대 초의 완전고용의 시대에 정부는 고용정책을 무시할 수 있었다. 일자리보다 노동력이 부족할 때는 고용정책이 필요하지 않았다. 그러나 1980년대 중반에 이르러 일자리가 부족하게 되었다. 일자리의 부족은 많은 사람들과 사회에 심각한 피해를 초래했다. 이제 일자리의 제공은 정부의 주요한 책임이 되었다. 그렇다고 일자리의 확대로 경제적 효율성을 저해해서는 안 된다. 그것은 고용의 확대가 경제적 생산성과 연계되는 완전효율 고용정책을 지향해야 할 것이다.

(2) 자본주의 자체의 개혁

복지국가는 자본주의의 경제과정, 즉 소유-생산-경영-분배-소비 과정에서 소유-생산-경영 영역에서의 자본가 및 경영자의 독점을 인정하는 대신, 국가개입에 의해 분배-소비 영역을 사회화 또는 국유화함으로써 계급과 계층 간의 갈등의 비용을 해소하고자 하는 국가형태이다. 다시 말해서 복지국가는 계급과 계층 간의 갈등의 비용을 '외화(externalization)'하는 기제를 채택하고 있다고 할 수 있다. 이와 관련해서 피어슨은 복지란 피지배계급의 '정치적 복종(political compliance)'을 확보하기 위해 국가와 자본가가 '경제적 대가(economic price)'를 지불하는 것이라 지적한다(Pierson, 2007: 51).

그런데 만약 소유-생산-경영 영역에서의 사회화 또는 민주화가 이루어지지 않는다면 갈등의 비용을 어느 수준까지 외화할 수 있을 것인가? 다시 말해서 이 세 영역의 사회화를 통해 갈등의 비용을 '내화(internalization)하지 않을 경우 어떤 문제가 발생할 것인가? 이 문제는 이른바 복지국가의 '한계점으로의 성장(growth to limit)' 문제에 직결된다. 단순화시켜 말하자면, 만약 노동계급이 실효성 있는 주식공유, 이윤공유, 경영참가 등을 통해 자본계급의 특권영역인 소유-생산-경영 영역에 깊숙이 참여하지 않는다면, 양자 간의 갈등은 끊임없이 물질적 보상과 복지제공으로 이어질 것이고, 그 결과는 한계점까지의 성장으로 귀착될 것이 분명하다.

그러나 이 한계점에 이르면, 구미 각국에서 보는 것처럼 신자유주의 세력들의 복지국가에 대한 공격이 첨예화되고, 급기야는 신자유주의 정권이 등장하여 복지국가를 해체하려는 시도가 나타나게 된다. 물론 이들에 의한 복지삭감이 아직까지 그렇게 위협적인 것은 아니라 하더라도, 앞으로 경세의 블록화와 세계화가 가속화하는 경우, 복지국가의 위기는 현실화될 수도 있을 것으로 보인다. 따라서, 복지국가의 위기가 초래되는 원천은 결국 복지국가 자체의 모순, 즉 계급과 계층 간의 갈등의 비용을 외화하는 기제에 있다고 보아야 할 것이다.

요컨대, 빈민, 노동계급, 그리고 전 국민의 삶의 안전과 평등을 증진시키기 위해 출현한 복지국가는 이들의 삶을 안정시키고 일정한 정도의 재분배 효과를 거두기는 했지만, '소유-생산-경영'으로 노동계급을 참여시켜 갈등의 비용을 내화하지 못함으로써 구조적 위기에 직면해 있다. 따라서, 복지국가의 발전은 자본주의 자체의 개혁과 병행되어야 할 문제라고 할 수 있다.

3) 사회권

(1) 사회권의 확대

사회정책의 모든 분야에서 '국민적 최소(national minimum)수준'을 확보하는 데 있어서의 복지국가가의 실패는 사회권의 개념으로까지의 확고한 법적 뒷받침이 없다면, 서비스가 아무리 확대된다고 하더라도, 미래에도 지속될 것이다. 사회권은 이미 건강과 교육 분야에서는 실현되었으나, 사회보장과 주택 및 사회서비스의 영역에서는 미흡하다.

더욱이 오늘날 사회권은 빈곤퇴치에서 더 나아가 최적의 생활환경과 여건을 마련하는 데까지 확대되고 있다. 따라서, 새로이 생겨난 환경오염과 소음 등의 각종 공해, 약물, 마약중독과 같은 문화적 · 정신적 질병, 대형사고와 핵의 위험, 보다 좋은 교육환경, 여가와 레크레이션에 대한 수요증대, 치안유지 그리고 인권보장 등으로 관심이 확대되면서 국민적 최소의 원칙에서 삶의 질을 강조하는 '국민적 최적(national optimum)의 원칙'으로 목표가 대체되어야 한다.

(2) 불평등의 감소

불평등의 감소는 비록 그것이 사회서비스만으로는 성취될 수 없는 것이지만, 정부활동의 두 번째 목표여야 한다. 복지국가에 대한 가장 냉혹한 비판 가운데 하나는 그것이 사회적 불평등구조의 완화에 별로 기여하지 못하고 있다. 복지국가에서 사회복지정책에 의해 가장 많은 혜택을 받는 계층이 다름 아닌 중산층이란 사실은 널리 알려져 있다. 더욱이 부족한 자원을 가지고 갖가지 사회문제에 적절하게 대처해야 할 개발도상국의 경우에도 사회복지정책의 주된 대상이 마땅히 경제적 · 사회적으로 가장 뒤처진 사회계층이나 집단이어야 하나 실제로 그렇지 못한 경우가 허다하다.

모든 복지자본주의 국가는 소득의 불평등을 조세제도와 사회서비스를 통해 완화시키려고 했지만 실패했다. 이러한 이유로, 소득분배과정에 대한 직접적 정부개입이 필요하며, 이것은 생활의 다른 영역에서의 불평등을 완화하기 위해서도 필요한 선행조건이다. 재산상속의 제한은 그 첫 번째 방법이다. 이것은 기회의 평등이라는 자유주의적 입장과도 상통한다. 그것이 개인 간의 경쟁을 더욱 공정하게 하기 때문이다. 그러한 개혁은 근로의욕을 해치는 것이 아니다. 왜냐하면 경험적 근거는 부유층의 2/3가 재산을 상속받았기 때문임을 알려주기 때문이다. 인생에 있어서 보다 평등한 출발이 개인들에게 더 많은 경쟁의욕을 불러일으키고 경제성장을 더욱 촉진시킬 수 있다.

그러나 소득분배의 불평등을 완화시키는 것은 부의 상속을 제한하는 것보다 더 많은 정부의 조치가 요구된다. 소득은 여분의 소득이 공동선(the common good)에 기여하는 특별한 공헌에 따라 분배되기 전에 우선 사람들이 사회적으로 합의하고 있는 기본적 필요를 충족시키도록 분배되어야 한다. 이것은 정책적 차원에서 최소임금과 최대임금 양자의 기준의 설정과 적절한 아동급여를 제공하는 지속적 소득정책을 의미한다. 소득불평등의 완화는 다른 영역의 불평등과 사회정책, 특히 주거문제에 대해서 의미를 갖는다. 정부가 제공하는 주택을 구입하는 것보다 빌리는 것은 독신자들, 이동하는 근로자들, 노인들, 학생들, 그 밖의 다양한 이유를 가진 사람들과 같은 집단에게 여전히 필요하다.

하지만 다수의 사람들은 그들 자신의 집을 사기를 원한다. 그러한 이유로, 사람들은 그들의 집을 구입할 여유가 있어야 하며, 주택시설도 넉넉해야 한다. 소득불평등과 긴밀히 관련된 것으로는 또한 건강과 교육 분야에서의 불평등을 들 수 있다. 이런 분야의 불평등은 특별한 서비스를 초월한 보편적 프로그램에 의해 감소될 수 있다. 필요한 것은, 건강서비스가 아니라 건강정책이고, 교육서비스가 아니라 교육정책이다. 다른 생활영역, 즉 근로와 생활조건, 소득수준과 다이어트 패턴, 여가 그리고 여가시설 등은 매우 적절하다.

(3) 경제적 복지와 사회적·문화적 복지의 조화

복지국가는 경제적 복지뿐만 아니라, 사회적 · 문화적 복지, 즉 삶의 질(quality of life)을 개선하고 평등화하기 위해 노력해야 한다. 사람은 빵만으로 살 수 없다. 인간이 행복해지기 위해서는 물질적 복지뿐만 아니라, 사회적 · 문화적 복지를 누릴 수 있어야 한다. 그러나 기존의 복지국가는 그 목표를 주로 물질적 복지의 확대에 두었다. 특히, '신좌익(the new left)'은 복지국가가 그 목표성취에 완전히 성공한다 해도 목표 자체가 잘못 선정되어 있기 때문에 진정한 복지를 실현할 수 없다고 비판한다. 그들에 따르면, 복지국가는 자발성, 관능의 충족(sexuality), 공동체, 소외해소, 환경보존 등의 가치 대신에 저속한 상업문화, 상업적 인생관 등의 부르주아 가치를 고수한다. 이러한 비판적 관점은 시민운동의 형태로 부상하고 있는 '신사회운동(new social movements)'에 의해 계승되었다.

그렇다고 개인의 삶의 방식에까지 국가가 간섭하는 것은 자유의 침해이므로, 다만 국가가 할 일은 개인이 정신적 복지를 누릴 수 있는 '쾌적함(amenity)'을 조성하는 것이다. 우선 살기 좋은 주택환경과 직장환경을 만드는 것이며, 다음으로는 사람들이 싫증이나 공허함을 느끼지 않도록 일반인이 이용할 수 있는 각종 여가시설, 예컨대 스포츠 센터, 문화센터, 오락센터, 공원설립, 휴양시설 등을 갖추는 것이다. 더 나아가서 국가는 일하기를 원하는 노령자에게도 가벼운 일자리를 제공함으로써 일하는 보람을 느끼게 해 주고, 예술을 보급하고 진작시키고, 가족애를 비롯한 사랑이 넘치는 사회를 조성해야 한다.

이러한 비판에 대응하여 오늘날 복지국가들은 경제적 혜택을 중심으로 설계된 사회복지 프로그램을 사회적·문화적 혜택에 역점을 두어 재조정하고 있다. 특히, 금전적 이전효과에 치중해온 기존의 경제적 패러다임의 축을 서서히 교육·상담·조언, 간병 등 따뜻한 관심과 애정 그리고 보살핌과 배려를 중심으로 하는 사회적·문화적 패러다임으로 전이하려는 노력이 그것이다. 서비스 중심의 사회적·문화적 패러다임은 물질적 안정보다 오히려 사회적 만족, 심리적 안정, 인간애, 유대감 등에 세심한 신경을 쓰며, 이른바 공동체화에 관심을 쏟는 입장이다. 이러한 입장이 강조될수록 국가적 차원의 서비스전략이 지방공동체와 민주적 차원으로 분권화 될 것이 요구된다.

이러한 사회적·문화적 패러다임은 시장이나 국가보다 동료와 이웃 그리고 공동체에서 사회복지 해결의 실마리를 찾고 있다는 점에서 관심을 모으게 한다. 똑같은 사회복지서비스의 공급이라 할지라도, 단순히 행정적 절차에 의한 기계적 수혜는 사회복지의 효과를 저하시킨다. 따라서, 사회복지서비스 종사자의 전문화가 필요하다. 예컨대, 물질적 서비스는 인간관계에 입각한 심리적 서비스와 서비스의 효율적 공급 그리고 사후 효과증대를 위한 전문성이 바람직하다.

4) 국제적 과제

복지국가는 국경을 넘어 복지세계로 발전해야 한다. 인플레와 저성장은 불가피하게 국제수지를 악화시키는데, 복지국가는 인플레와 저성장을 벗어나도 임금과 사회보장 등의 수준이 높기 때문에 기업의 국제경쟁력이 떨어지기 쉽다. 따라서, 국제수지의 문제가 발생한다. 이 문제는 적절한 국제수지 대책을 통해 어느 정도 대처할 수 있는데, 보다 근본적으로는 국제협력에 기대할 수밖에 없다. 그러기 위해서는 복지국가는 복지세계로 확대되어야 한다. 적어도 국제관계가 밀접한 나라가 함께 복지국가를 지향하는 것이 국제수지의 제약하에서 복지국가정책을 추진하기 위해 필요한 것이다.

북유럽 국가들은 이미 북유럽이사회(Northern Council)를 창설함으로써 이러한 방향을 모색하고 있다. 무역의존도가 영국 이상으로 높은 북유럽 국가들에서 국제수지의 악화가 영국처럼 심각하지 않은 이유 중에 하나는, 동일한 정책을 취한 북유럽 국가들 간의 무역이 많기 때문이기도 하다. 그뿐만 아니라, 선진국들은 생활수준이 높으며 분배도 평등화하여 복지국가의 방향으로 나아가고 있을지라도, 선진국과 후진국을 비교한다면 소득격차가 확대되고 있다는 점을 지적하여 개별국가 단위의 복지국가로부터 국제협력이 행해지는 복지세계로 나아가야 한다(Myrdal, 1982).

CHAPTER

13

한국 복지국가 사례연구

CHAPTER 13

한국 복지국가 사례연구

1 한국 복지국가의 역사

한국의 사회복지는 정부수립 전까지 큰 성과를 내지 못하고 있었다. 과거 봉건국가체제에서는 시혜적 성격이 있었다고 한다면, 일제강점기에는 식민지 통치의 성격이 강했다고 할 수 있다. 미군정 역시 일시적이고 과도기적인 형태에 불과했다. 따라서, 정부수립 전까지는 국가적 차원의 사회복지라고 하기에는 미흡한 점이 많았다. 이런 면에서 한국의 사회복지 시행은 정부수립 이후로 보는 것이 타당하다. 그 내용은 다음과 같다.

1) 이승만 정부

1948년 8월 15일 대한민국 제1공화국 이승만 정부(1948.8~1960.6.)가 수립되어 보건후생부 및 노동부가 사회부로 통합됨에 따라 보건, 후생, 노동 및 부녀 등에 관한 행정을 관장하였다. 그 후 1949년 3월에 보건부가 창설되어 사회부에서 관장하던 보건행정을 분할하여 주관하였으나, 1955년 2월에 보건 및 사회 양부는 다시 보건사회부로 통합되었다.

정부수립 당시 제정된 헌법 제19조에는 “노령, 질병, 기타 근로능력이 없는 자는 법률이 정하는 바에 의하여 국가의 보호를 받는다.”라고 하여 국민의 생존권을 명문으로 규정하였다. 그러나 이 헌법이 규정한 국민의 생존권을 보장하는 관계 법률이 제정되기도 전인 1950년에 한국전쟁이 발발하여, 신생 대한민국으로서는 도저히 물적으로나 인적으로나 감당하기 곤란한 일대 궁지에 빠지게 되었다. 즉, 요구호자는 일시에 엄청난 수로 급격히 증가하는 반면, 소요 물자와 자금은 극히 제한되어 있어서, 전쟁 중에는 주로 요구호자들의 최소한의 생명유지를 위한 응급구호에 치중할 수밖에 없었다.

1952년 3월 현재 전국에 3,935,152명의 피난민과 4,583,974명의 이재민 및 1백만 명의 전 · 사상자가 발생했다. 그중에서도 요보호아동의 구호와 보호문제는 당시의 여러 가지 사회문제와 더불어 긴급히 해결해야 할 문제로 제기되었다. 정부는 재정 부족 때문에 요구호자 구호를 위해 외국 원조단체들의 협조를 받게 되었다. 미군정 때부터 한국을 원조하고 있던 국제원조처, 경제협력처, 전시 긴급원조 한국민간구호단체, 유엔한국재건단(UNKRA) 등의 외국원조단체는 중앙구호위원회를 조직하여 긴급구호를 실시하였다. 지방에서도 각급 구호위원회를 조직하여 중앙구호위원회의 지휘감독 아래, 부산지역에 우선 피난민수용소를 설치하여 수용 · 보호하는 한편, 거제도와 제주도에는 집단수용소를 설치하여 피난민 응급구호를 하였다(손병덕, 2020: 85-86).

한국전쟁으로 시설수용보호를 필요로 하는 난민이 다수 생겨났다. 이와 같은 사회적 요구에 따라 고아시설, 양로시설, 모자원 등의 각종 후생시설이 휴전협정 성립 후에 급속히 증가하여, 1959년에는 총 686개의 각종 시설이 설립되었다.

한국전쟁은 사회복지에 두 가지 큰 변화를 가져왔다.

첫째, 정부수립 후 단계적 · 계획적으로 준비해 오던 사회부의 모든 정책이 무산되고 임시적 · 응급적 정책으로 전락하였다.

둘째, 막대한 외국 원조로 인해 한국사회에 의존적 구제방식을 신화시켜 놓았다.

이 시기에는 한국전쟁 발발로 수많은 전쟁이재민, 고아와 미망인, 부상자 등이 발생하여 미국을 중심으로 한 외국 민간원조단체가 주축이 된 공공부조적인 구호활동이 주로 이루어졌다. 당시 정부는 사회복지를 추진할 적극적 의사는 물론 능력도 없었다. 따라서, 사회복지에 대한 법률로는 「근로기준법」과 「공무원연금법」 제정 외에는 특별한 입법이 없었다. 그리고 이러한 사회복지입법은 사회복지법의 개념적 정의를 아직까지 내리지 못한 상태에서 실시되었다. 즉, 사회복지에 관한 입법이 법률적 · 입법적 근거에 의해 시행된 것이 아니라, 정부 관계부처의 행정명령에 의해 시행되었던 것이다. 물론 제헌 헌법에 생존권을 명문화하였으나, 하위조항이 없어서 실제로 생존권은 보장되지 못하였다(박진화, 2020: 261).

이와 같이 정부수립 이후 1950년대의 사회복지는 임시응급구호와 전후 복구에 급급하였으며, 근대적인 사회복지제도가 제대로 자리 잡지 못하였다.

2) 박정희 정부

박정희 정부는 제3 · 4공화국(1961.5~1981.3.)을 이끌었다. 1960년 4 · 19혁명에 의해 이승만 정부가 붕괴된 후 탄생한 제2공화국 민주당 정부(1960.6~1961.5.)는 나름대로 자주적이고 민주적인 발전의 길을 모색하였다. 그러나 반목과 대립 속에서 정치적 · 사회적 혼란이 그칠 줄 몰랐고, 그 와중에 무정부적 혼란을 청산한다는 명분으로 1961년 5월 16일 군부가 쿠데타를 일으켰다. 군사정부는 절대 빈곤을 해소한다는 혁명공약의 실천을 위해, 1962년부터 제1차 경제개발 5개년 계획을 추진하였고, 1963년에는 박정희 대통령을 중심으로 한 제3공화국이 출범하였다. 사회복지제도가 그나마 형식을 갖추게 된 것은 이때부터이다(박태정, 2020: 218).

1962년부터 시작한 경제개발로 도시화 및 산업화 현상이 나타나고, 도시 빈곤층, 가출 및 비행, 미혼모, 주택 부족 등 과거와는 다른 여러 가지 사회문제들이 드러나기 시작하였다. 그러나 당시 군사정부는 한정된 재원을 경제개발에 집중하기 위해 사회복지에 대해서 소극적이었다. 한편, 노동자계층의 미성숙으로 노조의 조직력이 미약했고, 그들의 권익을 추구하기 위한 이익 표출은 거의 없었으며, 일반 국민의 경우도 사회복지에 대한 이해나 주장이 거의 없었다.

군사정부 시절에는 국민의 지지를 얻기 위해 여러 가지 사회복지 관련 법들이 제정 · 공포되었다. 사회보험 부문에서 「공무원연금법」(1960), 「선원보험법」(1962), 「군인연금법」(1963), 「산업재해보상보험법」(1963), 「의료보험법」(1963)이 제정되었고, 공공부조 부문에서 「생활보호법」(1961), 「군사원호보상법」(1961), 「재해구호법」(1962), 「국가유공자 및 월남 귀순자 특별보호법」(1962) 그리고 사회복지서비스 부문에서 「아동복리법」(1961), 「윤락행위 등 방지법」(1961), 「자활지도에 관한 임시조치법」(1968) 등이 제정되었다. 그 밖에 1963년에는 「사회보장법」이 제정되었다.

이와 같이 1960년대는 전례 없이 사회보험 및 생활보호를 중심으로 한 근대적인 사회복지법제를 마련하였다. 이와 같은 사회복지법제는 그 내용상으로는 비교적 장기적인 안목과 효율적인 합리성을 가지고 있었지만, 형식적인 사회복지법제의 도입이라는 의견이 많았다. 이는 사회복지제도가 구빈적 · 단편적 성격에서 벗어나 국가 중심의 체계적인 사회복지제도로 자리 잡는 계기는 되었으나, 그 시행은 성공적이지 못하였다.

1960년대 사회복지의 특징 중 하나는 공무원, 군인 등 사회적 지배계층을 위한 사회보장제도가 우선적으로 제정되었다는 것이다. 이는 후진적 사회복지 발달의 한 형태로서, 사회보장제도의 확충이 복지적인 측면보다는 정치적 지배의 편의성을 위해 이루어졌다는 것을 말해 주고 있다. 1972년 박정희 대통령이 유신헌법을 만들어 대통령의 권한을 대폭 강화하고 유신체제를 유지하자, 이에 대한 체제 도전이 끊임없이 일어났다. 따라서, 체제의 정통성 확립을 위해 무언가 최소한 국민들의 지지를 받을 수 있는 유인을 제공하지 않으면 안 되는 정치적 상황이었다.

당시 사회경제적 상황을 보면, 1960년대 제1차 및 제2차 경제개발 5개년 계획이 성공적으로 수행됨으로써 산업화 · 도시화 현상이 나타나기 시작했고, 절대빈곤에서 탈피하여 고도의 경제성장을 이룩하게 되었지만, 산업화 · 도시화 현상은 필연적으로 각종 사회문제를 가져왔다. 특히, 빈부의 격차가 심해져 상대적 박탈감 및 위화감이 사회에 팽배하여 사회적 불안이 조성되었다. 이런 상황에서 1972년부터 시작된 제3차 경제개발 5개년 계획부터는 본격적으로 사회개발정책을 수행하게 되었다.

1970년대의 사회복지 관련 법들을 보면, 사회보험 부문에서는 「사립학교 교원연금법」(1973), 「국민복지연금법」(1973), 「개정 의료보험법」(1976), 「공무원 및 사립학교 교직원 의료보험법」(1977), 「월남 귀순자 특별보상법」(1978)이 제정되었으며, 사회복지서비스 부문에서는 「사회복지사업법」(1970)이 제정되었다. 이 가운데 「사립학교 교원연금법」과 「공무원 및 사립학교 교직원 의료보험법」은 국가 건설과 유지에 필수적인 공무원과 교직원에 대한 특별한 배려로 통치수단의 일환이라고 볼 수 있다. 「국민복지연금법」은 법만 제정해 놓고 실시하지 못하였는데, 그 이유는 제도의 수립목적이 중화학공업을 위한 내자조달의 수단으로 국민들이 인식하게 됨으로써, 국민의 지지와 호응을 받지 못했기 때문이다.

3) 전두환 · 노태우 정부

1979년 10 · 26사건으로 박정희 대통령의 유신체제가 종말을 고하고, 1980년 5 · 17 군사 쿠데타의 성공으로 전두환 정부(1981.3~1988.2.)의 제5공화국이 출범하였다. 전두환 정부는 민주주의의 토착화, 정의사회 구현, 교육혁신 및 문화창달과 더불어 복지사회의 건설을 국정지표로 내세웠으며, 1982년부터 시작된 '제5차 5개년 개발계획'에서도 경제와 사회의 균형적인 발전을 기본 목표로 삼았다.

전두환 정부는 부족한 체제 정통성을 확보하기 위하여 일단의 사회복지 입법을 단행하였다. 사회복지서비스 부문에서는 「사회복지사업기금법」(1980), 「심신장애자복지법」(1981), 「노인복지법」(1981)을 제정하였고, 「아동복리법」을 「아동복지법」(1981)으로 개정하였으며, 「사회복지사업법」(1983)을 전면 개정하여 사회복지종사자를 사회복지사로 그 명칭을 변경하고 사회복지사 자격을

1급, 2급, 3급으로 구분하였다. 그리고 공공부조 부문에서는 「생활보호법」(1983)을 개정하여, 생활보호 유형에 자활보호와 교육보호를 추가하였고, 「최저임금법」(1986)을 제정하였다.

전두환 정부 후반부터는 '한국형 복지모형'이 논의되기 시작하였다. 한국형 복지모형이 등장하게 된 배경은 1970년 중반 이후 선진복지국가에서 복지국가 위기론이 대두되고 있었기 때문에, 한국에서도 자칫 잘못하면 복지병을 유발할 수 있다는 정책 관련자들의 우려 때문이었다. 이는 엄밀한 의미에서 당시 영국 등의 사회주의 복지정책에 대한 반감과 복지재원마련의 곤란을 이유로 한 복지 후퇴의 성격이 짙다고 할 수 있다.

이러한 한국형 복지모형은 제6차 경제사회발전 5개년 계획(1987~1991)과 맥락을 같이하고 있다. 제6차 계획의 기본 방향은 ① 우리 경제 · 사회 발전 수준에 맞는 복지시책이어야 하고, ② 가족과 지역사회의 복지기능을 최대한 조장하며, ③ 자립정신에 입각한 복지시책을 전개하고, ④ 민간의 복지자원을 최대한 동원한다는 것 등이다. 그리하여 1980년대 후반부터는 시설수용 위주의 복지사업으로부터 탈피하여 지역복지와 재가복지가 강조되기 시작하였다.

1988년 출범한 노태우 정부(1988.3~1993.2.)는 제5공화국의 사회보험제도를 대부분 확대 시행하여, 국민연금제도(1988), 전국민의료보험제도(1989), 최저임금제도(1988)를 시행하였다.

제6공화국 정부에서 제정 또는 개정된 사회복지 관련 법은 「모자복지법」(1989) 제정, 「심신장애자복지법」을 「장애인복지법」(1989)로 개정, 「노인복지법」(1989) 개정, 「장애인 고용촉진 등에 관한 법률」(1990) 제정, 「의료보호법」(1991) 개정, 「영유아보육법」(1991) 제정, 「고령자고용촉진법」(1992) 제정, 「사회복지사업법」(1992) 개정 등이었다.

노태우 정부의 사회복지제도 발전의 특징은 다음과 같다.

첫째, 국민연금제도, 최저임금제도, 전국민의료보험제도 실시 등 소득 및 의료보장의 확대가 이루어지기 시작하였다.

둘째, 1988년 '서울 장애자 올림픽' 이후 장애인 종합대책을 수립하였으며, 이어서 '장애인 고용촉진 등에 관한 법률'을 제정하여 장애인복지에 대한 변화를 시도하였다.

셋째, 지역복지의 중추적인 서비스 전달체계인 사회복지관을 전국적으로 확대 실시하였다.

넷째, 「아동복지법」과는 별도로 「영유아보육법」이 제정되면서 영유아 보육사업이 크게 부각되었다.

다섯째, 재가복지를 중시하여 재가복지봉사센터가 급격하게 증가, 1987년부터는 사회복지 전문요원을 영세민 밀집지역의 동사무소에 배치하기 시작하였다.

4) 김영삼 정부

김영삼 대통령의 '문민정부(1993.3~1998.2.)'가 등장한 1990년대는 세계화라는 흐름이 새로운 국제질서로 자리 잡아 가고 있었다. '우루과이라운드(UR)' 협상 타결에 이은 세계무역기구(WTO)체제가 세계경제를 규정하는 요소로 등장하면서 국가경쟁력이 중요한 국가적 과제로 떠올랐다. 이와 함께 독일의 통일, 동구 공산권의 몰락, 복지국가 위기론 이후 신보수주의 이데올로기의 확산 등 세계는 빠른 속도로 변화하고 있었다. 공산권이 몰락하면서 제2차 세계대전 이후 유지되어 오던 동서대립의 양극체제가 무너진 공간을 미국은 유일한 강대국으로서 세계화와 정보화라는 새로운 기준으로 세계를 재편해 나갔다.

김영삼 정부는 1993년 아시아태평양경제협력체(APEC) 정상회담 이후 개방과 무한경쟁을 의미하는 세계화를 정책목표로 설정하였으나, 1960년대 이후 계속된 관 주도 압축성장은 많은 문제점을 내포하고 있었다. 이 중에서도 가장 취약한 부문은 외환금융 부문이었다. 외환금융 부문에서 시작된 외환위기로 인하여 김영삼 정부는 국제통화기금(IMF)의 구제금융을 요청할 수밖에 없었고, 한국경제는 최악의 침체와 함께 상당부분을 외국자본에 의존하게 되었다.

김영삼 정부는 1993년 신경제 5개년계획의 사회복지 부문에서 '제7차 경제

사회발전 5개년 계획'에서 복지정책의 기본 방향을 국가발전 수준에 부응하는 사회복지제도의 내실화에 두고, 국민복지를 증진시킬 것을 제시하였다. 또한 1995년에는 성장 위주의 정책에서 벗어나 삶의 질과 생산적인 국민복지에 적극적인 관심을 기울여야 할 것이라고 강조하였다(최원규 외, 2021: 419). 그러나 실질적인 성과는 미미하였다.

김영삼 정부에서 제정 또는 개정된 사회복지 관련 법들을 보면, 사회보험 부문에서는 「고용보험법」(1993) 제정, 사회복지서비스 부문에서는 「정신보건법」(1993) 제정, 「사회복지공동모금법」(1997)을 제정하였다. 또한 「사회보장에 관한 법률」을 폐지하고, 「사회보장기본법」(1995)을 제정하였다. 김영삼 정부의 사회복지제도에서 가장 큰 변화는 사회보험 부문으로, 전 국민 대상 국민연금제도의 확대 실시와 더불어 전 사업장에 대한 고용보험제도의 적용, 전 국민 의료보험의 실시 등으로 기존의 산재보험제도를 포함한 4대 보험체계를 완성하였다.

5) 김대중 · 노무현 정부

1997년의 이른바 'IMF 외환위기'하에서 출범한 김대중 대통령의 '국민의 정부(1998.3~2003.2.)'에서는 대량실업 사태로 인해 사회안전망이 취약하다는 분석과 함께 사회복지제도의 발전에 중요한 전기가 마련되었다. 주목할 만한 조치와 입법으로는 노사정위원회 출범(1998), 고용보험의 모든 사업장으로 확대(1998), 「사회복지공동모금회법」 제정(1998), 「국민건강보험법」 제정(의료보험 전체 통합, 1999), 전국민 연금 실시(1999), 「국민기초생활 보장법」(1999) 제정 등 사회안전망 구축에 힘을 쏟았다. 특히, 이른바 '생산적 복지'의 근간이 되는 국민기초생활보장제도는 지난 40년간의 시혜적 단순보호 차원의 생활보호제도로부터 국가책임을 강화하는 현대식 복지제도로 대전환했다는 점에서 한국에서 복지국가의 출범을 가져다준 획기적인 것으로 평가되고 있다(박진화, 2020: 282).

국민의 정부에 의한 적극적 사회복지정책에 힘입어 한국은 비록 OECD국가들의 복지수준에는 뒤지지만, GNP 대비 10% 이상을 사회복지에 투자하는 이른바 '후진복지국가'의 대열에 진입하게 된 것이다.

국민의 정부를 승계한 노무현 대통령의 이른바 '참여정부(2003.3~2008.2.)'에서는 '참여복지'가 주창되었다. 참여복지의 핵심은 '선성장 후분배'의 기조를 유지해 왔던 역대 정부들과는 달리, 경제성장과 분배정의 간의 균형발전을 모색하는 것이었다. 참여복지의 이념은 복지에 대한 국가의 책임 강화, 복지정책의 수립 · 집행 · 평가과정에서의 국민참여를 무엇보다 강조하였다. 그리고 참여복지의 시각에서는 복지와 경제, 분배와 성장의 선순환관계를 강조하였다. 즉, 복지증진을 통해 경제가 성장하고, 경제성장을 통해 복지증진을 꾀할 수 있다(박태정, 2020: 228).

참여정부는 참여복지 이념을 실현하기 위해 '참여복지 5개년 계획'을 수립하였다. 참여복지 5개년 계획은 「사회보장기본법」에 의거하여 2004년부터 2008년까지 추진될 '사회보장장기발전계획'이었다. 이는 보건복지부 주관 아래 민간 전문가와 5개 관계부처(문화관광부, 정보통신부, 노동부, 여성부, 건설교통부)가 공동으로 참여하여 수립된 범정부 차원의 장기복지종합정책이었다. 이 계획은 제1차 사회보장장기발전계획(1999~2003)에 의해 그 기본 틀이 갖추어진 사회안전망의 내실화를 목표로 하였다. 그리고 저출산 · 고령화 등 사회경제적 변화에 대응한 복지인프라 구축 및 복지서비스의 확대를 도모하였다. 나아가 전 국민에 대한 보편적 복지서비스 제공, 상대빈곤의 완화 등을 통해 풍요로운 삶의 질이 구현되는 참여복지공동체 구축을 목표로 하였다.

이러한 목표에 따라 참여정부는 기초생활보장 수급자와 의료급여 수급자를 확대하는 등 기초보장의 확대를 추진하며, 장애수당 대상자를 확대하거나, 노인일자리를 확대하고, 빈곤아동에 대한 지원을 확대하는 등 사회서비스의 개선에도 노력하였다.

그 외 기존 복지제도로 대처하기 어려운 위기상황에 대처하기 위한 「긴급복지지원법」(2005)을 제정하였고, 24시간 긴급지원을 위한 '보건복지통합콜센터129'를 운영하기 시작했다.

새로운 지방의 복지수요 증대에 대처하여 사회복지재정의 지방 이양과 함께 지역복지 인프라 확충에 노력하였다. 그 결과, 전국 시 · 군 · 구에 지역복지협의체가 구성되어 '지역사회복지계획'을 수립하고, 지역복지시책을 심의, 의결하는 기능을 하고 있다. 저출산대책으로 대통령이 위원장을 맡는 저출산 · 고령사회위원회를 출범시켜(2005년 9월) 5개년 기본계획을 마련하였다(박진화, 2020: 284).

대통령직속 저출산고령사회위원회 현판

참여정부가 실시한 새로운 사회복지제도는 2007년 노인장기요양보험과 2008년 기초노령연금(2014년 기초연금으로 변경)이다. 노인장기요양보험은 노인케어비용을 사회보험화한 고령화 대비책이었다. 우리나라 고령화 수준에 비해 다소 이른 감이 있었지만, 세계 최고속도로 진행 중인 고령화에 선제적으로 대응한다는 의미가 있었다. 기초노령연금은 국민연금에서 배제된 노인을 위한 소득보장제도라는 점에서 의미를 부여할 수 있다(원석조, 2019: 422-423).

6) 이명박 · 박근혜 정부

이명박 정부(2008.3~2013.2.)는 사회복지의 기조를 '능동적 복지'로 정했는데, 능동적 복지란 일할 능력이 있는 사람에게 일자리를 주고, 도움이 필요한 사람에게 국가가 따뜻한 손길을 제공하는 것이다. 정부는 이를 달성하기 위하여 평생복지 기반 마련, 예방 · 맞춤 · 통합형 복지, 시장기능을 활용한 서민생활안정, 사회적 위험으로부터 안전한 사회를 위한 성장과 분배 등 네 가지를 전략으로 내세운 사회복지정책을 추진하였다(원석조, 2019: 423).

이 시기에 사회복지 관련 법률에는 「다문화가족지원법」(2008), 기존의 「고령자고용촉진법」을 폐지하고 「고용상 연령차별금지 및 고령자고용촉진에 관한 법률」(2008) 제정, 「실종아동 등의 보호 및 지원에 관한 법률」(2008), 2005년 제정 당시는 한시법이었던 「긴급복지지원법」을 영속법으로 개정(2009), 기존의 「청소년의 성보호에 관한 법률」을 폐지하고 「아동·청소년의 성보호에 관한 법률」(2009) 개정, 「장애인연금법」(2010)을 제정하였다. 1994년에 제정된 「성폭력 범죄의 처벌 및 피해자 보호 등에 관한 법률」이 '성폭력 범죄의 처벌 등에 특례'와 성폭력 범죄의 피해자 보호 등에 관한 사항'을 함께 규정하고 있어서, 이에 대한 효율적 대처에 한계가 있음을 인식하고, 2010년 4월 15일 「성폭력범죄의 처벌 등에 관한 특례법」과 「성폭력방지 및 피해자보호 등에 관한 법률」로 분리하여 제정하였다. 그리고 「장애인활동 지원에 관한 법률」(2011) 제정과 사회복지사의 처우향상을 위하여 「사회복지사 등의 처우 및 지위향상을 위한 법률」(2011)을 제정하였고, 「노숙인 등의 복지 및 자립지원에 관한 법률」(2011)과 「장애아동 복지지원법」(2011)을 제정하였고, 「사회보장기본법」(2012.1.26.)의 전면 개정과 인화학교 아동 성폭력문제로 「사회복지사업법」(2012)이 대폭 개정되었다. 또한 「가족친화 사회환경의 조성 촉진에 관한 법률」(2012)과 「장애인·고령자 등 주거약자 지원에 관한 법률」(2012)을 제정·시행함으로써 사회복지를 한 단계 더 성숙시켰다.

이명박 정부가 추진했던 '사회안전망'정책은 세 가지로 분류할 수 있다.

첫째, 보편적 복지정책으로 빈곤층뿐만 아니라, 중산층 이하의 일반 국민 대다수를 국가복지정책의 직접적 수혜대상으로 확대한 것이다.

둘째, 예방적 복지정책으로 실직이나 교육사각지대에 놓인 사람들이 적시에 도움을 받을 수 있도록 하는 정책을 표방하였다.

셋째, 맞춤형 복지정책으로 각각의 취약계층에게 맞춤형 복지혜택의 지속적인 제공이 가능하도록 사회복지 전달체계를 획기적으로 개선한 정책이다.

박근혜 정부(2013.4~2017.3.)는 2013년 1월부터 시행된 「사회보장기본법」의 전면 개정에 맞추어 '사회보장기본계획(2014)'을 수립하였는데, 사회보장의 비전을 '더 나은 내일, 국민 모두가 행복한 사회'로 하였으며, 생애주기별 맞춤형 사회안전망 구축, 일을 통한 자립지원, 지속가능한 사회보장기반 구축의 3대 정책방향을 제시하였다. 이는 이전에 수립되었던 사회보장 장기발전방향과는 달리, 개별 계획보다 우선한다고 명시함으로써 기본 계획으로서 구속력을 강화하였으며, 소요재원 및 조달방안을 포함하여 구체성을 강화하였다.

박근혜 정부에서 사회복지 관련 법률로는, 기존의 「기초노령연금법」(2007)을 폐지하고 「기초연금법」(2014)을 제정하였다. 이는 노인세대를 위한 안정적인 공적연금제도를 마련하여 소득과 재산을 환산한 소득인정액이 보건복지부장관이 정하여 고시한 금액 이하인 65세 이상의 노인 중 소득기반이 취약한 70%의 노인에게 기초연금을 지급함으로써, 노인 빈곤문제를 해소하고 노인의 생활안정과 복지증진에 기여하게 되었다.

2014년에는 「국민기초생활 보장법」을 개정하여 탈수급의 경우, 지원이 전무한 상황에서 사각지대가 발생하고 있으므로 맞춤형 빈곤정책으로 전환하여 지원대상을 확대하고, 개별 맞춤형 급여체계를 마련함으로써 탈수급 유인을 촉진하고 빈곤예방기능을 강화하였다. 따라서, 절대적 빈곤선인 최저생계비 기준을 폐지하고, 상대적 빈곤선의 기준인 중위소득에 의한 보장대상자 선정기준에 따라 급여종류별로 다층화한 맞춤형 급여체계를 도입하였다. 또한 「사회보장급여의 이용 · 제공 및 수급권자 발굴에 관한 법률」(2014)을 제정하여 「사회보장기본법」에 따른 사회보장급여의 이용 및 제공에 관한 기준과 절차 등 기본적 사항을 규정하고, 지원을 받지 못하는 지원대상자를 발굴하여 지원함으로써 사회보장급여를 필요로 하는 사람의 인간다운 생활을 할 권리를 최대한 보장하고, 사회보장급여가 공정하고 효과적으로 제공되도록 하며, 사회보장제도가 지역사회에서 통합적으로 시행될 수 있도록 그 기반을 구축하는 것을 목적으로 하였다. 특히, 공공전달체계를 확립하였다.

2016년 「정신건강증진 및 정신질환자 복지서비스 지원에 관한 법률」은 1995년 제정된 「정신보건법」을 대체하였다. 이 법은 정신질환의 예방 · 치료, 정신질환자의 재활 · 복지 · 권리보징과 정신건강 친화적인 한경조성에 필요한 사항을 규정함으로써, 국민의 정신건강증진 및 정신질환자의 인간다운 삶을 영위하는 데 기여하기 위하여 제정하였다. 이 법은 정신질환자의 범위를 중증정신질환자로 축소 정의하고, 전 국민 대상의 정신건강증진의 장을 신설하며, 비자의 입원·퇴원을 강화하고 정신질환자에 대한 복지서비스 제공을 추가하였다.

박근혜 정부의 중요한 복지정책은 다음과 같다.

첫째, '국가책임보육'의 명제 아래 소득수준과 관계없이 보편적으로 0~5세 무상보육과 양육수당정책의 도입이다.

둘째, 2014년 7월 1일부터 기초노령연금을 기초연금으로 확대 개편하여 65세 이상 노인에게 상향된 연금을 지급하는 정책이다.

셋째, 4대 중증질환에 대한 건강보험 지원율에 대해 일부 급여항목을 대상으로 국가부담을 확대한 정책이다.

박근혜 정부 출범 시 사회복지정책은 과거의 지속적인 노력에도 불구하고, 여전히 해결해야 할 많은 문제점이 내재하고 있었다. 즉, 양극화 문제와 저출산·고령화 문제해결이 시대적 요청이었다. 박근혜 정부의 복지정책은 보수정권임에도 진일보하여 잔여적 복지모델에서 벗어나 보편적 복지정책의 시도가 많았다는 평가이다. 그럼에도 불구하고, 대선공약으로 기초연금을 65세 이상 노인 전부에게 지급하겠다는 보편주의 도입은 집권 후 전체 노인인구의 70%만을 수급대상으로 국한시킴으로써 신자유주의적 발상에서 벗어나지 못했다는 평가가 있다. 특히, 노인복지를 빙자한 정권재창출이라는 불명예를 얻기도 하였다(김보기 외: 2022a: 63).

그러던 중 2017년 3월 10일 박근혜 대통령은 탄핵으로 인해 헌법재판소에서 파면이 결정되었다. 이는 한국 헌정사상 초유의 사태로, 이 과정에서 사회는 혼란을 가져오게 되었고, 사회복지정책에서도 새로운 정책이 요구되었다.

7) 문재인 정부

박근혜 대통령의 탄핵으로 2017년 5월 10일에 문재인 대통령의 진보정권이 출범함에 따라 보편적 사회복지정책의 추구로 사회복지정책에 있어서 근본적인 변화가 일어나게 되었다. 즉, 신자유주의에서 사회민주주의의 요소를 추가하는 방향으로 정책기조가 변경됨으로써, 사회복지 각 분야에서 획기적인 전환이 이루어지게 되었다.

문재인 정부는 경제성장률 이상으로 정부지출을 더 늘리는 '확장적 재정정책'을 천명하고 일자리 창출과 복지서비스 수혜범위의 대폭 확대를 강조하였다. 2017년 8월 29일에 발표된 '2018년 예산안'과 '2017~2021년 국가재정운용계획'에 따르면, 2018년 복지예산은 2017년보다 12.9% 증가한 146조 2천억 원으로, 전체 지출 429조 원의 34%에 해당하는 사상 초유의 규모이다. 대통령 임기 중 연평균 9.8%씩 늘릴 계획이며, 2021년 전체 예산 중 38%까지 올릴 것으로 계획·발표하였다. 그러나 2019년 12월 중국 우한(武漢)에서 처음 발생한 후, 전 세계로 확산된 새로운 유형의 코로나19(COVID-19, corona virus disease 19)로 인한 막대한 재정지출은 문재인 정부의 보편적 복지정책에 대해 선택제로의 정책 선회를 요구받기에 이르렀다.

문재인 정부의 사회복지정책은 '포용적 사회복지체계의 구축'에 있다. 문재인 정부는 이를 통해 국민의 삶의 질 수준을 2040년까지 세계 10위 수준으로 높이겠다는 목표를 제시했다.

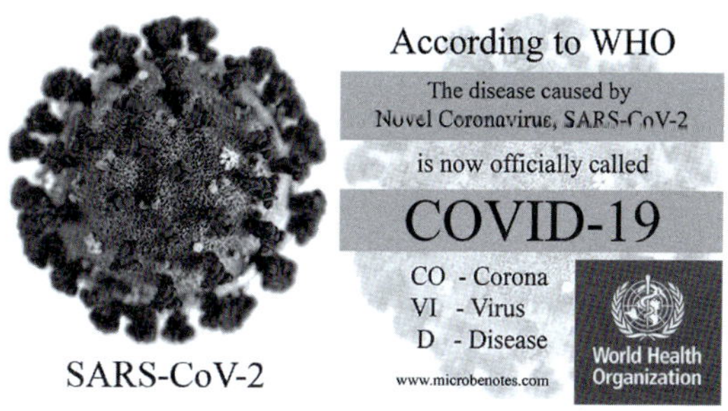

코로나19

8) 윤석열 정부

문재인 정부의 말기는 차기 대통령이 된 윤석열 당시 검찰총장과의 알력으로 인해 국정 자체가 제대로 운용되지 못하였다. 2022년 5월 10일 등장한 윤석열 정부는 등장 전부터 청와대 이전 등으로 국민적 분노를 유발시켰다. 특히, 윤석열 정부는 신자유주의로 정책 전환함에 따라 문재인 정부의 보편적 복지정책은 무시되었다. 윤석열 정부는 선택제를 채택함에 따라 국민건강보험을 비롯한 사회 각 분야에서 이해당사자와 충돌을 피할 수 없게 되었다. 더

구나 소위 여소야대의 국회 상황에서 윤석열 정부의 사회복지정책은 야당에 의해 거부됨으로써 집권기간 사회복지정책의 혼돈은 불가피한 상황이었다.

윤석열 정부는 보수정권답게 노동개혁을 비롯하여 연금·의료·교육 개혁 등 4대 개혁을 천명했으나, 낮은 지지율과 국회의 반대로 개혁정책을 제대로 추진할 수 없었다. 노동개혁은 일부 노조의 극한 투쟁을 유발시켰고, 연금개혁은 제21대 국회 말기에 야당에서 정부측 안을 수용했음에도 이를 무시하여 연금개혁에 대한 의지를 의심하게 했으며, 의료개혁은 의료계와의 마찰을 심화시켜 병원과 환자들이 불이익을 받는 등 사회 전반에 혼란을 가중시켰다.

이를 타개하고자 윤석열 정부는 대통령 주재로 2024년 6월 19일 "2024년 저출산고령사회위원회 회의"를 개최하여 '저출생 추세 반전을 위한 대책'을 발표했다. 여기에서 정부는 '인구 국가비상사태'를 선언하고, 저출산 총력 대응체계 가동을 천명하였다. 그 내용은 저출생의 직접적 원인이 되고 있는 일·가정 양립, 양육, 주거 등 3대 핵심분야 지원에 역량을 집중하고, 좋은 일자리 창출, 과도한 경쟁완화를 위한 공교육 내실화, 지방균형발전 등 구조적 요인에 대해서도 지속적으로 대응해 나갈 계획이라고 밝혔다(저출산고령사회위원회, 2024). 그러나 이러한 윤석열 정부의 의욕뿐인 개혁정책은 예산확보 등 재정지원에 대한 모호성과 정책추진 열의에 대한 회의적 시각과 더불어, 여소야대의 상황을 고려하지 않은 구호성 정책이라는 비판적 견해들이 존재하고 있는 실정이다(한겨레신문, 2024년 6월 19일 자). 이러한 정치적 난제를 극복하기 위하여 윤석열 대통령은 2024년 12월 3일 비상계엄을 선포하였으나 결국 12월 14일 국회에서 탄핵되었고, 2025년 4월 4일 헌법재판소는 대통령 윤석열을 파면하였다. 그 결과, 6월 3일 제21대 대통령 선거가 실시되었다.

한편, 국민연금의 개혁은 오랜 진통 끝에 2025년 4월 2일 국회를 하였으나, 청년세대의 부담에 대한 찬반양상으로 변질되고 말았다. 당초 국민연금 개혁안은 보험료율과 소득대체율에 대한 치열한 국회논의 과정에서 야당인 더불어 민주당의 양보하여 여야합의로 『국민연금법』 개정안이 국회를 통과하였으나, 오히려 여당인 국민의 힘 일부 의원들의 반발이 있었다. 즉, 여당이 오히려 국정의 난맥상을 일으키는 원인으로 작용하는 기현상을 연출하였다. 결국 대통령 탄핵소추안이 통과되기에 이르렀다.

결국 윤석열 정부의 사회복지정책은 재원이 뒷받침되지 않는 선심성 정책과 구체적 실천방안의 미비, 야당과의 협치 실종, 경기침체, 낮은 대통령 국정 지지율 등으로 실정은 물론, 1060일 만에 파면되어 국정혼란을 자초하였다. 따라서, 보수정권은 박근혜 정부에 이어 또다시 파면에 이르는 악순환 속에서 사회복지정책은 표류할 수밖에 없었다.

한국 사회복지정책의 전개과정을 살펴보면, 빈곤, 질병, 전쟁, 국가의 경제적 위기 등과 같은 상황에서 국민복지의 책임을 강조하고 대처해 왔음을 발견할 수 있다. 대처방안으로서 사회복지 관련법을 제정함은 물론, 변화되고 다양한 국민의 복지욕구에 따른 법령의 제·개정을 통해 한국 실정에 맞는 사회복지정책을 수립하고, 사회복지서비스를 통해 사회통합을 추구함으로써 국가위기를 극복해 왔음은 매우 고무적인 현상이라고 할 수 있다. 그러나 막대한 재정적 부담에도 불구하고, 아직도 저복지국가임은 한국사회가 사회복지에 대한 인식 제고가 필요한 것으로 보이며, 사회복지 지출로 인한 국민부담에 직면하여 보편제와 선택제의 논쟁은 앞으로 한국사회가 해결해야 할 과제로 남게 되었다.

21세기에 들어와서 한국 사회복지정책은 대상, 내용, 범위, 실시체계의 측면에서 복지국가에 진입한 것으로 평가되고 있다. 그러나 고부담 고복지에 대한 각계의 합의가 이루어지지 못하고 있고, 일단 증가된 복지지출은 감소할 수가 없어 재정위기를 겪은 국가 대부분은 복지예산을 방만하게 운영하다가 어려움에 빠졌다는 지적이 있는 만큼, 경제와 복지의 균형발전에 정부, 기업, 민간부문의 합의가 요청되고 있다.

그러므로 한국 사회복지정책의 역사를 살펴보면, 빈곤, 질병, 전쟁, 국가의 경제적 위기 등과 같은 상황에서 국민복지의 책임을 강조하고 대처해 왔음을 발견할 수 있다. 대처방안으로서 사회복지 관련 법을 제정함은 물론, 변화되고 다양한 국민의 복지욕구에 따른 법령의 제·개정을 통해 한국 실정에 맞는 사회복지정책을 수립하고, 사회복지서비스를 통해 사회통합을 추구함으로써 국가위기를 극복해 왔음은 매우 고무적인 현상이라고 할 수 있다. 그러나 막대한 복지재정지출로 인한 국민부담에 직면하여 보편제와 선택제의 논쟁은 앞으로 한국사회가 해결해야 할 과제로 남게 되었다.

2 복지정책의 난맥상

한국의 역사는 기본적으로 봉건제도와 일제강점기를 거치면서 복지란 시혜의 의미 밖에는 달리 생각할 수 없었다. 더구나 박정희 정권은 신자유주의 정책으로 일관하여 개발독재체제를 지탱해 온 관계로 사회복지에 대한 어떠한 정책 수립도 사실상 불가능한 상태였다. 전두환 정권은 오히려 국제적 복지국가의 위기를 기회로 삼아, 복지국가제도 시행하기도 전에 복지국가의 폐해를 강조하는 상황에까지 이르렀다. 그 뒤를 이은 각 정부에서도 복지국가에 대한 뚜렷한 비전 없이 복지정책을 추진하였다. 몇 가지 사례를 통해 복지국가로서의 전망에 대한 논쟁의 단초를 삼고자 한다.

1) 무상급식 논쟁

2011년 8월 24일 서울시는 무상급식 실시 여부를 주민투표로 결정하였는데, 투표율이 개표 기준인 1/3에 미달하여 당시 오세훈 시장은 퇴임했다. 이를 계기로 한국은 보편제와 선택제 논쟁이 시작되었다. 그러나 사실 복지철학이나 사회적 합의는 찾아보기 힘들었고, 단지 정치적으로 복지문제가 이슈화될 뿐이었다.

2) 기초연금 수급률의 선거전략 이용

대표적인 경우로 박근혜 정부의 기초연금제도를 들 수 있다. 당초 박근혜 정부는 18대 대통령 선거 당시부터 65세 이상 노인에게 기초연금의 보편적 지급을 공약했다. 그러나 집권 후 2014년 「기초연금법」의 제정으로 기초노령연금이 기초연금으로 바뀌고, 2018년 급여액이 당시 99,100원에서 200,000원으로 올랐지만, 70%로 수급대상자를 제한하였다. 그러나 이마저도 지켜지지 않아 법 제정 후 박근혜 집권기간 수급률은 2014년 66.7%, 2015년 66.4%, 2016년 65.5%에 머물렀다. 이는 전체 노인을 급여대상으로 하겠다던 당초 선거 공약은 물론 법 제정 후 법적 제도에까지 문제가 되었다. 문재인 정부 역시 출범 당시 보편제를 추진했으나, 2020년 말 기준 66.9%에 불과하여 전체 노인에 대한 지급과는 전혀 먼 거리였다.

이러한 기초연금에 대한 보수·진보 정권의 약속 불이행은 한국이 복지국가로 진입하는 데 국민적 합의를 도출하기에 많은 어려움이 있다는 것을 시사하고 있다. 즉, 복지이데올로기의 여부와 상관없이 복지정책을 당리당략에 이용하는 불편한 현실에 직면해 있다.

3) 아동수당의 당파적 이용

복지정책의 난맥상으로 아동수당의 지급을 들 수 있다. 2018년 9월 아동수당은 아동의 건강한 성장 환경을 조성하여 아동의 기본적 권리와 복지 증진에 기여하기 위해 시행되었다. 시행 초기에는 0세부터 만 6세 미만(0~71개월)의 아동이 있는 가구의 소득인정액이 선정기준액(2인 이상 전체 가구의 소득 하위 90% 수준) 이하인 경우, 월 10만 원씩 지급했으나, 2019년부터 지급대상이 '만 6세 미만의 모든 아이'로 확대됐다. 또한 2019년 9월부터는 지급대상이 만 7세 미만(생후 84개월)으로 확대되었고, 2022년부터는 그 지급대상 연령이 만 8

세까지로 확대됐다.

아동수당은 당초 보편제 채택을 둘러싸고 복지정책의 무지를 드러냈다. 즉, 최초 보편제 지급을 주장한 진보 여당에 대해 보수 야당은 90%만 지급할 것을 요구했다. 즉, 10%만 지급에서 제외되었다. 그러나 지급과정에서 소득기준액 산정을 둘러싼 논쟁이 새삼 전 국민의 관심사로 부상했으며, 수많은 불만사례들이 접수되었다. 그 결과, 10%를 제외하는 산정 경비가 오히려 아동수당을 앞지르는 난맥상을 노출하게 되었다.

아동수당의 지급문제는 복지정책을 당파적 분쟁에 노출시키는 결과를 초래했으며, 결국 국정에 대한 불신만 조장하는 국민적 불안요소로 자리 잡게 되었다.

4) 전 국민 재난지원금 지급의 무원칙 지급

코로나19로 인한 '전 국민 재난지원금' 지급은 한국 복지정책의 현주소를 말해 주고 있다. 전 국민 재난지원금은 2020년부터 2021년까지 사례를 보면, 일반 국민들을 대상으로 한 지급은 2020년 1차와 2021년 5차의 두 차례에 걸쳐 시행되었다. 당초 진보 여당은 보편제 지급을 주장했으나, 정부의 반대로 선택제 채택으로 물러섰다. 그러나 보수 야당은 오히려 선택제를 버리고 보편제 지급을 주장하였다. 즉, 진보와 보수의 이데올로기 역전 현상을 노출시키고 있었다. 결국 보수 야당은 그들의 이데올로기를 버리고 상대 이데올로기에 따르는 기현상이 노출되었다.

5차 전 국민 재난지원금은 혼란 그 자체였다. 이번에는 정부와 보수 야당이 지급률 80%의 선택제를 주장하고, 진보 여당이 이에 동조하는 장면이 연출되었다. 그러나 당시 집권 여당 출신인 이재명 경기도지사는 보편제 지급을 주장했으나, 받아들여지지 않자 경기도만의 보편제 지급을 실시하였다. 이러한 혼란은 소득인정액 산정에 따라 88%의 지급률을 보이게 되었다. 따라서, 지급대상에 대한 논란은 소모적인 논쟁으로 끝나버리는 결론을 도출하게 되었다.

이와 같이 한국에서 복지국가 논쟁은 사실 복지국가의 정책과는 관계없다

셋째, 사회보장의 책임과 주체로서 국가의 재정적 기여가 필요하다.

국가는 사회보험제도에 있어서 재정중립원칙을 고수하고 있다. 따라서, 정부는 복지의 주체적 기능을 담당하여 제도와 프로그램의 확대에 집중적인 투자를 해 나가는 한편, 지방자치단체와 민간 사회복지기관의 적절한 역할을 분담할 수 있도록 제도를 개선해 나가야 할 것이다. 또한 사회복지에 대한 재정부담에 역할분담을 명확히 해 나가는 동시에, 국고부담비율을 경제발전수준에 상응하는 수준으로 보조를 맞추어 나가야 할 것이다. 복지증진을 위해서 민간의 참여를 활성화하고 국가와 민간 간의 균형적인 역할분담도 바람직하나, 복지정책의 성급한 민영화 조치는 복지를 상품화시키고 복지수준에 있어서 사회계층 간의 격차를 더욱 심화시킬 우려가 있으므로 의식주와 관련된 기본 수요는 원칙적으로 국가의 책임으로 제도를 운영해 나가야 할 것이며, 사회구성원 개개인이 소득수준에 맞는 비용부담과 사회복지 참여가 가능하도록 정책을 개발해 나가야 할 것이다.

넷째, 사회보험체계의 통합 및 사회보장제도 간의 연계가 이루어져야 한다.

한국의 사회보험제도는 관련부처와 운영주체가 보험별로 목표, 대상집단, 근거법령, 보험운영의 형태, 집행기관이 다원화되어 있다. 즉, 다원화된 분립체계로 동일한 대상자를 관리하면서도 제도별로 각기 별도의 시스템을 갖추고 있기 때문에 관리의 효율성이나 가입자의 편의성 면에서 모두 낮게 나타나고 있다. 최근 들어 사회보험료 통합징수가 이루어졌으나, 기능의 중복, 급여의 중복 및 상충현상이 여전히 존재하고 있다. 사회보험 관리운영체계는 가입대상이 유사하거나 운영방법이 같은 제도 간에 행정의 연계를 통하여 비용 효과적인 체계로 발전하는 것이 바람직할 것이다. 사회보험 관리운영체계의 관리 효율성이 극대화되기 위해서는 관련 법령체계의 조정 등 상당한 조정과 합의과정이 필요하나, 각 제도가 오랜 세월을 거치는 동안에 독자적인 뿌리를 내리고 있어서 이의 조정은 극히 힘든 과제이기도 하다. 또한 사회안전망으로서의 사회보험, 공공부조, 사회복지서비스 그리고 관련 복지제도는 개별프로그램으로서의 충실만을 기도할 것이 아니라, 대상자 본위로 상호 연계 조정되어야만 비용 절약적이고 효율적인 제도로 기능하게 될 것이므로 「사회보장기본법」에 규정되어 있는 사회보장의 연계성을 강화하는 방향으로 제도개선이 이루어져야 할 것이다.

다섯째, 복지사업의 전면적 개혁과 효율적인 전달체계가 확립되어야 한다. 「사회복지사업법」은 헌법상의 생존권적 기본권을 서비스 제공이라는 방법으로 보장하기 위한 기본법이다. 그러나 현행 「사회복지사업법」은 이러한 권리 실현 및 보장의 책임수행보다는 정부예산의 통제와 관련하여 민간 법인 및 시설에 사업의 책임을 전가하고 규제하려는 목적성이 강하게 드러나고 있다. 규범적인 타당성 면에서 상당히 취약한 면모를 보이고 있으며 실효성 차원에서도 시급히 해결을 요하는 많은 문제점들이 있다. 따라서, 「사회복지사업법」은 민간기관에 대한 규제의 법에서 클라이언트의 권리를 보장하는 법으로 그리고 국가책임의 이행을 보장하는 법으로 구조적인 개정이 이루어져야 할 것이다.

최근 사회의 급속한 변화, 세계화 등 국제적 상황의 변화에 대한 준비가 요구되고 있다. 이러한 대응은 정책적 접근과 기술적 접근 양면에 동시에 요구되고 있다. 따라서, 다원적 사회를 지향하는 환경에서 사회복지의 증진은 잔여적인 제도뿐만 아니라, 제도적 복지수요에 대응하여 사회적 안정과 사회통합을 촉진할 수 있는 사회복지체계로 전환되어야 할 것이며, 사회보장제도 간의 균형적인 발전방안이 모색되어야 할 것이다.

그러므로 사회복지서비스의 전문화방안으로 사회복지서비스 인력의 적정수준 확보가 이루어져야 하며, 그뿐만 아니라 앞으로는 국민들의 복잡하고 다양한 비경제적 생활전반의 욕구를 충족시킬 수 있는 전문인력을 확보해야 하기 때문에 엄격한 자격기준의 통제가 있어야 할 것이다. 이와 아울러 사회복지서비스가 전문가로서의 역량을 발휘할 수 있는 수준의 처우 개선과 효율적인 전달체계를 확립하여 서비스의 효율성을 높여 나가야 할 것이다.

참고문헌

1. 국내자료

강장미 외(2023). 『사회복지학개론』. 서울: 박영스토리.
강종수(2025). 『사회복지정책론』. 서울: 신정.
강희갑 외(2019). 『사회복지정책론』. 경기: 양성원.
고광신 외(2017). 『사회복지정책론』. 서울: 동문사.
고명석 외(2023). 『노인복지론』. 서울: 동문사.
고명석 외(2024). 『장애인복지론』. 서울: 동문사.
고세훈(2000). 『복지국가의 이해』. 서울: 고려대학교출판부.
고세훈(2011). 『영국정치와 국가복지』. 고려대학교출판부.
곽호경 외(2024a). 『지역사회복지론』. 서울: 박영스토리.
곽호경 외(2024b). 『노인복지론』. 서울: 중앙북스.
곽호경 외(2025a). 『사회복지와 문화다양성』. 서울: 동문사.
곽호경 외(2025b). 『인간행동과 사회환경』. 서울: 중앙.
곽호경 외(2025c). 『복지국가론』. 서울: 동문사.
곽호경 외(2025d). 『사회복지실천론』. 서울: 중앙.
구제영 외(2023). 『사회복지와 문화다양성』. 서울: 박영스토리.
구혜영(2020). 『청소년복지론』. 서울: 신정.
국민호(2012). 『발전국가, 복지국가 그리고 신자유주의』. 광주: 전남대학교출판부.
권붕 외(2017). 『상담이론과 실제』. 경기: 양서원.
권붕 외(2018a). 『사회복지개론』. 경기: 양성원.
권붕 외(2018b). 『상담심리학』. 경기: 양성원.
권붕 외(2018c). 『사회복지행정론』. 경기: 양성원.
김구(2024). 『사회복지정책론』. 경기: 어가.
김근홍 외(2013). 『사회문제론』. 서울: 신정.
김기원(2020). 『사회복지정책론』. 서울: 학지사.
김도영 외(2020). 『청소년복지론』. 서울: 학지사.
김동일(1994). 『사회사상사』. 서울: 문음사.
김동일 외(2025). 『인간행동과 사회환경』. 서울: 진북스.
김명숙 외(2024). 『노인복지론』. 서울: 중앙북스.
김명숙 외(2025). 『한국사회의 다문화현상 이해』. 서울: 중앙.
김민선 외(2022). 『장애인복지론』. 서울: 박영스토리.
김민정 외(2024). 『사회복지실천론』. 서울: 박영스토리.
김보기 외(2014). 『사회복지정책과 이데올로기』. 경기: 한국선교연합회.
김보기 외(2014). 『유아리더십론』. 경기: 한국선교연합회.
김보기 외(2016). 『최신 사회문제론』. 경기: 양서원.
김보기 외(2017a). 『인간행동과 사회환경』. 경기: 양서원.
김보기 외(2017b). 『상담이론과 실제』. 경기: 양서원.
김보기 외(2017c). 『인간행동이해를 위한 심리학』. 경기: 양서원.
김보기 외(2019a). 『사회복지실천론』. 경기: 양성원.
김보기 외(2019b). 『인간행동과 사회환경』. 경기: 양성원.

김보기 외(2020, 2022). 『사회복지와 문화다양성』. 서울: 동문사.
김보기 외(2021a). 『가족상담 및 가족치료』. 서울: 조은.
김보기 외(2021b). 『사회복지실천기술론』. 서울: 정원.
김보기 외(2022a). 『사회복지정책론』. 서울: 박영스토리.
김보기 외(2022b). 『복지국가론』. 서울: 동문사.
김보기 외(2023). 『심리학(개정판)』. 서울: 박영스토리.
김보기 외(2025a). 『사회복지와 문화다양성(개정판)』. 서울: 동문사.
김보기 외(2025b). 『복지국가론(개정판)』. 서울: 동문사.
김상균(2004). 『현대사회와 사회정책』. 서울: 서울대학교출판부.
김성이(2006). 『사회복지의 발달과 사상』. 이화여자대학교출판부.
김성철 외(2024). 『노인복지론』. 경기: 수양재.
김세원 외(2023). 『사회복지정책론』. 경기: 양성원.
김수목 외(2021a). 『사회복지행정론』. 서울: 조은.
김수목 외(2021b). 『사회복지조사론』. 서울: 조은.
김수목 외(2022). 『인간행동과 사회환경』. 서울: 박영스토리.
김수목 외(2024). 『지역사회복지론』. 서울: 박영스토리.
김수행(1986). 『정치경제학원론』. 서울: 한길사.
김승훈 외(2024). 『사회복지정책론』. 경기: 양서원.
김영철 외(2021). 『정신건강론』. 서울: 조은.
김영철 외(2022a). 『인간행동과 사회환경』. 서울: 박영스토리.
김영철 외(2022b). 『장애인복지론』. 서울: 박영스토리.
김영철 외(2023a). 『사회복지학개론』. 서울: 박영스토리.
김영철 외(2023b). 『사회복지행정론』. 서울: 박영스토리.
김영철 외(2024a). 『가족복지론』. 서울: 박영스토리.
김영철 외(2024b). 『사회복지실천론』. 서울: 박영스토리.
김영철 외(2024c). 『노인복지론』. 서울: 중앙북스.
김영화 외(2023). 『사회정의실현을 위한 사회복지정책론』. 경기: 공동체.
김용환 외(2024). 『장애인복지론』 서울: 동문사.
김윤재 외(2020). 『사회복지정책론』. 경기: 정민사.
김윤태 외(2016). 『복지와 사상』. 경기: 정민사.
김진구(2022). 『사회보장론: 제도와 역사』. 서울: 학지사.
김태성 외(2004). 『사회복지정책론』. 경기: 나남.
김태성 외(2010, 2019). 『복지국가론』. 경기: 나남.
김태진(2012). 『사회복지의 역사와 사상』. 대구: 대구대학교출판부.
김태현 외(2025a). 『복지국가론』. 서울: 동문사.
김태현 외(2025b). 『한국사회의 다문화현상 이해』. 서울: 중앙.
김태화 외(2024). 『지역사회복지론』. 서울: 박영스토리.
김한식 외(2019). 『노인복지론』. 경기: 정민사.
김혜숙 외(2022). 『장애인복지론』. 서울: 박영스토리.
노기남 외(2021). 『사회복지정책론』. 서울: 동문사.
노길회(2024). 『노인복지론』. 경기: 지식공동체.

노병일(2018). 『사회문제론』. 경기: 양서원.
노병일(2020). 『사회보장론』. 경기: 공동체.
노병일(2021). 『사회복지정책론』. 경기: 공동체.
노수희 외(2025). 『사회복지정책론』. 서울: 동문사.
노연수 외(2025a). 『복지국가론』. 서울: 동문사.
노연수 외(2025b). 『지역사회복지론』. 서울: 중앙.
노영애 외(2021). 『사회복지실천기술론』. 서울: 정원.
노영애 외(2022). 『인간행동과 사회환경』. 서울: 박영스토리.
노영애 외(2025). 『사회복지정책론』. 서울: 동문사.
류연규(2021). 『사회복지정책론』. 서울: 신정.
문병기 외(2024). 『사회복지정책론』. 서울: 한국방송통신대학교출판문화원.
박경구 외(2023). 『심리학』. 서울: 박영스토리.
박경일(2023). 『사회복지정책론』. 경기: 공동체.
박계자 · 김화인(2022). 『프로이트 정신분석상담』. 서울: 조은.
박광준(2013). 『사회복지의 사상과 역사』. 경기: 양서원.
박근갑 외(2009). 『복지국가 만들기』. 서울: 문학과지성사.
박미정 외(2021). 『정신건강론』. 서울: 조은.
박미정 외(2023). 『사회복지와 문화다양성』. 서울: 박영스토리.
박미정 외(2024). 『노인복지론』. 서울: 중앙북스.
박병현(2017). 『복지국가의 비교』. 경기: 정민사.
박병현(2019). 『사회복지정책론』. 경기: 정민사.
박병현(2021). 『사회복지정책의 논쟁적 이슈』. 경기: 양서원.
박서진 외(2023). 『심리학』. 서울: 박영스토리.
박원진 외(2018a). 『지역사회복지론』. 경기: 양성원.
박원진 외(2018b). 『사회복지행정론』. 경기: 양성원.
박유미 외(2021). 『가족상담 및 가족치료』. 서울: 조은.
박종란 외(2020). 『노인복지론』. 서울: 교학도서.
박종란 외(2021). 『사회복지현장실습』. 서울: 정원.
박주현(2021). 『사회복지정책론』. 서울: 어가.
박진화(2020). 『사회복지역사』. 경기: 정민사.
박진화(2020a). 『사회보장론』. 경기: 공동체.
박차상 외(2020). 『사회복지정책론』. 경기: 양성원.
박창선 외(2025a). 『인간행동과 사회환경』. 서울: 중앙.
박청신 외(2025b). 『사회복지현장실습』. 서울: 중앙.
박현승 외(2022). 『사회복지개론』. 서울: 조은.
박현승 외(2023). 『사회복지와 문화다양성』. 서울: 박영스토리.
박현승 외(2024). 『사회복지실천론』. 서울: 박영스토리.
박현승 외(2025a). 『한국사회의 다문화현상 이해』. 서울: 중앙.
박현승 외(2025b). 『사회복지현장실습』. 서울: 중앙.
박화상 외(2023). 『사회복지와 문화다양성』. 서울: 박영스토리.
서보준 외(2023). 『사회복지정책론』. 경기: 지식공동체.

서정자 외(2021). 『사회복지행정론』. 서울: 조은.
서정자 외(2022). 『복지국가론』. 서울: 동문사.
서정자 외(2023a). 『심리학』. 서울: 박영스토리.
서정자 외(2023b). 『사회복지와 문화다양성』. 서울: 박영스토리.
서현자 외(2017a). 『상담이론과 실제』. 서울: 하나의학사.
서현자 외(2017b). 『인간행동과 사회환경』. 서울: 박영스토리.
서현자 외(2024). 『노인복지론』. 서울: 중앙북스.
석지현 외(2025). 『사회복지와 문화다양성』. 서울: 동문사.
손병덕(2020). 『사회복지정책론』. 서울: 학지사.
송진영 외(2023). 『사회복지행정론』. 서울: 동문사.
송형철 외(2018). 『발달심리학』. 파주. 경기: 양성원.
심상용 외(2021). 『사회복지역사』. 서울: 학지사.
양정하 외(2020). 『사회복지정책론』. 경기: 양서원.
양준의 외(2022). 『복지국가론』. 서울: 동문사.
양준의 외(2023). 『심리학』. 서울: 박영스토리.
양준의 외(2025a). 『사회복지와 문화다양성』. 서울: 동문사.
양준의 외(2025b). 『사회복지정책론』. 서울: 동문사.
양준의 외(2025c). 『한국사회의 다문화현상 이해』. 서울: 중앙.
양철수 외(2018). 『인간발달』. 파주. 경기: 양성원.
양철수 외(2019). 『노인복지론』. 파주. 경기: 수양재.
양철수 외(2020). 『사회복지와 문화다양성』. 서울: 교학도서.
염연숙 외(2024). 『사회복지실천론』. 서울: 박영스토리.
염일열 외(2020). 『사회복지정책론』. 경기: 정민사.
오봉욱 외(2024). 『청소년복지론』. 서울: 동문사.
오세영(2021). 『사회복지정책론』. 서울: 신정.
오세영(2023). 『사회복지정책론』. 서울: 신정.
옥필훈 외(2023). 『사회복지정책론』. 서울: 청목출판사.
우은숙 외(2025). 『지역사회복지론』. 서울: 중앙.
원석조(2020). 『사회복지정책론』. 경기: 공동체.
원석조(2023a). 『사회복지역사』. 경기: 지식터.
원석조(2023b). 『사회복지정책론』. 경기: 공동체.
윤경아 외(2014). 『현대노인복지론』. 서울: 학지사.
윤진순 외(2022). 『사회복지정책론』. 서울: 박영스토리.
윤진순 외(2022). 『장애인복지론』. 서울: 박영스토리.
이계원 외(2023). 『사회복지행정론』. 서울: 박영스토리.
이근식(2009). 『신자유주의: 하이에크, 프리드먼, 뷰캐넌』. 서울: 기파랑.
이기원 외(2024). 『사회복지정책론』. 서울: 동문사.
이성기 외(2020). 『사회보장론』. 경기: 공동체.
이성재(208). 『복지국가혁명』. 서울: 밈.
이세형(2020). 『청소년복지론』. 경기: 양성원.
이수진 외(2024). 『사회복지실천론』. 서울: 박영스토리.

이수진(2023). 『사회복지행정론』. 서울: 박영스토리.
이순주 외(2022a). 『인간행동과 사회환경』. 서울: 박영스토리.
이순주 외(2022b). 『사회복지정책론』. 서울: 박영스토리.
이인순 외(2023). 『사회복지정책론』. 서울: 창지사.
이정서(2018). 『사회복지정책론』. 경기: 양서원.
이정자(2022). 『사회복지개론』. 서울: 조은.
이준영(2019). 『사회복지행정론』. 학지사: 서울.
이진숙 외(2024). 『사회복지정책론』. 경기: 양성원.
이진숙(2021). 『사회복지정책론』. 경기: 양성원.
이척희 외(2022). 『사회복지정책론』. 서울: 박영스토리.
이평화 외(2023). 『사회복지와 문화다양성』. 서울: 박영스토리.
이평화 외(2024). 『지역사회복지론』. 서울: 박영스토리.
이평화 외(2025). 『사회복지정책론』. 서울: 동문사.
임정문 외(2020a). 『노인복지론』. 서울: 동문사.
임정문 외(2020b). 『사회복지정책론』. 서울: 동문사.
임현수 외(2025a). 『사회복지정책론』. 서울: 동문사.
임현수 외(2025b). 『인간행동과 사회환경』. 서울: 중앙.
임현수 외(2025c). 『지역사회복지론』. 서울: 중앙.
임현수 외(2025d). 『사회복지실천론』. 서울: 중앙.
장갑수 외(2019). 『사회복지역사』. 경기: 양성원.
장미경(2024). 『분석심리학적 모래놀이치료』. 서울: 학지사.
장미리 외(2022). 『인간행동과 사회환경』. 서울: 박영스토리.
장미리 외(2023). 『사회복지학개론』. 서울: 박영스토리.
장미리 외(2024). 『사회복지기술론』. 서울: 중앙북스.
장미야(2024). 『초고령사회 노인복지론』. 경기: 양서원.
장선아 외(2022). 『사회복지개론』. 서울: 조은.
장선아 외(2023). 『심리학』. 서울: 박영스토리.
장선아 외(2023a). 『사회복지와 문화다양성』. 서울: 박영스토리.
장선아 외(2023b). 『심리학』. 서울: 박영스토리.
장운계 외(2021). 『사회복지조사론』. 서울: 조은.
장혜령 외(2021a). 『사회복지조사론』. 서울: 조은.
장혜령 외(2021b). 『사회복지행정론』. 서울: 조은.
전승혜 외(2021). 『가족상담 및 가족치료』. 서울: 조은.
전은경 외(2023). 『사회복지학개론』. 서울: 박영스토리.
정경숙(1996). 『버나드 쇼』. 서울: 건국대학교출판부.
정민기 외(2023a). 『사회복지학개론』. 서울: 박영스토리.
정민기 외(2023b). 『가족복지론』. 서울: 박영스토리.
정민기(2025). 『인간행동과 사회환경』. 서울: 중앙.
정서영 외(2018). 『상담심리학』. 파주. 경기: 양성원.
정서영 외(2020). 『상담이론과 실제』. 서울: 하나의학사.
정영숙 외(2024). 『사회복지정책론』. 경기: 지식공동체.

정원오(2017). 『복지국가』. 서울: 책세상.
정정자 외(2022). 『사회복지정책론』. 서울: 박영스토리.
정진화(2020). 『복지국가: 이론, 사례, 정책』. 서울: 명인문화사.
정태석 외(2023). 『사회학』. 서울: 한울아카데미.
조성은 외(2019). 『한국 사회보장제도의 역사적 변화 과정과 미래 발전 방향』. 세종: 한국보건사회연구원.
조성철·김보기(2014). 『복지국가 위기론』. 경기: 한국선교연합회.
조영순 외(2023). 『사회복지행정론』. 서울: 박영스토리.
조영순 외(2005). 『변화하는 세계, 변화하는 복지국가』. 경기: 집문당.
조은순 외(2024). 『사회복지실천론』. 서울: 박영스토리.
조추용 외(2021). 『사회복지정책론』. 서울: 신정.
조추용 외(2024). 『노인복지론』. 경기: 공동체.
주성수(2017). 『복지국가와 복지정책』. 서울: 명인문화사.
최경구(2093). 『조합주의 복지 국가』. 서울: 한나래.
최세영 외(2020). 『청소년복지론』. 서울: 어가.
최일섭·최성재(2000). 『사회문제와 사회복지』. 서울: 나남.
최일섭·최성재(2014). 『고령화사회의 노인복지학』. 서울: 서울대학교출판부.
최혜지 외(2008). 『사회복지사상』. 서울: 학지사.
표갑수(2014). 『사회문제와 사회복지』. 서울: 나남.
한신애 외(2018). 『사회복지행정론』. 파주. 경기: 수양재.
현외성(2018). 『현대사회보장론』. 서울: 동문사.
홍봉수(2023). 『사회복지정책론』. 경기: 공동체.

2. 외국자료

Abel-Smith, B.(1994). *The Beveridge Report: Its origins and outcomes. In Beveridge and Social Security: An International Retrospective*. edited by J. Hills, J. Ditch, and H. Glennerster. Oxford, UK: Oxford University Press.
Abel-Smith, B.(2015). Social security: Government program. http://global. britannica.com/topic/social-security-government-program.
Alcock, P.(1997). *Understanding Poverty* (2nd ed). London: Macmillan.
Baker, J(1979). Social Conscience and Social Policy. *Journal of Social Policy*. VoL 8, No. 2. : 177-206.
Balswick, J. O., & Morland, J. K.(1990). *Social problems*. Grand Rapids. MI: Baker Pub Group.
Baradat, L. P., & Phillips, J. A.(2019). *Political Ideologies: Their Origins and Impact* (13th Edition). Routledge.
Barry, N.(1989). Does Society Exist?: Case for Socialism After Thatcher. *Fabian pamphlets*. Fabian Society.
Barry, N.(1999). *Welfare*. Maidenhead: Open University Press. Fabian Society.
Berlin, I.(1969). Two Concepts of Liberty. in I. Berlin(ed.) *Four Essays on Liberty*. NY: Oxford University Press, 118-172.

Berlin, I.(2002). *Liberty: Incorporating Four Essays on Liberty* (2nd Edition). Oxford University Press.

Briggs, Asa(1961). The Welfare State in Historical Perspective. *European Journal of Sociology*, 2 : 221-258.

Callinicos, A.(2001). *Against the Third Way: An Anti-Capitalist Critique* (1st edition). Polity.

Callinicos, A.(2007). *Social Theory: A Historical Introduction* (2nd edition). Polity.

Callinicos, A.(2007). *The Revolutionary Ideas of Karl Marx* (Kindle Edition). Haymarket Books.

Carr, E. H.(1957, 1969). The New Society. London: Macmillan.

Chu, K., & S. Gupta(1998). *Social Safety Net*. IMF.

Collier, D., & Messick, R. E.(1975). Prerequisites versus diffusion; Testing alternative explanations of social security adoption. *American Political Science Review*, 69(1) : 299-315.

Crosland, Anthony(2006). *The Future of Socialism*. Constable & Robinson Ltd.

De Beauvoir, S.(1949, 2011). *The Second Sex*. Vintage.

DiNitto, D. M.(2000). *Social Welfare: Politics and Policy* (7th ed.). Pearson.

Ditch, J.(1998, 1999). Income protection and social security. In *The Student's Companion to Social Policy*. edited by P. Alcock, A. Erskine, and M. May. Oxford. UK: Blackwell.

Esping-Andersen, G. et al.(1976). Modes of class structure and the capitalist state. *Kapitalistate*, 186-220.

Esping-Andersen, G. et al.(2002). *Why We Need a New Welfare State*. Oxford University Press.

Esping-Andersen, G.(1985, 2017). *Politics against Markets*.: The Social Democratic Road to Power (Reprint edition). Princeton University Press.

Esping-Andersen, G.(1990). *The Three Worlds of Welfare Capitalism* (1st edition Kindle Edition). Polity Press.

Esping-Andersen, G.(1996). *After the golden age: Welfare state dilemmas in a global economy*. In G. Esping-Andersen (ed.). *Welfare States in Transition*. Sage, 1-30.

Esping-Andersen, G.(1999). *Social Foundations of Postindustrial Economies* (1st Edition). Oxford University Press.

Esping-Andersen, G., & Regini, M.(ed.)(2001). *Why Deregulate Labour Markets?* (1st Edition, Kindle Edition). Oxford University Press.

Esping-Andersen, G., & W. Korpi(1984). Social policy as class politics in Post-War capitalism: Scandinavia, Austria, and Germany. In J. H. Goldthorpe (ed.). *Order and Conflict in Contemporary Capitalism*. Oxford University Press.

Esping-Andersen, G., & W. Korpi(1987). From Poor Relief to Institutional Welfare States: The Development of Scandinavian Social Policy. *International Journal of Sociology, 16*.

Evans, M., & Piachaud, D.(1996). Social security in Britain: The challenge of needs versus costs. In *Challenges to Social Security: An International Exploration*. edited by J. Midgley and M. B. Tracy. Westport, CT: Auburn.

Evans, P. B. et al.(ed.)(1985). *Bring the State Back In*. Cambridge University Press.

Eyles, J. & Donovan, J.(1990). *The Social Effects of Health Policy*. Hant, UK: Avebury.

Fahs, B.(2011). Ti-Grace Atkinson and the legacy of radical feminism. *Feminist Studies*, 37(3) : 561-590.

Featherstone, B.(2006). Rethinking family support in the current policy context. *British Journal of Social Work*, 36(5) : 5-19.

Fitzpatrick, Tony(2001, 2011). *Welfare Theory*. Palgrave Macmillian.

Freeden, M.(2003). *Ideology: A Very Short Introduction.* New York: OUP Oxford.

Friedman, M.(2002, 2020) *Capitalism and Freedom* (First Edition, Kindle Edition). University of Chicago Press.

Friedman, M.(2017). *Price Theory* (1st edition, Kindle Edition). Routledge.

Friedman, M., & Friedman, R.(1980, 1990). *Free to Choose: A Personal Statement* (1st edition). Harcourt.

Furniss, N., & T. Tilton.(1977, 1979). *The Case for the Welfare State: From social security to social equality*. Bloomington: India Univ. Press.

Garland, D.(2016). *The Welfare State: A Very Short Introduction* (1st edition). Oxford University Press.

Gates, B. L.(1980). *Social Program Administration: The Implementation of Social Policy*. Englewood Cliff. NJ: Prentice-Hall.

George V., & Wilding, P.(1984). *Impact of Social Policy*. London: Routledge and Kegan Paul.

George, V.(2018). Social *Security: Beveridge and After* (1st Edition, Kindle Edition). Routledge.

George, V., & Wilding, P.(1985, 2013). *Ideology and Social Welfare.* Routledge.

George, V., & Wilding, P.(1993, 1994). *Welfare and Ideology* (Revised edition). Hertfordshire. UK: Harvester Wheatsheaf.

George, V., & Wilding, P.(1994). *Globalisation and Human Welfare* (2002nd Edition, Kindle Edition). Red Globe Press.

Giddens, A.(1988, 2008). *The Third Way: The Renewal of Social Democracy*. Cambridge: Polity Press.

Giddens, A.(1991). *The Consequences of Modernity* (1st Edition Polity Press). Stanford University Press.

Giddens, A.(2000, 2013). *The Third Way and its Critics* (1st Edition, Kindle Edition). Polity Press.

Giddens, A.(2001). *The Global Third Way Debate*. Cambridge: Polity Press.

Giddens, A.(2013a). *Social Theory and Modern Sociology* (1st Edition, Kindle Edition). Polity Press.

Giddens, A.(2021). *Sociology* (9th edition). Polity Press.

Giddens, A.(2021a). *Essential Concepts in Sociology* (3rd Edition, Kindle Edition). Polity Press.

Gil, D.(1992). *Unravelling Social Policy: Theory, Analysis, and Political Action towards Social Equality* (Subsequent edition). Cambridge. Mass.: Schenkman Publishing Company.

Gilbert, N.(1983). *Capitalism and the Welfare State: Dilemmas of Social Benevolence*. New Haven: Yale University Press.

Gilbert, N.(2004). *Transformation of the Welfare State: The Silent Surrender of Public Responsibility*. Oxford: Oxford University Press.

Gilbert, N., & Specht, H.(1974, 1998). *Dimensions of Social Welfare Policy*. Englewood.

Gilbert, N., & Terrell, P.(2014). *Dimensions of Social Welfare Policy*. Pearson.

Goldthorpe, J. H.(1980). *The Political Economy of Inflation*. Harvard University Press.

Gough, Ian(1979). *Political Economy of the Welfare State*. Palgrave Macmillan.

Hall, M. P.(1952, 2013). *The Social Services of Modern England* (1st Edition, Kindle). Routledge.

Hay, C.(1999). *The Political Economy of New Labor*. Manchester University Press.

Hayek, F. A.(1978). *Law, Legislation and Liberty, Volume 2: The Mirage of Social Justice*. University of Chicago Press.

Hayek, F. A.(2013). *The Road to Serfdom*. Create Space Independent Publishing Platform.

Hewitt, M.(1992). *Welfare, Ideology, and Need: Developing Perspectives on the Welfare State*. Harvester Wheatsheaf.

Heywood, A.(1992, 2021). *Political Ideologies: An Introduction* (7th ed.). Red Globe Press.

Higgins, J.(1981). *States of Welfare: Comparative analysis in social policy*. Oxford: Basil Blackwell & Martin Robertson.

International Labor Organization(1952, 2020). *Social Security* (Minimum Standards) Convention. http://ilolex.ilo.ch: 1567.

International Labor Organization(1984). *Into the Twenty-First Century: The Development of Social Security*. Geneva: ILO.

International Labor Organization(2000). Social Protection, Societies under Strain. *World of Work* No. 36.

International Labor Organization(2008). *Setting Social Security Standards in a Global Society*. Geneva, Switzerland: International Labor Office.

International Labor Organization(2014). *World Social Protection Report 2014/15: Building Economic Recovery, Inclusive Development and Social Justice*. Geneva, Switzerland: ILO.

International Labor Organization(2017). *World Social Protection Report 2017-19: Universal social protection to achieve the Sustainable Development Goals*. Geneva, Switzerland: ILO.

International Labor Organization(2020). *Social protection*. https://www.ilo.org /global/topics/ social-v.issa.int/aiss/Topics/security/lang-en/index.htm.

International Social Security Association(2008). *Social security financing*. Social-security-financing#.

International Social Security Association(2015). *Annual Review*. Geneva, Switzerland: ISSA.

International Social Security Association(2016). *'Stepping it up' for gender equality: Social security's vital role*. https://vussa.int/resources.

International Social Security Association(2020a). *Social security: A fundamental human right*. https://www.1.issa.im/Understanding%20social%20security.

International Social Security Association(2020b). *Coronavirus-Social security responses*. https: //wwl.issa.int/coronavirus.

Issac, J.(2001). The Road (Not?) Taken: Anthony Giddens, the Third Way, and the Future of Social Democracy. *Dissent*, 48(2) : 61-70.

Janowitz, M.(1976). *Social Control of the Welfare State*. New York: Elsevier.

Jansson, B.(1984). *Theory and Practice of Social Welfare Policy: Analysis, Processes and Current Issues*. California: Wadsworth Publishing Company.

Johnson, D.(2015). *Social Welfare: Politics and Public Policy* (8th Edition). Pearson.

Jones, C.(1985). *Patterns of Social Policy*. London: Tavistock Publications.

Kahn, A.(1979). *Social Policy and Social Services*. New York: Random House.

Kavanagh, D.(1987). *Thatcherism and British Politics: The End of Consensus?* (1st ed.). Oxford:

Oxford Univ. Press.

Keynes, J. M.(1936, 2018). *The General Theory of Employment, Interest, and Money* (Kindle Edition). Print On Demand.

Klein, K.(1980). The Welfare State: a Self-Inflicated Crisis. *Political Quarterly*. vol. 51.

Kolberg, J. E.(2019). *The Study of Welfare State Regimes* (1st Edition, Kindle Edition). Routledge.

Korpi, W.(1990). The development of the Swedish welfare state in a comparative perspective. Swedish Institute.

Lowe, R.(1993). *The Welfare State in Britain since 1945*. London: Palgrave Macmillan.

Mackintosh, J. P.(1978). *Has Social Democracy Failed in Britain? Political Quarterly*. vol. 49.

Marshall, T. H.(1963). *Sociology at The Crossroads and other Essays*. London: Heinemann.

Marshall, T. H.(2021). *Citizenship and Social Class, and Other Essay*. Hassell Street Press.

Marshall, T. H., & Bottomore, T(1950. 1987). *Citizenship and Social Class*. Pluto Press.

Marx, K.(1867, 2017). *Capital (Volume 1: A Critique of Political Economy)* (Kindle Edition). Digireads.com Publishing.

Midgley, J., & Tracy, M. B.(1996). *Challenges facing social security In Challenges to Social Security: An International Exploration*. Praeger.

Millar, J.(ed.)(2004, 2018). Social security: Means and ends. In *Understanding Social Security: Issues for Policy and Practice*. (3rd edition). Bristol, UK: Policy Press.

Mishra, M.(1977, 1984). *Society and Social Policy: Theories and Practice of Welfare* (2nd ed.). London: Macmillan. Policy Press.

Mishra, M.(2003). Globalization and Social Security Expansion in East Asia. in Weiss, L. (ed.). *States in the Global Economy: Bring the Domestic Institutions Back In*. Cambridge: Cambridge University Press.

Mishra, M.(2004). *Social Policy in East and Southeast Asia: Education, Health, Housing, and Income Maintenance*. London: Routledge.

Mishra, M., & Asher, M. G.(2000). *Welfare Capitalism in Southeast Asia: Social Security, Health and Education Policies*. Basingstoke: Macmillan.

Mishra. R.(1984). *The Welfare State in Crisis: Social Thought and Social Change*. Sussex: Wheatsheaf Books.

Muraskin, W.(1975). *Regulating the Poor: review article. Contemporary Sociology: A Journal of Review*, Vol. 4, No. 6.

O'Connor, J.(1973, 2001, 2017). *The Fiscal Crisis of the State* (1st Edition, Kindle Edition). Routledge.

Okun, A. M.(1975, 2015). *Equity and Efficiency: The Big Tradeoff*. Washington, D. C.: Brookings Institute.

Pampel, F. C., & Williamson, J. B.(1989, 1992). *Age, Class, Politics, and the Welfare State*. Cambridge: Cambridge Univ. Press.

Parker. J.(1975). *Social Policy and Citizenship*. Palgrave Macmillan.

Parker. J.(1989). *Women and Welfare: Ten Victorian Women in Public Social Service*. Palgrave Macmillan.

Parker. J.(1998). *Citizenship, Work and Welfare: Searching for the Good Society*. Palgrave

Macmillan.
Parsons, T.(1962). *Toward a General Theory of Action*. New York: Harper and Row.
Pavard, F.(1979). Social Security Financing through the Contribution Method. *International Social Security Review*. Year XXXII. No. 4.
Pease, E. R.(2008, 2012). *The History of the Fabian Society: The Origins of English Socialism*. Red and Black Publishers.
Perlman, H. H.(1957, 1965). *Social Casework: A Problem-Solving Process-A Fresh, Unifying Approach to Casework Practice*. University Of Chicago Press.
Perlman. H. H.(1974, 1986, 2017). The problem-solving model. In F. Turner(Eds.). Social Work Treatment: Interlocking theoretical approaches (6th ed.). Oxford University Press.
Pierson, C.(2007). *Beyond the Welfare State: The New Political Economy of Welfare* (3rd ed). University Park, PA: Pennsylvania State University Press.
Pieters, D.(1994). *Introduction into the Basic Principles of Social Security* (1st edition) Springer.
Pieters, D.(2006). *Social Security: An Introduction to the Basic Principles* (2nd ed). Hague. The Netherlands: Kluwer Law International.
Pinker, R.(1974). Social Policy and Social Justice. *Journal of Social Policy, 3(1)*.
Pinker, R.(1986). Social welfare in Japan and Britain: A comparative view, formal and informal aspects of welfare. In *Comparing Welfare States and Their Futures*. edited by E. Oyen. Hants, UK: Grower.
Piven, F. F., & Cloward, R. A.(1971, 1993). *Regulating the Poor: The Functions of Public Welfare* (Updated ed. edition). Vintage.
Popper, K.(1962, 2002) *Conjectures and Refutations: The Growth of Scientific Knowledge* (2nd Edition). Routledge.
Rawls, J. B.(1971, 1999). *A Theory of Justice* (2nd Edition) Belknap Press.
Saville, J.(1957-1958). *The Welfare State: an historical approach. New Reasoner*, 3(25).
Shaw, G. B. et al.(1911, 2018). *Fabian Essays in Socialism*. Boston: The Ball Publishing co.
Skocpol, T.(1980). Political response to capitalist crisis: Neo-marxist theories of the state and the case of the New Deal. *Politics and Society*, 10 : 155-201.
Skocpol, T., & E. Amenta(1986). States and social policies. *Annual Review of Sociology*, 12 : 131-157.
Smith, A.(1776, 2021). *The Wealth of Nations*. Independently published.
Stelzer, I.(1998). *Third way, Old Way. The Spectator*, 19 : 16-18.
Taylor, G.(2007). *Ideology and Social Welfare* (Kindle Edition). Palgrave Macmillian.
Temple, W.(1941). *Citizen and Churchman* (2nd Edition). London: Eyre And Spottiswoode.
Temple, W.(1950). *christianity and social order* (Third edition). Harmondsworth etc.: Penguin.
Titmuss. R. M.(1950, 1976). *Problems of Social Policy*. Greenwood Pub Group.
Titmuss. R. M.(1960). *The Irresponsible Society*. Fabian Society.
Titmuss. R. M.(1967). *Choice and "The Welfare State"*. Fabian Society.
Titmuss. R. M.(1968). *Commitment to Welfare*. Pantheon Books.
Titmuss. R. M.(1974). *Social Policy: An introduction*. London: George Allen & Unwin.
Titmuss. R. M.(2018). *Birth Poverty and Wealth-a Study of Infant Mortality*. Palala Press.

Titmuss. R. M.(2019). *The Gift Relationship: From Human Blood to Social Policy* (First edition). Policy Press.

Townsend, P.(1979). *Poverty in the United Kingdom: A survey of household resources and standards of living. Harmonds Worth*, Penguin.

Wagner, A.(1891). *Über soziale Finanz und Steuerpolitik, Archiv Für Soziale Gesetzgebung und Statistik Bd.* IV.

Walker, R.(2004). *Social Security And Welfare: Concepts And Comparisons* (Kindle Edition). Open University Press.

Walker, R.(2014). *The Shame of Poverty* (Kindle Edition). OUP Oxford.

Webb, A. L., & Sieve, J. E. B.(1971). *Income Redistribution and the Welfare State*. London: Bell and Sons.

Wempe, B.(2017). *T.H. Green's Theory of Positive Freedom* (3rd edition). Imprint Academic.

Wilensky, H. L. et al.(1985). *Comparative Social Policy: Theories, Methods, Findings*. Berkeley. Institute of International Studies. Univ. of California.

Wilensky, H. L.(1958, 1965). *Industrial society and social welfare: The impact of industrialization on the supply and organization of social welfare services in the United States*. Russell Sage Foundation.

Wilensky, H. L.(1975). *The Welfare State and Equality: Structural and Ideological Roots of Public Expenditure*. Berkeley. Univ. of California Press.

Wilensky, H. L.(1983). "Political Legitimacy and Consensus: Missing Variables in the Assessment of Social Policy" in Spiro, S. E. and Yuchtman-Yaar, E. eds. *Evaluating the Welfare State: Social and Political Perspectives*. New York: Academic Press.

Wilensky, H. L.(2002). *Rich Democracies: Political Economy, Public Policy, and Performance* (First edition). University of California Press.

Wilensky, H. L.(2012). *American Political Economy in Global Perspective*. Cambridge University Press.

Wilensky, H. L., & Lebeaux, C. N.(1959, 1965). *Industrial Society and Social Welfare*. New York: Free Press.

Wills, E.(1992). *Radical feminism and feminist radicalism. Duke University Press Social Text*, 9/10 : 91-118.

Wolfenden, J.(1978). *The Future of Voluntary Organization*. London: Croom Helm.

Wong, B.(2008). Historical Lessons about Contemporary Social Welfare: Chinese Puzzles and Global Challenges. *BWPI Working Paper 58*. The Univ. of Manchester. Brooks Word Poverty Institute.

Wong, J.(2005). *Healthy Democracies: Welfare Politics in Korea and Taiwan* (1st edition). Ithaca. New York: Cornell University Press.

Wong, L.(1998). *Marginalization and Social Welfare in China* (1st Edition, Kindle Edition). London: Routledge.

Wong, L.(2008). Hong Kong's Welfare Model Reconsidered: What Model? What Traits? And What Functions? *EASP 5th Conference, Welfare Reform in East Asia: Meeting the Needs of Social Change, Economic Competitiveness and Social Justice*. National Taiwan University, Taipei,

Taiwan. http://www.welfareasia.org/5thconference/papers/Wong
Young, P.(2000). *Mastering social welfare* (4th Edition). Red Globe Press.
Zald, M.(1965). *Social Welfare Institution: A Sociological Reader* (1st edition). New York: John Wiley & Sons.
Zastrow, C.(2000). *Introduction to social work and social welfare: Empowering People* (10th Edition). Brooks Cole.

3. 기타

건강보험심사평가원(홈페이지, 2025)
고용보험(홈페이지, 2025).
국민건강보험공단 장기요양보험(홈페이지, 2025).
국민건강보험공단(홈페이지, 2025).
국민연금공단(홈페이지, 2025).
국세청(홈페이지, 2025).
근로복지공단(홈페이지, 2025).
금융감독원(홈페이지, 2025).
기초생활보장법 바로세우기 공동행동(2024).「복지권리 안내수첩」.
보건복지부 기초연금(홈페이지, 2025).
서울특별시(홈페이지, 2025).
저출산고령사회위원회(2024).「저출생 추세 반전을 위한 대책」.
통계청(2024a).「2022년 기준 장래인구추계를 반영한 내·외국인 인구추계: 2022~2042년」
통계청(2024b).「2024 고령자 통계」.
행정안전부(홈페이지, 2025).

저자소개

김보기

성균관대학교 신문방송학과 학사, 석사, 박사과정
서울기독대학교 일반대학원 신학과 박사(조직신학 전공, Ph.D)
서울기독대학교 일반대학원 사회복지학과 박사(정책론 전공, Ph.D)
서울사이버신학(학점은행제) 신학과 교수
서울기독대학교 신학과 겸임교수·학술원 주임교수
대한신학대학원대학교 목회신학대학원장, 사회복지학과·신학과 교수
국제문화대학원대학교 대학원장·사회복지학과 교수
서울사회복지대학원대학교 평생교육원 사회복지학과 강사
서울한영대학교 평생교육원 신학과 강사
순복음대학원대학교 사회복지학과 강사
한국상담복지학회 회장 / 칼빈신학상담연구원 원장
한국사회복지실천정책학회 회장
산업진흥연구(등재지) 논문학술위원 학술이사
〈저서〉 복지국가론, 사회복지와 문화다양성, 심리학, 사회복지정책론, 상담이론과 실제, 사회복지실천론, 사회복지실천기술론, 인간행동과 사회환경, 가족상담 및 가족치료, 사회문제론, 유아리더십론, 사회복지정책과 이데올로기, 복지국가사상(근간)

곽호경

경희대학교 경영학 학사·석사
Caroline University(LA, U.S.A) 경영학박사, 뇌인지융합(복지, 상담, 건강, 스포츠)전공
서울사회복지대학원대학교 치매예방관리 교수
극동대학교 사회복지학과 외래교수
브레인창조경영문화연구소 대표
뉴로피드백 두뇌훈련 전문, 치매예방관리사
한국치매예방본부 서울광역치매센터 기억친구 리더.
한국신지식인 인증-창의교육부문(2022). 대한민국문화교육 대상(2022)
자원봉사교육 청소년분야 대상
〈저서〉 복지국가론, 지역사회복지론, 노인복지론. 사회복지와 문화다양성
〈논문〉 Study on the Effects of Small Muscle Exercises and Neurofeedback Training on Cognitive Functions, Depression, and Regional Brain Wave Activity in Elderly with Mild Cognitive Impairmen, Caroline University(2023)

김태현

성균관대학교 사회과학부 신문방송학과 학사
세종사이버대학교 정보보호대학원 정보보호학과 석사
세종대학교 산업대학원 유통산업학과 석사
세종대학교 일반대학원 유통학 박사과정
전국금융산업노동조합 NH농협지부 정책실장
농협경제지주 축산기획부 / 축산연구원 / 축산물위생교육원
혜전대학교 유통경영과 외래교수
〈저서〉 복지국가론, 한국사회의 다문화현상 이해, 사회학(근간)